Planung und Plankostenrechnung in Betrieben mit Selbstkostenpreis-Erzeugnissen

Physica-Schriften

zur Betriebswirtschaft 12

Herausgegeben von

K. Bohr, Regensburg – W. Bühler, Dortmund – W. Dinkelbach, Saarbrücken – G. Franke, Gießen – P. Hammann, Bochum – K.-P. Kistner, Bielefeld – H. Laux, Wien – O. Rosenberg, Paderborn – B. Rudolph, Frankfurt

Springer-Verlag Berlin Heidelberg GmbH

Lothar Hans

Planung und Plankostenrechnung

in Betrieben mit Selbstkostenpreis-Erzeugnissen

Springer-Verlag Berlin Heidelberg GmbH
1984

CIP-Kurztitelaufnahme der Deutschen Bibliothek

Hans, Lothar:
Planung und Plankostenrechnung in Betrieben mit Selbstkostenpreis-Erzeugnissen / von Lothar Hans. – Würzburg : Physica-Verlag, 1984.
(Physica-Schriften zur Betriebswirtschaft ; 12)
ISBN 978-3-7908-0318-1

ISBN 978-3-7908-0318-1
DOI 10.1007/978-3-662-41520-7

ISBN 978-3-662-41520-7 (eBook)

Ursprünglich erschienen bei Physica-Verlag, Rudolf Liebing GmbH + Co., Würzburg 1984

Druck: repro-druck „Journalfranz“ Arnulf Liebing GmbH + Co., Würzburg

ISBN 978-3-7908-0318-1

Gedruckt mit Unterstützung der Deutschen Forschungsgemeinschaft

Vorwort

Betrieben mit Selbstkostenpreis-Erzeugnissen ist in der betriebswirtschaftlichen Literatur zur Unternehmensplanung und zur Plankostenrechnung bisher nur wenig Beachtung geschenkt worden, insbesondere fehlen Untersuchungen über solche Betriebe, die Produkte zu Marktpreisen und zu Selbstkostenpreisen herstellen. Zur Schließung dieser Lücke soll die vorliegende Schrift einen Beitrag leisten.

Die Arbeit entstand während meiner Assistententätigkeit am Seminar für Industriebetriebslehre der Universität des Saarlandes in den Jahren 1980-83 und wurde im WS 1983/84 unter gleichem Titel als Dissertation angenommen. Dem Direktor des Seminars, meinem verehrten akademischen Lehrer Herrn Prof. Dr. Wolfgang Kilger, gilt mein Dank für die großzügige Förderung der Arbeit und die gewährten vorzüglichen Arbeitsbedingungen. Herrn Prof. Dr. Werner Dinkelbach danke ich für die Übernahme des Korreferats. Weiterhin bin ich den Herren Dipl.-Kfm. Hubert Jäger, Dipl.-Kfm. Dr. Erwin Piroth und Dipl.-Kfm. Volker Warschburger für die kritische Durchsicht des Manuskriptes zu Dank verpflichtet sowie Herrn Dipl.-Kfm. A. Markus Rübel für seine Unterstützung beim Erstellen der Abbildungen und Tabellen. Für die aufgebrachte Mühe beim Schreiben des Manuskriptes danke ich Frau Ulrike Gräff.

Saarbrücken, im Mai 1984

Lothar Hans

INHALTSVERZEICHNIS

Seite:

Seite:

Seite:

Seite:

1. Einleitende Bemerkungen zum Gang der Untersuchung

In marktwirtschaftlich organisierten Wirtschaftssystemen erfolgt die Beschaffung der zur Leistungserstellung benötigten Produktionsfaktoren und der Absatz der betrieblichen Erzeugnisse zum überwiegenden Teil auf privaten Märkten. Die Interaktionen der Unternehmen mit dem Staat beschränken sich auf Auszahlungen in Form von Steuern, sonstigen Abgaben und für vom Staat bezogene Produktionsfaktoren sowie auf Einnahmen in Form von Subventionen.[1)]

Neben diesen allgemein üblichen Kontakten zwischen Staat und Privatwirtschaft bestehen für manche Unternehmen weitere Beziehungen zur öffentlichen Hand, welche daraus resultieren, daß der Staat als Nachfrager auftritt, um seinen Bedarf an Wirtschaftsgütern zu decken. Von privaten Nachfragern unterscheidet sich die öffentliche Hand durch folgende Besonderheiten:[2)]

1. Die Zielsetzung des Staates orientiert sich nicht primär am erwerbswirtschaftlichen Prinzip[3)], sondern an der Bedarfsdeckung; dies kann sich negativ auf die Wirtschaftlichkeit der Beschaffung auswirken.

2. Die öffentlichen Auftraggeber wirtschaften nicht mit eigenen Mitteln, sondern mit von der Allgemeinheit anvertrauten Steuergeldern; der rationelle Umgang mit diesen Geldern ist somit von öffentlichem Interesse.

3. Für viele Erzeugnisse besitzt der Staat ein Nachfragemonopol,

---

1) Zu den Zahlungsvorgängen zwischen Staat und Unternehmen vgl. W. Kilger, Einführung (1980), S. 4.

2) Vgl. hierzu H. Ebisch u. J. Gottschalk, Preise (1977), S. 1 f.

3) Zum erwerbswirtschaftlichen Prinzip vgl. E. Gutenberg, Produktion (1976), S. 464 ff.

was zu einseitigen Abhängigkeiten der jeweiligen Auftragnehmer von den betreffenden öffentlichen Auftraggebern führen kann.

Die genannten Eigenarten des öffentlichen Auftragswesens erfordern besondere Regelungen der Preisbildung in diesem Marktsektor, die sicherstellen sollen, daß keine der beteiligten Parteien, weder die öffentlichen Auftraggeber noch die für den Staat produzierenden Unternehmen, übervorteilt werden; diese Regelungen erfolgen in der Verordnung PR 30/53 (VPÖA).

Eine Methode der Preisbildung öffentlicher Aufträge ist die Ableitung aus den betriebsindividuellen Stückkosten der Produkte. Da die Preisermittlung auf der Grundlage von Selbstkosten die Gefahr des "Kostenmachens" in sich birgt, war mit der Verwendung dieses Preistyps der Erlaß von Kalkulationsrichtlinien erforderlich, welche für die Preiskalkulationen maßgebend sind; im Auftragswesen der Bundesrepublik Deutschland sind dies die Leitsätze zur Preisermittlung auf Grund von Selbstkosten (LSP), die Bestandteil der oben genannten Verordnung sind. Neben diesem Verordnungswerk besteht noch eine spezielle Verordnung (mit den entsprechenden Leitsätzen) für die Preisermittlung von Bauleistungen; auf diese werden wir im Rahmen dieser Arbeit nicht eingehen.

Die Herstellung von Selbstkostenpreis-Erzeugnissen zieht Konsequenzen für das interne Rechnungswesen und die Unternehmensplanung der jeweiligen Auftragnehmer nach sich, mit denen sich die vorliegende Untersuchung befaßt. Bezüglich der betrieblichen Kostenrechnung soll gezeigt werden, wie die Preiskalkulation gemäß den Bestimmungen der Leitsätze als zusätzliche Aufgabe des Abrechnungssystems von der Plankosten- und Deckungsbeitragsrechnung erfüllt werden kann. Von der Plankosten- und Deckungsbeitragsrechnung wird ausgegangen, da diese als das am weitesten entwickelte Kostenrechnungssystem die sonstigen Aufgaben der Kostenrechnung, neben der rechnerischen Abbildung des vergangenen und zukünftigen Betriebsgeschehens insbesondere die Überwachung der Wirtschaftlichkeit des Produktionsfaktoreinsatzes und die Bereitstellung entscheidungsrelevanter Kostendaten für betriebliche Planungsprobleme, am besten erfüllen kann.[1)]

In diesem Zusammenhang soll einmal gezeigt werden, wie die Bestimmungen der Leitsätze bezüglich der Mengen- und Wertansätze der einzelnen Kostenarten mit den betriebswirtschaftlichen Erfordernissen in Übereinstimmung zu bringen sind. Desweiteren sollen die Auswirkungen der Selbstkostenpreis-Ermittlung auf die Gestaltung der einzelnen Teilgebiete des Abrechnungssystems analysiert werden.[2)]

Die spezifischen Probleme der Unternehmensplanung in Betrieben mit Selbstkostenpreis-Erzeugnissen resultieren daher, daß die Entscheidungen derjenigen betrieblichen Teilpläne, die sich auf innerbetriebliche Gegebenheiten beziehen (z.B. Bereitstellungsplan, Kapazitäts- und Verfahrensplan, Produktionsprogramm- und -vollzugsplan), Auswirkungen auf die Erlöse der Produkte haben, wodurch eine zusätzliche Interdependenz zur Absatz- und Erlösplanung besteht, die in Betrieben, deren Erzeugnisse zu kostenungebundenen Preisen verkauft werden, nicht zu finden ist und die Änderungen der üblichen Entscheidungskriterien erfordert.

Für die Untersuchung ist ferner von Bedeutung, ob ein Unternehmen ausschließlich Produkte zu Selbstkostenpreisen herstellt oder ob gleichzeitig kostengebundene und kostenungebundene Preise abgerechnet werden; im zweiten Fall ergeben sich erlösbezogene Interdependenzen zwischen den beiden Produktgruppen.

---

1) Zu den Aufgaben der Kostenrechnung im einzelnen vgl. M. Schweitzer, G. Hettich u. H.U. Küpper, Systeme (1979), S. 57 ff; S. Hummel u. W. Männel, Kostenrechnung 1 (1980), S. 33 ff; W. Kilger, Einführung (1980), S. 14 ff; W. Kilger, Plankostenrechnung (1981), S. 15 f; G. Wöhe, Einführung (1981), S. 1085 f.

2) Mit der Gestaltung der Kostenrechnung beschäftigt sich die Kostenrechnungstheorie, vgl. hierzu K. Dellmann, Theorie (1979), S. 329 ff; R. Engelmann, Kostenkontrolle (1980), S. 132 ff; G. Turner, Kostenrechnungsdifferenzierung (1980), S. 6 ff.

Hinsichtlich des Aufbaus der Arbeit erschien es zweckmäßig, vor der Behandlung der genannten Themenbereiche auf die Preisbildung im öffentlichen Auftragswesen der Bundesrepublik einzugehen, zum einen um den Stellenwert der Selbstkostenpreise innerhalb dieses Preissystems aufzuzeigen, zum anderen um die verschiedenen Arten von Selbstkostenpreisen, deren Anwendungsvoraussetzungen und deren grundsätzliche Berechnungsweise darzustellen.

Das dritte Kapitel beschäftigt sich dann mit den kostenrechnerischen Grundlagen der Selbstkostenpreisermittlung gemäß den LSP; neben der Darstellung des der Preiskalkulation zugrundeliegenden Kostenbegriffs, der Prinzipien der Kostenzurechnung und der Anforderungen an die Gestaltung der Kostenrechnung soll in diesem Kapitel untersucht werden, ob und inwieweit die Kostenrechnungssysteme Ist-, Normal- und Plankostenrechnung für die betrachteten Unternehmen geeignet sind.

Im vierten Kapitel werden die Bestimmungen der Leitsätze zu den in die Selbstkostenpreise eingehenden Kostenbestandteilen aus der Sicht der Plankostenrechnung kommentiert und in den Fällen, in denen keine Übereinstimmung zwischen den kostenrechnerischen Vorstellungen und den LSP-Bestimmungen besteht, wird versucht, Kompromisse aufzuzeigen, die eine zulässige Preisermittlung im System der Plankostenrechnung ermöglichen. Weiterhin soll am Beispiel einer Rabattinanspruchnahme der grundsätzliche Nachteil der Selbstkostenpreise verdeutlicht werden, der darin besteht, daß Kosteneinsparungen keine positiven Auswirkungen auf die Zielgröße der Auftragnehmer haben.

Im Anschluß an die Darstellung und Kommentierung der Bestimmungen bezüglich der Kostenbestandteile wird im fünften Kapitel auf die entsprechenden Vorschriften hinsichtlich des kalkulatorischen Gewinnes eingegangen. Neben der Abgrenzung der Gewinn-Arten stehen die Verfahren der Gewinnberechnung und deren Beurteilung im Vordergrund.

Das sechste Kapitel beschäftigt sich mit Besonderheiten der organisatorischen Gestaltung und rechnerischen Durchführung der Plankostenrechnung, welche durch die zusätzliche Aufgabe der Selbstkostenpreisermittlung hervorgerufen werden. Neben Fragen der Kostenstelleneinteilung werden Probleme behandelt, die darauf zurückzuführen sind, daß Selbstkostenpreise auf den vollen Stückkosten der Erzeugnisse basieren; insbesondere die Bezugsgrößenwahl und der Einfluß von Beschäftigungsänderungen auf die Kostenverrechnung sind Gegenstand der Betrachtung. Desweiteren wird auf Besonderheiten der Kostenträgerrechnung in Betrieben mit Selbstkostenpreis-Produkten eingegangen.

Gegenstand des abschließenden Kapitels sind spezielle Probleme der Unternehmensplanung, die durch den unmittelbaren Zusammenhang zwischen Stückkosten und Verkaufspreisen bedingt sind. Aus der Vielzahl betrieblicher Planungsprobleme werden die kurzfristige Produktions- und Absatzplanung und die langfristige Kapazitäts- und Verfahrensplanung herausgegriffen. Bezüglich der Planung des kurzfristigen Produktions- und Absatzprogrammes zeigt sich, daß die bekannten Optimierungskriterien (bei unterstellter Zielsetzung der Gewinnmaximierung) modifiziert werden müssen, wobei insbesondere bei gemeinsamer Herstellung von Marktpreis- und Selbstkostenpreis-Erzeugnissen erhebliche Änderungen auftreten. Im Abschnitt über die langfristige Kapazitäts- und Verfahrensplanung werden generelle Aussagen über die Vorteilhaftigkeit von Investitions- und Desinvestitionsentscheidungen in Unternehmen mit Selbstkostenpreis-Produkten getroffen.

2. Die Preisbildung öffentlicher Aufträge

2.1. Die Preistypen des öffentlichen Auftragswesens und ihre Anwendungsbedingungen

Die Verordnung PR Nr. 30/53 über die Preise bei öffentlichen Aufträgen vom 22.11.1953 und die ihr als Anlage beigefügten Leitsätze für die Preisermittlung auf Grund von Selbstkosten, traten am 1.1.1954 in Kraft und lösten die alte Verordnung über die Preise bei öffentlichen Aufträgen (VPÖ) vom 11.8.1943 sowie die zugehörigen Kalkulationsleitsätze (LSÖ) ab. Die Verordnung wurde vom Bundeswirtschaftsminister erlassen und hat rechtlich den Rang einer Rechtsverordnung (Preisvorschrift des öffentlichen Rechts)[1]. Damit stellen die Bestimmungen des Verordnungswerkes bindendes öffentliches Recht dar, was bedeutet, daß Verstöße gegen die Vorschriften als Ordnungswidrigkeiten geahndet werden.

Rechtsgrundlage der Verordnung ist § 2 des Übergangsgesetzes über Preisbildung und Preisüberwachung (Preisgesetz) vom 10.4.1948, welches die für die Preisbildung zuständigen Stellen ermächtigt, "Anordnungen und Verfügungen (zu) erlassen, durch die Preise, Mieten, Pachten, Gebühren und sonstige Entgelte für Güter und Leistungen jeder Art festgesetzt oder genehmigt werden". Die Zuständigkeit für Verordnungen dieser Art liegt in der Bundesrepublik Deutschland beim Bundeswirtschaftsminister.

Das gesamte Verordnungswerk der VPöA basiert auf drei Grundsätzen, die in § 1 der Verordnung formuliert sind:

1. Vorrang von Marktpreisen vor Selbstkostenpreisen

---

1) Vgl. H. Michaelis u. C.A. Rhösa, Preisbildung (1982), Präambel S. 2.

2. Vorrang von Festpreisen vor vorläufigen Preisen
3. Höchstpreischarakter der nach der Verordnung zulässigen Preise.

Durch diese Grundsätze und durch die ihnen folgenden Bestimmungen der §§ 3 bis 7 VPöA werden das Preissystem der Verordnung, das wir in Übersicht 2.1 dargestellt haben, und die vorgeschriebene Rangfolge der Preistypen festgelegt.

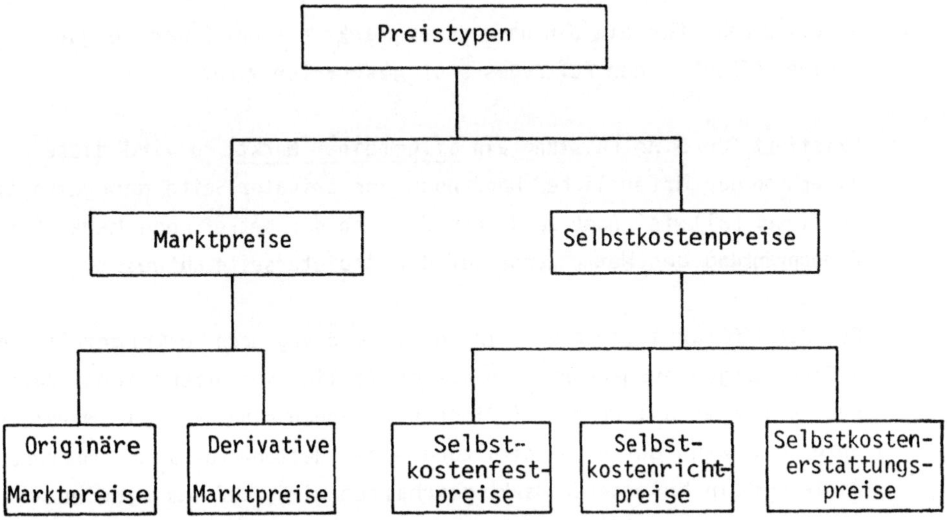

Übersicht 2.1.: Preistypen der VPöA

Im ersten Grundsatz manifestiert sich die schon in der Präambel der VPöA zum Ausdruck gebrachte wirtschaftspolitische Zielsetzung der Verordnung, die Preisbildung im öffentlichen Auftragswesen so weit wie möglich nach marktwirtschaftlichen Gesichtspunkten zu gestalten und andere Arten der Preisbildung nur in genau abgegrenzten Ausnahmefällen zuzulassen.[1]

1) Vgl. H. Ebisch u. J. Gottschalk, Preise (1977), S. 2.

§ 4 Abs. 1 VPöA bestimmt, daß für marktgängige Leistungen die im Verkehr üblichen Preise nicht unterschritten werden dürfen; Voraussetzung für die Zulässigkeit der so definierten Marktpreise ist nach § 5 Abs. 1 die Preisbildung unter Wettbewerb und die ausreichende Versorgung mit dem betreffenden Gut (keine Mangellage). Um die Anwendungsbedingungen des § 4 Abs. 1 festlegen zu können, ist eine Analyse des Begriffes marktgängige Leistung erforderlich; es lassen sich zwei Arten marktgängiger Leistungen unterscheiden:[1)]

- Leistungen, für die ein allgemeiner Markt bereits besteht,
- Leistungen, für die ein besonderer Markt aus Anlaß der Vergabe eines öffentlichen Auftrages erst geschaffen wird.

Existiert für eine Leistung ein allgemeiner Markt, so wird diese außer von der öffentlichen Hand noch von privater Seite nachgefragt; in diesem Fall ist noch zu überprüfen, ob der betreffende Markt keine Einschränkung des Wettbewerbs auf der Anbieterseite aufweist.

Der Begriff marktgängig wird in der Verordnung noch weitergefaßt und auf Leistungen ausgedehnt, die ausschließlich von öffentlichen Auftraggebern nachgefragt werden.[2)] Diese Leistungen sind dann als marktgängig anzusehen, wenn durch Veranstaltung eines Wettbewerbs unter mehreren Anbietern ein besonderer Markt geschaffen wird, auf dem eine entsprechende Preisbildung erfolgt. Wird etwa bezüglich einer Individualleistung für einen öffentlichen Auftraggeber eine Ausschreibung getätigt, so ist der Angebotspreis des Anbieters, welcher den Zuschlag erhält, ein zulässiger Marktpreis und die Leistung marktgängig

---

1) Vgl. H. Ebisch u. J. Gottschalk, Preise (1977), S. 92.

2) Vgl. Ziffer 5a des Ersten Runderlasses betr. Durchführung der VO PR Nr. 30/53 vom 22.12.1953, wiedergegeben bei H. Ebisch u. J. Gottschalk, Preise (1977), S. 615, die besagt, daß auch eine Leistung, die nur der Deckung des Bedarfs eines öffentlichen Auftraggebers dient, eine marktgängige Leistung sein kann; siehe auch C.A. Altmann, Marktpreis (1959), S. 934.

im Sinne des § 4 Abs. 1.[1)]

Für marktgängige Leistungen legt die Verordnung den im Verkehr üblichen Preis als Obergrenze fest (Höchstpreischarakter der VPöA gemäß § 1 Abs. 3). Dabei ist der im Verkehr übliche Preis als ein betriebssubjektiver Preis aufzufassen, demnach als ein Preis, den der für die Leistungserstellung in Frage kommende Auftragnehmer üblicherweise für die Leistung erzielt.[2)] Die Feststellung im Verkehr üblicher Preise ist allerdings nur bei Leistungen möglich, für die ein allgemeiner Markt besteht, nicht aber für Individualleistungen, die auf einem besonderen Markt zum ersten Mal umgesetzt werden; hier erfolgt die Preisbildung im konkreten Einzelfall.[3)]

In diesem Zusammenhang ist der Sonderfall erwähnenswert, daß ein öffentlicher Auftraggeber eine Ausschreibung für eine Leistung tätigt, die auf einem allgemeinen Markt umgesetzt wird. Hier ist es den potentiellen Anbietern untersagt, den auf dem allgemeinen Markt feststellbaren Preis im Angebot an den öffentlichen Auftraggeber zu überschreiten, da ansonsten ein höherer als der im Verkehr übliche Preis gefordert werden würde.[4)] Der allgemeine Marktpreis bildet somit die Obergrenze für den Preis der gleichen Leistung auf einem besonderen Markt.

Um dem Grundsatz des Marktpreisvorranges einen möglichst breiten Raum zu geben, hat der Verordnungsgeber in § 4 Abs. 2 und Abs. 4

---

1) Die in der Literatur zur VPöA zu findende Diskussion über die Begriffsextension von marktgängig (ob mehrere Umsatzakte erforderlich sind, ob marktgängig eine der Leistung immanente Eigenschaft ist, wie groß die Zahl der Anbieter sein muß) halten wir für überflüssig, da das ausschlaggebende Bestimmungsmerkmal für marktgängig im Sinne der VPöA die Möglichkeit der marktgerechten Preisbildung ist. Vgl. hierzu u.a. W. Daub, Handkommentar (1955) § 4, S. 41 EZ 3; C.H. Altmann, Marktpreis (1959), S. 932-936.

2) Vgl. H. Ebisch u. J. Gottschalk, Preise (1977), S. 97.

3) Die Existenz im Verkehr üblicher Preise ist keine notwendige Eigenschaft marktgängiger Leistungen, vgl. C.H. Altmann, Marktpreis (1959), S. 936; H. Müller, Preislenkung (1970), S. 49.

4) Vgl. H. Ebisch u. J. Gottschalk, Preise (1977), S. 97.

weitere Möglichkeiten der marktmäßigen Preisbildung für Fälle zugelassen, in denen an sich ein Marktpreis nicht feststellbar ist. § 4 Abs. 2 erlaubt die Ableitung des Preises eines Produktes aus dem Marktpreis eines anderen, wenn folgende Voraussetzungen erfüllt sind:

1. Beide Erzeugnisse müssen im wesentlichen miteinander vergleichbar sein. In der Literatur zur VPöA besteht übereinstimmend die Ansicht, daß die Erzeugnisse dann als vergleichbar anzusehen sind, wenn einer der folgenden Tatbestände gegeben ist:[1)]

   - beide Produkte entsprechen sich im wesentlichen in Ihrer Zusammensetzung und Ausführung

   - beide Produkte besitzen den gleichen Nutz- und Gebrauchswert.

2. Der Marktpreis des zum Vergleich herangezogenen Erzeugnisses muß unter den gleichen Markt- und Auftragsverhältnissen zustande gekommen sein, wie sie für die zu vergleichende Leistung gelten.[2)] Dabei ist insbesondere die Übereinstimmung der zeitlichen und örtlichen Marktgegebenheiten von Bedeutung.

Der abgeleitete Preis wird aus dem Marktpreis durch Zu- oder Abschläge ermittelt, wobei wegen des Höchstpreischarakters der Vorschrift Zuschläge vorgenommen werden dürfen und Abschläge vorgenommen werden müssen. Die Ermittlung der Zu- und Abschläge ist nach folgenden Verfahren vorzunehmen:[3)]

1. Zu- und Abschläge in Höhe der Marktpreise der Leistungsunterschiede zwischen beiden Erzeugnissen, sofern für diese Marktpreise feststellbar sind.

---

1) Vgl. u.a. H. Müller, Preislenkung (1970), S. 53; C.H. Altmann, Abgeleiteter Preis (1978), S. 1578 f.

2) Vgl. H. Daub, Handkommentar (1955), § 4, S. 50 EZ 15.

3) Vgl. H. Ebisch u. J. Gottschalk, Preise (1977), S. 107.

2. Zu- und Abschläge in Höhe der Wertdifferenz im Nutz- und Gebrauchswert, falls diese quantifizierbar ist.

3. Zu- und Abschläge in Höhe der Mehr- und Minderkosten, welche durch die Leistungsunterschiede bedingt sind.

Bezüglich der Anwendung der drei Verfahren gilt die Regel, daß das nachfolgende Verfahren erst zum Zuge kommen darf, wenn die Anwendungsvoraussetzungen der voranstehenden nicht erfüllt sind.[1)]

Eine weitere Ausdehnung der marktwirtschaftlichen Preisbildung erfolgt mit dem in § 4 Abs. 4 erwähnten modifizierten Marktpreis, der anzuwenden ist, wenn die "besonderen Verhältnisse" des öffentlichen Auftrages eine Über- oder Unterschreitung des feststellbaren Marktpreises eines Produktes kostenmäßig rechtfertigen,[2)] wenn also bei der Leistungserstellung für die öffentliche Hand andere Rahmenbedingungen als auf zivilen Märkten gelten, die im Preis Berücksichtigung finden müssen.

Besondere Verhältnisse werden in Ziffer 8 des Ersten Runderlasses definiert als "alle Abweichungen vom üblichen Auftrag eines Privatauftraggebers, z.B. Bereitstellung von Arbeitskräften, Material, Produktionseinrichtungen oder Kapital durch den öffentlichen Auftraggeber oder außergewöhnliche Auftragsgröße".

Die besonderen Verhältnisse sind nun kein hinreichender Grund zur Vereinbarung eines Selbstkostenpreises, sondern der Preis des öffentlichen Auftrages ist auf der Basis des auf dem zivilen Markt feststellbaren Preises zu ermitteln; die Zuschläge zu bzw. Abschläge von diesem Marktpreis richten sich nach den kostenmäßigen Auswirkungen der vorliegenden besonderen Bedingungen des Auftrages. Deren Quantifizierung dürfte in den im Runderlaß erwähnten Beispielen ohne größere Schwierigkeiten möglich sein, in anderen Fällen besonderer

---

1) Vgl. Erster Runderlaß betr. Durchführung der VPöA, Ziffer 6.

2) Dabei sind Unterschreitungen wiederum zwingend, während Überschreitungen vorgenommen werden können.

Auftragsverhältnisse, z.B. besondere Zahlungsbedingungen oder Gewährleistungsforderungen, sind Meinungsverschiedenheiten über die Höhe der Zu- und Abschläge denkbar.

Nicht einzusehen ist allerdings, weshalb eine außergewöhnliche Auftragsgröße Anlaß dazu geben könnte, einen kostenmäßig begründeten Abschlag vom Marktpreis vorzunehmen. Der Grund für diese Anordnung in Ziffer 8 des Ersten Runderlasses ist in der Überlegung zu sehen, daß die Erzeugnisse bei einem größeren Auftragsvolumen infolge der Fixkostendegression "billiger" produziert werden können und der öffentliche Auftraggeber an dieser Verbilligung partizipieren soll.[1)]

Diese Überlegung trifft aber nur dann zu, wenn die Kapazitäten des betreffenden Auftragnehmers ohne die Annahme nicht ausgelastet sind, wenn also der Auftrag angenommen werden kann, ohne daß auf die Produktion anderer Aufträge verzichtet werden muß. Ist der Auftragnehmer aber in der Lage, seine Kapazitäten mit anderen Produkten auszulasten, falls der betreffende Auftrag entfällt, so ist ein Abschlag vom Marktpreis wegen des größeren Auftragsvolumens nicht zu rechtfertigen.

Aber selbst wenn ein öffentlicher Auftrag die Kapazitätsauslastung verbessert, erscheint ein so begründeter Preisabschlag aus folgenden Gründen problematisch. Eine besondere Auslastung der betrieblichen Teilbereiche und die damit verbundene Fixkostendegression tritt nicht nur infolge einer außergewöhnlichen Auftragsgröße auf, sondern kann etwa im Materialbereich auch durch besonders wertvolles Material, im Fertigungsbereich durch lange Bearbeitungsdauern in einer oder mehreren Fertigungsstellen und im Verwaltungs- und Vertriebsbereich durch hohe Herstellkosten (die nicht unbedingt auf große Mengen zurückzuführen sind) bewirkt werden. Eine exakte Handhabung dieser Regelung würde somit bedeuten, daß die durch den betrachteten Auftrag verursachte Mehrauslastung in den einzelnen Teilbereichen untersucht und anhand einer noch festzulegenden Normalauslastung beurteilt wird. Diese Analyse scheitert

1) Vgl. Ziffer 21 d der Richtlinien für öffentliche Auftraggeber zur Anwendung der Verordnung PR Nr. 30/53, wiedergegeben in H. Ebisch u. J. Gottschalk, Preise (1977), S. 628.

einmal an dem damit verbundenen Aufwand, würde aber auch eine marktmäßige Preisbildung ad absurdum führen; andererseits ist dann nicht einzusehen, warum das Auftragsvolumen allein als Indikator für eine besondere Auslastung zur Anwendung kommen soll.

Weiterhin werden durch Preisabschläge infolge besonderer Auftragsgröße öffentliche Auftraggeber gegenüber privaten bevorteilt, da sie ein zusätzliches Instrument zur Preisbeeinflussung besitzen. Eine Zielsetzung der VPöA besteht aber darin, daß öffentliche Auftraggeber nicht besser und nicht schlechter als sonstige Nachfrager gestellt werden.[1] Will der öffentliche Auftraggeber eine besondere Auftragsgröße im Marktpreis berücksichtigt wissen, so kann er in den Preisverhandlungen einen Preisabschlag in Form eines Mengenrabattes verlangen, wofür ihm § 4 Abs. 3 VPöA die rechtliche Handhabe liefert.

Neben den Marktpreisen besteht das Preissystem der VPöA aus den verschiedenen Typen von Selbstkostenpreisen (siehe Übersicht 2.1). Nach § 5 Abs. 1 dürfen Selbstkostenpreise nur vereinbart werden, wenn Marktpreise nicht feststellbar sind oder wenn die Marktpreisbildung durch eine Mangellage oder durch Wettbewerbsbeschränkungen erheblich beeinflußt wird. Die Beschränkung des Anwendungsbereichs der Selbstkostenpreise auf die Fälle, in denen keine regulären Marktpreise feststellbar sind, ist mit deren gravierenden Mängeln zu erklären.

Der wichtigste Nachteil von Selbstkostenpreisvereinbarungen besteht darin, daß dem Auftragnehmer ganz oder teilweise der Anreiz genommen wird, die Produktion so wirtschaftlich wie möglich zu gestalten. Im äußersten Fall der Erstattung der angefallenen Kosten und Vereinbarung eines prozentualen Gewinnzuschlages vermindert jede kostensenkende Rationalisierungsmaßnahme den Gewinn des Auftragnehmers.[2] Dieser Nachteil kann allerdings durch Vereinbarung von Festpreisen (2. Grundsatz der Verordnung) und durch vertragliche Begrenzung der

---

1) Vgl. H. Ebisch u. J. Gottschalk, Preise (1977), S. 2.

2) Vgl. hierzu H. Diederich, Kostenpreis (1961), S. 40.

erstattungsfähigen Kosten nach § 7 Abs. 1 eingeschränkt werden.

Als weiterer Nachteil von Selbstkostenpreisen ist die Notwendigkeit ihrer Oberprüfung anzusehen, wodurch sowohl dem Staat als auch dem jeweiligen Auftragnehmer Belastungen entstehen.[1] Zur Durchführung der Preisprüfungen benötigt die öffentliche Hand eine Vielzahl betriebswirtschaftlich, technisch und auch juristisch geschulter Preisprüfer; auf der anderen Seite müssen die Auftragnehmer den Preisprüfern umfangreiches Datenmaterial über das Betriebsgeschehen und sachkundige Mitarbeiter zur Verfügung stellen.

Aus volkswirtschaftlicher Sicht ist der Nachteil von Selbstkostenpreisen darin zu sehen, daß sie die gesamtwirtschaftliche Aufgabe von Marktpreisen, die Produktionsfaktoren an die Stelle des größten wirtschaftlichen Nutzens zu lenken, nicht erfüllen können.

Der zweite Grundsatz der Verordnung, Vorrang fester Preise vor vorläufigen Preisen, kommt in den Bestimmungen der §§ 6 und 7 zum Ausdruck, welche die Rangfolge der Selbstkostenpreistypen festlegen. Danach muß ein mit Vertragsabschluß endgültig feststehender Selbstkostenfestpreis immer dann vereinbart werden, wenn das Mengengerüst des Auftrages soweit überschaubar ist, daß eine exakte Vorkalkulation erstellt werden kann; etwaige Unsicherheiten bezüglich des Wertgerüstes der Kalkulationsbestandteile können durch Vereinbarung von Preisgleitklauseln ausgeschaltet werden.[2]

Kann eine vorkalkulatorische Selbstkostenpreisermittlung nicht durchgeführt werden, ist bei Vertragsabschluß ein Selbstkostenrichtpreis zu vereinbaren. Hierunter versteht man einen vorläufigen Preis,

---

1) Vgl. H. Diederich, Kostenpreis (1961), S. 43.

2) Zu den Voraussetzungen einer Vereinbarung von Selbstkostenfestpreisen im einzelnen vgl. J. Broschwitz, Kriterien (1969), S. 979-981.

welcher auf der Grundlage einer groben Vorkalkulation ermittelt wird, die auf Schätzungen der bei Auftragsvergabe nicht überschaubaren Kalkulationsbestandteile beruht. Auftraggeber und Auftragnehmer sind verpflichtet, den Richtpreis in einen Festpreis umzuwandeln, sobald die Kalkulationsgrundlagen mit ausreichender Genauigkeit vorliegen.

In der Praxis wird der bei Vertragsabschluß ermittelte Richtpreis häufig als Obergrenze für den später zu bestimmenden endgültigen Preis festgelegt. C.H. Altmann ist der Ansicht, daß dieses Vorgehen dem Wortlaut des § 5 Abs. 1 Satz 1 (Selbstkostenpreise müssen auf die angemessenen Kosten des Auftragnehmers abgestellt werden) zuwiderläuft, da die Möglichkeit besteht, daß die angemessenen Kosten (incl. kalkulatorischem Gewinn) letztendlich über dem Selbstkostenrichtpreis liegen.[1] Aus dem gleichen Grund hält er jede vertraglich festgelegte Unterschreitung des auf die angemessenen Selbstkosten abgestellten Preises für unzulässig. Dieser Ansicht können wir wegen des in § 1 Abs. 3 manifestierten Höchstpreischarakters der Verordnung sowie wegen der in § 7 Abs. 1 zugelassenen Möglichkeit der vertraglichen Begrenzung von Selbstkostenerstattungspreisen, die auf Richtpreise analog angewandt werden kann, nicht zustimmen.[2]

Letzter Preistyp der Verordnung ist der Selbstkostenerstattungspreis, der gemäß § 7 Abs. 1 nur vereinbart werden darf, wenn eine andere Preisermittlung nicht möglich ist. Selbst für diesen Fall sieht § 7 noch die Möglichkeit der Einschränkung der Kostenerstattung vor, indem einmal die vertragliche Begrenzung der erstattungsfähigen Kosten zugelassen wird; zum anderen bestimmt § 7 Abs. 2, daß so weit als möglich für einzelne Kalkulationsbereiche feste Sätze zu vereinbaren sind. Dabei können die Sätze entweder bei Vertragsabschluß

---

1) Vgl. C.H. Altmann, Auftragswesen (1960), S. 114.

2) Gleicher Meinung sind H. Müller, Preislenkung (1970), S. 67; H. Ebisch u. J. Gottschalk, Preise (1977), S. 142.

festgelegt werden oder zu dem Zeitpunkt, an dem erkennbar wird, daß die Umwandlung eines Richt- in einen Festpreis nicht möglich ist, was zur Anwendung des Erstattungspreises führt.

Die behandelten Preistypen stellen das Preissystem der VPöA dar. In der Literatur zur Preisbildung öffentlicher Aufträge kommt es zu Meinungsverschiedenheiten hinsichtlich der Frage, ob neben den in der Verordnung ausdrücklich erwähnten Preisen ein weiterer Preistyp bei Preisvereinbarungen öffentlicher Aufträge zulässig ist, der frei vereinbarte Festpreis für Leistungen, welche die in § 5 Abs. 1 genannten Voraussetzungen einer Selbstkostenpreisvereinbarung erfüllen.[1)]

Die Befürworter eines solchen Festpreises führen zwei Gründe für dessen Zulässigkeit an. Erstens besagt § 5 Abs. 1, daß Festpreise vereinbart werden dürfen, woraus gefolgert wird, daß die Vertragspartner bei Vorliegen der Voraussetzungen dieser Bestimmung die Wahlfreiheit haben, ob sie einen Selbstkostenpreis oder einen anderen Preistyp vereinbaren. Zweitens wird in Nr. 22 b der Richtlinien für öffentliche Auftraggeber zur Anwendung der VPöA angeordnet, daß ein zwischen Auftraggeber und Auftragnehmer vereinbarter Festpreis nicht einer Selbstkostenpreisprüfung unterzogen werden kann.

Dieser Argumentation ist entgegenzuhalten, daß aus § 1 Abs. 3, der den Höchstpreischarakter der nach der Verordnung zulässigen Preise bestimmt, gefolgert werden muß, daß in der Verordnung ein geschlossenes Preissystem (System von Preisobergrenzen) festgelegt wird, mit dem die Preisbildung öffentlicher Aufträge vollständig geregelt ist.[2)]

---

1) Die Zulässigkeit eines derartigen Preises bejahen Dipper, Festpreisverträge (1957), S. 589 ; C.H. Altmann, Auftragswesen (1960), S. 98 ff.

2) Vgl. H. Müller, Preislenkung (1970), S. 71 f; M. Pribilla, Kostenrechnung (1971), § 5 S. 4.

Das Wort "dürfen" in § 5 Abs. 1 ist demnach so zu interpretieren, daß nur unter den genannten Voraussetzungen Selbstkostenpreisvereinbarungen zulässig sind, liegen die Voraussetzungen aber vor, ist die Selbstkostenpreisbildung allerdings zwingend.[1] Auch die Richtlinien für öffentliche Auftraggeber, die eine Verwaltungsanordnung für die betreffenden Dienststellen darstellen, können keinen Preistyp außerhalb der Verordnung schaffen, desweiteren sind sie für die Preisbehörden nicht bindend.[2] Damit ist festzuhalten, daß die in der VPöA explizit genannten Preistypen die Preisbildung öffentlicher Aufträge regeln und keine weiteren außerhalb der Verordnung zur Anwendung kommen können.

In Übersicht 2.2 haben wir die nach der Verordnung möglichen Preisvereinbarungen in der Rangfolge ihrer Zulässigkeit dargestellt. Aus den Bestimmungen geht hervor, daß ein in der Rangfolge tiefer stehender Preis nur vereinbart werden darf, wenn die Preisbildung mit dem voranstehenden nicht möglich ist. Dabei bestehen für abgeleitete und modifizierte Marktpreise sich ausschließende Anwendungsmöglichkeiten.[3]

---

1) Vgl. W. Holzapfel, Selbstkostenprüfrecht (1957), S. 142.

2) H. Michaelis u. C.A. Rhösa, Preisbildung (1982), berichten, daß bei der Entstehung der VPöA die Zulässigkeit eines weiteren, in der Verordnung nicht erwähnten Preistyps nicht vorgesehen war, vgl. VPöA § 5, Anhang 2, S. 4.

3) Eine ähnliche Übersicht bezeichnen H. Michaelis u. C.A. Rhösa als "Preistreppe"; vgl. Preisbildung (1982), Einführung, S. 8.

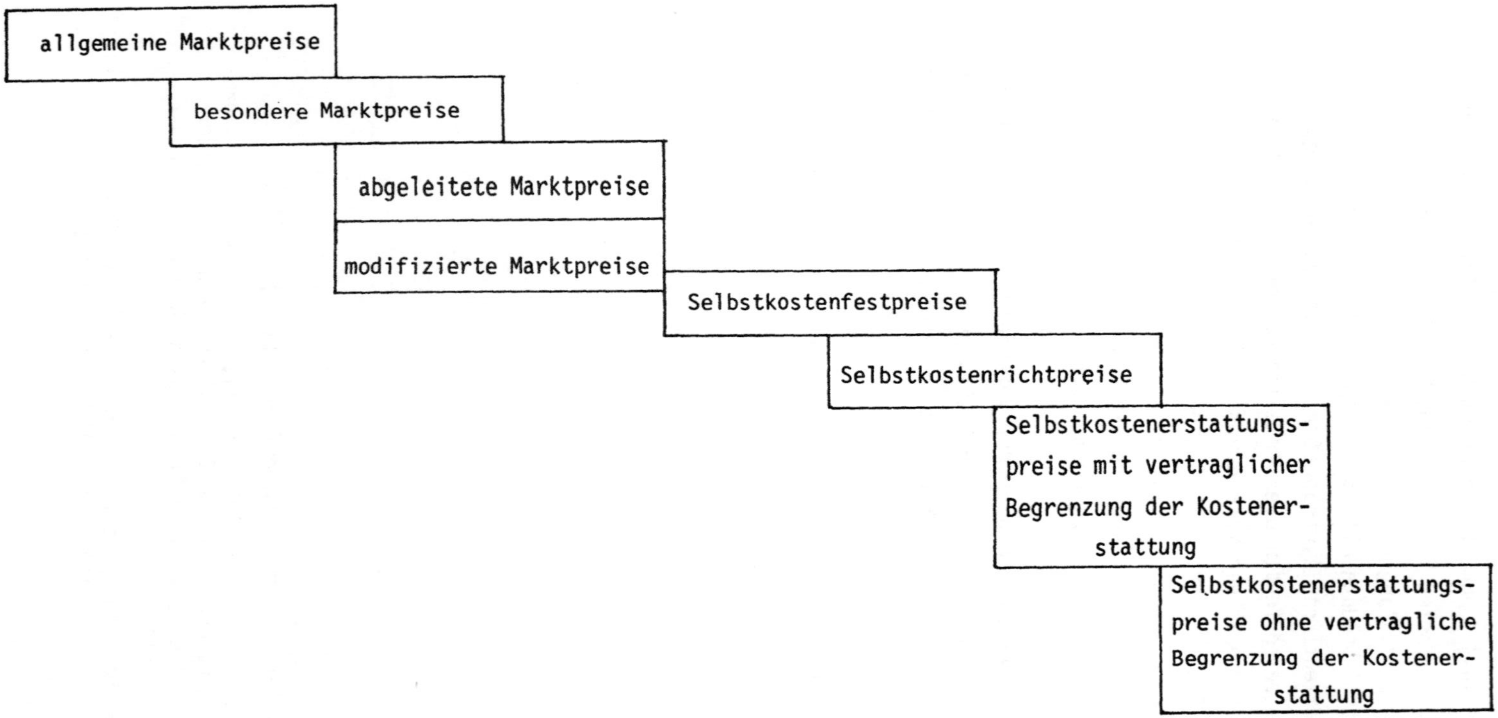

Übersicht 2.2.: Rangfolge der anzuwendenden Preistypen

2.2. Konzeption und Aufgaben der Leitsätze für die Preisermittlung auf Grund von Selbstkosten

§ 8 VPöA legt fest, daß die Bestimmung von Selbstkostenpreisen nach den der Verordnung als Anlage beigefügten Leitsätzen für die Preisermittlung auf Grund von Selbstkosten zu erfolgen hat. Die LSP werden durch die Erwähnung in § 8 Bestandteil der Verordnung und damit geltendes Preisrecht,[1] was bedeutet, daß Verstöße gegen ihre Bestimmungen nach § 11 VPöA geahndet werden.

Gemäß dem Höchstpreischarakter der Verordnung stellen die Mengen- und Wertansätze der Leitsätze die Obergrenze der in Preiskalkulationen anzusetzenden Beträge dar, welche durch vertragliche Vereinbarungen unterschritten werden können. Eine Unterschreitung des zulässigen Selbstkostenpreises ist damit auf zwei Arten möglich, einmal kann der ermittelte Endpreis unterschritten werden (z.B. durch vertragliche Begrenzung der Kostenerstattung gemäß § 7 Abs. 1), zum anderen können bei einzelnen Kalkulationsbestandteilen geringere als die zulässigen Ansätze im Selbstkostenpreis berücksichtigt werden (ein Beispiel hierfür ist die vertragliche Begrenzung einzelner Kalkulationssätze).

Die Aufgabe der Leitsätze besteht darin, der Selbstkostenpreisermittlung aller öffentlichen Aufträge (außer Bauaufträgen) eine einheitliche Berechnungsgrundlage zu geben und damit gleichzeitig Richtlinien für die in den §§ 9 und 10 VPöA geregelte Preisprüfung zu liefern.[2]

Grundlage der Preisermittlung und -prüfung sind die Daten der betriebsindividuellen Kostenrechnung des jeweiligen Auftragnehmers.

---

1) Vgl. H. Michaelis u. C.A. Rhösa, Preisbildung (1982), VPöA § 8, S. 1.

2) Vgl. K. Zeiger, Öffentlicher Auftrag (1959), S. 20.

Auf die Gestaltung der Kostenrechnung will der Verordnungsgeber so wenig wie möglich Einfluß nehmen, es wird lediglich verlangt, daß "die Feststellung der Kosten und Leistungen, die Abstimmung der Kosten- und Leistungsrechnung mit der Aufwands- und Ertragsrechnung sowie die Ermittlung von Preisen auf Grund von Selbstkosten" (Nr. 2 Satz 2 LSP) möglich sein muß. Nach Nr. 4 Abs. 4 LSP dürfen sogar in Fällen, in denen das Rechnungswesen des Auftragnehmers eine Selbstkostenpreisermittlung nach den genannten Grundsätzen nicht gewährleistet, diese durch Zu- oder Absetzungen abgeleitet werden.

Da den Auftragnehmern im Selbstkostenpreis sämtliche (proportionalen und fixen) Kosten erstattet werden sollen, muß der Preisermittlung eine Vollkostenrechnung zugrunde gelegt werden. Weiterhin gehen die Bestimmungen von einer Istkostenrechnung aus.[1] (Zu den Anwendungsmöglichkeiten der verschiedenen Kostenrechnungssysteme vgl. Abschnitt 3.4.).

Nr. 1 LSP nennt die Anwendungsgebiete der Leitsätze, wobei die Ermittlung von Selbstkostenpreisen gemäß der §§ 5 bis 7 VPöA den wichtigsten Anwendungsbereich darstellt. Die Vereinbarung von Selbstkostenpreisen nach den Leitsätzen erfolgt hierbei nicht nur zwischen den öffentlichen Auftraggebern und dem Unternehmen, welchem der Auftrag unmittelbar erteilt wurde. In vielen Fällen wird der Auftragnehmer nicht alle Bestandteile des Auftrages selbst herstellen, sondern Unteraufträge an andere Betriebe vergeben. Werden für die Unteraufträge zwischen mittelbaren und unmittelbaren Auftragnehmern Selbstkostenpreise vereinbart, so hat die Preisbildung nach den LSP zu erfolgen.

---

1) Vgl. H. Ebisch u. J. Gottschalk, Preise (1977), S. 5.

Dabei muß berücksichtigt werden, daß auch für Unteraufträge der Vorrang von Marktpreisen und die Reihenfolge der einzelnen Selbstkostenpreistypen in gleicher Weise wie für den Gesamtauftrag gelten.[1)]

Weiterhin sind die Leitsätze der Errechnung der Mehr- und Minderkosten zugrunde zu legen, mit denen abgeleitete oder modifizierte Marktpreise nach den Abs. 2 und 4 des § 4 VPöA aus den im Verkehr üblichen Preisen gleicher oder vergleichbarer Leistungen ermittelt werden.[2)] Diese Mehr- und Minderkosten können auch Gegenstand von Preisprüfungen gemäß § 9 VPöA sein, wobei allerdings nur der Unterschied zur marktüblichen Leistung überprüft werden darf.

Außerhalb des durch die VPöA festgelegten Geltungsbereiches werden die Leitsätze auch Preisvereinbarungen privater Vertragspartner zugrunde gelegt. Desweiteren kommen die LSP häufig bei Rechtsstreitigkeiten über Preisverstöße, bei Untersuchungen über die Kosten- und Ertragslage von Unternehmen und ähnlichem zur Anwendung.[3)]

Die LSP sind in drei Teile untergliedert; die Nummern 1 bis 3 behandeln den Geltungsbereich der Verordnung sowie die Anforderungen an das Rechnungswesen der Auftragnehmer. Im zweiten Teil (Nr. 4 bis 10) werden die Begriffe Kosten und Selbstkostenpreise definiert und allgemeine Grundsätze für die Ermittlung der Kostenansätze und für die Preiskalkulationen festgelegt.

Der dritte Teil befaßt sich einmal in den Nummern 11 bis 50 detailliert mit den Mengen- und Wertansätzen der einzelnen Kosten-

---

1) Vgl. H. Michaelis u. C.A. Rhösa, Preisbildung (1982), LSP Nr. 1, S. 15.

2) Vgl. H. Michaelis u. C.A. Rhösa, Preisbildung (1982), VPöA § 4, S. 18 u. S. 28.

3) Zu den Anwendungsgebieten der Leitsätze außerhalb der Verordnung im einzelnen vgl. H. Michaelis u. C.A. Rhösa, Preisbildung (1982), LSP Nr. 1, S. 2-14.

arten. Bezüglich der Kostenartengliederung lehnen sich die Bestimmungen an den Gemeinschaftskontenrahmen der Industrie an, wobei allerdings die Kostenartengruppe 49, Kosten der innerbetrieblichen Leistungsverrechnung, keine explizite Berücksichtigung findet[1]; die Leitsätze enthalten keine spezielle Vorschrift zur innerbetrieblichen Leistungsverrechnung, deren ordnungsgemäße Durchführung ergibt sich jedoch aus den Anforderungen an die Kostenrechnung.[2] Neben diesen Bestimmungen bezüglich der Kostenarten enthält der dritte Teil der LSP in Nr. 51 und 52 Vorschriften über Arten und Berechnungsmodalitäten des kalkulatorischen Gewinnes, welcher neben den vollen Selbstkosten im Selbstkostenpreis angesetzt werden darf.

2.3. Die Ermittlung von Selbstkostenpreisen

Die zur Ermittlung von Selbstkostenpreisen anzuwendenden Kalkulationsmethoden werden durch den vereinbarten Preistyp determiniert; Selbstkostenfest- und Selbstkostenrichtpreise werden anhand von Vorkalkulationen errechnet, die Bestimmung von Selbstkostenerstattungspreisen erfolgt nachkalkulatorisch. Werden Richtpreise in Festpreise umgewandelt oder (bei Erstattungspreisen) feste Kalkulationssätze nach § 7 Abs. 2 VPöA vereinbart, so erfolgt eine gemischte Preisbestimmung[3]; die nach dem Umwandlungszeitpunkt anfallenden Kosten bzw. die festen Kalkulationssätze werden vorkalkulatorisch ermittelt, für die restlichen Bestandteile der Selbstkostenpreise

---

1) Vgl. E. Grochla, Kalkulation (1954), S. 33.

2) Vgl. H. Ebisch u. J. Gottschalk, Preise (1977), S. 221.

3) Vgl. hierzu H. Ebisch u. J. Gottschalk, Preise (1977), S. 140; H. Michaelis u. C.A. Rhösa, Preisbildung (1982), LSP Nr. 6, S. 1.

Nachkalkulationen erstellt.[1)]

Ein Selbstkostenfestpreis kann nur zustande kommen, wenn die wichtigsten Kalkulationsgrundlagen so weit bekannt sind, daß sich die Kosten eines Auftrages mit hinreichender Genauigkeit im voraus bestimmen lassen.[2)] Voraussetzung hierfür ist die Erarbeitung detaillierter Mengen- und Zeitangaben des Auftrages, insbesondere von Materialbedarfsberechnungen, Stücklisten, Arbeitsablaufplänen u.a.[3)]

Inwieweit die Erstellung detaillierter Kalkulationsdaten möglich ist, hängt wesentlich davon ab, ob der betreffende öffentliche Auftrag noch Forschungs- und Entwicklungsleistungen umfaßt. Wegen der Unsicherheit der Ergebnisse von Forschungs- und Entwicklungstätigkeiten dürfte die Planung genauer Kalkulationsdaten zum Zeitpunkt des Vertragsabschlusses nicht möglich sein, so daß eine Festpreisvereinbarung hier nicht zur Anwendung kommen kann.[4)]

Desweiteren hängt die Möglichkeit einer exakten Vorkalkulation davon ab, ob der Auftrag schon häufiger produziert wurde oder zum ersten Mal nachgefragt wird. Ist der Auftrag bereits einmal hergestellt worden, so können die benötigten Kalkulationsdaten den Nachkalkulationen früherer Aufträge entnommen werden. Betriebe mit einer Plankostenrechnung erstellen für regelmäßig zu fertigende Produkte zeitraumbezogene Plankalkulationen, die, falls erforderlich, leicht an die preisrechtlich vorgeschriebenen Mengen- und Wertansätze anzupassen sind.[5)] Bei Aufträgen dieser Art ist eine Ermittlung von Selbstkostenfestpreisen ohne Schwierigkeiten möglich.

---

1) E. Grochla bezeichnet die Kalkulation zum Umwandlungszeitpunkt als Zwischenkalkulation, vgl. Kalkulation (1954), S. 26.

2) Vgl. H. Ebisch u. J. Gottschalk, Preise (1977), S. 136.

3) Vgl. W. Kilger, Plankostenrechnung (1981), S. 650.

4) Mit den Forschungs- und Entwicklungstätigkeiten im Zusammenhang mit Selbstkostenpreis-Erzeugnissen werden wir uns in Abschnitt 4.6 befassen.

5) Vgl. hierzu Abschnitt 3.4.

Wird der Auftrag erstmals nachgefragt, kann auf Nachkalkulationen nicht zurückgegriffen werden bzw. sind Plankalkulationen noch nicht erstellt. Da die Planung der Kalkulationsdaten mit erheblichem Aufwand an Zeit und qualifiziertem Personal verbunden ist, muß vor deren Durchführung die Auftragserteilung vertraglich sichergestellt sein; dem Auftragnehmer können die damit verbundenen Kosten nur zugemutet werden, wenn er die betreffenden Erzeugnisse danach auch produzieren kann.

Unter diesem Gesichtspunkt erscheint die Bestimmung des § 6 Abs. 2 VPöA problematisch, die eine endgültige Festlegung des Selbstkostenpreises bis spätestens unmittelbar nach Vertragsabschluß vorschreibt. Bei strenger Auslegung dieser Vorschrift wäre für den Zeitraum der Planung der Produktdaten ein Selbstkostenrichtpreis zu vereinbaren, welcher nach deren Abschluß umgewandelt werden müßte; dies würde einmal einen unnötigen Mehraufwand darstellen und zum anderen dem Grundsatz des Vorranges von Festpreisen widersprechen. Es ist daher H. Ebisch und J. Gottschalk zuzustimmen, die als spätesten Zeitpunkt der Preisfestlegung den Beginn der Leistungserstellung nennen.[1)]

Bei neuen Produkten läßt sich eine exakte Vorkalkulation nur dann erstellen, wenn ein eindeutiger, überschaubarer Produktaufbau angegeben werden kann. Häufig ist aber insbesondere bei Erzeugnissen, die in Einzelfertigung hergestellt werden und deren Fertigstellung lange Zeit beansprucht, der Auftraggeber nicht in der Lage, bei Auftragserteilung eine exakte und umfassende Beschreibung der gewünschten Leistung zu geben, sondern behält sich Änderungen und Ergänzungen für die Zeit der Leistungserstellung vor. Weiterhin ist oftmals mit technischen Schwierigkeiten während der Fertigung zu rechnen, die eine hinreichend exakte Prognose des Mengen- und Zeitgerüstes unmöglich

---

1) Vgl. H. Ebisch u. J. Gottschalk, Preise (1977), S. 137.

machen. Dies hat zur Folge, daß eine endgültige Preisfestlegung nicht möglich ist und daher ein Richtpreis vereinbart werden muß.

Zur Bestimmung eines Selbstkostenrichtpreises werden die erwarteten Selbstkosten des Auftrages mangels exakter Kalkulationsdaten mit Hilfe von Näherungsverfahren bestimmt. Diese Näherungsverfahren bedienen sich Erfahrungswerten, welche dem Auftragnehmer aus früher erstellten Kalkulationen vergleichbarer Aufträge zur Verfügung stehen.[1)]

Zur Erstellung der näherungsweisen Vorkalkulationen werden als erstes Einflußgrößen festgelegt, zu denen die Kosten der vergleichbaren Aufträge und die des zu kalkulierenden Auftrages korrelative Beziehungen aufweisen. Derartige Einflußgrößen sind etwa Bruttoregistertonnen im Schiffsbau, Maschinengewichte im Anlagenbau oder sonstige Gewichts- und Volumengrößen.[2)] Im zweiten Schritt sind die Herstellkosten der zum Vergleich herangezogenen Aufträge mit Hilfe von Preis- und Lohnindizes dem Preisniveau des Ausführungszeitraumes anzupassen. Als nächstes werden die Herstellkosten der vergleichbaren Aufträge den relevanten Einflußgrößen zugeordnet und durchschnittliche Kostensätze pro Einheit der Einflußgrößen berechnet; mit diesen Kostensätzen sind dann die geschätzten Werte der jeweiligen Einflußgröße des zu kalkulierenden Auftrages zu multiplizieren. Nehmen wir an, daß $j=1,...,n$ früher gefertigte Aufträge zum Vergleich herangezogenen werden, deren Herstellkosten k_{Hj} $\mu=1,...,s$ Einflußgrößen zugeordnet werden, wobei jeweils $b_{\mu j}$ Einheiten der betreffenden Einflußgröße pro Stück anfallen, so erhält man als Schätzwert für die Herstellkosten des zu kalkulierenden Auftrages $\bar{j}$ folgende Bestimmungsgleichung:

---

1) Zum Vorgehen bei der Erstellung näherungsweiser Vorkalkulationen vgl. W. Kilger, Angebotskalkulation (1980), S. 107 ff. sowie W. Kilger, Plankostenrechnung (1981), S. 651 ff. W. Kilger verwendet für exakte und näherungsweise Vorkalkulationen die Bezeichnungen Auftrags- und Angebotsvorkalkulationen.

2) Vgl. W. Eversheim, W. Minolla u. W. Fischer, Angebotskalkulation (1977), S. 13 ff ; W. Kilger, Plankostenrechnung (1981), S. 651.

$$(2.1)\quad k_{H\bar{j}} = \sum_{\mu=1}^{s} \frac{\sum_{j=1}^{n} k_{H\mu j}}{\sum_{j=1}^{n} b_{\mu j}} b_{\mu\bar{j}}$$

Ist eine Aufteilung der Herstellkosten auf mehrere Einflußgrößen nicht möglich, so sollte für jeden Auftrag nur eine verwendet werden und zwar diejenige, welche am ehesten einen proportionalen Zusammenhang zu den Herstellkosten aufweist. Werden in den Nachkalkulationen der vergleichbaren Aufträge fixe und proportionale Kosten getrennt ausgewiesen, empfiehlt es sich, obige Berechnung nur für die proportionalen Kosten durchzuführen und die Fixkosten mit Hilfe eines prozentualen Zuschlages zu berücksichtigen, da zwischen den fixen Kosten und den Einflußgrößen keine proportionalen Beziehungen bestehen.

Gehen in den Auftrag Einzelteile oder Baugruppen ein, deren exakte Herstellkosten bereits vorliegen, läßt sich die Genauigkeit der näherungsweisen Kalkulation durch Berücksichtigung dieser Positionen erhöhen. Bezeichnen wir die exakten Herstellkosten der betreffenden Teile mit $k_{H\bar{j}}^{(e)}$ und den Anteil dieser Teile an der Einflußgröße μ mit α_{μ}, so ändert sich die obige Kalkulationsgleichung wie folgt:

$$(2.2)\quad k_{H\bar{j}} = \sum_{\mu=1}^{s} \frac{\sum_{j=1}^{n} k_{H\mu j}}{\sum_{j=1}^{n} b_{\mu j}} b_{\mu\bar{j}}\,(1-\alpha_{\mu}) + k_{H\bar{j}}^{(e)}$$

Die Verwaltungs- und Vertriebskosten werden mit Hilfe der für den Ausführungszeitraum geltenden Zuschlagssätze auf die Herstellkosten errechnet. Der zu berechnende Richtpreis ergibt sich aus den auf die beschriebene Weise kalkulierten Selbstkosten zuzüglich des kalkulatorischen Gewinnes; er ist in einen Festpreis umzuwandeln, sobald eine exakte Kalkulation erstellt werden kann.

Stehen bis zur Beendigung der Fertigung die exakten Kalkulationsgrundlagen nicht fest, wird ein nachkalkulatorisch ermittelter Selbstkostenerstattungspreis abgerechnet, der auf den Ist-Kalkulationsdaten basiert. Dieser dürfte in erster Linie bei Entwicklungsaufträgen, der Fertigung von Prototypen sowie bei Instandsetzungsarbeiten zur Anwendung kommen.[1)]

Der Aufbau von Vor- und Nachkalkulationen wird von den technischen Eigenschaften der betreffenden Produkte und von branchenspezifischen Gegebenheiten bestimmt.[2)] Die Leitsätze beschränken sich daher auf die Angabe eines Mindestgliederungsschemas für die Preiskalkulation. Nr. 10 Abs. 3 bestimmt, daß mindestens die folgenden Kalkulationsbereiche gesondert aufzuführen sind:

- Materialkosten
- Fertigungskosten
- Entwicklungs- und Entwurfskosten
- Verwaltungskosten
- Vertriebskosten.

Innerhalb der Kalkulationsbereiche sollen Einzel- und Gemeinkosten getrennt ausgewiesen und innerhalb der Einzelkosten die Sondereinzelkosten von den übrigen unterschieden werden. Die Leitsätze machen keine Angaben darüber, welche Kostenbestandteile in die Herstellkosten einzubeziehen sind, sondern überlassen dies dem betriebs- und branchenüblichen Vorgehen; in der Regel umfassen die Herstellkosten die Material- und Fertigungskosten.

---

1) Vgl. H. Ebisch u. J. Gottschalk, Preise (1977), S. 144.
2) Vgl. W. Kilger, Einführung (1980), S. 266.

Berücksichtigt man in den Kalkulationsbereichen die Unterteilung in Einzel- und Gemeinkosten, weicht die Gliederung der Nr. 10 nur in einem Punkt vom Grundschema des Kalkulationsaufbaus ab;[1] es wird ein gesonderter Ausweis der Entwicklungs- und Entwurfskosten verlangt. Dies ist aber aus betriebswirtschaftlicher Sicht auch für Kalkulationen zu fordern, die nicht den LSP-Bestimmungen unterliegen, falls Forschungs- und Entwicklungstätigkeiten in größerem Umfang anfallen, da sie als Vorleistungskosten bezüglich Entscheidungsrelevanz und Kostenkontrolle eine Sonderstellung einnehmen.[2]

Im dritten Teil der Leitsätze wird außerdem noch für einige Kostenarten ein gesonderter Ausweis in den Preiskalkulationen vorgeschrieben, es sind dies:

LSP-Nr.	Kostenart
12	Auswärtige Bearbeitung
14	Sonderbetriebsmittel
28	Kosten der freien und gebundenen Entwicklung bei Entwicklungsaufträgen
29	Fertigungsanlauf, Bauartenänderung
30	Umsatzsteuer, bestimmte Verbrauchssteuern
33	Lizenzgebühren
35	Vertreterprovisionen
36	Versandkosten
41	Sonderabschreibungen

---

1) Zum Grundschema des Kalkulationsaufbaus vgl. W. Kilger, Einführung (1980), S. 267.

2) Zu den Vorleistungskosten vgl. W. Kilger, Plankostenrechnung (1981), S. 287 ff.

Neben den Kosten pro Einheit der einzelnen Kalkulationsbereiche ist in den Preiskalkulationen noch der kalkulatorische Gewinn angeführt sowie der Selbstkostenpreis als Gesamtsumme. Bei der Ermittlung von Selbstkostenrichtpreisen kann allerdings, wie oben gesehen, dieses Schema nicht zur Anwendung kommen.

3. Grundlagen einer Kostenrechnung in Betrieben mit Selbstkostenpreis-Erzeugnissen

3.1. Die der Selbstkostenpreisermittlung zugrundeliegende Kostenauffassung

3.1.1. Zusammenfassende Darstellung der verschiedenen Kostenbegriffe

Da die Kosten den wesentlichen Betrachtungsgegenstand des gesamten innerbetrieblichen Rechnungswesens darstellen, ist eine exakte Begriffsbestimmung von großer theoretischer und praktischer Bedeutung; demzufolge ist dieser in der Betriebswirtschaftslehre ein breiter Raum gewidmet worden.[1] Hierbei beziehen sich die Definitionen einmal auf den allgemeinen Kostenbegriff, also die generelle Festlegung von Begriffsumfang und -inhalt, und zum zweiten auf spezielle Kostenbegriffe, welche durch die Verwendung zusätzlicher Begriffsmerkmale aus dem allgemeinen Kostenbegriff abgeleitet werden; spezielle Kostenbegriffe sind beispielsweise Stückkosten, Plankosten, Grenzkosten u.ä.

Den in der Literatur zur Kostentheorie und Kostenrechnung wiedergegebenen Begriffsbestimmungen des allgemeinen Kostenbegriffs sind folgende drei Merkmale gemeinsam:

1. Leistungsbezogenheit
2. Güterverbrauch
3. Bewertung.

Unterschiedliche Interpretationen dieser Merkmale führen nun dazu,

---

1) Zu den allgemeinen Kostendefinitionen vgl. u.a. H. Koch, Kostenbegriff (1958); E. Kosiol, Kostenbegriff (1958); E. Schmalenbach, Kostenrechnung (1963); S. Menrad, Kostenbegriff (1965).

daß sich mehrere Kostenbegriffe mit verschiedenen Begriffsextensionen gegenüberstehen. Die größten Divergenzen bestehen dabei zwischen dem wertmäßigen und dem pagatorischen Kostenbegriff, aber auch zwischen den Vertretern einer dieser beiden grundsätzlichen Auffassungen treten Unterschiede bezüglich der Auslegung der genannten Merkmale auf.

Alle Definitionen des Begriffs Kosten beschränken den Begriffsumfang auf den zur Leistungserstellung erforderlichen bewerteten Güterverbrauch; durch den ausschließlichen Bezug zur betrieblichen Leistungserstellung werden Aufwand und Kosten voneinander abgegrenzt.[1] In diesem Zusammenhang werden unter Leistungsbezogenheit alle mit der Herstellung, einschließlich Beschaffung und Aufrechterhaltung der Kapazitäten, und dem Absatz der betrieblichen Erzeugnisse verbundenen Handlungen verstanden.[2]

Bezüglich des Merkmals Leistungsbezogenheit besteht zwischen wertmäßiger und pagatorischer Kostenauffassung kein Unterschied; so definiert H. Koch, ein Vertreter des pagatorischen Kostenbegriffes, Kosten als "die mit der Herstellung und dem Absatz einer Erzeugniseinheit bzw. einer Periode verbundenen, nicht kompensierten Ausgaben".[3] Lediglich E. Bosshardt schränkt die Leistungsbezogenheit dergestalt ein, daß nur die zur Herstellung der Produkteinheiten erforderlichen (bewerteten)Faktorverbräuche als Kosten anerkannt werden.[4] Diese Interpretation der Leistungsbezogenheit orientiert

---

1) Zur Abgrenzung von Aufwand und Kosten vgl. E. Schmalenbach, Dynamische Bilanz (1956), S. 36 ff; W. Kilger, Erfolgsrechnung (1962), S. 9 ff; H.K. Weber, Rechnungswesen (1974), S. 115 ff; W. Kilger, Einführung (1980), S. 23 ff; G. Wöhe, Einführung (1981), S. 883 ff.

2) Vgl. die Kostendefinition bei W. Kilger, Plankostenrechnung (1981), S. 16.

3) H. Koch, Kostenbegriff (1958), S. 361.

4) Vgl. E. Bosshardt, Kostenrechnung (1948), S. 32 und S. 302.

sich für eine allgemeine Kostendefinition zu sehr an den stückbezogenen Kosten und tendiert in Richtung Grenzkostenbegriff. So zählen nach Bosshardts Meinung bei Unterbeschäftigung nicht alle Faktorverbräuche zur Aufrechterhaltung der Kapazitäten zu den Kosten.[1)]

Hinsichtlich der Interpretation des Merkmals Güterverbrauch bestehen grundsätzliche Auffassungsunterschiede zwischen den Vertretern des wertmäßigen und des pagatorischen Kostenbegriffs.[2)] Kosten sind nach der wertmäßigen Definition bewerteter Güterverzehr, somit "Sachgüter, Werkstoffe, Arbeitsleistungen, Dienstleistungen, multipliziert mit ihren Preisen zuzüglich bestimmter Steuern und öffentlicher Abgaben".[3)] Im Vordergrund der Betrachtung steht der Verbrauch an realen Wirtschaftsgütern sowie der Verbrauch des "Nominalgutes" Geld in Form von leistungsbezogenen Abgaben an die öffentliche Hand.[4)]

Dieser Auffassung von Kosten als zur Leistungserstellung aufgewendete bewertete Güter steht die Interpretation der Vertreter des pagatorischen Kostenbegriffs gegenüber, die Kosten als aufgewendetes Geld ansehen. H. Koch sieht den Unterschied zwischen der gütermäßigen und der monetären Kostenauffassung darin, daß erstere den Verbrauchsmengen materielle Bedeutung beimißt; "dagegen betrachten die Vertreter des pagatorischen Kostenbegriffs die Verbrauchsmessungen als dimensionslose Ausdrücke, die einfach als Multiplikatoren für die Güterpreise eingesetzt werden".[5)] Dem

---

1) Zur Kritik an der Interpretation Bosshardts vgl. im einzelnen K. Thielmann, Kostenbegriff (1964), S. 136 ff; E. Heinen, Kostenlehre (1983), S. 72 f.

2) Vgl. K. Engelmann, Einwände (1958), S. 558 f.

3) E. Gutenberg, Produktion (1976), S. 326.

4) Vgl. E. Kosiol, Kostenbegriff (1958), S. 34 ff.

5) H. Koch, Kostenbegriff (1958), S. 362 Fußnote 15b; vgl. hierzu auch J. Fettel, Diskussion (1959), S. 568.

pagatorischen Kostenbegriff fehlt eine materiell definierte Mengenkomponente, von Interesse sind allein Zahlungsvorgänge. Ein Vergleich der gütermäßigen und der monetären Kostenauffassung muß sich daran orientieren, welche der beiden Auffassungen den Aufgaben der Kostenrechnung eher gerecht wird; dabei sollen die Aufgaben der Kostenkontrolle und der Bereitstellung entscheidungsrelevanter Plandaten in den Vordergrund gestellt werden.

Der monatliche Soll-Ist-Kostenvergleich ermittelt zwar auch Abweichungen zwischen geplanten und tatsächlichen Beschaffungspreisen, das Schwergewicht liegt aber in der Überwachung der Wirtschaftlichkeit der Faktorverbräuche, also der Mengenkomponente der Kosten.[1] Die Verbrauchsmengen sind nämlich die Größen, welche von den für die Wirtschaftlichkeit verantwortlichen Personen beeinflußt werden können und damit für deren Beurteilung maßgebend sind. Eine Kostenauffassung, welche die Verbrauchsmengen lediglich als "Multiplikatoren für die Güterpreise" interpretiert, widerspricht den Intensionen der Kostenkontrolle.

Auch bezüglich der Bereitstellung von Daten für betriebliche Entscheidungen halten wir die gütermäßige Kostenauffassung für zweckmäßiger, da bei einigen Planungsproblemen der Produktionsvollzugsplanung unmittelbar über die Einsatz- und Beschaffungsmengen der Produktionsfaktoren zu entscheiden ist (Beispiele hierfür sind Entscheidungen über Eigenerstellung oder Fremdbezug von Vorprodukten, den Einsatz von Mehrarbeitszeiten u.a.).

Weiterhin ist nicht ersichtlich, welche Vorzüge die monetäre Interpretation hinsichtlich der Aufgaben Dokumentation und Selbstkostenpreisbildung haben könnte. Die Begründung dieser Auffassung, jede unternehmerische Tätigkeit gehe vom Geld aus und ende im Geld,[2] läßt sich eher in Verbindung bringen mit der Betrachtungsweise und den Zielsetzungen des externen Rechnungswesens,für wesentliche Aufgaben der Kostenrechnung ist der monetäre Aspekt von untergeordneter

---

1) Auf die Durchführung der Kostenkontrolle werden wir in Abschnitt 4.1. ausführlicher eingehen.

2) J. Fettel, Diskussion (1959), S. 567.

Bedeutung.

Ein weiterer wesentlicher Unterschied bezüglich des Merkmals Güterverbrauch besteht zwischen dem wertmäßigen und dem pagatorischen Kostenbegriff darin, daß nach ersterem kalkulatorische Eigenkapitalzinsen und kalkulatorischer Unternehmerlohn als Kosten angesehen werden, während die Vertreter des pagatorischen Kostenbegriffs deren Kostencharakter bestreiten; sie sehen Unternehmerlohn und Eigenkapitalzinsen als Gewinnbestandteile an.[1)]

So vertritt H. Koch die Ansicht, daß die unternehmerische Tätigkeit und das Eigenkapital dem Unternehmen von vornherein zur Verfügung stehen, nach diesen Größen somit keine Nachfrage besteht und daher kein Marktpreis existieren kann; die Begriffe seien widersprüchlich und logisch nicht haltbar.[2)]

Entscheidendes Bestimmungsmerkmal des Kostencharakters ist nach dieser Ansicht die Existenz eines Preises; existiert kein Preis, können keine Auszahlungen erfolgen und somit nach monetärer Interpretation keine Kosten entstehen. Diese Begründung vernachlässigt ein wesentliches Bestimmungsmerkmal der Kosten, welches die gütermäßige Kostenauffassung in den Vordergrund stellt; die Entstehung von Kosten ist immer mit dem Verbrauch von Produktionsfaktoren im betrieblichen Kombinationsprozeß verbunden und umgekehrt führt jeder leistungsbezogene Faktorverbrauch zu Kosten. Die Beurteilung des Kostencharakters von Unternehmerlohn und Eigenkapitalzinsen ist daher an der Frage zu orientieren, ob ein Einsatz von Produktionsfaktoren und ein damit verbundener Güterverbrauch vorliegt.

---

1) Vgl. H. Seischab, Demontage (1952), S. 20; J. Fettel, Marktpreis (1957), S. 94; H. Koch, Kostenbegriff (1958), S. 383; Eine Gegenüberstellung beider Auffassungen gibt W. Lücke, Zinsen (1965), S. 3 ff.

2) Vgl. H. Koch, Kostenbegriff (1958), S. 386 f.

Beim Unternehmerlohn ist der Faktoreinsatz offensichtlich; der Eigentümer setzt seine Arbeitskraft bei der Erstellung der Betriebsleistung im allgemeinen zu dispositiven Zwecken ein. Diese Tätigkeit ist somit in der Kostenrechnung unabhängig von der Person des Ausführenden (Eigentümer oder leitender Angestellter) zu berücksichtigen und, falls keine effektiven Zahlungen erfolgen, mit dem entsprechenden Geschäftsführergehalt vergleichbarer Unternehmen zu bewerten.[1]

Zinsen stellen das Entgelt für die Überlassung von Kapital dar. Die Bereitstellung von Kapital ist eine notwendige Voraussetzung für die betriebliche Leistungserstellung, da ohne Kapital eine Beschaffung der für den Produktionsprozeß erforderlichen Faktoren nicht möglich ist. Dieses Zurverfügungstellen von Kapital, welches den betrieblichen Kombinationsprozeß erst ermöglicht, ist als eine dem Unternehmen gewährte Dienstleistung zu interpretieren und damit selbst Produktionsfaktor.[2] Zinsen sind daher als Entgelt für die betriebsnotwendige Dienstleistung Kapitalbereitstellung anzusehen und haben somit Kostencharakter. Ein Faktorverbrauch und damit Kosten fallen hierbei unabhängig von der Herkunft des Kapitals an, da sowohl die Bereitstellung von Eigen- als auch von Fremdkapital einen Faktoreinsatz darstellen, der unabhängig von Zahlungsvorgängen kostenrechnerisch abzubilden ist. Von Bedeutung ist daher lediglich, ob das Kapital für die Beschaffung von für die Leistungserstellung erforderlichen Produktionsfaktoren benötigt wird oder ob eine Abgrenzung als neutraler Aufwand vorzunehmen ist.[3]

---

1) H. Kochs Ansicht, daß für unternehmerische Tätigkeit kein Marktpreis besteht, können wir nicht zustimmen; der Produktionsfaktor dispositive Arbeit hat sehr wohl einen Marktpreis, das Gehalt leitender Angestellter.

2) Im System der Produktionsfaktoren zählen Dienstleistungen zu den Elementarfaktoren, vgl. W. Kilger, Kostentheorie (1958), S. 7.

3) Die Bewertung der Kapitalbereitstellung behandeln wir in Abschnitt 4.5.1.

Die in der Literatur häufig zu findende Begründung des Kostencharakters von Unternehmerlohn und Eigenkapitalzinsen als Nutzenentgang des Unternehmers[1] lehnen wir ab, da sie den tatsächlichen Einsatz der Produktionsfaktoren dispositive Arbeit und Kapitalbereitstellung nicht zum Ausdruck bringt.

Weitere bedeutende Unterschiede in der Interpretation des Begriffs Kosten bestehen hinsichtlich des Merkmals Bewertung, wobei auch die Vertreter der einzelnen Kostenbegriffe untereinander verschiedener Auffassung sind. In der Definition des wertmäßigen Kostenbegriffes wird der Wertansatz bewußt offen gelassen, da er dem jeweiligen Zweck der Kostenrechnung angepaßt werden soll; so sind etwa zur Kostenkontrolle Soll- und Istverbrauchsmengen mit denselben Festpreisen zu bewerten, während für Bestandsbewertungen Ist-Herstellkosten erforderlich sind.[2]

Neben den zweckbezogenen Variationen des Wertansatzes steht die Bewertung für die Vertreter des wertmäßigen Kostenbegriffes unter der grundsätzlichen Zielsetzung der (reproduktiven) Substanzerhaltung, d.h. es soll sichergestellt werden, daß die als Kosten verrechneten Beträge auch bei steigenden Faktorpreisen eine erforderliche Wiederbeschaffung ermöglichen.[3] Nach verbreiteter Ansicht wäre unter dieser Zielsetzung eine Bewertung zu tatsächlichen Wiederbeschaffungspreisen erforderlich.[4] Dieser Wertansatz hat aber den Nachteil, daß bei langlebigen Wirtschaftsgütern die Wiederbeschaffungszeitpunkte weit in der Zukunft liegen und nicht genau bekannt sind; dies hätte

1) Vgl. E. Kosiol, Kostenrechnung (1964), S. 26; K. Mellerowicz, Kostenrechnung , Bd. 1 (1973), S. 4; E. Heinen, Kostenlehre (1983), S. 66 f.

2) Vgl. W. Kilger, Einführung (1980), S. 271.

3) Die reproduktive Substanzerhaltung unterstellt die qualitative Konstanz der Produktionsaufgabe, vgl. A. Schnettler, Werterhaltung (1956), S. 262; D. Adam, Kostenbewertung (1970), S. 138.

4) Vgl. D. Adam, Kostenbewertung (1970), S. 150 f.

einmal zur Folge, daß das Preisniveau weit in der Zukunft liegender Perioden in der laufenden Kostenrechnung zum Tragen kommt, und zum anderen müßten zum Teil erhebliche Schätzfehler in Kauf genommen werden. Daher wird für Produktionsfaktoren mit steigenden Faktorpreisen eine Bewertung zu durchschnittlichen Tagespreisen der Periode des Faktoreinsatzes empfohlen.[1]

Neben der Bewertung zu Tages- oder Wiederbeschaffungspreisen werden von einigen Vertretern einer entscheidungsorientierten Auffassung des Kostenbegriffes für Planungsaufgaben Opportunitätskosten in den Kostenwert einbezogen.[2] Die Bewertung knapper Produktionsfaktoren mit Opportunitätskosten geht auf E. Schmalenbach zurück, der den Kostenwerten eine Lenkungsfunktion zusprach, d.h. durch die Bewertung soll eine optimale Verwendung knapper Faktoren sichergestellt werden.[3] Der Wertansatz dieser Produktionsfaktoren enthält dann zusätzlich zu den Beschaffungspreisen den entgangenen Deckungsbeitrag der besten nicht mehr genutzten Verwendungsalternative, welcher die Opportunitätskosten der gewählten Verwendungsarten darstellt.

Gegen die Einbeziehung von Opportunitätskosten in die Wertkomponente des Kostenbegriffes sind zwei Einwände zu erheben:

1. Eine Aufgabe der Kostenrechnung besteht darin, "alle Kostendaten zur Verfügung zu stellen, die für Entscheidungen beim Aufbau der betrieblichen Planung erforderlich sind".[4]

---

1) Vgl. F. Schmidt, Tageswertbilanz (1951), S. 188; K. Hax, Substanzerhaltung (1957), S. 204; W. Kilger, Einführung (1980), S. 89 und S. 116. In Abschnitt 4.4.1.1. werden wir zeigen, daß die Tagespreise unter bestimmten Bedingungen die reproduktive Substanzerhaltung sicherstellen.

2) Vgl. hierzu D. Adam, Kostenbewertung (1970), insbes. S. 59 ff; E. Heinen, Kostenlehre (1983), S. 395 ff.

3) Vgl. E. Schmalenbach, Wirtschaftslenkung (1948), S. 66.

4) W. Kilger, Einführung (1980), S. 16.

Aufgabe der Kostenrechnung ist somit nicht die Durchführung der Planungsrechnungen selbst, sondern lediglich die Bereitstellung entscheidungsrelevanter Daten für diesen Zweck. Die relevanten Kosten für Planungsprobleme dürfen aber keine Opportunitätskosten enthalten, sollen richtige Entscheidungen mit den Optimierungsverfahren der Produktionsplanung getroffen werden; die Opportunitätskostenwerte fallen vielmehr als Derivate mit der optimalen Lösung des Planungsproblems an.[1] Aber selbst wenn statt der Anwendung von Optimierungsverfahren die Planung näherungsweise mit Lenkpreisen durchgeführt werden würde, wäre die Opportunitätskostenbewertung Gegenstand der Planungsrechnung und nicht der multifunktionalen Kostenrechnung.

2. Die Opportunitätskostenbewertung ist nicht immer eine Bewertung von Produktionsfaktoren; dies ist nur dann der Fall, wenn die Engpaßwirkungen eindeutig einem Faktor zugeordnet werden können (z.B. Beschaffungsbeschränkungen eines Rohstoffes). Oftmals wird der Engpaß aber nicht durch einen knappen Produktionsfaktor hervorgerufen, sondern durch Begrenzungen des Leistungsvermögens etwa einer Fertigungsstelle. An der Erstellung der Produktionsleistung sind mehrere Produktionsfaktoren beteiligt, von denen einer oder mehrere die Engpaßwirkung verursachen.

Mit Opportunitätskosten bewertet werden nun nicht die den Engpaß verursachenden Produktionsfaktoren, sondern die Bezugsgrößeneinheiten als Maßgrößen zur Quantifizierung der Ausbringungsleistung,[2] welche gleichzeitig der Verrechnung der Stellenkosten auf die Erzeugnisse dienen. Die Bewertung mit Opportunitätskosten erfolgt hier dergestalt, daß zu den proportionalen Kostensätzen der Engpaßstellen die relativen Deckungsbeiträge der letzten realisierten

1) Vgl. H. Hax, Kostenbewertung (1965), S. 210; W. Kern, Opportunitätskosten (1965), S. 147; D. Adam, Kostenbewertung (1970), S. 53; W. Kilger, Plankostenrechnung (1981), S. 102 und S. 190.

2) Vgl. D. Adam, Kostenbewertung (1970), S. 70; H.H. Böhm u. F. Wille, Deckungsbeitragsrechnung (1974), S. 50.

Alternative hinzuaddiert werden. Eine Zuordnung der Opportunitätskosten zu Produktionsfaktoren, also eine Bewertung des Faktorverbrauchs gemäß der Kostendefinition, findet hierbei nicht statt.[1]

Die Bewertung des Faktorverbrauchs orientiert sich nach der pagatorischen Kostendefinition an den tatsächlich getätigten Auszahlungen.[2] Da gleichzeitig der Kostencharakter kalkulatorischer Kostenarten verneint wird, entspricht die Begriffsextension der Kosten nach dieser Auffassung derjenigen des Zweckaufwandes, eine gesonderte Begriffsbildung ist daher überflüssig.[3] Insbesondere bei langlebigen Anlagen wird bei steigenden Wiederbeschaffungspreisen die Bewertung zu effektiven Anschaffungsauszahlungen der Zielsetzung der Substanzerhaltung nicht gerecht, da mit den verrechneten Beträgen eine Wiederbeschaffung nicht möglich ist.

In Betrieben mit einer Plankostenrechnung müßten nach dieser Bewertungsrichtlinie während der Planungsperiode zu beschaffende Produktionsfaktoren mit den erwarteten Anschaffungspreisen und zu Beginn der Planungsperiode bereits vorhandene Produktionsfaktoren mit den effektiven Anschaffungspreisen bewertet werden.[4] Dagegen werden nach wertmäßiger Auffassung in der Plankostenrechnung "als Planpreise die für bestimmte Planungszeiträume erwarteten durchschnittlichen Wiederbeschaffungspreise" angesetzt.[5]

Von dem genannten Bewertungsgrundsatz des pagatorischen Kostenbe-

---

1) Andere Begründungen der Problematik von Opportunitätskosten gibt P. Riebel, Einzelkostenrechnung (1982), S. 409.

2) Vgl. E. Schäfer, Grundfragen (1950), S. 553 ff; H. Linhardt, Kosten (1952), S. 124; H. Seischab, Demontage (1952), S. 19 ff; J. Fettel, Marktpreis (1957), S. 92.

3) Vgl. E. Heinen, Kostenlehre (1983), S. 112.

4) Vgl. F. Fettel, Diskussion (1959), S. 569.

5) W. Kilger, Einführung (1980), S. 90.

griffs unterscheidet sich die Konzeption H. Kochs, nach der eine vom Anschaffungspreis abweichende Bewertung durchaus zulässig ist. Kochs Konzeption liegt eine strenge Trennung von Kostenbegriff und "Verifizierung des Kostenbegriffes in der Kostenrechnung" zugrunde.[1] Der Kostenbegriff dient nach seiner Auffassung im Rahmen der betriebswirtschaftlichen Theorie der Gewinnung von Aussagen und muß zu diesem Zweck folgende Eigenschaften aufweisen:

- Wirklichkeitsnähe
- Widerspruchsfreiheit
- Eindeutigkeit.

Diesen Anforderungen stehen als pragmatische Kriterien der Bildung des wertmäßigen Kostenbegriffs die Zweckmäßigkeit und die Brauchbarkeit gegenüber.[2] H. Koch kritisiert dagegen, daß beim wertmäßigen Kostenbegriff die Wertansätze vom jeweiligen Zweck der Kostenrechnung abhängen, wodurch dieser Kostenbegriff "widerspruchsvoll und daher als Denkelement unbrauchbar" wird.[3] Der Kostenbegriff darf sich seiner Meinung zufolge nicht nach den Zwecken der Kostenrechnung richten, sondern muß umgekehrt dieser vorgegeben werden.

H. Koch sieht nun ebenfalls das Problem, daß in der Kostenrechnung vom Anschaffungspreis abweichende Wertansätze erforderlich sind. Dies hat aber für ihn keinen Einfluß auf den eindeutig festgelegten Kostenbegriff, sondern durch Bildung von Hypothesen werden die Rahmenbedingungen der Kostenrechnung dem Kostenbegriff angepaßt. Während der wertmäßige Kostenbegriff an den Erfordernissen der Kostenrechnung ausgerichtet ist, werden bei H. Koch die "Bedingungen des Verifikationsmodells Kostenrechnung" so verändert, daß der pagatorische Kostenbegriff angewandt werden kann.

Die Einführung von Hypothesen ist immer dann erforderlich, wenn sich

---

1) Vgl. H. Koch, Kostenbegriff (1958), S. 356 und H. Koch, Frage (1959), S. 11.

2) Vgl. E. Heinen, Kostenlehre (1983), S. 49.

3) H. Koch, Kostenbegriff (1958), S. 363.

die Bedingungen der Begriffsbildung von denen der Verifizierung unterscheiden; dies ist der Fall, wenn sich die der Begriffsbildung zugrundegelegte Ausgangssituation verändert oder wenn spezielle Wertansätze für bestimmte Aufgaben der Kostenrechnung erforderlich sind. H. Koch unterscheidet dementsprechend zwei Arten von Hypothesen:[1)]

1. Zweckbedingte Hypothesen
2. Prämissenbedingte Hypothesen.

Durch zweckbedingte Hypothesen wird erreicht, daß der (eindeutige) Kostenbegriff auch dann zur Anwendung kommen kann, wenn eine spezielle Aufgabe der Kostenrechnung eine von der Anschaffungsauszahlung abweichende Bewertung erforderlich macht. Eine für die Kostenkontrolle notwendige Festpreisbewertung wird etwa durch die Hypothese erreicht, daß die Anschaffungspreise konstant sind.

Die Bildung des pagatorischen Kostenbegriffs erfolgt unter ganz bestimmten Annahmen über die betrieblichen Gegebenheiten. Werden diese Prämissen in der Realität nicht erfüllt, so erfolgt eine Angleichung der Bedingungen über prämissenbedingte Hypothesen. So geht der Kostenbegriff davon aus, daß für alle Produktionsfaktoren Auszahlungen erforderlich sind; werden nun Faktoren unentgeltlich zur Verfügung gestellt, können diese in der Kostenrechnung über die Hypothese berücksichtigt werden, daß statt des Produktionsfaktors der entsprechende Geldbetrag überlassen wurde, der für den Kauf erforderlich wäre.[2)]

Mit der Einführung zweck- und prämissenbedingter Hypothesen in die

1) Vgl. H. Koch, Kostenbegriff (1958), S. 368 ff; dabei bezieht sich die Hypothesenbildung nicht allein auf die Wertkomponente, sondern auch auf die Mengenkomponente. Der Bildung von Sollkosten liegt etwa die Hypothese zugrunde, daß die Kostenstelle von einem normal tüchtigen oder guten Kostenstellenleiter geführt wird; vgl. S. 369.

2) Vgl. H. Koch, Kostenbegriff (1958), S. 371.

Kostenrechnung nähert sich H. Koch im Ergebnis der Kostenbewertung in hohem Maße dem wertmäßigen Kostenbegriff, wenn auch sein methodologisches Vorgehen zur Wertfindung völlig anders ist.[1] Seine Vorgehensweise hat den Vorteil, daß sowohl den Anforderungen der Eindeutigkeit und Widerspruchsfreiheit als auch den Aufgaben der Kostenrechnung entsprochen wird; allerdings dürfte die Konzeption dem praktischen Anwender nur schwer verständlich zu machen sein.

3.1.2. Die Kostendefinition in den Bestimmungen der Leitsätze

Nr. 4 Abs. 1 LSP bestimmt, daß Kosten "aus Menge und Wert der für die Leistungserstellung verbrauchten Güter und in Anspruch genommenen Dienste ermittelt" werden. Diese Bestimmung enthält zwar keine Definition des Begriffs Kosten, sondern lediglich eine Ermittlungsvorschrift, dennoch sind die drei Begriffsmerkmale Leistungsbezogenheit, Güterverbrauch und Bewertung angesprochen, die für eine Begriffsabgrenzung erforderlich sind.

Neben dieser Bestimmung läßt die getrennte Behandlung von Mengenansatz und Bewertung der wichtigsten Kostenarten (so z.B. Nr. 16 und Nr. 17 für die Materialkosten und Nr. 23 und Nr. 24 für die Personalkosten) erkennen, daß die Leitsätze von der gütermäßigen Kostenauffassung ausgehen. Diese ist, wie oben dargelegt, für die praktischen Zwecke der Kostenrechnung besser geeignet als die monetäre Interpretation.

Weiterhin folgt aus Nr. 4 Abs. 1, daß alle für die Leistungserstellung erforderlichen Faktorverbräuche als Kosten anerkannt werden. Allerdings schränken § 5 Abs. 1 VPöA und Nr. 4 Abs. 2 LSP die in Preiskalkulationen zu berücksichtigenden Kosten durch zwei Forderungen ein; zum einen müssen die Selbstkostenpreise auf die

1) Gleicher Ansicht ist D. Adam, Kostenbewertung (1970), S. 30.

angemessenen Kosten des Auftragnehmers abgestellt sein und zum anderen dürfen nur Kosten bei wirtschaftlicher Betriebsführung berücksichtigt werden.

Der Unterschied zwischen angemessenen Kosten und Kosten bei wirtschaftlicher Betriebsführung besteht darin, daß wirtschaftliche Betriebsführung allein auf das subjektive Verhalten des Auftragnehmers hinsichtlich der wirtschaftlichen Gestaltung des Produktionsprozesses abstellt, während Angemessenheit darüber hinausgehende, vom Unternehmen nicht zu verantwortende Tatbestände einschließt. So können z.B. Mehrkosten aufgrund eines ungünstigen Standortes, die vom Auftragnehmer nicht zu verantworten und nicht unwirtschaftlich sind, in Preiskalkulationen als nicht angemessene Kosten (im Sinne von dem Auftraggeber nicht zumutbar) gekürzt werden.[1)]

Eine Einschränkung des allgemeinen Kostenbegriffs erfolgt durch die Forderungen nach Angemessenheit und Wirtschaftlichkeit jedoch nicht, da auch ein über die zur Beurteilung heranzuziehenden Norm- oder Sollkosten hinausgehender bewerteter Faktorverbrauch Kosten darstellt, die lediglich für die Zwecke der Selbstkostenpreisermittlung keine Berücksichtigung finden dürfen.

Bezüglich der kalkulatorischen Kostenarten Unternehmerlohn und Eigenkapitalzinsen schließen sich die Leitsätze der Auffassung des wertmäßigen Kostenbegriffs an und bejahen deren Kostencharakter. Die Höhe des Unternehmerlohnes richtet sich dabei gemäß Nr. 24 Abs. 3 nach dem Gehalt eines Angestellten gleichwertiger Tätigkeit in einem vergleichbaren Unternehmen. Es wird somit auf einen objektiven Maßstab zur Bewertung der Tätigkeit des Unternehmers abgestellt und nicht auf dessen alternative Einkommensmöglichkeiten. Die Kosten für die Bereitstellung des betriebsnotwendigen Kapitals werden nach

1) Vgl. hierzu H. Ebisch u. J. Gottschalk, Preise (1977), S. 232 f.

Nr. 43 LSP mit einem einheitlichen Zinssatz auf das gesamte betriebsnotwendige Kapital ermittelt, wobei die Art der Finanzierung keine Rolle spielt. Sowohl durch die Zulassung des Unternehmerlohns und der Verzinsung des gesamten betriebsnotwendigen Kapitals als auch durch die weitgehende Vereinheitlichung der Berechnungsgrundlagen wird verhindert, daß Rechtsform und Finanzierungsmodalitäten einen Einfluß auf die Selbstkostenpreise ausüben.

Die Bewertung der "Güter und Dienste" wird allgemein in Nr. 8 geregelt; aus der Bestimmung geht hervor, daß unter Gütern und Diensten der Faktorverbrauch aller Repetierfaktoren und des Faktors Arbeit verstanden wird. Die Bewertungsvorschrift unterscheidet zwischen vor- und nachkalkulatorischer Preisermittlung. In Vorkalkulationen ist mit Tagespreisen zum Zeitpunkt der Angebotsabgabe, in Nachkalkulationen grundsätzlich mit effektiven Anschaffungspreisen zu bewerten, mit Ausnahme von Material das nicht speziell für den Auftrag beschafft wurde; für dieses sind Tagespreise zum Zeitpunkt der Lagerentnahme anzusetzen.

Als Bemessungsgrundlage der Abschreibungsberechnung können nach Nr. 38 Abs. 2 und Abs. 3 Wiederbeschaffungspreise zum Zeitpunkt der Preisermittlung verwendet werden; Voraussetzung hierfür ist, daß diese erheblich von den Anschaffungspreisen abweichen.[1)]

Die Bewertungsvorschriften der Nr. 8 nehmen Bezug auf die effektiven Beschaffungspreise und verlangen somit eine pagatorische Bewertung. In Vorkalkulationen tritt die Besonderheit auf, daß statt der im Betrachtungszeitraum zu erwartenden Faktorpreise die Tagespreise zum Zeitpunkt der Angebotsabgabe angesetzt werden müssen. Der Verordnungsgeber geht damit den Unsicherheiten bei der Festlegung zukunftsbezogener Planpreise aus dem Wege, überträgt aber mit dieser Bestimmung das Risiko zukünftiger Preissteigerungen allein auf den

---

1) Zur Kritik vgl. Abschnitt 4.4.1.1.

Auftragnehmer.

Bei langer Produktionsdauer (die Untergrenze liegt bei 10 Monaten) und erheblichen Preisschwankungen dürfen gemäß dem Rundschreiben des Bundesministers für Wirtschaft und Finanzen vom 2.5.1972 Preisvorbehalte vereinbart werden, so daß auf diesem Wege Faktorpreissteigerungen im Selbstkostenpreis berücksichtigt werden können. Zu diesem Zweck werden häufig Preisgleitklauseln festgelegt,[1] in denen die Auswirkungen von Faktorpreissteigerungen auf den Selbstkostenpreis mit Hilfe von Preissteigerungsraten berücksichtigt werden. Gehen wir davon aus, daß die Gesamtkosten in $\nu=1,\ldots,z$ Kostenarten aufgeteilt werden, die Kostenart ν an den ursprünglichen Selbstkosten k_{S0} einen Anteil von α_ν aufweist[2] und die Preissteigerungsrate π_ν beträgt, so ergibt sich bei einem prozentualen Gewinnzuschlag von g% auf die vollen Selbstkosten folgende Formel einer Preisgleitklausel:

$$(3.1) \quad p_0 = k_{S0} \sum_{\nu=1}^{z} \alpha_\nu \, (1+\pi_\nu) \, (1+g)$$

Üblicherweise werden nur die wichtigsten Kostenarten wie Material-, Personal- und Betriebsmittelkosten in die Preisgleitung einbezogen, die restlichen werden dann in der Formel unter sonstige Kosten (ohne Preissteigerungsrate) zusammengefaßt. Für die in die Preisgleitung einbezogenen Kostenarten werden damit auch in Vorkalkulationen die effektiven Beschaffungswerte kalkulatorisch verrechnet.

Die Bewertungsvorschrift der LSP läßt sich nicht eindeutig der pagatorischen oder der wertmäßigen Konzeption zuordnen, da einmal für Repetierfaktoren und den Faktor Arbeit von effektiven Auszahlungen auszugehen ist, für die Abschreibungsberechnung dagegen Wiederbe-

1) Vgl. H. Ebisch u. J. Gottschalk, Preise (1977), S. 58 ff.

2) Die exakte Bestimmung dieses Anteils ist nur mit einer Primärkostenrechnung möglich; vgl. hierzu Abschnitt 3.4. und Abschnitt 6.3.1.

schaffungspreise angesetzt werden dürfen. Bedenkt man jedoch, daß die unter der Zielsetzung der Substanzerhaltung vorzunehmende Bewertung zu Wiederbeschaffungspreisen bei den in kurzen Abständen zu Auszahlungen führenden Produktionsfaktoren nur unwesentlich von der Bewertung zu effektiven Beschaffungspreisen abweicht, so erscheinen die Unterschiede zur Bewertungskonzeption des wertmäßigen Kostenbegriffs geringfügig.[1)]

Betrachten wir sämtliche Begriffsmerkmale des Kostenbegriffs, so ist der Selbstkostenpreisermittlung nach LSP insbesondere wegen der Anerkennung des Kostencharakters von Unternehmerlohn und Eigenkapitalzinsen weitestgehend der wertmäßige Kostenbegriff zugrunde zu legen. Es kann jedoch auch eine Übereinstimmung mit dem pagatorischen Kostenbegriff hergestellt werden, wenn die von H. Koch vorgeschlagene Hypothesenbildung angewandt wird.

So kann etwa die Berücksichtigung von Unternehmerlohn und Eigenkapitalzinsen bei der Selbstkostenpreisermittlung durch die zweckbedingte Hypothese ermöglicht werden, daß der Eigentümer sein Geld ausleiht und als Geschäftsführer tätig ist.[2)] Bei vom Anschaffungspreis abweichenden Wertansätzen wird die Hypothese eingeführt, daß die betreffenden Produktionsfaktoren am jeweiligen Bewertungstag beschafft werden.

Abschließend sei darauf hingewiesen, daß ohne Hypothesenbildung, durch welche, wie oben gezeigt, eine Angleichung des pagatorischen an den wertmäßigen Kostenbegriff erfolgt, die pagatorische Auffassung für die Selbstkostenpreisermittlung nicht brauchbar ist.

---

1) Eine Bewertung mit Opportunitätskosten, die wir für den wertmäßigen Kostenbegriff abgelehnt haben, ist nach den Leitsätzen nicht zulässig.

2) Vgl. H. Koch, Kostenbegriff (1958), S. 396.

3.2. Die Prinzipien der Kostenzuordnung

Hinsichtlich der Zuordnung von Kosten auf die betrieblichen Leistungen werden in der Literatur zur Kostentheorie und Kostenrechnung mehrere Prinzipien diskutiert; diese lassen sich einteilen in Prinzipien zur Verrechnung solcher Kosten, die funktional von den Mengeneinheiten der jeweiligen Produktarten abhängen, und in Prinzipien zur Verrechnung der gesamten Kosten auf die betrieblichen Leistungseinheiten.[1] Die Verwendung zweier Zurechnungsprinzipien in der Kostenrechnung ist wegen der unterschiedlichen Verwendungszwecke der Stückkosten erforderlich, da neben den entscheidungsrelevanten Grenzkosten noch Vollkosten zu Dokumentationszwecken und zur Selbstkostenpreiskalkulation benötigt werden.

Grundprinzip zur Ermittlung entscheidungsrelevanter Kosten ist das Verursachungsprinzip, das in diesem Zusammenhang auf dreifache Art interpretiert wird:[2]

1. kausale Interpretation
2. finale Interpretation
3. Interpretation als Identitätsprinzip.

Nach der kausalen Interpretation sind den Leistungen diejenigen Kosten zuzuordnen, welche durch sie "verursacht" worden sind; damit wird eine Ursache-Wirkung-Beziehung zwischen den Leistungen und (einem Teil der) Kosten unterstellt.[3] Die finale Interpretation

---

1) Die Ansicht, daß ein "Fundamentalprinzip" der Kostenzurechnung existiert, können wir nicht teilen, vgl. hierzu H. Koch, Prinzip (1965), S. 326.

2) Vgl. W. Kilger, Plankostenrechnung (1981), S. 17.

3) Vertreter der kausalen Interpretation sind z.B. K. Rummel, Kostenrechnung (1967), S. 115 ff, der das Verursachungsprinzip als Proportionalitätsprinzip bezeichnet, sowie E. Heinen, Zuschlagskalkulation (1958), S. 3 ff; W. Medicke, Mythos (1963), S. 110.

unterstellt, daß der Faktorverbrauch und damit die Kostenentstehung Mittel zum Zweck der Leistungserstellung sind; demzufolge werden den Leistungen die Kosten zugerechnet, die zum Zwecke ihrer Erstellung aufzuwenden sind.[1)]

Zur Beurteilung der kausalen Interpretation ist zu untersuchen, welche Voraussetzungen für das Vorliegen einer Ursache-Wirkung-Beziehung gegeben sein müssen. P. Riebel nennt die folgenden drei Bedingungen:[2)]

1. Die Ursache muß der Wirkung zeitlich vorausgehen.
2. Das Auftreten der Ursache ist notwendige Bedingung für das Eintreten der Wirkung.
3. Bei Auftreten der Ursache muß stets dieselbe Wirkung eintreten.

Bereits das Fehlen der ersten Bedingung macht deutlich, daß zwischen Faktorverbrauch und Leistungen keine kausalen Beziehungen bestehen; der Verbrauch an Produktionsfaktoren und die Entstehung der Leistung sind Vorgänge, die zeitlich parallel ablaufen. Beide sind Wirkungen eines Kausalprozesses, wobei die Leistungsentstehung die gewünschte positive Wirkung und der Faktorverbrauch die hierfür erforderliche negative Wirkung dieses Kausalprozesses darstellen.[3)] Gemeinsame Ursache von Kosten- und Leistungsentstehung ist der Einsatz der Produktionsfaktoren im Produktionsprozeß.

Da ein kausaler Zusammenhang nicht bestehen kann, sind auch finale Beziehungen zwischen Kosten und Leistungen ausgeschlossen, weil Finalität Kausalbeziehungen zwischen Mittel und Zweck voraussetzt, d.h. als Mittel kann nur eingesetzt werden, was den gewünschten

---

1) Vertreter der finalen Interpretation sind E. Kosiol, Kostenbegriff (1958), S. 28, der hierfür den Begriff Kosteneinwirkungsprinzip prägte; weiterhin G, Munzel, Kostenträgerrechnung (1966), S. 50 ff; H. Vormbaum, Kalkulationsarten (1970), S. 14 ff.

2) Vgl. P. Riebel, Einzelkostenrechnung (1982), S. 70.

3) Vgl. R. Ehrt, Zurechenbarkeit (1967), S. 23 f; R. Hohenbild, Verursachungsdenken (1974), S. 173; P. Riebel, Einzelkostenrechnung (1982), S. 71.

Zweck bewirken (verursachen) kann.[1]

In Obersicht 3.1. sind die beim Produktionsprozeß ablaufenden finalen und kausalen Zusammenhänge wiedergegeben.

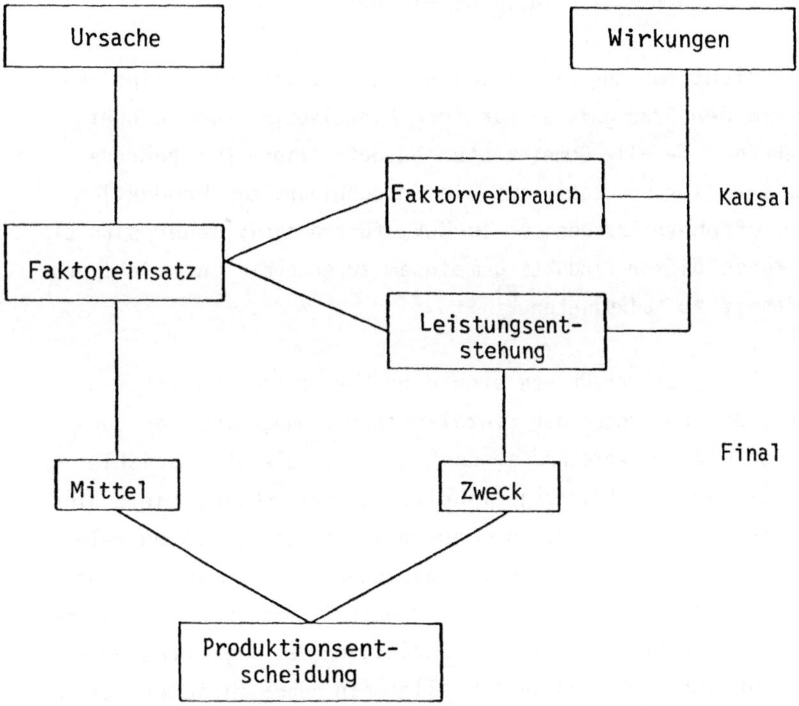

Obersicht 3.1.: Final- und Kausalbeziehungen im Produktionsprozeß

Die Obersicht verdeutlicht, daß zur Realisation der Entscheidung über die Herstellung der betrieblichen Erzeugnisse als Mittel der Einsatz der Produktionsfaktoren initiiert wird. Dieser Faktoreinsatz bewirkt nun ursächlich neben der gewünschten Leistungserstellung den Verbrauch der Produktionsfaktoren sowie die diesem

1) Vgl. P. Riebel, Einzelkostenrechnung (1982), S. 74 f.

entsprechenden Kosten. Da dieser Kausalprozeß stets durch einen menschlichen Willensakt, die Produktionsentscheidung, hervorgerufen wird, sind den betrieblichen Leistungen verursachungsgerecht die Kosten zuzuordnen, welche auf dieselbe (identische) Produktionsentscheidung zurückzuführen sind. Dieses Zurechnungsprinzip wird von P. Riebel als Identitätsprinzip bezeichnet.[1)]

P. Riebel zieht nun aus der Anwendung des Identitätsprinzips den Schluß, daß den Erzeugnissen nur ihre Einzelkosten zugerechnet werden dürfen, da alle Gemeinkosten ex definitione für mehrere Produkte anfallen und somit auf die Entscheidung zur Produktion aller betreffenden Erzeugnisse zurückzuführen sind; daher sind sie nur der Menge dieser Produkte gemeinsam zurechenbar und nicht pro Mengeneinheit zu kalkulieren.[2)]

An diesem Postulat entzündete sich eine Kontroverse zwischen P. Riebel, dem Begründer der Einzelkostenrechnung, und den Vertretern der Plankostenrechnung, da Riebel es ablehnt, variable Gemeinkosten auf die Leistungseinheiten zu verrechnen, diese hingegen im System der Plankostenrechnung zu den entscheidungsrelevanten Kosten (etwa für Entscheidungen über die Zusammensetzung des Produktionsprogrammes) gehören. Dieser Streit erscheint überwiegend durch Unterschiede in der Definition des Begriffes Gemeinkosten verursacht; während in der allgemein gebräuchlichen kostenrechnerischen Terminologie unter Gemeinkosten alle über Kostenstellen verrechnete Kosten verstanden werden, definiert P. Riebel diese als solche Kosten, die sich auch bei Anwendung genauester Erfassungsmethoden nicht den einzelnen Erzeugnissen zurechnen lassen.[3)]

---

1) Vgl. P. Riebel, Einzelkostenrechnung (1982), S. 75.
2) Vgl. P. Riebel, Einzelkostenrechnung (1982), S. 24.
3) Vgl. P. Riebel, Einzelkostenrechnung (1982), S. 24.

Untersucht man im Lichte dieser Definition die als proportionale Stückkosten kalkulierten Gemeinkosten, so läßt sich für den überwiegenden Teil feststellen, daß sie bei Anwendung genauester Erfassungsmethoden den Produkteinheiten direkt zurechenbar wären.[1] Dies wird aber deshalb unterlassen, weil die genauesten Erfassungsmethoden in aller Regel nicht die wirtschaftlichsten sind und weil es aus Gründen der Kostenkontrolle zweckmäßig ist, die Kosten den betrieblichen Bereichen zuzuordnen, welche für den wirtschaftlichen Faktoreinsatz verantwortlich sind. Aus letztgenanntem Grunde werden z.B. in der Plankostenrechnung Einzellöhne i.d.R. als Kostenstellenkosten verrechnet.

In der Terminologie P. Riebels stellen damit die proportionalen Kostenstellenkosten sogenannte unechte Gemeinkosten dar, also solche Kosten, die theoretisch den Erzeugniseinheiten zurechenbar wären, was aber aus wirtschaftlichen Gründen unterlassen wird.[2] Im übrigen beziehen sich sämtliche Beispiele Riebels für echte variable Gemeinkosten auf Produktionsprozesse mit Kuppelproduktion; hier ist es aber völlig unstrittig, daß die Ermittlung entscheidungsrelevanter Stückkosten für einzelne Kuppelprodukte unmöglich ist.[3]

Die Einordnung variabler Gemeinkosten zu den entscheidungsrelevanten Kosten ist auch dadurch zu veranschaulichen, daß bei unverbundener Produktion der beschäftigungsabhängige Faktorverbrauch sich mit der Herstellung zusätzlicher Produkteinheiten erhöht und somit auf die Entscheidung über deren Herstellung zurückzuführen ist.

Nach dem Identitätsprinzip werden den Produkten die proportionalen Kosten verursachungsgerecht zugeordnet. Es bleibt die Frage zu

---

1) Diesen Nachweis hat für die in Frage kommenden Kostenarten im einzelnen geführt E. Piroth, Potentialkostenrechnung (1983), S. 57 ff.

2) Zu diesem Begriff vgl. P. Riebel, Einzelkostenrechnung (1982), S. 24 f und die dort angegebene Literatur.

3) Zu den betrieblichen Entscheidungen bei Kuppelproduktion vgl. H.J. Brink, Planung (1969), S. 9 ff; W. Kilger, Produktionsplanung (1973), S. 340 ff.

klären, nach welchem Zurechnungsprinzip die Vollkosten auf die betrieblichen Leistungen zu verrechnen sind und damit die Frage nach dem in Preiskalkulationen zur Anwendung kommenden Zurechnungsprinzip.

H. Ebisch und J. Gottschalk fordern für die Selbstkostenpreisbildung öffentlicher Aufträge, daß "nur diejenigen Kosten, deren.... Anfall mit der Leistungserstellung in kausalem Zusammenhang steht", im Selbstkostenpreis berücksichtigt werden dürfen,[1] doch abgesehen davon, daß die kausale Interpretation des Verursachungsprinzips nicht haltbar ist, beruht diese Forderung auf der falschen Ansicht, daß sich den Erzeugnissen Vollkosten verursachungsgerecht zuordnen lassen. Fixe Kosten und Leistungseinheiten können nicht auf identische Entscheidungen zurückgeführt werden, da Fixkosten im Zusammenhang mit der Aufrechterhaltung der Kapazitäten unabhängig von der Ausbringung anfallen.

Zur Verrechnung der Vollkosten werden in der betriebswirtschaftlichen Literatur zwei Prinzipien genannt, das Leistungsentsprechungsprinzip und das Kostentragfähigkeitsprinzip. Nach dem von H. Koch formulierten Leistungsentsprechungsprinzip wird jedem Kostenträger von den Gesamtkosten eines Teilbereiches (Kostenstelle) ein Anteil zugerechnet, welcher der Inanspruchnahme der Leistungen dieses Teilbereiches durch den Kostenträger entspricht.[2] Als Maßgröße zur Quantifizierung der Stellenleistungen werden pro Kostenstelle eine oder mehrere Bezugsgrößen festgelegt;[3] die Kostenstellenkosten pro Erzeugniseinheit ergeben sich dann durch Multiplikation der Gesamtkosten der Stellen mit der Relation von Stückbezugsgröße zu Gesamtbezugsgröße.

---

1) H. Ebisch u. J. Gottschalk, Preise (1977), S. 233.

2) Vgl. H. Koch, Prinzip (1965), S. 331 ff; das Leistungsentsprechungsprinzip entspricht im wesentlichen dem Durchschnittsprinzip bei E. Heinen, Zuschlagskalkulation (1958), S. 5 f.

3) Zur Bezugsgrößenwahl vgl. Abschnitt 6.2.2.

Allerdings will H. Koch als Vertreter des pagatorischen Kostenbegriffs dieses Prinzip nicht nur für die Kostenstellenkosten sondern für alle Kostenarten angewandt wissen, für die gemeinsame Entgelte anfallen, somit auch für Kostenarten, die nach der gütermäßigen Kostenauffassung als Einzelkosten direkt den Erzeugnissen zuzurechnen sind (z.B. Einzelmaterial). Wie in Abschnitt 3.1. dargelegt, halten wir die monetäre Kostenauffassung hinsichtlich der praktischen Zwecke der Kostenrechnung für ungeeignet; daher ist dieses Prinzip für die direkt dem Erzeugnis zurechenbaren Einzelkosten nicht anzuwenden.

An sich wäre zu fordern, in den Vollkostenkalkulationen nur die fixen Kosten nach dem Leistungsentsprechungsprinzip zu verrechnen und für die proportionalen Kosten das Identitätsprinzip anzuwenden. In Abschnitt 6.2.2. werden wir aber zeigen, daß zur richtigen Kostenzurechnung nach dem Leistungsentsprechungsprinzip die gleichen Bezugsgrößen verwendet werden sollten, die bei der Kalkulation proportionaler Kosten zur Anwendung kommen, so daß in den Vollkostenkalkulationen eine gemeinsame Verrechnung fixer und proportionaler Kosten zu richtigen Ergebnissen führt.

Bei Anwendung des Kostentragfähigkeitsprinzips werden den Erzeugnissen die fixen Kosten in der Relation ihrer Marktpreise oder ihrer Deckungsbeiträge zugerechnet;[1] die Stückkosten errechnen sich in diesem Fall durch Multiplikation der Gesamtkosten mit der Relation von Verkaufspreis zu Gesamterlös bzw. von Stückdeckungsbeitrag zu Gesamtdeckungsbeitrag.

Mit dem Marktpreis geht bei Anwendung dieses Zurechnungsprinzips eine Größe in den Verteilungsmaßstab ein, die keinen Zusammenhang zu der innerbetrieblichen Kosten- und Leistungsentstehung aufweist,

1) Vgl. K. Aghte, Fixkostendeckung (1959), S. 743 f; W. Kilger, Plankostenrechnung (1981), S. 19.

sondern von außerbetrieblichen Marktgegebenheiten determiniert wird. Weiterhin weist die Anwendung des Tragfähigkeitsprinzips den Nachteil auf, daß durch jede extern bedingte Änderung des Marktpreises eines Erzeugnisses sich die Fixkostenbelastung des gesamten Produktionsprogrammes verändert.

Die Zurechnung fixer Kosten nach der Tragfähigkeit mag für bestimmte unternehmenspolitische Zielsetzungen sinnvoll sein (beispielsweise für bilanzpolitische Ziele bei der Bestandsbewertung), als generelles Prinzip erscheint es wegen des fehlenden Bezuges zur Kosten- und Leistungsentstehung nicht geeignet.[1] Auch bei Kuppelproduktion sollte u.E. die verursachungsgerecht nicht mögliche Kostenzurechnung mit Hilfe technischer Maßgrößen (z.B. Ausbeutekoeffizienten) statt mit Hilfe von Marktpreisen vorgenommen werden, um den Einfluß von Preisschwankungen auf die Kalkulationsergebnisse zu verhindern.

Zur Selbstkostenpreisermittlung kann das Tragfähigkeitsprinzip schon deshalb nicht angewandt werden, weil von vornherein keine Marktpreise feststellbar sind. Als Zurechnungsprinzip kommt hier allein das Leistungsentsprechungsprinzip in Frage.

---

1) Die gleiche Ansicht vertritt H. Koch, Gemeinkostenverteilungsschlüssel (1965), S. 180.

3.3. Die Anforderungen an die Kostenrechnung

3.3.1. Betriebswirtschaftliche Anforderungen

Die Aufgaben der Kostenrechnung lassen sich allgemein zusammenfassen als die Bereitstellung von Informationen über den betrieblichen Produktionsprozeß. Diese Informationen sowie die Art und Weise ihrer Ermittlung und Aufbereitung müssen gewissen Anforderungen genügen, die in Übersicht 3.2. dargestellt sind.

Hauptanforderungen an die Informationen der Kostenrechnung und an ihre Bereitstellung sind die Richtigkeit und die Wirtschaftlichkeit;[1] die Operationalisierung der Hauptanforderungen erfolgt durch deren Unterteilung in weitere Anforderungskriterien.

Die Hauptanforderung der Richtigkeit läßt sich nach drei Teilaspekten unterteilen in formale, materielle und relationale Richtigkeit. Die formale Richtigkeit bezieht sich neben den Forderungen nach Klarheit, Übersichtlichkeit, Nachweisbarkeit u.ä.[2] auf die Genauigkeit der Kostenrechnung.[3] In diesem Zusammenhang ist zwischen der Genauigkeit der Kostenarten-, Kostenstellen- und Kostenträgereinteilung und der Genauigkeit eines bestimmten Kostenbetrages zu unterscheiden, die definiert wird als der Grad der Annäherung an den wahren, jedoch unbekannten Wert.[4]

Der Genauigkeit der Kostenrechnung werden seitens der praktischen Anwendung folgende Grenzen gesetzt; einmal sind für die Kosten-

---

1) Die Einteilung in Hauptanforderungen findet sich ebenfalls bei R. Engelmann, Kostenkontrolle (1980), S. 235 ff.

2) Vgl. zu den analogen Anforderungen an die formale Ordnungsmäßigkeit der Buchführung G. Wöhe, Bilanzierung (1979), S. 165 ff.

3) In manchen Veröffentlichungen werden Genauigkeit und Richtigkeit synonym verwandt, vgl. R. Rodenstock, Genauigkeit (1950), S. 145; H. Meffert, Kosteninformationen (1968), S. 75.

4) Vgl. H.D. Becker, Anforderungen (1962), S. 118.

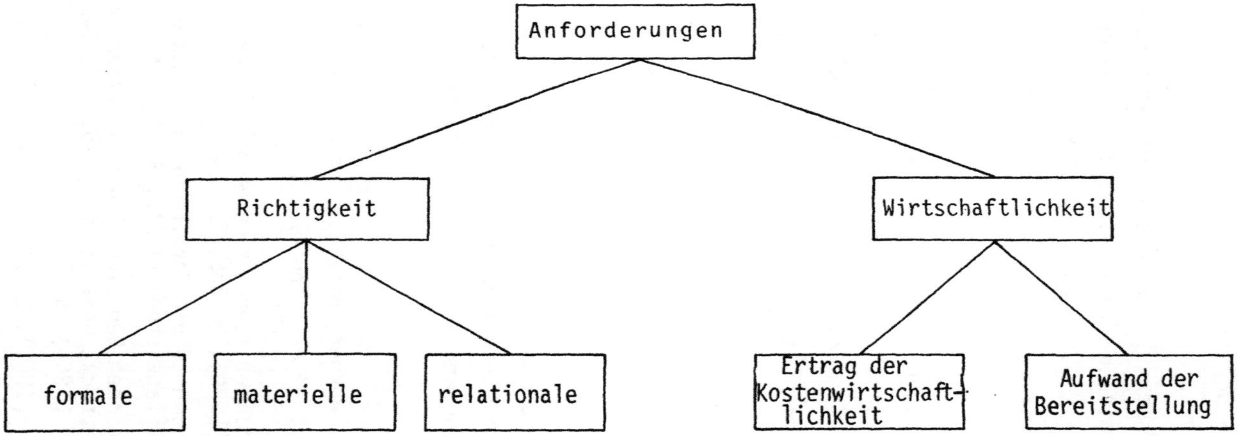

Obersicht 3.2.: Hauptanforderungen an die Kostenrechnung

beträge unvermeidbare Ungenauigkeiten in Kauf zu nehmen, die sich aus der "Natur... der Kostengüter und der Eigenart der betrieblichen Leistung und des Leistungsprozesses ergeben".[1] Bei einigen Kostenarten, wie etwa dem Betriebsmittelverschleiß, ist eine exakte Messung des Faktorverbrauchs in der Regel aus technischen Gründen nicht möglich. Desweiteren müssen Ungenauigkeiten sowohl bezüglich der Einteilung in Kostenarten-, -stellen und -träger als auch bezüglich des Kostenbetrages aus wirtschaftlichen Gründen hingenommen werden, da zu weit gehende Differenzierungen und absolut exakte Erfassungen mit unvertretbar hohem Aufwand verbunden wären.[2]

Gegen die Anforderung der Genauigkeit der Kostenrechnung wird somit erst dann verstoßen, wenn vermeidbare Ungenauigkeiten auftreten, welche über das aus technischen und wirtschaftlichen Gründen in Kauf zu nehmende Maß hinausgehen.

Die Anforderung der materiellen Richtigkeit ist erfüllt, wenn die Daten der Kostenrechnung den betrieblichen Gegebenheiten entsprechen;[3] eine Kosteninformation ist somit dann materiell richtig, wenn sie den Sachverhalt wiedergibt, den ein potentieller Verwender mit ihr verbindet.[4] Der gravierendste Verstoß gegen die materielle Richtigkeit ist gegeben, wenn sich ein Kostenbetrag nicht auf einen bewerteten Faktorverbrauch zurückführen läßt, der beim Einsatz von Produktionsfaktoren zum Zwecke der Leistungserstellung entstanden ist; dieser Tatbestand liegt bei jeder falschen Kostenerfassung vor (z.B. falsche Mengeneintragungen auf dem Materialentnahmeschein). Weitere Anforderungen an die materielle Richtigkeit der Kostenrechnung sind die Gegenwartsnähe (Aktualität) der bereitgestellten Kostendaten sowie die Vollständigkeit der Kostenerfassung, d.h. daß jeder zur Leistungserstellung erforderliche Faktorverbrauch in der

---

1) Vgl. P. Riebel, Einzelkostenrechnung (1982), S. 26.

2) Vgl. P. Riebel, Einzelkostenrechnung (1982), S. 27 f.

3) Diese Definition formuliert B. Lutz, Aussagefähigkeit (1963), S. 18.

4) So ähnlich definiert S. Hummel, Kostenerfassung (1970), S. 87.

Kostenrechnung abzubilden ist.

Unter relationaler Richtigkeit verstehen wir eine richtige Zuordnung der Kosten zu bestimmten Bezugsobjekten;[1] als wichtigste Bezugsobjekte der Kosten sind die betrieblichen Leistungen und die Kostenstellen zu nennen. Für die Zuordnung der Kosten zu Kostenstellen ist zu fordern, daß die Planung, Erfassung und Kontrolle in den Stellen stattfinden soll, in denen der sie verursachende Faktoreinsatz erfolgt. Die Zuordnung der Kosten auf betriebliche Leistungen ist dann richtig, wenn sie gemäß dem zweckentsprechenden Zuordnungsprinzip vorgenommen wird. Wie in Abschnitt 3.2. dargelegt, ist für die Bereitstellung entscheidungsrelevanter Daten das Verursachungsprinzip im Sinne des Identitätsprinzips anzuwenden und für die Berechnung der gesamten Kosten einer Erzeugniseinheit das Leistungsentsprechungsprinzip, das somit auch für Preiskalkulationen anzuwenden ist.

Sieht man von den beschriebenen Einschränkungen bezüglich der Genauigkeit ab, so ist die Anforderung der Richtigkeit nur dann erfüllt, wenn sämtliche Teilanforderungen beachtet wurden.

Besonderheiten treten bei der Beurteilung der Richtigkeit geplanter Kosten auf, da diese als bei wirtschaftlicher Produktion erwartete Kosten zum einen eine Norm (Wirtschaftlichkeit) beinhalten und zum anderen an bestimmte Prämissen der Produktionsplanung gebunden sind;[2] aus beidem folgt, daß die Plankosten in der überwiegenden Zahl der Fälle nicht realisiert werden, weil entweder die unterstellte Wirtschaftlichkeitsnorm nicht eingehalten oder die Fertigung unter anderen als den unterstellten Bedingungen vollzogen wurde. Die Kriterien zur Beurteilung geplanter Kosten sind daher wie folgt abzuwandeln.

---

1) Den Begriff Bezugsobjekte verwendet R. Engelmann, Kostenkontrolle (1980), S. 156 ff.

2) Vgl. R. Engelmann, Kostenkontrolle (1980), S. 246.

Die Genauigkeit geplanter Kosten läßt sich wegen der fehlenden Realisierung nicht nach dem Grad der Abweichungen vom wahren Wert feststellen; hier wird die Genauigkeit danach beurteilt, ob bei der Kostenplanung entsprechende Planungsfehler begangen wurden, d.h., ob im Lichte der angenommenen Wirtschaftlichkeit falsche Planverbräuche festgelegt wurden oder bei der Preisplanung Prognosefehler begangen wurden. Der Nachweis von Ungenauigkeiten geplanter Kosten ist oftmals schwierig und erfordert eine eingehende Analyse der Kostenabweichungen.

Zur Beurteilung der relationalen Richtigkeit geplanter Kosten ist zusätzlich zur richtigen Zuordnung der Plankosten auf Kostenstellen und Erzeugnisse von Bedeutung, ob die der Kostenplanung zugrundegelegten Annahmen hinsichtlich des Produktionsprogrammes und des Produktionsvollzuges bei der Kostenzurechnung eingehalten werden, ob beispielsweise die Planseriengrößen und -bedienungsrelationen, auf deren Grundlage die entsprechenden Planbezugsgrößen errechnet werden, auch der Verrechnung der betreffenden Kostenbeträge zugrunde gelegt sind.

Bezüglich der materiellen Richtigkeit gelten für Plankosten die gleichen Kriterien wie für Istkosten.

Unsere Ausführungen zeigen, daß der Genauigkeit der Kostenrechnung seitens der Wirtschaftlichkeit Grenzen gesetzt werden, da der Aufwand zur Erzielung genauerer Ergebnisse nicht größer sein darf als deren Nutzen. Diese Forderung läßt sich über den Aspekt der Genauigkeit hinaus auf alle Gestaltungsalternativen der Kostenrechnung und auf das Kostenrechnungssystem selbst verallgemeinern.[1)] Beispiele für Gestaltungsalternativen sind neben der Kostenarten-, Kostenstellen- und Kostenträgereinteilung die Verfahren der Kostenplanung

---

1) Die Wirtschaftlichkeit der Kostenrechnung fordern u.a. H. Schönnenbeck, Grenzen (1950), S. 9 ff; W. Kalveram, Betriebsabrechnung (1961), S. 18; P. Nowak, Kostenrechnungssysteme (1961), S. 43; P. Riebel, Einzelkostenrechnung (1982), S. 30 ff.

und -kontrolle, Fragen der Datenaufbereitung u.ä.

Während die mit der Planung, Erfassung und Auswertung der Kostendaten verbundenen Kosten feststellbar und, soweit entscheidungsrelevant, den Entscheidungen über ein Kostenrechnungssystem oder über alternative Gestaltungsmöglichkeiten zuzuordnen sind, ist eine exakte Bestimmung des entsprechenden Nutzens schwierig; dieser ist zum einen für die verschiedenen Aufgaben der Kostenrechnung unterschiedlich, hängt andererseits von den Vorstellungen und Präferenzen der Verwender der Kostendaten ab und läßt sich nicht oder nur schwierig in einem monetären Maßstab quantifizieren. Daher lassen sich für die in Frage kommenden Alternativen nur selten monetäre Zielgrößen angeben, sondern die Entscheidungen sind auf der Grundlage qualitativer Auswahlverfahren zu treffen, welche der fehlenden Meßbarkeit und den subjektiven Vorstellungen der Informationsverwender Rechnung tragen (hier wäre die Anwendung von Punktbewertungsverfahren denkbar).

Allgemeingültig kann, rationales Verhalten unterstellt, lediglich gesagt werden, daß die Bereitstellung von Daten, die nicht ausgewertet werden, unterbleiben soll[1] und daß nur effiziente Gestaltungsalternativen in die Betrachtung eingeschlossen werden sollen. Effizienz bedeutet in diesem Zusammenhang, daß Alternativen ausgeschlossen sind, deren Nutzen nicht höher eingeschätzt wird als der anderer Alternativen und die gleichzeitig nicht weniger Kosten verursachen.

---

1) Vgl. P. Riebel, Einzelkostenrechnung (1982), S. 31.

3.3.2. Spezielle Anforderungen der preisrechtlichen Bestimmungen an die Kostenrechnung

Die preisrechtlichen Anforderungen an die Kostenrechnung sind in Nr. 2 LSP formuliert, die festlegt, daß der Auftragnehmer zur Führung eines geordneten Rechnungswesens verpflichtet ist, mit dem "jederzeit die Feststellung der Kosten und Leistungen, die Abstimmung der Kosten- und Leistungsrechnung mit der Aufwands- und Ertragsrechnung sowie die Ermittlung von Preisen auf Grund von Selbstkosten" möglich sein soll.

Diese sehr allgemein gehaltene Bestimmung liefert noch keine operablen Anforderungskriterien, vielmehr sind die genannten Forderungen, abgesehen von der Selbstkostenpreis-Ermittlung, Grundvoraussetzungen eines jeden innerbetrieblichen Rechnungswesens. Die Kommentare zur VPöA und zur LSP geben einen Anforderungskatalog, dem eine ordnungsgemäße Kostenrechnung im Sinne der Nr. 2 LSP genügen muß. H. Ebisch und J. Gottschalk sowie H. Michaelis und C.A. Rhösa nennen übereinstimmend folgende "Grundsätze eines geordneten Rechnungswesens".[1)]

1. Geschlossenheit
2. Nachweisbarkeit
3. Einmaligkeit der Kostenverrechnung
4. Vollständigkeit der Kostenerfassung
5. Einheitlichkeit und Stetigkeit der Bewertung und Verrechnung
6. Anpassung an die Betriebsstruktur
7. Wirtschaftlichkeit.

---

1) Vgl. H. Ebisch u. J. Gottschalk, Preise (1977), S. 203 ff; H. Michaelis u. C.A. Rhösa, Preisbildung (1982), LSP Nr. 2, S. 5 ff.

Jeder dieser Grundsätze läßt sich unter die im voranstehenden Abschnitt behandelten Anforderungen formale und materielle Richtigkeit sowie Wirtschaftlichkeit subsummieren, wobei einige mehreren Anforderungsarten zuzuordnen sind; so ist beispielsweise unter Anpassung an die Betriebsstruktur einmal eine wirklichkeitsgerechte Gestaltung der Kostenrechnung zu verstehen und zum anderen eine bezogen auf die Betriebsgröße wirtschaftlich angemessene Gestaltung.[1]

Es zeigt sich, daß die betriebswirtschaftlichen Anforderungen umfassender sind als die in den Bestimmungen der Leitsätze und den Kommentaren geforderten, die es insbesondere versäumen, bezüglich der Einteilung in Kostenarten, Kostenstellen und Kostenträger sowie der Zuordnungsprinzipien genaue Anforderungskriterien anzugeben.[2] Der Verzicht auf detaillierte Anforderungskriterien bezüglich der Gestaltung des Rechnungswesens ist einerseits wegen des Bestrebens des Verordnungsgebers, möglichst wenig in das innerbetriebliche Rechnungswesen der Auftragnehmer einzugreifen,[3] verständlich, bringt aber andererseits für die öffentlichen Auftraggeber, die Preisprüfer und auch die Auftragnehmer folgende Probleme mit sich:

1. Bei Herstellung von Selbstkostenpreis-Erzeugnissen werden die Erlöse des Auftragnehmers vollständig oder teilweise von den Daten der Kostenrechnung determiniert. Gelingt es, beispielsweise durch eine Zuordnung von Kosten auf Selbstkostenpreis-Produkte, die richtigerweise auf Marktpreis-Erzeugnisse verrechnet werden müßten, einen ungerechtfertigten Mehrerlös zu erzielen, so bringt dieser dem Auftragnehmer einen größeren Gewinn als die richtige Gestaltung der Kostenrechnung; die Erfüllung der sonstigen Aufgaben der Kostenrechnung wird allerdings beeinträchtigt.

---

1) Vgl. H. Michaelis u. C.A. Rhösa, Preisbildung (1982), LSP Nr. 2, S. 7.

2) Das von H. Ebisch u. J. Gottschalk für die Kostenzurechnung geforderte Verursachungsprinzip ist, wie in Abschnitt 3.2. gezeigt, für die auf Vollkosten basierende Selbstkostenpreisermittlung nicht anwendbar.

3) Auf diesen Grundsatz weisen H. Ebisch u. J. Gottschalk, Preise (1977), S. 203 hin.

2. Die Selbstkostenpreise werden (unabhängig vom Preistyp) einer Prüfung unterzogen, wobei einmal den Prüfern durch eine unsachgemäße Gestaltung der Kostenrechnung die Arbeit erschwert werden kann, was zu erhöhtem Prüfungsaufwand führt. Das Fehlen klarer Richtlinien macht es andererseits von der Ausbildung und der Erfahrung der Prüfer abhängig, welche Gestaltung noch für zulässig erachtet wird.

3. Die grobe, undurchsichtige Gestaltung der Kostenrechnung wird oftmals intuitiv wegen der Preisprüfungen vorgenommen, ohne daß sich die Auftragnehmer über deren Konsequenzen im klaren sind. Es besteht nämlich durchaus die Möglichkeit, daß dem Auftragnehmer schon bei der Selbstkostenpreisberechnung Nachteile entstehen; hinzu kommen dann noch die Beeinträchtigungen der sonstigen Aufgaben der Kostenrechnung. Wie wir in Abschnitt 6.2.1. im einzelnen zeigen werden, wird sich beispielsweise in Unternehmen, die nebeneinander Markt- und Selbstkostenpreis-Erzeugnisse herstellen, die Zusammenlegung von Kostenstellen dann nachteilig auf Erlöse und Gewinne auswirken, wenn bestimmte Relationen zwischen den Bezugsgrößen pro Erzeugniseinheit und pro Periode bestehen. Den Auftragnehmern sind diese Verluste, die durch eine differenzierte Gliederung der Kostenstellen und richtige Auswahl von Bezugsgrößen vermieden werden können, im allgemeinen nicht einmal bekannt.

Die aufgezeigten Nachteile ließen sich durch genauere Anforderungskriterien mindern bzw. beseitigen, der Erlaß detaillierter Bestimmungen bringt aber wiederum folgende Probleme mit sich:

1. Bestimmungen dieser Art verstoßen gegen die Zielsetzung des Verordnungsgebers, vom betriebsindividuellen Rechnungswesen des Auftragnehmers auszugehen; es besteht zudem die Gefahr, daß Maßnahmen gefordert werden, welche die Gestaltung der Kostenrechnung <u>einseitig an der Preisermittlung</u> orientieren, so daß deren Funktions-

fähigkeit als Steuerungs- und Kontrollinstrument beeinträchtigt wird.

2. In der betrieblichen Praxis findet sich eine unübersehbare Vielfalt an Gestaltungsformen des internen Rechnungswesens. Die Umgestaltung aufgrund neuer Richtlinien des Verordnungsgebers wäre in manchen Fällen mit großen organisatorischen Änderungen und hohem Aufwand verbunden; es ist fraglich, ob dies den Herstellern öffentlicher Aufträge zugemutet werden sollte, insbesondere wenn sie nicht ausschließlich und regelmäßig für die öffentliche Hand arbeiten.

3. Aus wirtschaftspolitischer Sicht ist, in einem liberalen Wirtschaftssystem, jede staatliche Reglementierung innerbetrieblicher Belange ablehnend zu beurteilen.

Ein Erlaß zusätzlicher Richtlinien zur Gestaltung der Kostenrechnung seitens des Verordnungsgebers erscheint u.E. insbesondere aus betrieblicher, aber auch aus wirtschaftspolitischer Sicht nicht wünschenswert. Zur Beseitigung der oben beschriebenen Nachteile könnten den Auftragnehmern Anreize zur gewünschten Gestaltung der Kostenrechnung gegeben werden; hierzu bieten die LSP mit der Möglichkeit der Gewährung eines Leistungsgewinnes gemäß Nr. 51 ein adäquates Instrumentarium.[1]

---

1) Zum Leistungsgewinn im einzelnen vgl. Kapitel 5.

3.4. Die Eignung der in der Praxis üblichen Kostenrechnungssysteme in Unternehmen mit Selbstkostenpreis-Erzeugnissen

In diesem Abschnitt wollen wir der Frage nachgehen, welche Kostenrechnungssysteme in Unternehmen, die Selbstkostenpreis-Erzeugnisse für öffentliche Auftraggeber herstellen, zur Anwendung kommen sollen, damit einerseits die Selbstkostenpreisermittlung gemäß den Bestimmungen der LSP zulässig ist und andererseits den betriebswirtschaftlichen Anforderungen an die Kostenrechnung so weit wie möglich entsprochen wird.

Grundsätzlich will der Verordnungsgeber, wie bereits in Abschnitt 2.2. erwähnt, den Auftragnehmern die Gestaltung ihres Rechnungswesens freistellen. Dies kommt insbesondere in der Bestimmung der Nr. 4 Abs. 4 zum Ausdruck, in welcher die Errechnung der preisrechtlich zulässigen Kosten aus den betriebsindividuellen Beträgen durch Zu- und Absetzungen gestattet wird, falls das Rechnungswesen des Auftragnehmers nicht den Anforderungen der Verordnung entspricht;[1] es muß lediglich die Nachweisbarkeit der zu verrechnenden Kosten sichergestellt sein.

Die Bestimmungen der Leitsätze unterstellen die Anwendung einer Istkostenrechnung.[2] Versteht man unter Istkosten die "während einer Abrechnungsperiode effektiv angefallenen Kosten",[3] so ist eine Berechnung von Selbstkostenpreisen auf der ausschließlichen Grundlage von Istkosten allerdings nur bei Selbstkostenerstattungspreisen möglich. Darüber hinaus ist zu beachten, daß nur die Istkosten bei

---

1) Zu den Anforderungen der LSP an die Kostenrechnung vgl. Abschnitt 3.3.2.

2) Vgl. H. Ebisch u. J. Gottschalk, Preise (1977), S. 233; H. Michaelis u. C.A. Rhösa, Preisbildung (1982), LSP Nr. 4, S. 19.

3) W. Kilger, Plankostenrechnung (1981), S. 27.

wirtschaftlicher Betriebsführung im Selbstkostenpreis Berücksichtigung finden dürfen.

Für vorkalkulatorische Selbstkostenpreisberechnungen bilden die Istkosten vergangener Abrechnungsperioden keine ausreichende Kalkulationsgrundlage, da hier der Preisermittlung die erwarteten Daten des Produktionszeitraumes zugrunde zu legen sind.[1] Unternehmen, deren Kostenrechnung als reine Istkostenrechnung aufgebaut ist, sind gezwungen, die für Vorkalkulationen benötigten zukünftigen Mengen- und Wertansätze in gesonderten Schätzungen zu ermitteln, wobei die Vorschriften der Leitsätze beachtet werden müssen. Darüber hinaus sind Schätzungen über die erwarteten Beschäftigungen der Kostenstellen erforderlich.

Mit Hilfe dieser außerhalb des normalen Abrechnungssystems durchzuführenden Schätzungen dürfte zwar eine für alle Preistypen zulässige Selbstkostenpreisermittlung möglich sein, die sonstigen Aufgaben der Kostenrechnung, insbesondere die Planungs- und Kontrollaufgaben, kann ein derartiges Kostenrechnungssystem nicht erfüllen.[2]

Eine Weiterentwicklung der Istkostenrechnung stellt die Normalkostenrechnung dar, in welcher die Abrechnung statt mit den jeweiligen Istkostensätzen mit den durchschnittlichen Kostensätzen mehrerer Abrechnungsperioden durchgeführt wird. Die Normalkosten erhält man durch Multiplikation der Istbeschäftigungen der jeweiligen Abrechnungsperiode mit den zugehörigen Normalkostensätzen. Durch die Gegen-

---

1) Vgl. hierzu Abschnitt 2.3., wo gezeigt wurde, daß bei der Ermittlung von Selbstkostenrichtpreisen nur näherungsweise Kalkulationen mit Hilfe von Kostenkennziffern möglich sind; diese wollen wir im folgenden außer acht lassen.

2) Zu den Mängeln der Istkostenrechnung vgl. W. Kilger, Einführung (1980), S. 55 f.

überstellung von Ist- und Normalkosten werden Über- oder Unterdeckungen ermittelt, die üblicherweise global in die Erfolgsrechnung ausgebucht werden.[1)]

Da in der Normalkostenrechnung eine periodige Erfassung der Istkosten erfolgt und somit deren Nachweisbarkeit sichergestellt ist, kann mit diesem Kostenrechnungssystem eine zulässige Selbstkostenpreisermittlung grundsätzlich vorgenommen werden. Werden Selbstkostenerstattungspreise vereinbart, so müssen zu den Kalkulationszeitpunkten Ist-Kostensätze mit Hilfe der erfaßten Kosten ermittelt werden. Bei vorkalkulatorischen Preisermittlungen liefern die Normalkostensätze erste Anhaltspunkte für die erwarteten Kalkulationssätze, welche dann noch (zumindest) in zweierlei Hinsicht zu ergänzen sind. Erstens müssen sie, soweit erforderlich, den Bestimmungen der Leitsätze,insbesondere den Wertansätzen gemäß den Nrn. 8 und 38, angepaßt werden und zweitens ist die erwartete Beschäftigung des Zeitraumes der Leistungserstellung zugrunde zu legen.

Im Vergleich zur Istkostenrechnung bringt die Normalkostenrechnung eine Vereinfachung der Abrechnung mit sich, bezüglich Preiskalkulationen ist ihr Vorteil darin zu sehen, daß die Normalkostensätze erste Schätzungen für die vorkalkulatorischen Kalkulationssätze liefern. Die Entscheidungs- und Kontrollaufgaben der Kostenrechnung kann die Normalkostenrechnung nicht in befriedigendem Maße erfüllen, da sie zum einen keine (für Entscheidungszwecke erforderlichen) Plandaten zur Verfügung stellt und zum anderen die ausgewiesenen Über- und Unterdeckungen zur Wirtschaftlichkeitskontrolle zu global sind.[2)]

Wie eingangs dargelegt, gehören die Bereitstellung entscheidungsrelevanter Daten für Planungsprobleme und die Überwachung der Kostenwirtschaftlichkeit zu den herausragenden Aufgaben eines Kostenrechnungssystems,deren Bedeutung auch in solchen Betrieben erhalten bleibt, die ausschließlich oder teilweise Selbstkostenpreis-Produkte herstellen. So ist eine Kontrolle der Wirtschaftlichkeit des Produktionsfaktoreinsatzes in solchen Betrieben ebenso erforderlich wie in Betrieben

---

1) Zur Normalkostenrechnung vgl. W. Kilger, Einführung (1980), S. 56 f.

2) Vgl. W. Kilger, Einführung (1980), S. 57.

mit Erzeugnissen zu kostenungebundenen Verkaufspreisen, da einmal bei Vereinbarung von Selbstkostenfestpreisen der Auftragnehmer allein die Auswirkungen von Kostenabweichungen zu tragen hat, die sich damit unmittelbar, positiv oder negativ, auf das Betriebsergebnis auswirken. Zum zweiten muß damit gerechnet werden, daß bei Vereinbarung von Richt- und Erstattungspreisen die Preisprüfer Unwirtschaftlichkeiten erkennen und die Selbstkostenpreise dementsprechend kürzen; da Kostenkontrollen in kürzeren Abständen als Preisprüfungen durchgeführt werden, können die Unwirtschaftlichkeiten vorher beseitigt werden. Weiterhin werden wie in Unternehmen mit ausschließlich Marktpreis-Erzeugnissen von der Kostenrechnung Daten für Planungsprobleme benötigt, etwa welche (öffentlichen oder privaten) Aufträge in Engpaßsituationen herzustellen und welche abzulehnen sind.[1] Die genannten Aufgaben werden am besten von der Plankosten- und Deckungsbeitragsrechnung erfüllt.

Die Plankosten- und Deckungsbeitragsrechnung wurde früher als reine Grenzkostenrechnung durchgeführt, in welcher die Fixkosten nicht auf die Erzeugnisse kalkuliert, sondern in der Erfolgsrechnung global von der Summe der Deckungsbeiträge subtrahiert werden. In dieser Gestaltungsform ist die Plankostenrechnung für Selbstkostenpreiskalkulationen nicht brauchbar.[2] Wie W. Kilger aber gezeigt hat, läßt sich die reine Grenzplankostenrechnung leicht durch eine Parallelkalkulation der Vollkosten ergänzen, wobei die Vollkostenkalkulationen gemäß dem Leistungsentsprechungsprinzip durchgeführt werden.[3] Hierbei werden sowohl in den Kostenstellenplänen als auch in den Plankalkulationen nebeneinander gesamte und proportionale Kosten ausgewiesen.

In einer Plankostenrechnung werden die Istkosten in der Kostenarten-

---

1) Mit diesen Planungsproblemen werden wir uns in Kapitel 7 beschäftigen.

2) Vgl. hierzu H. Ebisch u. J. Gottschalk, Preise (1977), S. 235.

3) Vgl. W. Kilger, Plankostenrechnung (1981), Kap. 6.1.

rechnung belegmäßig erfaßt und anschließend getrennt in mit Planpreisen bewertete Istmengen und Preisabweichungen entweder auf die Kostenträger (bei als Einzelkosten verrechneten Kostenarten) oder auf die Kostenstellen des Faktorverbrauchs weiterverrechnet. Diese getrennte Behandlung des Mengen- und Wertgerüstes der Istkosten ist aus Gründen der Kostenkontrolle notwendig.[1] Trotz dieser Aufspaltung der Istkosten ist deren in Nr. 4 Abs. 4 geforderte Nachweisbarkeit sichergestellt; ebenso ermöglicht diese Vorgehensweise die Ermittlung nachkalkulatorischer Selbstkostenpreise.

Die vorkalkulatorische Selbstkostenpreisbestimmung kann mit einer Plankostenrechnung besser als mit den oben behandelten Kostenrechnungssystemen durchgeführt werden, da den (vollen) Plankalkulationssätzen die Planung der Beschäftigung der Kostenstellen und die Planung der bei dieser Beschäftigung anfallenden Kosten zugrunde liegen.[2] Eine Anpassung der Kostensätze an die erwartete Beschäftigung ist daher nicht mehr erforderlich.

Es besteht somit grundsätzlich die Möglichkeit, die Selbstkostenpreiskalkulationen auf den Kostendaten der Plankosten- und Deckungsbeitragsrechnung aufzubauen. Im System der Plankostenrechnung stellt die Selbstkostenpreiskalkulation eine kalkulatorische Sonderrechnung dar, welche auf den Daten der Teilgebiete der Plankostenrechnung basiert.[3] Von welchen Teilgebieten dabei Daten bereitgestellt werden, hängt zum einen davon ab, ob der betreffende Auftrag in Einzelfertigung oder in Serien- und Massenfertigung hergestellt wird, und zum anderen vom vereinbarten Selbstkostenpreistyp (d.h. vor- oder nachkalkulatorische Preisermittlung).

---

1) Vgl. hierzu ausführlicher Abschnitt 4.1.

2) Vgl. hierzu W. Kilger, Plankostenrechnung (1981), S. 360.

3) Zur Gestaltung der Kostenrechnung als Grund- und als Sonderrechnung vgl. E. Schmalenbach, Kostenrechnung (1963), S. 267 ff; P. Riebel, Einzelkostenrechnung (1982), S. 149 ff; W. Kilger, Plankostenrechnung (1981), S. 609, der die Plankalkulation als kalkulatorische Grundrechnung auffaßt.

Für Vorkalkulationen bilden in jedem Fall die Daten der Kostenstellenpläne die Grundlage der Kalkulation der Kostenstellenkosten, bei Serien- und Massenfertigung kann die Preiskalkulation aus den Daten der Plankalkulationen abgeleitet werden.

Für Nachkalkulationen greift man zur Ermittlung der Ist-Einzelkosten auf die Belege der Kostenartenrechnung zurück. Die Ist-Kalkulationssätze der Kostenstellen ergeben sich im Rahmen der Betriebsabrechnung durch Division der auf die Stelle verrechneten Vollkosten durch deren Ist-Bezugsgröße.[1)]

Betrachtet man sämtliche Aufgaben der Kostenrechnung, so können im System der Plankostenrechnung die Kostenstellenpläne als universell auswertbare Grundrechnung im Sinne Schmalenbachs aufgefaßt werden, in Betrieben mit Massen- und Serienfertigung gilt dies darüber hinaus bezüglich der Aufgaben Disposition und Preiskalkulation für die Plankalkulationen.

Allerdings sind für Preiskalkulationen in manchen Fällen folgende Modifizierungen der bereitgestellten Daten notwendig:

1. Die im System der Plankostenrechnung zur Anwendung kommenden Wertansätze stimmen insbesondere bei vorkalkulatorischer Preisermittlung nicht immer mit den Bewertungsvorschriften der Leitsätze überein. Sind Wertansätze zu korrigieren, so bestehen in einer Plankostenrechnung zwei Möglichkeiten dies durchzuführen. Einmal kann eine fallweise Umwertung der betreffenden Verbrauchsmengen vorgenommen werden, was bei Einzelkosten unproblematisch ist, bei Kostenstellenkosten eine Änderung der Kalkulationssätze nach sich zieht, welche sich insbesondere dann als umfangreich erweist, wenn sekundäre Kostenstellen von der Umwertung be-

---

1) Auf die Ermittlung von Ist-Vollkostensätzen bei Verwendung mehrerer Bezugsgrößen in einer Kostenstelle werden wir in Abschnitt 6.2.2.1. eingehen.

troffen sind. Die Durchführung derartiger Umwertungen wird heute dadurch erleichtert, daß die Kostenstellen- und Kostenträgerrechnung datenmaschinell durchgeführt werden.

Ein zweiter Lösungsweg besteht in der Ergänzung der Plankostenrechnung um einen Primärkostenausweis.[1] Durch eine Differenzierung der (proportionalen und/oder vollen) Kostensätze aller Haupt- und Nebenkostenstellen nach primären Kostenarten wird hierbei erreicht, daß in den Kalkulationen die auf eine Erzeugniseinheit verrechneten primären Kostenbeträge erkennbar sind. Die Preiskorrekturen werden dann dergestalt durchgeführt, daß die betroffenen primären Kostenarten mit Preisveränderungsfaktoren multipliziert werden, welche der Relation von ursprünglichem Planpreis und preisrechtlich zulässigem Preis entsprechen.[2]

2. Bei einigen der in den Nrn. 11-50 LSP behandelten Kostenarten stimmen die geforderten Mengenansätze oder die Art der kalkulatorischen Verrechnung nicht mit dem in einer Plankostenrechnung üblichen Vorgehen überein. Hier empfiehlt sich in vielen Fällen aus Vereinfachungsgründen eine Anpassung im betroffenen Teilgebiet der Kostenrechnung an die Bestimmungen der Leitsätze, da die in Kauf zu nehmenden Fehler nicht schwerwiegend sind; häufig lassen die Vorschriften auch mehr oder weniger große Interpretationsspielräume, die im Sinne der betriebswirtschaftlichen Erfordernisse genutzt werden können.

---

1) Die Grundidee der Primärkostenrechnung geht auf W. Schubert zurück, vgl. Kostenträgerstückrechnung (1965), S. 358 ff; Rechnen (1969), S. 57 ff; Verfahren zur Durchführung der Primärkostenrechnung finden sich bei W.v. Ramdohr, Matrizenkalkül (1965), S. 38 ff; W. Schumann, Rechenmodell (1969), S. 31 ff; P. Heck u. H. Scholz, Nutzung (1971), S. 122 f; K. Ebbeken, Primäre Kostenrechnung (1973); W. Kilger hat gezeigt, wie ein Primärkostenausweis zweckmäßigerweise im System der Plankosten- und Deckungsbeitragsrechnung durchgeführt wird; vgl. Plankostenrechnung (1981), S. 523 ff u. S. 643 f.

2) Vgl. das Beispiel einer Plankalkulation mit Primärkostenausweis bei W. Kilger, Plankostenrechnung (1981), S. 644.

4. Die Mengen- und Wertansätze der wichtigsten Kostenarten einer Plankostenrechnung in Unternehmen mit Selbstkostenpreis-Erzeugnissen

4.1. Grundlagen der Kostenplanung und Kostenkontrolle

Bevor wir uns im einzelnen mit den preisrechtlich zulässigen Kostenansätzen in einer Plankostenrechnung befassen, soll kurz die grundsätzliche Vorgehensweise der Kostenplanung und -kontrolle dargestellt werden. Dabei wollen wir uns auf einen knappen Überblick beschränken und verweisen auf die ausführliche Darstellung dieses Kostenrechnungssystems in der Literatur.[1)]

Die Kostenplanung besteht aus der Preis- und der Mengenplanung der unmittelbar auf die Kostenträger zu verrechnenden Einzelkosten und der über Kostenstellen zu verrechnenden Gemeinkosten. Der Planungszeitraum umfaßt im allgemeinen ein Jahr, die Kostenbeträge werden aber für einen Abrechnungszeitraum von einem Monat geplant, wobei jedem Monat des Jahres die gleichen Kosten belastet werden, um den Einfluß jahreszeitlich bedingter Kostenschwankungen auf die Kalkulationsergebnisse zu eliminieren.

Der erste Schritt der Kostenplanung besteht in der Festlegung der Planpreise (bzw. Planlöhne) jeder Kostenart für die jährliche Planungsperiode. Abweichungen von den geplanten Preisen und Löhnen werden vorab in der Kostenartenrechnung erfaßt und, sofern sie auf Einzelkosten entfallen, in der kurzfristigen Erfolgsrechnung den Kostenträgern unmittelbar gemäß ihrer Beanspruchung der jeweiligen Einzelkosten-

---

1) Vgl. insbesondere W. Kilger, Plankostenrechnung (1981), an dessen Ausführungen wir uns im folgenden orientieren.

art belastet; sofern sie auf Kostenstellenkosten entfallen, werden sie in der Betriebsabrechnung auf die entsprechenden Kostenstellen verrechnet, von wo sie zusammen mit den zu Planpreisen bewerteten Kostenabweichungen als Abweichungen der (Material-, Fertigungs-, V.u.V.-)Kostenstellen in die kurzfristige Erfolgsrechnung gebucht werden. Hierdurch bleibt der Soll-Ist-Kostenvergleich, dessen Zielsetzung in der Überwachung der Wirtschaftlichkeit des Faktorverbrauchs besteht, von den Schwankungen der Faktorpreise unbeeinflußt, die auf externe, vom Kostenstellenleiter nicht beeinflußbare Ursachen zurückzuführen sind.

Die Planung der Einzelkosten geht von den Bedarfen pro Erzeugniseinheit aus; diese sind beim Einzelmaterial aus Stücklisten, Rezepturen u.ä. ersichtlich. Neben den Nettoverbräuchen an Einzelmaterial sind in den Kosten planmäßige Zuschläge für Abfall und Ausschuß zu berücksichtigen. Die Planung der Einzellöhne pro Produkteinheit erfolgt i.d.R. nach einem Verfahren der Vorgabezeitermittlung. Auch für die weiteren als Einzelkosten verrechneten Kostenarten (z.B. Lizenzen, Forschungs- und Entwicklungskosten, Spezialwerkzeuge, Verpackung) ergeben sich die Planbeträge pro Produkteinheit entweder unmittelbar oder sie lassen sich durch Division durch die Plan-Absatzmengen ableiten.

Zur Planung der Kostenstellenkosten müssen die Einteilung des Betriebes in Kostenstellen sowie Art und Anzahl der pro Stelle erforderlichen Bezugsgrößen festgelegt sein; weiterhin sind die Bezugsgrößeneinheiten der Abrechnungsperiode (Planbezugsgrößen) vorab zu planen.[1] Die eigentliche Planung der Kostenstellenkosten erfolgt dann je Kostenart und je Bezugsgrößenart der betreffenden Stelle.

---

1) Auf diesen Problemkreis gehen wir ausführlich in den Abschnitten 6.2.1. und 6.2.2. ein.

Die Analyse der kostentheoretischen Grundlagen der Plankostenrechnung hat gezeigt, daß abgesehen vom Fall der intensitätsmäßigen Anpassung an Ausbringungsschwankungen ein linearer Zusammenhang zwischen den proportionalen Kosten und den jeweiligen Bezugsgrößen unterstellt werden kann. Die Ermittlung der Plankosten der Kostenarten erfolgt dann nach einer der folgenden Methoden.

Bei manchen Kostenarten werden als erstes die beschäftigungsabhängigen Planbeträge pro Bezugsgrößeneinheit mit Hilfe technisch-naturwissenschaftlicher Analysen, Messungen, Schätzungen u.ä. bestimmt; die proportionalen Kosten pro Abrechnungsperiode ergeben sich dann durch Multiplikation der ermittelten Relativziffer mit der zugehörigen Planbezugsgröße. Neben den proportionalen Plankosten sind dann noch die monatlichen Beträge zu planen, die unabhängig von der Beschäftigung kalenderzeitproportional anfallen.

Bei anderen Kostenarten hingegen werden als erstes die Gesamt-Plankosten des Abrechnungsmonats ermittelt und im Anschluß daran wird überprüft, welcher Teilbetrag hiervon dann noch anfällt, wenn zwar die Beschäftigung auf Null sinkt, die Betriebsbereitschaft aber in vollem Umfang aufrechterhalten wird; dieser Teilbetrag stellt die fixen Plankosten dar, während der Rest als die proportionalen Plankosten bei Realisierung der Planbeschäftigung anzusehen ist.

Zur Aufteilung der Kosten in fixe und proportionale Bestandteile ist noch anzumerken, daß der Anteil der proportionalen Plankosten mancher Kostenarten dispositionsbedingt ist und damit vom Fristigkeitsgrad der Kostenplanung abhängt; hier sind vor allem die Personalkosten zu nennen. Bei der Kostenplanung wird im allgemeinen ein Fristigkeitsgrad von einem Jahr unterstellt, für spezielle Entscheidungssituationen kann es aber erforderlich sein, von geringeren Fristigkeitsgraden (Quartale, Monate) auszugehen, wobei dann der Anteil der proportionalen Kosten ab- und jener der fixen Kosten zunimmt.[1)]

---

1) W. Kilger hat zu diesem Zweck die Weiterentwicklung der Plankostenrechnung zu einer dynamischen Grenzplankostenrechnung vorgeschlagen. Vgl. Weiterentwicklung (1976), S. 30 ff.

In den Kostenstellenplänen werden gesamte, proportionale und fixe Plankosten in jeweils einer Spalte ausgewiesen; die vollen und proportionalen Plankalkulationssätze erhält man durch Division der betreffenden Plankosten durch die Planbezugsgröße.

Zur Kontrolle der Einzelkosten errechnet man die Sollkosten der Kostenarten, indem die Planbeträge pro Produkteinheit mit den Ist-Produktionsmengen multipliziert werden. Da Preisschwankungen vom Soll-Ist-Kostenvergleich ferngehalten werden sollen, werden den Sollkosten das Produkt aus erfaßten Verbrauchsmengen und zugehörigen Planpreisen gegenübergestellt; die Differenz gibt als Verbrauchsabweichung Aufschluß über die Wirtschaftlichkeit des Faktorverbrauchs.

Auch beim Soll-Ist-Kostenvergleich der Kostenstellen werden die belegmäßig erfaßten Faktorverbrauchsmengen mit den zugehörigen Planpreisen bewertet. Zur Errechnung der Sollkosten sind als erstes die proportionalen Plankosten je Kostenart mit dem Beschäftigungsgrad, also dem Verhältnis von Ist- zu Planbezugsgröße zu multiplizieren; hierzu werden die fixen Plankosten addiert. Die Kontrolle der Gemeinkosten erfolgt in den Stellen des Faktoreinsatzes; dies bedeutet, daß die sekundären Kostenarten in den betreffenden Nebenkostenstellen kontrolliert werden und in den leistungsempfangenden Stellen Soll=Ist abgerechnet werden. (Wie wir in Abschnitt 6.2.4. zeigen werden, ist allerdings bei nachkalkulatorischer Selbstkostenpreisermittlung eine Verrechnung der Istkosten der Sekundärstellen auf die leistungsempfangenden Stellen erforderlich.)

Auf ein spezielles Problem des Soll-Ist-Kostenvergleichs in Betrieben mit Selbstkostenpreis-Produkten ist noch hinzuweisen. Werden Selbstkostenerstattungspreise abgerechnet, sind die Ist-Mengen und -Wertansätze Gegenstand der Preisprüfung, in welcher deren Angemessenheit und Wirtschaftlichkeit festzustellen ist. Die Durchführung eines Soll-Ist-Kostenvergleichs bringt in diesem Fall das Problem mit sich, daß möglicherweise dem Preisprüfer Hinweise auf einen unwirtschaftlichen Faktorverbrauch gegeben werden, die er ohne diesen Anstoß nicht wahrgenommen hätte. Bei ausschließlicher Vereinbarung von Selbstkostenfestpreisen tritt dieses Problem nicht auf, da hier in der Preisprüfung von vorkalkulatorischen (Plan-) Kostenansätzen auszugehen ist; werden Selbstkostenrichtpreise nach ihrer Umwandlung untersucht, so gilt das gleiche wie für Erstattungspreise für die bis zum Umwandlungszeitpunkt angefallenen Istkosten.

Zur Lösung dieses Problems ist zu fragen, inwieweit es möglich ist, den Preisprüfern die Unterlagen zur Kostenkontrolle vorzuenthalten. Organisatorisch wäre dies dergestalt denkbar, daß die Betriebsabrechnung auf zwei getrennten Formularen durchgeführt würde, einmal dem üblichen Betriebsabrechnungsbogen des Soll-Ist-Kostenvergleichs, auf dem Soll- und Istkosten sowie die entsprechenden Abweichungen ausgewiesen sind, und zum zweiten einem Betriebsabrechnungsbogen, der nur die erfaßten Istkosten (Istpreise und Istmengen) enthält. Ob sich das parallele Führen zweier Betriebsabrechnungen von den Preisprüfern unbemerkt realisieren läßt, hängt wesentlich davon ab, ob ausschließlich Istkostenansätze geprüft werden oder ob die Angemessenheit sowohl vor- als auch nachkalkulatorischer Selbstkostenpreise festzustellen ist.

Bei ausschließlicher Prüfung von Selbstkostenerstattungspreisen spielen die geplanten Kosten keine Rolle, so daß keine Notwendigkeit besteht, daß die Preisprüfer mit diesen in Berührung kommen. Hier müßte ein getrennter Ausweis der prüfungsrelevanten Istkosten und eine interne Durchführung des Soll-Ist-Kostenvergleichs möglich sein.

Werden außer Selbstkostenerstattungspreisen noch Fest- oder Richtpreise überprüft, so sind neben den Istkosten die geplanten Mengen- und Wertansätze Gegenstand der Preisprüfung; anhand der Planwerte der Kostenarten kann der Preisprüfer Anhaltspunkte der geschilderten Art gewinnen. Dies läßt sich allerdings nur durch einen generellen Verzicht auf eine Plankostenrechnung vermeiden, wobei dann die Vorkalkulationen mit Hilfe geschätzter Kostendaten zu erstellen sind.

Berücksichtigt man aber die im voranstehenden Abschnitt skizzierten Vorteile der Plankosten- und Deckungsbeitragsrechnung, so erscheint es wirtschaftlicher, den genannten Nachteil in Kauf zu nehmen als auf dieses Kostenrechnungssystem zu verzichten, zumal zum einen nur die nachkalkulatorische Preisermittlung betroffen ist, welche in der Praxis die Ausnahme darstellt, und es zum anderen schwer zu bestimmen ist, welche Unwirtschaftlichkeiten tatsächlich aufgrund der Plan- oder Sollkosten moniert werden und welche in jedem Fall erkannt worden wären.

In den folgenden Abschnitten wollen wir untersuchen, inwieweit die Vorschriften der LSP zu den einzelnen Kostenarten den betriebswirtschaftlichen Erfordernissen entsprechen und versuchen, bei Widersprüchen Kompromisse zu finden, welche sowohl den gesetzlichen Bestimmungen entsprechen, als auch so wenig wie möglich vom kostenrechnerisch richtigen Vorgehen abweichen.

4.2. Die Mengen- und Wertansätze der Materialkosten

4.2.1. Die Einteilung der Materialarten in den Leitsätzen

Die Materialkosten werden im Abschnitt A des Teils III der Leitsätze behandelt; die Bestimmungen dieses Abschnitts lassen sich in drei Teilbereiche gliedern. Die Nrn. 11 bis 15 geben eine Einteilung der Materialarten, Nr. 16 regelt die Mengenermittlung und die Nrn. 17 bis 21 befassen sich mit der Bewertung des Materialverbrauchs.

Die Einteilung der Materialarten orientiert sich an der Verwendung der einzelnen Stoffe im Produktionsprozeß;[1] dies entspricht den Erfordernissen der Preiskalkulation insofern, daß hierdurch die Ver-

---

1) Vgl. H. Michaelis u. C.A. Rhösa, Preisbildung (1982), LSP Nr. 11-21, S. 2 f.

rechnung als Einzel- oder als Gemeinkosten festgelegt wird. Die Einteilung in den Nrn. 11 bis 15 läßt sich wie folgt systematisieren:

1. Fertigungsmaterial
   1.1. Rohstoffe
   1.2. Zwischenerzeugnisse
   1.3. Fremdbezogene Fertigerzeugnisse
2. Hilfs- und Betriebsstoffe
3. Brennstoffe und Energie
4. Sonderbetriebsmittel
5. Auswärtige Bearbeitung.

Das Fertigungsmaterial wird in Nr. 11 in Rohstoffe, Zwischenerzeugnisse und fremdbezogene Fertigprodukte unterteilt. Die Trennung zwischen Rohstoffen und fremdbezogenen "vollständig fertigen Erzeugnissen, die ... mit eigenen Erzeugnissen fertigungstechnisch verbunden werden", ist für die Zwecke der Kalkulation ohne Belang und daher in einer Kalkulationsvorschrift überflüssig; beide Materialklassen müssen auf den entsprechenden Beschaffungsmärkten bezogen werden, für beide existieren keine dieser Unterteilung entsprechenden Lagerprobleme und beide werden in den Vorschriften zum Mengenansatz und zur Bewertung zusammengefaßt behandelt.

Nr. 11 Abs. 1b definiert Zwischenerzeugnisse als "Erzeugnisse, die sich in Zwischenstufen der Fertigung ergeben oder solche Teile, die ... nicht selbständige, absatzbestimmte Fertigerzeugnisse darstellen". Da es für eine Kalkulationsvorschrift äußerst unzweckmäßig wäre, die sich in Zwischenstufen der Fertigung ergebenden Halbfabrikate als gesonderte Materialarten aufzuführen, weil dies zu einer Mehrfachverrechnung der in diesen enthaltenen Einsatzstoffe führen könnte, sind unter den genannten Erzeugnissen eigenerstellte Einzelteile und Baugruppen zu verstehen, die in mehrteilige Endprodukte eingehen. (Allerdings fehlen für diese in den Nrn. 17 bis 21 explizite Bewertungsvorschriften; es ist davon auszugehen, daß sie in Preiskalkulationen mit ihren vollen Herstellkosten anzusetzen sind.) Von den selbsterstellten Einzelteilen und Baugruppen sind die Zulieferungen aus eigenen Vorbetrieben eines mehrstufigen Unternehmens zu unterscheiden, für die Nr. 19 gesonderte Bewertungsvorschriften angibt.

Hilfs- und Betriebsstoffe unterscheiden sich vom Fertigungsmaterial dadurch, daß dieses unmittelbarer Bestandteil der Erzeugnisse wird, während Hilfsstoffe im Produktionsprozeß eine unterstützende Funktion ausüben und Betriebsstoffe für die an der Produktion beteiligten Anlagen benötigt werden;[1)] kalkulatorisch werden jene daher über Kostenstellen verrechnet. Nach Nr. 13 Abs. 1 sollen Hilfsstoffe zwar wie Fertigungsmaterial behandelt werden, gleichzeitig wird aber eine Verrechnung innerhalb der Gemeinkosten zugelassen, was wegen der relativ geringen Bedeutung dieser Kostenarten vorzuziehen ist.

In Nr. 15 wird festgelegt, daß die Kosten für Brennstoffe und Energie verrechnungstechnisch wie Betriebsstoffe zu behandeln sind. Feste, flüssige und gasförmige Brennstoffe werden in industriellen Produktionsprozessen im allgemeinen zum Betreiben der an der Produktion beteiligten Betriebsmittel benötigt, so daß man auf ihre gesonderte Erwähnung hätte verzichten können. Die gleichartige Verrechnung von Betriebsstoffen und Energie wird in vielen Betrieben daran scheitern, daß Energiekosten wie Strom-, Wasser-, Preßluftkosten auf Hilfskostenstellen geplant, erfaßt und im Rahmen der innerbetrieblichen Leistungsverrechnung den primären Stellen als sekundäre Kostenarten belastet werden.[2)]

Als weitere Materialart werden in Nr. 14 Werkzeuge und Geräte erwähnt. Dabei gehen die Leitsätze nicht auf die üblichen Werkzeuge und Geräte ein, sondern behandeln die sogenannten Sonderbetriebsmittel, die als

1) Vgl. W. Kilger, Plankostenrechnung (1981), S. 383.

2) Zur innerbetrieblichen Leistungsverrechnung vgl. Abschnitt 6.2.4.

Geräte definiert werden, welche speziell für die Fertigung des betreffenden Erzeugnisses verwendet werden. Das Fehlen besonderer Regelungen für die sonstigen Werkzeuge und Geräte bedeutet natürlich nicht, daß diese in Selbstkostenpreiskalkulationen nicht berücksichtigt werden dürfen, sondern es ist hieraus zu schließen, daß deren Verrechnung nach betriebswirtschaftlich richtigen Gesichtspunkten zu erfolgen hat.[1]

Die Kosten für Sonderbetriebsmittel sind in Selbstkostenpreiskalkulationen laut Nr. 14 Abs. 2 als Sonderkosten der Fertigung auszuweisen. Für die Art der Verrechnung ist von Bedeutung, ob die Sonderbetriebsmittel nur für einen einmaligen Auftrag benötigt oder ob sie bei der Fertigung von Anschlußaufträgen wieder eingesetzt werden. Während beim Einsatz für nur einen Auftrag die Berechnung des Kostenbetrages pro Produkteinheit unproblematisch ist, muß im Falle von Anschlußaufträgen das erwartete Gesamtvolumen aller Aufträge geschätzt und, sofern die Aufträge aus verschiedenartigen Erzeugnissen bestehen, ein Äquivalenzmaßstab festgelegt werden, welcher die Unterschiede der Inanspruchnahme zum Ausdruck bringt. Die bereits verrechneten Beträge und die Restwerte der Sonderbetriebsmittel müssen ähnlich wie der Stand der Abschreibungen in der Anlagenkartei buchmäßig nachgewiesen werden.

Ebenfalls im Rahmen der Materialkosten behandeln die Leitsätze die <u>auswärtige Bearbeitung</u>, worunter die Vergabe von Fertigungsaufträgen in Lohnarbeit zu verstehen ist. Bei den Kosten der auswärtigen Bearbeitung handelt es sich aber nicht um Material-, sondern um Fertigungskosten, daher erscheint deren Auflistung im Abschnitt A des Teils III der LSP nicht sinnvoll. In Kalkulationen werden diese

---

1) Nach H. Ebisch u. J. Gottschalk soll die Verrechnung allgemeiner Werkzeugkosten nach den Gemeinschaftsrichtlinien für die Kosten- und Leistungsrechnung Nr. K 261.2 erfolgen, welche die kalkulatorische Verrechnung in den Kalkulationssätzen der Kostenstellen empfehlen; vgl. Preise (1977), S. 282.

Beträge im allgemeinen als Sondereinzelkosten der Fertigung angesetzt, was dem in Nr. 12 Abs. 2 geforderten gesonderten Ausweis der Kosten für auswärtige Bearbeitung in Preiskalkulationen entspricht.

4.2.2. Das Mengengerüst der Materialkosten

Nr. 16 LSP befaßt sich mit den zulässigen Mengenansätzen der Materialkosten; nach Abs. 3 erfolgt die Mengenermittlung in Vorkalkulationen anhand von Stücklisten, Rezepturvorschriften, Stoffzusammenstellungen u.ä. Diese Bestimmung kann sich allerdings nur auf als Einzelkosten verrechnete Materialarten beziehen; zur Bestimmung des erwarteten Verbrauchs an über Kostenstellen verrechnetem Material (Hilfs- und Betriebsstoffe sowie Energie) muß von dem in der Kostenplanung ermittelten Planverbrauch pro Bezugsgrößeneinheit und der Planbeschäftigung ausgegangen werden; für den Verbrauch einer Gemeinkostenmaterialart ν in einer Stelle i gilt dann folgende Bestimmungsgleichung:[1)]

$$(4.1) \quad r_{\nu i} = r_{F\nu i} + \rho_{\nu i} B_i \qquad \begin{matrix}(\nu=1,\dots,z)\\(i=1,\dots,m)\end{matrix}$$

In Gleichung (4.1) symbolisieren B_i die Bezugsgrößeneinheiten pro Periode der Stelle i, $\rho_{\nu i}$ den bezugsgrößenproportionalen Materialverbrauch pro Einheit und $r_{F\nu i}$ den beschäftigungsunabhängigen, kalenderzeitproportionalen Materialbedarf.

Für Nachkalkulationen hat die Mengenermittlung mit Hilfe von "Verbrauchsaufschreibungen oder dgl." zu erfolgen, wobei Nr. 16 Abs. 2

---

1) Eine analoge Formel findet sich bei W. Kilger, Produktionsplanung (1973), S. 54.

die Verwendung von Meßeinrichtungen (auf diese Weise wird der Energieverbrauch erfaßt),anderer objektiver Maßstäbe, Stichproben u.ä. als Methoden der Verbrauchsermittlung nennt.[1] Die richtige Erfassung und Kontierung der Materialverbrauchsmengen wird am ehesten durch eine Mengenermittlung mit Hilfe von Materialentnahmescheinen sichergestellt; dieses Verfahren sollte daher, abgesehen von kleinen, überschaubaren Betrieben allgemein eingeführt werden.[2]

Bezüglich des Fertigungsmaterials bestimmt Nr. 16 Abs. 1, daß neben den in das Erzeugnis eingehenden Materialmengen der bei "normalen Fertigungsbedingungen" entstehende Abfall anzusetzen ist. In Vorkalkulationen ist somit ein durchschnittlich erwarteter Prozentsatz für Abfall auf die Netto-Einsatzmengen zuzuschlagen;[3] in Nachkalkulationen sind die anhand der Materialentnahmescheine nachgewiesenen Verbrauchsmengen anzusetzen, sofern nicht unnötig hoher Abfall dem Grundsatz der Wirtschaftlichkeit der Betriebsführung widerspricht.

Neben Abfall dürfen in den Kalkulationen Kosten für fehlerhafte Produkte berücksichtigt werden. Fehlerhafte Erzeugnisse lassen sich in drei Klassen einteilen.[4] Erstens können sie als Erzeugnisse minderer Qualität verkauft werden, so daß die Fehler auf die Kalkulationen keinen Einfluß haben. (Falls der öffentliche Auftraggeber Selbstkostenpreis-Erzeugnisse von geringerer Qualität akzeptiert, müßte ein Abschlag vom Selbstkostenpreis vertraglich vereinbart werden). Zweitens können Fehler durch zusätzliche Arbeitsgänge beseitigt werden (Nacharbeit) und drittens können die Fehler zu unbrauchbaren Produkten

---

1) Die in Nr. 16 Abs. 2 und den Kommentaren zur LSP behandelten Verfahren der Mengenermittlung haben nur für die nachkalkulatorische Selbstkostenpreisermittlung Geltung.

2) Zu den Verfahren der Erfassung des Materialverbrauchs siehe E. Grochla, Materialwirtschaft (1973), S. 164 ff; W. Kilger, Einführung (1980), S. 79 ff.

3) Zur Planung der Brutto-Einzelmaterialkosten vgl. W. Kilger, Plankostenrechnung (1981), S. 243 ff.

4) Vgl. W. Kilger, Plankostenrechnung (1981), S. 296.

führen (Ausschuß). In Nr. 16 Abs. 1 werden zwar explizit nur Ausschußkosten erwähnt, die Bestimmungen lassen sich aber analog auf die Kosten für Nacharbeit übertragen.

Da sich Ausschuß und Nacharbeit in der betrieblichen Praxis nie ganz vermeiden lassen, müssen in Vorkalkulationen geplante Beträge für zusätzliche Kosten fehlerhafter Erzeugnisse berücksichtigt werden. In Nachkalkulationen sind die effektiv angefallenen Beträge anzusetzen, wobei wiederum der Grundsatz wirtschaftlicher Betriebsführung zu beachten ist. Es empfiehlt sich, die betreffenden Kosten mit Hilfe von Belegen zu erfassen, in denen neben dem entsprechenden Betrag die Fehlerquelle und der Verantwortungsbereich anzugeben sind.[1)]

Die Erfassung der Mehrkosten fehlerhafter Erzeugnisse erfolgt im allgemeinen bei Stückgütern auftragsweise und bei Fließgütern mit Hilfe von Einsatzfaktoren.[2)] Bei auftragsweiser Erfassung werden die Mehrkosten als Sondereinzelkosten mit Hilfe eines Plan- bzw. Ist-Zuschlagsatzes in Prozent der Herstellkosten auf die Produkte verrechnet, wobei für jede Produktart oder für Produktgruppen artähnlicher Erzeugnisse ein gesonderter Zuschlag errechnet werden muß.[3)] Eine Verrechnung der betreffenden Kosten innerhalb der Kalkulationssätze der Kostenstellen erscheint nicht richtig, da der Kostenanfall der verschiedenen Erzeugnisarten normalerweise unterschiedlich ist; eine richtige Verrechnung würde in diesem Fall eine produktbedingte Bezugsgrößendifferenzierung nach der Höhe der Kosten für Ausschuß und Nacharbeit erfordern, wodurch das Bezugsgrößensystem in er-

---

1) Ein Beispiel für einen Ausschußbeleg findet sich bei W. Kilger, Einführung (1980), S. 145.

2) Die Erfassung, Verrechnung und Kontrolle der Kosten für Ausschuß und Nacharbeit ist ausführlich beschrieben bei W. Kilger, Plankostenrechnung (1981), S. 296 ff.

3) Vgl. W. Kilger, Einführung (1980), S. 145; H. Michaelis u. C.A. Rhösa, Preisbildung (1982), LSP Nr. 16, S. 7.

heblichem Maße erweitert würde.

Bei der Erfassung mit Hilfe von Einsatzfaktoren werden als erstes für jede Kostenstelle die Stelleneinsatzfaktoren und die Gesamteinsatzfaktoren errechnet, mit deren Hilfe die Mehrkosten für fehlerhafte Produkte auf die Materialkosten und die Fertigungskosten der jeweiligen Kostenstellen zugeschlagen werden.[1)]

Da die LSP keine Angaben über die Art der Erfassung und Verrechnung der Ausschuß- und Nacharbeitskosten machen, ist davon auszugehen, daß sowohl die auftragsweise Erfassung als auch die Erfassung mit Einsatzfaktoren den preisrechtlichen Bestimmungen genügen.

4.2.3. Das Wertgerüst der Materialkosten

4.2.3.1. Der Inhalt der Materialpreise

Die Bewertung der Materialverbrauchsmengen erfolgt gemäß Nr. 17 Abs. 1 in Verbindung mit Nr. 18 grundsätzlich zu Einstandspreisen (Rechnungspreis abzüglich Rabatte zuzüglich außerbetrieblicher Beschaffungsnebenkosten), gleichwohl läßt die Formulierung der Nr. 17 Abs. 1 auch andere Wertansätze zu.[2)] Alternativen wären der Einkaufspreis, der im Gegensatz zum Einstandspreis keine außerbetrieblichen Beschaffungsnebenkosten enthält, und der Verbrauchspreis, in dem neben außerbetrieblichen auch innerbetriebliche Beschaffungsnebenkosten enthalten sind.

---

1) Vgl. hierzu ausführlich W. Kilger, Plankostenrechnung (1981), S. 302.

2) Vgl. H. Ebisch u. J. Gottschalk, Preise (1977), S. 287.

Aus betriebswirtschaftlicher Sicht erscheinen allerdings Einkaufs- und Verbrauchspreis zur Bewertung weniger geeignet als der Einstandspreis, da einmal eine gesonderte Verrechnung außerbetrieblicher Beschaffungsnebenkosten einen unnötigen Mehraufwand bedeutet, andererseits innerbetriebliche Beschaffungsnebenkosten zweckmäßiger in den betreffenden Kostenstellen erfaßt und als Materialgemeinkosten kalkulatorisch verrechnet werden.[1]

Nr. 18 Abs. 3 fordert, daß alle "erzielten Mengenrabatte, Preisnachlässe, Gutschriften für Treue-, Jahres- und Umsatzrabatte, für zurückgesandte Verpackung und ähnliches .... bei der Ermittlung des Einstandspreises abzusetzen" sind.[2] Die Inanspruchnahme von Rabatten hat somit Auswirkungen auf die Erlöse der Selbstkostenpreis-Erzeugnisse des Auftragnehmers, welche für diesen nicht erfolgsneutral sein dürften, insbesondere dann nicht, wenn das Entgelt für das allgemeine Unternehmerwagnis ganz oder teilweise in einem prozentualen Gewinnzuschlag auf die Selbstkosten angesetzt wird. Im folgenden wollen wir genauer untersuchen, wie sich der Erlös der Selbstkostenpreis-Erzeugnisse und der Gewinn des Auftragnehmers ändern, wenn für eine Materialart ein Rabatt gewährt werden soll, welcher die Einzelmaterialkosten von $j=1,...,\bar{n}_S$ Selbstkostenpreis-Produkten um jeweils r_j% vermindert. Dabei gehen wir davon aus, daß das Produktionsprogramm des Auftragnehmers neben insgesamt $j=1,...,n_S$ Selbstkostenpreis-Produkten noch $l=1,...,n_M$ Erzeugnisse zu Marktpreisen enthält; in letztere soll die betreffende Materialart nicht eingehen.

Bezüglich der proportionalen Kosten des Material-, Verwaltungs- und Vertriebsbereiches besteht bei der folgenden Betrachtung dadurch ein Problem, daß diese Kosten für die Kalkulation auf die Einzelmaterialkosten bzw. die proportionalen Herstellkosten bezogen werden (da

---

1) Eine ausführliche Begründung der Vorteile des Einstandspreises gibt W. Kilger, Plankostenrechnung (1981), S. 199 ff.

2) Die Klassifizierung der Rabatte in Nr. 18 Abs. 3 kommentiert G. Chladek, Rabatte (1966), S. 1575 f.

für diese Kalkulationsbereiche keine direkten Bezugsgrößen mit Produktproportionalität gefunden werden können). Nun verhält sich aber nur ein Teil der proportionalen Kosten dieser Bereiche proportional zur Wertkomponente der betreffenden Zuschlagsbasis, ein anderer Teil verändert sich mit den entsprechenden Material- bzw. Produktmengen. Da von der Rabattgewährung nur die Wertkomponenten beeinflußt werden, dürfen für die folgende Analyse in den proportionalen Zuschlagssätzen nur die wertproportionalen Kosten berücksichtigt werden, die übrigen sind den fixen Kosten zuzuordnen.

Durch die Gewährung des Rabatts werden folgende Kalkulationsbestandteile beeinflußt:

1. Die Einzelmaterialkosten der betreffenden Produktarten sinken um r_j%.

2. Durch die Verminderung der Gesamt-Einzelmaterialkosten erhöht sich der volle Materialgemeinkostenverrechnungssatz.

3. Aufgrund der Minderung der Einzelmaterialkosten und der wertproportionalen Materialgemeinkosten erhöht sich der volle Verwaltungs- und Vertriebskostenzuschlag.[1)]

Bezeichnen wir die Verrechnungssätze für die Material-, Fertigungs- und V.u.V.-Gemeinkosten ohne Rabattgewährung mit $h_M^{(1)}$, h_P und $h_V^{(1)}$, die Einzelmaterialkosten pro Mengeneinheit einer Produktart j mit k_{SMj}, die Stückbezugsgrößen pro Kostenstelle mit b_{Sij}[2)] und die Verkaufspreise der Marktpreis-Erzeugnisse mit p_{Ml}, so errechnet sich

1) Zu Ursachen und Auswirkungen dieser Fixkostendegression vgl. Abschnitt 6.2.3.

2) Im folgenden gehen wir vom Verfahren der Bezugsgrößenkalkulation aus.

der Gesamt-Erlös des Auftragnehmers ohne Rabattgewährung $E^{(1)}$ wie folgt:

$$(4.2)\quad E^{(1)} = \sum_{j=1}^{n_S} \left[k_{SMj}\ (1+h_M^{(1)}) + \sum_{i=1}^{m} b_{Sij}\ h_{Pi}\right] (1+h_V^{(1)})\ (1+g) x_{Sj} + \sum_{l=1}^{n_M} p_{Ml}\ x_{Ml}$$

In Gleichung (4.2) symbolisieren weiterhin (1+g) den Gewinnzuschlag bezogen auf die vollen Selbstkosten und x_S bzw. x_M die Absatzmengen der jeweiligen Produktgruppe. Für den Gesamt-Erlös nach der Rabattgewährung gilt dagegen folgende Bestimmungsgleichung:

$$(4.3)\quad E^{(2)} = \sum_{j=1}^{\bar{n}_S} \left[k_{SMj}\ (1-r_j)\ (1+h_M^{(2)}) + \sum_{i=1}^{m} b_{Sij}\ h_{Pi}\right] (1+h_V^{(2)})\ (1+g)\ x_{Sj}$$

$$+ \sum_{j=\bar{n}_S+1}^{n_S} \left[k_{SMj}\ (1+h_M^{(2)}) + \sum_{i=1}^{m} b_{Sij}\ h_{Pi}\right] (1+h_V^{(2)})\ (1+g)\ x_{Sj}$$

$$+ \sum_{l=1}^{n_M} p_{Ml}\ x_{Ml}$$

Als Differenz der Erlöse erhält man:

$$(4.4)\quad \Delta E = \sum_{j=1}^{n_S} \left[k_{SMj}\,(1+h_M^{(2)}) + \sum_{i=1}^{m} b_{Sij}\,h_{Pi} \right] (1+h_V^{(2)})\,(1+g)\,x_{Sj}$$

$$- \sum_{j=1}^{\bar{n}_S} k_{SMj}\,r_j\,(1+h_M^{(2)})\,(1+h_V^{(2)})\,(1+g)\,x_{Sj}$$

$$- \sum_{j=1}^{n_S} \left[k_{SMj}\,(1+h_M^{(1)}) + \sum_{i=1}^{m} b_{Sij}\,h_{Pi} \right] (1+h_V^{(1)})\,(1+g)\,x_{Sj}$$

Durch Ausmultiplizieren der Zuschlagssätze für Material-, Verwaltungs- und Vertriebsgemeinkosten lassen sich die erste und die dritte Summe der Gleichung (4.4) wie folgt zusammenfassen:

$$(4.5)\quad \Delta E = \sum_{j=1}^{n_S} \Big\{ k_{SMj}\,(h_M^{(2)}-h_M^{(1)}) + k_{SMj}\,(1+h_M^{(2)})\,h_V^{(2)} - k_{SMj}(1+h_M^{(1)})h_V^{(1)}$$

$$+ \sum_{i=1}^{m} b_{Sij}\,h_{Pi}\,(h_V^{(2)}-h_V^{(1)}) \Big\}\,(1+g)\,x_{Sj}$$

$$- \sum_{j=1}^{\bar{n}_S} k_{SMj}\,r_j\,(1+h_M^{(2)})\,(1+h_V^{(2)})\,(1+g)\,x_{Sj}$$

Erweitert man die geschweifte Klammer in Gleichung (4.5) um den Ausdruck:

$$(4.6)\quad 0 = k_{SMj}\,(1+h_M^{(1)})\,h_V^{(2)} - k_{SMj}\,(1+h_M^{(1)})\,h_V^{(2)}$$

so läßt sich durch entsprechendes Ausklammern Gleichung (4.5) auf folgende Weise darstellen:

$$(4.7)\quad \Delta E = \sum_{j=1}^{n_S} \Big\{ k_{SMj}\,(h_M^{(2)}-h_M^{(1)}) + k_{SMj}\,(h_M^{(2)}-h_M^{(1)})\, h_V^{(2)}$$

$$+ k_{SMj}\,(1+h_M^{(1)})\,(h_V^{(2)}-h_V^{(1)}) + \sum_{i=1}^{m} b_{Sij}\, h_{Pi}\,(h_V^{(2)}-h_V^{(1)})\Big\}\,(1+g)$$

$$-\sum_{j=1}^{\bar{n}_S} k_{SMj}\, r_j\,(1+h_M^{(2)})\,(1+h_V^{(2)})\,(1+g)\, x_{Sj}$$

Fassen wir die ersten vier Ausdrücke in Gleichung (4.7) paarweise zusammen, so ergibt dies:

$$(4.8)\quad \Delta E = \sum_{j=1}^{n_S} \Big\{ k_{SMj}\,(1+h_V^{(2)})\,(h_M^{(2)}-h_M^{(1)})$$

$$+ \Big[k_{SMj}\,(1+h_M^{(1)}) + \sum_{i=1}^{m} b_{Sij}\, h_{Pi}\Big]\,(h_V^{(2)}-h_V^{(1)})\Big\}\,(1+g)\, x_{Sj}$$

$$-\sum_{j=1}^{\bar{n}_S} k_{SMj}\, r_j\,(1+h_M^{(2)})\,(1+h_V^{(2)})\,(1+g)\, x_{Sj}$$

Bezeichnen wir den proportionalen Materialgemeinkostenzuschlag mit d_M, die fixen Materialgemeinkosten mit K_{MF} und die Gesamt-Einzelmaterialkosten mit K_M, so läßt sich die Differenz der Materialgemeinkostenzuschläge folgendermaßen schreiben:

$$(4.9)\quad h_M^{(2)}-h_M^{(1)} = d_M + \frac{K_{MF}}{K_M^{(2)}} - d_M - \frac{K_{MF}}{K_M^{(1)}}$$

Zwischen den Einzelmaterialkosten mit und ohne Rabatt besteht der folgende Zusammenhang:

$$(4.10) \quad K_M^{(2)} = K_M^{(1)} - \sum_{j=1}^{\bar{n}_S} k_{SMj}\, r_j\, x_{Sj}$$

Faßt man die beiden Brüche in Gleichung (4.9) zusammen, so ergibt sich unter Berücksichtigung der Gleichung (4.10):

$$(4.11) \quad h_M^{(2)} - h_M^{(1)} = \frac{\sum_{j=1}^{\bar{n}_S} k_{SMj}\, r_j\, x_{Sj}}{K_M^{(1)}\, K_M^{(2)}}\, K_{MF}$$

Bezeichnen wir den proportionalen Verwaltungs- und Vertriebsgemeinkostenzuschlag mit d_V, die fixen V.u.V.-Gemeinkosten mit K_{VF} und die vollen Herstellkosten mit K_H, so gilt für die Differenz der Verwaltungs- und Vertriebskostenzuschläge:[1]

$$(4.12) \quad h_V^{(2)} - h_V^{(1)} = d_V + \frac{K_{VF}}{K_H^{(2)}} - d_V - \frac{K_{VF}}{K_H^{(1)}}$$

Die vollen Herstellkosten mit Rabatt lassen sich aus $K_H^{(1)}$ wie folgt ableiten:

$$(4.13) \quad K_H^{(2)} = K_H^{(1)} - \sum_{j=1}^{\bar{n}_S} k_{SMj}\, r_j\, (1+d_M)\, x_{Sj}$$

---

1) Zwischen der rechten und der linken Seite der Gleichung (4.12) tritt eine geringfügige Abweichung auf, die dadurch entsteht, daß im Gesamt-Gemeinkostenzuschlag fixe und proportionale V.u.V.-Kosten auf die vollen Herstellkosten bezogen werden, auf der rechten Seite der Gleichung (4.12) die proportionalen V.u.V.-Kosten dagegen auf die proportionalen Herstellkosten; diese Abweichung wollen wir wegen ihres geringen Betrages vernachlässigen.

Durch Zusammenfassen der Brüche der Gleichung (4.12) erhält man unter Beachtung der Gleichung (4.13):

$$(4.14) \quad h_V^{(2)} - h_V^{(1)} = \frac{\sum_{j=1}^{\bar{n}_S} k_{SMj}\, r_j\, (1+d_M) x_{Sj}}{K_H^{(1)}\, K_H^{(2)}}\, K_{VF}$$

Setzt man die Gleichungen (4.11) und (4.14) in Gleichung (4.8) ein und berücksichtigt, daß in Gleichung (4.8) der Ausdruck in den eckigen Klammern die vollen Herstellkosten pro Stück ohne Rabattgewährung $k_{SHj}^{(1)}$ darstellt, so ergibt sich (nach entsprechenden Umgruppierungen) für die Erlösdifferenz der Ausdruck in Gleichung (4.15); da in der formalen Darstellung die Summe über alle Selbstkostenpreis-Erzeugnisse und über die von der Rabattgewährung betroffenen auftreten, haben wir in der ersten den Index $k=1,\ldots,n_S$ verwendet.

$$(4.15) \quad \Delta E = \sum_{k=1}^{n_S} \Bigg\{ k_{SMk}\, x_{Sk}\, \frac{\sum_{j=1}^{\bar{n}_S} k_{SMj}\, r_j\, x_{Sj}\, K_{MF}}{K_M^{(1)}}\, \frac{}{K_M^{(2)}}\, (1+h_V^{(2)})\, (1+g)$$

$$+ k_{SHk}^{(1)}\, x_{Sk}\, \frac{\sum_{j=1}^{\bar{n}_S} k_{SMj}\, r_j\, (1+d_M)\, x_{Sj}\, K_{VF}}{K_H^{(1)}}\, \frac{}{K_H^{(2)}}\, (1+g) \Bigg\}$$

$$- \sum_{j=1}^{\bar{n}_S} k_{SMj}\, r_j\, (1+h_M^{(2)})\, (1+h_V^{(2)})\, (1+g)\, x_{Sj}$$

Bezeichnen wir die auf Selbstkostenpreis-Produkte entfallenden Einzelmaterialkosten mit K_{SM} sowie die dieser Produktgruppe zuzurechnenden Herstellkosten mit K_{SH}, so läßt sich Gleichung (4.15) unter Verwendung dieser Kurzzeichen schreiben als:

$$(4.16)\quad \Delta E = \sum_{j=1}^{\bar{n}_S} \Big\{ k_{SMj}\; r_j\; \frac{K_{SM}^{(1)}}{K_M^{(1)}} \frac{K_{MF}}{K_M^{(2)}}\; (1+h_V^{(2)})\; (1+g)\; x_{Sj}$$

$$+ k_{SMj}\; r_j\; (1+d_M)\; \frac{K_{SH}^{(1)}}{K_H^{(1)}} \frac{K_{VF}}{K_H^{(2)}}\; (1+g)\; x_{Sj}$$

$$- k_{SMj}\; r_j\; (1+h_M^{(2)})\; (1+h_V^{(2)})\; (1+g)\; x_{Sj} \Big\}$$

Vertauschen wir die Vorzeichen der Summanden der Gleichung (4.16), so lassen sich der erste und der dritte Ausdruck folgendermaßen zusammenfassen, wobei der volle Materialgemeinkostenzuschlag in seinen proportionalen und fixen Bestandteil zerlegt wird:

$$(4.17)\quad \Delta E = - \sum_{j=1}^{\bar{n}_S} \Big\{ k_{SMj}\; r_j\; (1+h_V^{(2)}) \Big(1+d_M + \frac{K_{MF}}{K_M^{(2)}} - \frac{K_{MF}}{K_M^{(2)}} \frac{K_{SM}^{(1)}}{K_M^{(1)}}\Big)$$

$$- k_{SMj}\; r_j\; (1+d_M)\; \frac{K_{VF}}{K_H^{(2)}} \frac{K_{SH}^{(1)}}{K_H^{(1)}} \Big\} (1+g)\; x_{Sj}$$

Multiplizieren wir im ersten Produkt den proportionalen Materialgemeinkostenzuschlag aus und spalten in diesem Term den V.u.V.-Zuschlag in seine fixen und proportionalen Bestandteile auf, so läßt sich dieser Ausdruck mit dem zweiten Produkt der Gleichung (4.17) zusammenfassen:

$$(4.18)\quad \Delta E = - \sum_{j=1}^{\bar{n}_S} \Big\{ k_{SMj}\; r_j\; (1+h_V^{(2)}) \Big(\frac{K_{MF}}{K_M^{(2)}} - \frac{K_{MF}}{K_M^{(2)}} \frac{K_{SM}^{(1)}}{K_M^{(1)}} \Big)$$

$$+ k_{SMj}\; r_j\; (1+d_M) \Big(1+d_V + \frac{K_{VF}}{K_H^{(2)}} - \frac{K_{VF}}{K_H^{(2)}} \frac{K_{SH}^{(1)}}{K_H^{(1)}}\Big) \Big\} (1+g)\; x_{Sj}$$

Durch entsprechendes Ausmultiplizieren ergibt sich dann die folgende Erlösabnahme:

$$(4.19)\quad \Delta E = - \sum_{j=1}^{\bar{n}_S} \Big\{ k_{SMj}\; r_j\; (1+d_M)\; (1+d_V)$$

$$+ k_{SMj}\; r_j \frac{K_{MF}}{K_M^{(2)}} \Big(1 - \frac{K_{SM}^{(1)}}{K_M^{(1)}}\Big)(1+h_V^{(2)})$$

$$+ k_{SMj}\; r_j\; (1+d_M) \frac{K_{VF}}{K_H^{(2)}} \Big(1 - \frac{K_{SH}^{(1)}}{K_H^{(1)}}\Big)\Big\}(1+g)\; x_{Sj}$$

Die <u>Gesamtkosten</u> des Auftragnehmers vermindern sich durch die Rabattgewährung um den Rabattbetrag und die darauf entfallenden wertproportionalen Material- und V.u.V.-Gemeinkosten:

$$(4.20)\quad \Delta K = \sum_{j=1}^{\bar{n}_S} k_{SMj}\; r_j\; (1+d_M)\; (1+d_V)\; x_{Sj}$$

Damit ergibt sich als Gewinnminderung:

$$(4.21)\quad \Delta G = - \sum_{j=1}^{\bar{n}_S} \Big\{ k_{SMj}\; r_j\; (1+d_M)\; (1+d_V)\; g\; x_{Sj}$$

$$+ k_{SMj}\; r_j \frac{K_{MF}}{K_M^{(2)}} \Big(1 - \frac{K_{SM}^{(1)}}{K_M^{(1)}}\Big)(1+h_V^{(2)})\; (1+g)\; x_{Sj}$$

$$+ k_{SMj}\; r_j\; (1+d_M) \frac{K_{VF}}{K_H^{(2)}} \Big(1 - \frac{K_{SH}^{(1)}}{K_H^{(1)}}\Big)\; (1+g)\; x_{Sj}\Big\}$$

Durch den Rabatt vermindert sich der Gewinn des Auftragnehmers um folgende Beträge:

1. Den kalkulatorischen Gewinn auf den Rabattbetrag und die mit ihm entfallenden proportionalen Material- und V.u.V.-Gemeinkosten.

2. Die auf den Rabattbetrag verrechneten fixen Materialgemeinkosten, sofern sie auf Marktpreis-Produkte entfallen[1], d.h. nicht vom öffentlichen Auftraggeber in den Selbstkostenpreisen erstattet werden, zuzüglich des vollen V.u.V.-Kostenzuschlages auf diesen Betrag.

3. Die auf den Rabattbetrag und die zugehörigen proportionalen Materialgemeinkosten entfallenden fixen V.u.V.-Kosten, soweit sie aufgrund der Rabattgewährung auf Marktpreis-Produkte verrechnet werden müssen.

4. Den kalkulatorischen Gewinn auf die unter 2. und 3. genannten Beträge.

Aus Gleichung (4.21) wird weiter ersichtlich, daß die Gewinnminderung eines Auftragnehmers, der ausschließlich Selbstkostenpreis-Produkte herstellt, lediglich aus dem kalkulatorischen Gewinn auf die entfallenden Kosten besteht. Wird das für den Rabatt in Frage kommende Einzelmaterial auch für Marktpreis-Erzeugnisse verwendet, so sind die entsprechenden Beträge in den Gleichungen (4.20) und (4.21) hinzuzuaddieren.

Die Analyse zeigt, daß es für die Hersteller öffentlicher Aufträge wirtschaftlich ist, so weit wie möglich auf die Inanspruchnahme von Rabatten zu verzichten, da jeder Rabatt eine Verminderung des Gewinnes mit sich bringt. Zwar fordert Nr. 18 Abs. 2 LSP, daß der Auftragnehmer alle geschäftsüblichen Vorteile zugunsten des Auftraggebers wahrzunehmen hat, doch wird er dies sowohl bezüglich der

---

1) Der komplementäre Wert zum Anteil der Selbstkostenpreis-Produkte an den Einzelmaterial- bzw. Herstellkosten stellt den auf Marktpreis-Erzeugnisse entfallenden Anteil dar.

Rabattart als auch bezüglich der Rabatthöhe auf das unvermeidbare Minimum beschränken. Zweckmäßiger erschiene daher eine Regelung, welche die Rabattinanspruchnahme für den Auftragnehmer zumindest erfolgsneutral gestalten würde.

In der Auflistung der Preisnachlässe in Nr. 18 Abs. 3 ist der Skonto nicht erwähnt, der für die Zahlung der Rechnungsbeträge innerhalb bestimmter Fristen gewährt wird. Der Verordnungsgeber hat sich hier der Auffassung angeschlossen,[1] daß Skontobeträge keine eigentlichen Preisnachlässe darstellen, da ihnen sowohl Liquidationsbeschränkungen als auch Zinsverluste gegenüberstehen.

4.2.3.2. Die preisrechtlich zulässigen Wertansätze

Bezüglich des Preisansatzes verweisen die Leitsätze in Nr. 17 auf die Bestimmungen in Nr. 8, welche in Vorkalkulationen Tagespreise zum Zeitpunkt der Angebotsabgabe und in Nachkalkulationen für Lagerstoffe Tagespreise zum Zeitpunkt der Lagerentnahme sowie für nicht gelagerte Materialarten effektive Anschaffungspreise vorschreiben. Weiterhin wird in Nr. 17 Abs. 2 für zu lagerndes Material der Ansatz von Verrechnungspreisen gestattet, falls diese den Preisen gemäß Nr. 8 "nahekommen".

Nicht erlaubt ist die Verwendung von Standardwerten und Standardsätzen; diese müssen laut Nr. 17 in Preise gemäß Nr. 8 oder in Verrechnungspreise umgewandelt werden. Nach Meinung der Kommentatoren

1) Vgl. C.H. Altmann, Weitergabe (1970), S. 767; H. Ebisch u. J. Gottschalk, Preise (1977), S. 290.

zur LSP[1] fallen unter diese Standardsätze auch die Planpreise der Plankostenrechnung. Dieser Ansicht können wir nicht zustimmen, da die Planpreise erwartete durchschnittliche Verrechnungspreise der jährlichen Planungsperiode darstellen, die bei richtiger Bestimmung die Forderung der Wirklichkeitsnähe in vollem Maße erfüllen.[2]

Treten keine erheblichen Preisschwankungen auf, so dürften die jahresbezogenen Planpreise den Tagespreisen zum Zeitpunkt der Angebotsabgabe nahekommen und somit einen zulässigen Wertansatz in Vorkalkulationen darstellen. In Betrieben mit stark schwankenden Materialpreisen wird zur Erfüllung der dispositiven Aufgaben der Kostenrechnung das Verfahren der zeitlich differenzierten Preisplanung angewandt[3], das aktuelle Planpreise für kürzere Perioden ermittelt.

Sollten dennoch die Tagespreise zum Zeitpunkt der Angebotsabgabe erheblich von den Planpreisen abweichen, so bereitet die für die Preiskalkulation erforderliche Umbewertung beim Einzelmaterial keine Schwierigkeiten. Bei Kostenstellenmaterial müssen die Kalkulationssätze der Kostenstellen mit den veränderten Preisen neu berechnet werden; dies ist insbesondere bei Umwertungen in sekundären Kostenstellen mit Aufwand verbunden, da die innerbetriebliche Leistungsverrechnung neu durchzuführen ist, was eine Änderung der Kostensätze sämtlicher leistungsempfangender Stellen zur Folge hat.[4]

Für nicht lagerfähige Materialarten, wozu z.B. Strom, Wasser u.ä.

---

1) Vgl. H. Ebisch u. J. Gottschalk, Preise (1977), S. 288; H. Michaelis u. C.A. Rhösa, Preisbildung (1982), LSP Nr. 17, S. 4.

2) Zur Ermittlung der Planpreise vgl. W. Kilger, Plankostenrechnung (1981), S. 212 ff.

3) Dieses Verfahren ist ausführlich dargestellt bei W. Kilger, Plankostenrechnung (1981), S. 210 f.

4) Vgl. hierzu Abschnitt 3.4.

zu zählen sind, kann nach dem Wortlaut der Bestimmung die Bewertung nicht mit Verrechnungspreisen vorgenommen werden. Diese betriebswirtschaftlich nicht sinnvolle Trennung in lagerfähige und nicht lagerfähige Materialarten geht u.E. auf eine unglückliche Begriffsbildung des Verordnungsgebers zurück, der bei der Bewertung, wie aus Nr. 8 Abs. 2 deutlich wird, gesondert für den Auftrag beschaffte Produktionsfaktoren von bei der Fertigung üblicherweise eingesetzten Faktoren unterscheiden wollte und dabei letztere mit dem Begriff Lagerstoffe kennzeichnete. Daher dürfte es nicht schwerfallen, den Vertragspartnern der öffentlichen Hand und den Preisprüfern die gleichartige Bewertung lagerfähiger und nicht lagerfähiger Produktionsfaktoren plausibel zu machen; sie kann auch gemäß Nr. 17 Abs. 4 zwischen Auftraggeber und Auftragnehmer vertraglich vereinbart werden.

Auch in Nachkalkulationen kann die Bewertung mit Verrechnungspreisen durchgeführt werden. Als betriebswirtschaftlich richtige Wertansätze sind die durchschnittlichen Istpreise des Abrechnungszeitraumes anzusehen; sie entsprechen den in Nr. 17 Abs. 2 geforderten Voraussetzungen für Verrechnungspreise.

In Betrieben mit einer Plankostenrechnung werden die durchschnittlichen Istpreise beim Einzelmaterial als Summe aus Planpreisen und durchschnittlichen Preisabweichungen pro Mengeneinheit ermittelt. Bei Kostenstellenmaterial werden die Preisabweichungen den entsprechenden Kostenstellen belastet und damit Bestandteil der Ist-Kalkulationssätze.

4.2.3.3. Die Wertansätze für Vorprodukte mehrstufiger Unternehmen

Die Bewertung des Vorstufenmaterials mehrstufiger Unternehmen wird im Leitsatz Nr. 19 geregelt. Als mehrstufig werden Unternehmen bezeichnet, welche aus mehreren organisatorisch selbständigen Teilbetrieben bestehen, die einerseits Vorprodukte an nachgelagerte Stufen desselben Unternehmens liefern, diese aber auch auf Absatzmärkten veräußern können.[1] Für in Selbstkostenpreis-Aufträge eingehende Vorprodukte gelten die folgenden Bewertungsregeln.

Handelt es sich bei den betreffenden Vorprodukten um marktgängige Erzeugnisse[2], so erfolgt in der Selbstkostenpreiskalkulation die Bewertung zu Marktpreisen. Mit dieser Vorschrift verfolgt der Verordnungsgeber zwei Ziele. Zum einen soll der in § 1 Abs. 1 VPöA formulierte Grundsatz des Marktpreisvorranges auch für Vorprodukte gelten, und zum anderen wird mit der Marktpreisbewertung eine Gleichbehandlung von mehrstufigen Unternehmen und den Unternehmen angestrebt, die ihre Vorprodukte fremdbeziehen müssen.[3]

Allerdings wird die Bestimmung in Nr. 19 Abs. 1 beiden Zielen nicht in vollem Umfang gerecht, da der Abzug von "gesparten Vertriebskosten" vom Marktpreis gefordert wird, wodurch einmal die Gleichbehandlung von ein- und mehrstufigen Unternehmen eingeschränkt wird; zum anderen werden hierbei Marktpreise und Kostenbestandteile voneinander subtrahiert, was einer Bewertung mit (an sich feststellbaren) originären Marktpreisen nicht entspricht.

---

1) Zum Begriff des mehrstufigen Unternehmens vgl. W. Kilger, Produktionsplanung (1973), S. 297; H. Michaelis u. C.A. Rhösa, Preisbildung (1982), LSP Nr. 19, S. 1.

2) Zum Begriff marktgängig vgl. Abschnitt 2.1.

3) Vgl. H. Ebisch u. J. Gottschalk, Preise (1977), S. 294.

Bei Vorprodukten, für die keine Marktpreise existieren, die also ausschließlich an nachgelagerte Stufen oder (z.B. als Ersatzteile) an öffentliche Auftraggeber geliefert werden, hängt der Wertansatz davon ab, ob die Lieferung derartiger Vorprodukte in der betreffenden Branche üblich ist oder nicht. Bei branchenüblichen Zuliefermengen, wenn also die überwiegende Zahl der Unternehmen derartige Produkte in eigenen Vorbetrieben herstellt, erfolgt die Bewertung mit vollen Selbstkosten, welche nach den Bestimmungen der Leitsätze ermittelt werden müssen.

Werden dagegen speziell für den öffentlichen Auftrag benötigte Vorprodukte in Vorbetrieben des Auftragnehmers erstellt, so sind diese mit Selbstkostenpreisen zu bewerten. Hierbei handelt es sich um Vorprodukte, die ein einstufiges Unternehmen von einem mittelbaren Auftragnehmer beziehen müßte, dessen Selbstkostenpreise dann in der Preiskalkulation des öffentlichen Auftrages in Ansatz zu bringen wären.[1)]

Mit der Bewertungsvorschrift bezüglich solchen Vormaterials, dessen Marktpreis nicht feststellbar ist, orientiert sich der Verordnungsgeber an der Zielsetzung der Gleichbehandlung der Auftragnehmer; nur wenn Bezug aus Vorbetrieben branchenüblich ist, erfolgt die Bewertung zu Selbstkosten, ansonsten sind wie bei mittelbaren Auftragnehmern Selbstkostenpreise anzusetzen.

Im System der Plankostenrechnung werden Vorprodukte aus eigenen Betrieben bei Durchführung einer Parallelkalkulation jeweils mit ihren proportionalen und gesamten Stückkosten bewertet. Werden für ein Selbstkostenpreis-Erzeugnis Plankalkulationen erstellt, so müssen die Kosten der Vorprodukte für die Preiskalkulationen eventuell umbewertet werden, was unproblematisch ist, da es sich hierbei in aller Regel um Einzelkosten handelt.

---

1) Zum mittelbaren Auftragnehmer vgl. § 2 Abs. 4 Nr. 1 VPöA.

4.3. Die Personalkosten in einer Plankostenrechnung für Betriebe mit öffentlichen Aufträgen

4.3.1. Die preisrechtlich zulässigen Mengen- und Wertansätze der Personalkosten

Den Personalkosten ist der Abschnitt B des Teils III der Leitsätze gewidmet, wobei die Nrn. 22 bis 24 die Mengen- und Wertansätze sowie die kalkulatorische Verrechnung behandeln, während sich Nr. 25 mit den Personalnebenkosten (Sozialkosten) befaßt. Das Mengengerüst der Personalkosten besteht in der überwiegenden Zahl der Fälle entweder aus den Bearbeitungszeiten der Erzeugnisse oder aus den Anwesenheitszeiten der Mitarbeiter; eine Ausnahme hiervon stellt der Stückgeldakkord dar, der aber äußerst selten angewandt wird.[1)]

Bezüglich des preisrechtlich zulässigen Mengenansatzes verweist Nr. 23 LSP auf die Grundsätze der wirtschaftlichen Betriebsführung, wie sie in Nr. 4 Abs. 2 gefordert werden. Die Art der Feststellung der Wirtschaftlichkeit des Personaleinsatzes hängt nun wesentlich davon ab, ob die zu beurteilende Tätigkeit einen direkten Bezug zur betrieblichen Leistungserstellung aufweist (Fertigen, Rüsten) oder ob es sich um unterstützende, dispositive oder überwachende Tätigkeiten handelt.

Bei Tätigkeiten, die keinen direkten Bezug zur Leistungserstellung aufweisen, besteht die Feststellung der Wirtschaftlichkeit des Personaleinsatzes darin zu überprüfen, ob die Zahl der Beschäftigten zur Erfüllung der betreffenden Arbeitsaufgaben erforderlich ist. Eine exakte Prüfung des rationellen Arbeitseinsatzes ist bei derartigen Tätigkeiten nur mit Hilfe von Funktionsanalysen, Arbeitsablaufstudien und

---

1) Zu diesen Lohnformen vgl. u.a. F. Baierl, Lohnanreizsysteme(1974), S. 100 ff; A. Remer, Personalmanagement (1978), S. 81 f.

ähnlichem möglich, was für eine Preisprüfung im allgemeinen zu aufwendig sein wird. Allerdings dürften grobe Unwirtschaftlichkeiten auch ohne dieses Instrumentarium erkannt werden, da die Preisprüfer über ausreichende Erfahrungswerte hinsichtlich des erforderlichen Personalbedarfs verfügen dürften.

Die Feststellung der Wirtschaftlichkeit erstreckt sich bei Tätigkeiten mit direktem Bezug zur Leistungserstellung auf die Beurteilung der Plan- und Ist-Ausführungszeiten. Hierbei ist von Bedeutung, ob als Lohnform der Zeit- oder der Akkordlohn zur Anwendung kommt. Bei Akkordentlohnung werden die Fertigungszeiten mit Hilfe von Verfahren der Vorgabezeitermittlung (z.B. REFA; Systeme vorbestimmter Zeiten) bestimmt,[1)] wodurch deren Wirtschaftlichkeit (bei sachgemäßer Anwendung der Verfahren) sichergestellt sein dürfte. Bei Zeitlohn ist zu überprüfen, ob die geplanten oder tatsächlich realisierten Bearbeitungszeiten pro Leistungseinheit den üblichen Erfordernissen entsprechen.

Als <u>Wertansätze</u> der Personalkosten nennen die Leitsätze die tariflich vereinbarten Löhne und Gehälter, erlauben aber auch darüber hinausgehende Vergütungen "soweit sie angemessen sind". Ob und inwieweit übertarifliche Lohn- und Gehaltszulagen als angemessen anzusehen sind, hängt in erster Linie von der Branche des betreffenden Auftragnehmers ab; zusätzlich können regionale (Lohnniveau des Standortes) und konjunkturelle Aspekte von Bedeutung sein.[2)]

Nr. 22 LSP befaßt sich mit der <u>kalkulatorischen Verrechnung</u> der Personalkosten; der Verordnungsgeber bezieht sich hierbei ausdrücklich auf das Verfahren der <u>Lohnzuschlagskalkulation</u> und unterscheidet als Einzelkosten zu verrechnende Personalkosten (insbesondere Fertigungs-

---

1) Zur Vorgabezeitermittlung nach REFA vgl. REFA, Methodenlehre, Teil 2 (1975); die Systeme vorbestimmter Zeiten sind ausführlich behandelt bei H.J. Brink u. P. Fabry, Arbeitszeiten (1974).

2) Vgl. H. Ebisch u. J. Gottschalk, Preise (1977), S. 311.

lohn) und mittelbar den Kostenträgern zurechenbare Personalkosten, die somit über Kostenstellen zu verrechnen sind. Diese Einteilung ist bei Anwendung der Lohnzuschlagskalkulation von besonderer Bedeutung, da dieses Verfahren sämtliche Fertigungsgemeinkosten mit Hilfe von Zuschlägen auf die Fertigungslöhne kalkuliert.

Da die Lohnzuschlagskalkulation erhebliche Nachteile aufweist, auf die wir an dieser Stelle nicht eingehen wollen,[1] hat sich insbesondere in Betrieben mit einer Plankosten- und Deckungsbeitragsrechnung das Verfahren der Bezugsgrößenkalkulation durchgesetzt, das diese Nachteile vermeidet. Dieses Verfahren bezieht die Fertigungskosten der Kostenstellen auf eine oder mehrere Maßgrößen der Kostenverursachung, wobei die Zahl der Bezugsgrößen von der Homogenität der Kostenverursachung abhängt (vgl. hierzu Abschnitt 6.2.2). Die Bezugsgrößenkalkulation ist zwar in den Leitsätzen nicht explizit als Kalkulationsverfahren erwähnt, doch ist ihre Anwendung aus preisrechtlicher Sicht unbedenklich, zumal die Kommentare zum Verordnungswerk darauf hinweisen, daß die Kalkulation mit Mengenbezugsgrößen gegenüber der Lohnzuschlagskalkulation Vorteile aufweist und diesem Verfahren in vielen Fertigungsprozessen der Vorzug zu geben ist.[2]

Kommt die Bezugsgrößenkalkulation zur Anwendung, werden mit Ausnahme der Sondereinzelkosten der Fertigung alle Fertigungskosten, also auch die Fertigungslöhne, die ansonsten als Einzelkosten behandelt werden, in den Kostenstellen geplant, erfaßt und kontrolliert; die kalkulatorische Verrechnung erfolgt dann in einem Kalkulationssatz pro Bezugsgrößeneinheit.

---

1) Zu den Nachteilen der Lohnzuschlagskalkulation vgl. F. Henzel, Kostenrechnung (1964), S. 221 ff; K. Mellerowicz, Kalkulationsverfahren (1977), S. 17 ff; W. Kilger, Einführung (1980), S. 328. Siehe auch Abschnitt 6.3.1.

2) Vgl. H. Ebisch u. J. Gottschalk, Preise (1977), S. 253 f sowie H. Michaelis u. C.A. Rhösa, Preisbildung (1982), LSP Nr. 5, S. 10.

Für die vorkalkulatorische Selbstkostenpreisermittlung sind die in den Kostenplänen der Stellen ausgewiesenen Löhne und Gehälter an das Lohn- und Gehaltsniveau zum Zeitpunkt der Angebotsabgabe anzupassen, sofern Abweichungen bestehen. Wegen der im allgemeinen einmal jährlich erfolgenden Tariferhöhungen wird dies nur dann erforderlich sein, wenn die Angebotsabgabe nach einer Lohn- und Gehaltserhöhung erfolgt, die in der Kostenplanung nicht oder in anderer Höhe berücksichtigt wurde. In die für Nachkalkulationen benötigten Istkostensätze gehen die Ist-Personalkosten getrennt nach Plan-Personalkosten und im Rahmen des Soll-Ist-Kostenvergleichs auf die Stellen verrechneten Tarifabweichungen ein.[1)]

4.3.2. Die Entlohnung der Unternehmensleitung

Die Art der Entlohnung der Geschäftsleitung eines Unternehmens wird wesentlich von dessen Rechtsform determiniert; während die Vorstandsmitglieder einer Aktiengesellschaft und die Geschäftsführer einer GmbH ein festes Gehalt beziehen, welches häufig durch Gewinnbeteiligungen ergänzt wird, besteht das Einkommen der im Unternehmen tätigen Inhaber einer Personengesellschaft aus deren Gewinnentnahmen, die im Gegensatz zu Löhnen und Gehältern keinen Kostencharakter aufweisen. Um zu vermeiden, daß Personengesellschaften bei der Selbstkostenpreisberechnung benachteiligt werden, darf laut Nr. 22 Abs. 1 ein kalkulatorischer Unternehmerlohn als Entgelt für die Tätigkeit der Firmenleitung angesetzt werden.[2)]

1) Vgl. hierzu das Beispiel zum Soll-Ist-Kostenvergleich bei W. Kilger, Plankostenrechnung (1981), S. 553.

2) Diese Begründung für den kalkulatorischen Unternehmerlohn geben H. Ebisch u. J. Gottschalk, Preise (1977), S. 311.

Mit der Anerkennung des kalkulatorischen Unternehmerlohnes als Kostenbestandteil entsprechen die Leitsätze der Konzeption des wertmäßigen Kostenbegriffes; die Tätigkeit des Unternehmers stellt einen Einsatz des Produktionsfaktors dispositive Arbeit dar, welcher der betrieblichen Leistungserstellung dient, und ist als solche kostenrechnerisch abzubilden (vgl. hierzu Abschnitt 3.1).

Bezüglich der Bewertung der Unternehmertätigkeit schließen sich die Leitsätze nicht der verbreiteten Ansicht an, das individuell erzielbare Einkommen stelle als Opportunitätskosten den richtigen Maßstab dar, sondern nennen in Nr. 24 Abs. 3, als überprüfbare Größe, "das Gehalt eines Angestellten mit gleichwertiger Tätigkeit in einem Unternehmen gleichen Standortes, gleichen Geschäftszweiges und gleicher Bedeutung"[1] oder andere objektive Maßstäbe.

Unter den erwähnten anderen objektiven Maßstäben sind Formeln zur Berechnung des kalkulatorischen Unternehmerlohnes zu verstehen,[2] wobei diese gemäß Nr. 24 Abs. 3 letzter Satz als Einflußgrößen den Umsatz, die Betriebsgröße und die Zahl der im Unternehmen tätigen Geschäftsführer beinhalten müssen. (Dabei dürfte die quantitative Operationalisierung der Betriebsgröße Schwierigkeiten bereiten.) Die bekannteste derartige Gleichung, die sogenannte Seifenformel - Unternehmerlohn = 18 $\sqrt{\text{Jahresumsatz}}$ - ist somit nach LSP nicht zulässig, da nur der Umsatz als Einflußgröße Berücksichtigung findet.

In Veröffentlichungen zum Problem der Festlegung des kalkulatorischen Unternehmerlohnes werden weitere Formeln vorgeschlagen,[3] in denen

1) Dieses Gehalt läßt sich als der aktuelle Marktpreis der dispositiven Tätigkeit interpretieren.

2) Vgl. H. Ebisch u. J. Gottschalk, Preise (1977), S. 313 ff; H. Michaelis u. C.A. Rhösa, Preisbildung (1982), LSP Nr. 24, S. 5 f.

3) Vgl. H. Zintzen u. H. Voßloch, Bezüge (1961), S. 44; K. Laub u. M. Zeiler, Unternehmerlöhne (1972), S. 5; K.H. Groll, Berechnung (1981), S. 99 ff.

als wichtigste Einflußgrößen Umsatz, Rendite, Material- und Personalkosten sowie die Anzahl der Geschäftsführer berücksichtigt werden. Die praktische Anwendung dieser Formeln zeigt jedoch, daß diese nur für spezielle Konstellationen der Einflußgrößen zu Gehältern führen, welche denen vergleichbarer Kapitalgesellschaften entsprechen.[1)] Es erscheint daher angebracht, auf die Anwendung derartiger Formeln zu verzichten und zu versuchen, die marktübliche Entlohnung für entsprechende Tätigkeiten zu ermitteln, was durch Veröffentlichungen über die Gehälter leitender Angestellter in der amtlichen Statistik und in der Wirtschaftspresse erleichtert wird.[2)]

Für die Bezüge der Firmenleitungen von Kapitalgesellschaften gelten die analogen Bestimmungen wie für sonstige Löhne und Gehälter; allerdings ist zu beachten, daß bei den außertariflich entlohnten Angestellten das tarifliche Mindestgehalt als Anhaltspunkt fehlt. Wie bei der Beurteilung von übertariflichen Lohn- und Gehaltszuschlägen orientiert sich die Prüfung der Angemessenheit dieser Beträge an den für die betreffende Branche an dem betreffenden Standort üblichen Geschäftsführergehältern.

In der betrieblichen Praxis ist es üblich, daß ein Teil der Bezüge der Unternehmensleitung in Form von gewinnabhängigen Tantiemen gezahlt wird. Diese Beträge weisen an sich keinen Kostencharakter auf, sondern stellen eine Art der Gewinnverwendung dar. Allerdings erscheint es problematisch, die gesamten Tantiemen von den preisrechtlich zulässigen Kosten auszuschließen, da häufig der gewinnunabhängige Teil des Gehalts sehr niedrig angesetzt wird, um den Leistungsanreiz zu erhöhen. Diese begrüßenswerte Förderung des Leistungsprinzips würde allerdings in Betrieben mit Selbstkostenpreis-Aufträgen dann unterbleiben, wenn sie eine Verminderung der erstattungsfähigen Kosten nach sich ziehen würde. Aus diesem Grund erscheint es angebracht, nur den Teil der Bezüge als Gewinnverwendung

---

1) Vgl. hierzu die Beispiele bei J. Broschwitz, Vorstandsbezüge (1965), S. 1411; H. Ebisch u. J. Gottschalk, Preise (1977), S. 314 ff.

2) Vgl. etwa im Statistischen Jahrbuch 1982, S. 476 f.

anzusehen, der über die übliche und angemessene Entlohnung einer entsprechenden Tätigkeit hinausgeht.[1]

4.3.3. Die Ansätze für die Sozialkosten

Nr. 25 LSP gliedert die Sozialkosten in gesetzliche, tarifliche und zusätzlich für die Belegschaft aufgewandte Sozialabgaben. Zu den gesetzlichen Sozialkosten zählen die Arbeitgeberanteile zur Kranken-, Renten- und Arbeitslosenversicherung; Beispiele für tarifliche Sozialkosten sind Urlaubs- und Weihnachtsgeld, Feiertagslöhne u.ä. Bei den zusätzlichen Sozialkosten sind direkt der Belegschaft zugute kommende Zuwendungen, sie werden als primäre Sozialkosten bezeichnet, und die Kosten für betriebliche Sozialeinrichtungen zu unterscheiden, die als sekundäre Sozialkosten auf sogenannten Sozialkostenstellen geplant und erfaßt werden.[2]

Während die gesetzlichen und tariflichen Sozialkosten vom einzelnen Unternehmen nicht beeinflußt werden können und daher in tatsächlicher Höhe in die Preiskalkulationen zu übernehmen sind, müssen die zusätzlichen Sozialkosten in gleicher Weise wie über- und außertarifliche Löhne und Gehälter daraufhin überprüft werden, ob sie standort- und branchenüblich sind. Im folgenden wollen wir uns daher mit den zusätzlichen Sozialkosten näher befassen.

Zu den wichtigsten primären zusätzlichen Sozialkosten zählen neben Fahrgelderstattungen, Ausbildungsbeihilfen u.ä. die Kosten für die betriebliche Altersversorgung der Mitarbeiter. Dabei kann zwischen den folgenden Gestaltungsformen der Altersversorgung gewählt werden:[3]

---

1) Gleicher Ansicht sind H. Ebisch u. J. Gottschalk, Preise (1977), S. 318.

2) Die Einteilung in primäre und sekundäre Sozialkosten findet sich bei W. Kilger, Einführung (1980), S. 106.

3) Vgl. u.a. H. Ebisch u. J. Gottschalk, Preise (1977), S. 322 f.

1. Abschluß einer Lebensversicherung zugunsten der betreffenden Arbeitnehmer

2. Altersversorgung über Pensions- und Unterstützungskassen

3. Betriebsindividuelle Altersversorgung.

Während die Ermittlung und Überprüfung der Beiträge zu einer Lebensversicherung und an Pensions- und Unterstützungskassen unproblematisch ist, gibt es hinsichtlich der betrieblichen Pensionszusagen mehrere Möglichkeiten zur Verrechnung dieser Beträge in der Kostenrechnung, die wir im weiteren auf ihre Zweckmäßigkeit hin untersuchen wollen. Zur Verdeutlichung der Zusammenhänge wollen wir den zeitlichen Ablauf einer innerbetrieblichen Pensionsvereinbarung anhand eines Zeitstrahles darstellen:

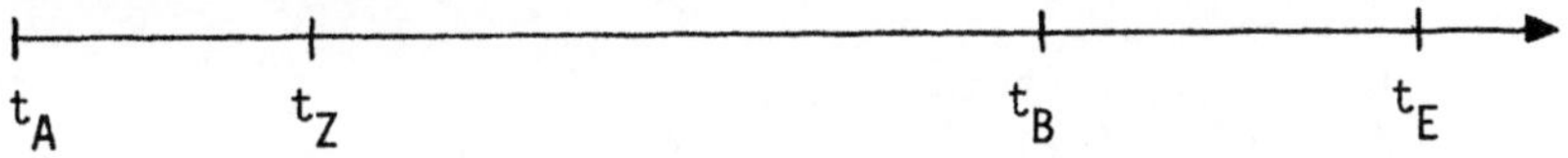

Die einzelnen Kurzzeichen symbolisieren folgende Zeitpunkte:

t_A : Beginn des Arbeitsverhältnisses

t_Z : Zeitpunkt der Zusage der Pensionszahlungen

t_B : Zeitpunkt des Beginnes der Pensionszahlungen

t_E : Ende der Pensionszahlungen.

Mit den Grundsätzen einer ordnungsgemäßen Kostenrechnung ist es nicht vereinbar, die tatsächlich gezahlten Beträge der Altersversorgung in den Perioden ihres Anfalls (zwischen t_B und t_E) als Kosten zu verrechnen; die Pensionszahlungen werden in den Jahren der Tätigkeit der Arbeiter und Angestellten durch deren Einsatz im Produktionsprozeß verursacht und sind dementsprechend diesen Perioden zuzuordnen. Laut H. Michaelis und C.A. Rhösa findet die unmittelbare Verrechnung der Pensionszahlungen bei Preisprüfungen im Regelfall Anerkennung;[1] dennoch ist sie als betriebswirtschaft-

1) Vgl. H. Michaelis u. C.A. Rhösa, Preisbildung (1982), LSP Nr. 25, S. 7.

lich falsch abzulehnen; die effektiven Beträge sind gegenüber der Kostenrechnung und, bei Bildung entsprechender Rückstellungen, auch gegenüber der Gewinn- und Verlustrechnung abzugrenzen.

Die Ermittlung der jährlich in der Kostenrechnung zu verrechnenden Beträge für die betriebliche Altersversorgung kann nach zwei Verfahren erfolgen, dem Gegenwartswertverfahren und dem Teilwertverfahren.[1] Beim Gegenwartswertverfahren werden die vereinbarten Pensionszahlungen auf den Zeitpunkt der Pensionszusage t_Z diskontiert und anschließend in gleich großen Beträgen auf die Jahre bis zum Eintritt des Versorgungsfalles verteilt. Numerieren wir die Perioden des Betrachtungszeitraumes von $t_A=0$ bis t_E durch, so ergibt sich bei Anwendung dieses Verfahrens für die jährlich als Kosten zu verrechnende Annuität a_G folgende Bestimmungsgleichung:

$$(4.22) \quad a_G = \sum_{t=t_B}^{t_E} P_t \, (1+i)^{-(t-t_Z)} \, w(i;t_B-t_Z)$$

In Gleichung (4.22) symbolisieren P_t die Pensionszahlungen in den Perioden $t=t_B \ldots t_E$ und w den Kapitalwiedergewinnungsfaktor.

Wie K. Küting in einer empirischen Untersuchung ermittelt hat,[2] werden in der betrieblichen Praxis häufig neben dieser Annuität noch die Zinsen auf die in den Jahren angesammelten Pensionsbeträge als primäre Sozialkosten verrechnet. Dies entspricht dem Vorgehen bei der Bildung bilanzieller Rückstellungen; hier setzt sich die jährliche Zuführung zu den Rückstellungen zusammen aus der sogenannten Netto-Zuführung, welche obiger Annuität entspricht, und den Zinsen auf die bereits angesammelten Rückstellungsbeträge.[3] Für den Bereich der Kostenrechnung erscheint dies aus folgenden Gründen problematisch:

---

1) Zur Verwendung dieser Verfahren in der Kostenrechnung vgl. K. Küting, Pensionsrückstellungen (1982), S. 336 ff.

2) Vgl. K. Küting, Pensionsrückstellungen (1982), S. 342 f.

3) Vgl. das Beispiel bei G. Wöhe, Bilanzierung (1979), S. 486 f.

1. Es erfolgt eine gemeinsame Verrechnung von Personalnebenkosten und Zinsen, die gegen den Grundsatz des getrennten Ausweises der Kostenarten verstößt.

2. In der Kostenrechnung wird das gesamte betriebsnotwendige Vermögen (abzüglich Abzugskapital) kalkulatorisch verzinst. Den bilanziellen Rückstellungen entsprechen aber auf der Aktivseite Vermögensgegenstände, für die kalkulatorische Zinsen verrechnet werden; insofern erfolgt bei explizitem Ansatz der Zinsen auf Rückstellungsbeträge eine Doppelverrechnung.[1)]

Das zweite Verfahren zur Ermittlung der Kosten der betrieblichen Altersversorgung, das Teilwertverfahren, ist für Steuerbilanzen vorgeschrieben[2)] und wird auch für die Zwecke der Handelsbilanz als geeigneter angesehen als das Gegenwartswertverfahren.[3)] Es unterscheidet sich von diesem dadurch, daß der Barwert der Pensionszahlungen nicht über die Zeit von der Pensionszusage bis zum Eintritt des Versorgungsfalles verteilt wird, sondern die Verteilung bis zum Beginn des Arbeitsverhältnisses t_A zurückdatiert wird; dabei wird im Einkommensteuergesetz das 30. Lebensjahr der Mitarbeiter als frühester Zeitpunkt des Beginns der Verteilung vorgeschrieben. Bei Anwendung dieses Verfahrens ergibt sich die Annuität a_T nach folgender Bestimmungsgleichung:

$$(4.23) \quad a_T = \sum_{t=t_B}^{t_E} P_t \, (1+i)^{-t} \, w(i;t_B)$$

Bei der Handhabung dieses Verfahrens in Handels- und Steuerbilanzen werden die Beträge, welche auf die Jahre vor der Zusage des Versorgungsanspruches entfallen, im Jahr der Zusage kumuliert den Rückstellungen zugeführt. Würde man dieses Vorgehen analog auf die Kostenrechnung übertragen, so würden der Periode t_Z folgende Kosten der Altersversorgung K_{AV} belastet werden:

---

1) Hierauf weisen auch H. Ebisch u. J. Gottschalk hin; vgl. Preise (1977), S. 326.

2) Vgl. § 6a EStG

3) Zur Begründung vgl. G. Wöhe, Bilanzierung (1979), S. 486.

$$K_{AV(t_Z)} = t_Z \, a_T \tag{4.24}$$

Für die Zwecke der Kostenrechnung, die zur Vermeidung allzu großer Schwankungen der Kalkulationsbeträge eine möglichst gleichmäßige Kostenbelastung der einzelnen Perioden anstrebt, ist das Teilwertverfahren wegen der wesentlich höheren Belastung der Perioden der Pensionszusagen nicht geeignet. Da das Gegenwartswertverfahren diesen Nachteil des Teilwertverfahrens vermeidet, ist dieses Verfahren für die Ermittlung der Kosten der Altersversorgung vorzuziehen. Dem widerspricht nicht die Berechnung der Pensionsrückstellungen im externen Rechnungswesen mit Hilfe des Teilwertverfahrens.

Die sekundären Sozialkosten, d.h. die Kosten für betriebliche Sozialeinrichtungen wie Kantinen, Aufenthaltsräume, Betriebsratbüros etc., werden auf speziellen Hilfskostenstellen geplant, erfaßt und kontrolliert. Im System der Plankostenrechnung werden die proportionalen Kosten dieser Stellen gemeinsam mit den primären Personalnebenkosten in der unten beschriebenen Weise weiterverrechnet. Die fixen Kosten der Sozialkostenstellen werden dagegen zusammen mit den Fixkosten der übrigen Nebenkostenstellen im Rahmen der sekundären Fixkostenverteilung den Hauptkostenstellen belastet. (Zu dieser Verfahrensweise und ihren Gründen vgl. Abschnitt 6.2.4.)

In der Plankostenrechnung werden sämtliche primären und die proportionalen sekundären Personalnebenkosten mit Hilfe prozentualer Zuschläge auf die Personalkosten verrechnet.[1] Dabei müssen für Lohn- und für Gehaltskosten getrennte Zuschlagssätze errechnet werden, da zum einen für Angestellte keine Urlaubs- und Feiertagslöhne anfallen und zum anderen die prozentuale Belastung mit gesetzlichen

---

1) Die Planung der Verrechnungssätze für Personalnebenkosten ist ausführlich beschrieben bei W. Kilger, Plankostenrechnung (1981), S. 444 f.

Sozialkosten wegen der Bemessungsobergrenzen und der im allgemeinen höheren Einkommen bei Angestellten geringer ist. Der Berechnung der Zuschlagssätze werden die Jahresbeträge der Personal- und Personalnebenkosten zugrunde gelegt, weil die unterschiedliche effektive Belastung der einzelnen Monate infolge der Urlaubs- und Feiertagslöhne in der Kostenrechnung keine Berücksichtigung finden soll.

Da bei Anwendung der Bezugsgrößenkalkulation alle Personalkosten in den entsprechenden Kostenstellen geplant und erfaßt werden, lassen sich die Personalnebenkosten mit Hilfe der Zuschlagssätze leicht zuordnen, die kalkulatorische Verrechnung auf die betrieblichen Erzeugnisse erfolgt dann innerhalb der Kalkulationssätze der Kostenstellen.

Da in den Leitsätzen keine speziellen Vorschriften zur Verrechnung der Personalnebenkosten enthalten sind und sich auch in den Kommentaren zum Verordnungswerk hierüber keine Angaben finden, ist davon auszugehen, daß gegen die beschriebene Vorgehensweise, die der üblichen Praxis der Plankostenrechnung entspricht, seitens des Preisrechts keine Einwände bestehen.

4.4. Die Behandlung der Betriebsmittelkosten in einer preisrechtlich zulässigen Plankostenrechnung

4.4.1. Die Abschreibungen in einer Plankostenrechnung für Betriebe mit Selbstkostenpreis-Erzeugnissen

4.4.1.1. Die Bemessungsgrundlagen der Abschreibungsberechnung

In den Leitsätzen werden die Betriebsmittelkosten an verschiedenen Stellen behandelt; während den Reparatur- und Instandhaltungskosten der Leitsatz Nr. 26 gewidmet ist, beschäftigen sich die Nrn. 37 bis 42 mit den kalkulatorischen Abschreibungen. Diese Trennung ist darauf zurückzuführen, daß der Verordnungsgeber die kalkulatorischen Kostenarten (abgesehen vom kalkulatorischen Unternehmerlohn) im Abschnitt K des Teils III der LSP zusammengefaßt hat; diese Gliederung halten wir nicht für zweckmäßig, da der materielle Zusammenhang der einzelnen Kostenarten wesentlicher erscheint als die Unterscheidung in aufwandsgleiche und kalkulatorische Kosten.[1)]

Unter Abschreibungen werden die Kosten der Wertminderung langlebiger Anlagegegenstände verstanden, wobei folgende Bestimmungsfaktoren als Ursachen der Wertminderung in Frage kommen:[2)]

- gebrauchsbedingter Verschleiß
- Korossion, Witterungseinflüsse, Materialermüdung
- technischer Fortschritt
- Wegfall der Produktionsmöglichkeiten
- Rechtsablauf.

Unter Berücksichtigung dieser Ursachen ist die Gesamtnutzung zu bestimmen, die ein Aggregat zu leisten imstande ist, wobei gem. Nr. 37 Abs. 2 die Nutzung in Zeiteinheiten oder in Leistungseinheiten gemessen werden kann.[3)] Den Abschreibungsbetrag pro Zeit- oder pro Leistungseinheit (Bezugsgrößeneinheit) erhält man durch Division der Bemessungsgrundlage durch die ermittelte Gesamtnutzung.

Als Bemessungsgrundlagen nennt Nr. 38 Abs. 1 grundsätzlich die Anschaffungskosten (Maschinenpreis zuzüglich Beschaffungsnebenkosten sowie Montage- und Installationskosten) und die Herstellkosten bei selbsterstellten Anlagen; dabei sind (für Selbstkostenpreiskalkulationen) die Herstellkosten eigenerstellter Anlagen nach den Leitsätzen zu ermitteln.[4)]

---

1) Es ist anzunehmen, daß aus eben diesem Grund der kalkulatorische Unternehmerlohn im Abschnitt B behandelt wird.

2) Vgl. H. Ebisch u. J. Gottschalk, Preise (1977), S. 370; W. Kilger, Plankostenrechnung (1981), S. 398; G. Wöhe, Einführung (1981), S. 953 ff.

3) Die Ermittlung der Nutzungsdauer werden wir in Abschnitt 4.4.1.2. ausführlich behandeln.

Der Anschaffungspreis als Bemessungsgrundlage bringt die Problematik mit sich, daß bei steigenden Preisen die Abschreibungsgegenwerte nicht ausreichen, eine identische Anlage wiederzubeschaffen; der Kauf der gleichen Anlage zu gestiegenen Preisen führt somit (bei anderweitiger Gewinnverwendung) zu einem Substanzverlust. Sollen die Abschreibungsgegenwerte zur Beschaffung einer Anlage gleicher Art und Qualität ausreichen (reproduktive Substanzerhaltung), müssen die Abschreibungen auf Basis höherer Preise errechnet werden.[1)]

Die LSP gestatten zur Vermeidung von Substanzverlusten in Nr. 38 Abs. 2 die Bewertung zu Wiederbeschaffungspreisen, wobei hiermit nicht die tatsächlichen Wiederbeschaffungspreise zum Zeitpunkt des Kaufs der neuen Anlage gemeint sind, sondern die Wiederbeschaffungspreise der Periode der Selbstkostenpreisermittlung.[2)]

Als Voraussetzung für den Ansatz von Wiederbeschaffungspreisen wird gefordert, daß diese "erheblich und nicht nur vorübergehend" von den Anschaffungspreisen abweichen. Mit dieser Regelung soll vermieden werden, daß schon bei geringfügigsten Preissteigerungen auf die kompliziertere Rechnung mit Wiederbeschaffungswerten übergegangen wird. Die Kommentare zur Verordnung nennen als untere Grenze eine Preissteigerung von 10%;[3)] eine generelle Schranke erscheint uns allerdings dann nicht sinnvoll, wenn aufgrund von Erfahrungen der Vergangenheit mit kontinuierlichen Preissteigerungen (etwa 4-6%) zu rechnen ist.

Betrachtet man die nominellen Abschreibungsbeträge, so wird durch

---

1) Neben der reproduktiven Substanzerhaltung wird in der Literatur zur Bilanztheorie noch die qualifizierte Substanzerhaltung diskutiert, welche die Leistungsfähigkeit des Unternehmens in Relation zur gesamtwirtschaftlichen Entwicklung sicherstellen soll. Zu den Konzepten der Substanzerhaltung vgl. G. Wöhe, Bilanzierung (1979), S. 331 ff.

2) W. Kilger bezeichnet diese als jährliche Wiederbeschaffungspreise, vgl. Plankostenrechnung (1981), S. 211.

3) Vgl. H. Ebisch u. J. Gottschalk, Preise (1977), S. 373; H. Michaelis u. C.A. Rhösa, Preisbildung (1982), LSP Nr. 38, S. 14.

die Abschreibung auf Basis der jährlichen Wiederbeschaffungspreise im Fall ständig steigender Preise das Ziel der Substanzerhaltung nicht erreicht.[1] Dies läßt sich für die lineare Abschreibungsberechnung formal wie folgt nachweisen; dabei verwenden wir folgende Kurzzeichen:

K_A : jährlicher Abschreibungsbetrag

A : Anschaffungspreis

W : Wiederbeschaffungspreis

t : Periodenindex

t_N : Nutzungsdauer der Anlage

p_t : Preisniveau der Periode t

p_0 : Preisniveau der Anschaffungsperiode

q_t : Preisindex der Periode t bezogen auf die Anschaffungsperiode

q'_t : Index der jährlichen Preissteigerung bezogen auf das Preisniveau der Vorperiode.[2]

In jedem Jahr der Nutzungsdauer der Anlage werden auf Basis der jährlichen Wiederbeschaffungspreise folgende Abschreibungsbeträge verrechnet:[3]

$$(4.25) \quad K_{At} = \frac{A\, q_t}{t_N}$$

Während der gesamten Nutzungsdauer ergibt sich dann folgende Gesamt-

---

1) Vgl. hierzu das Zahlenbeispiel bei W. Kilger, Einführung (1980), S. 117.

2) für q_t und q'_t gelten folgende Gleichungen $q_t = \frac{p_t}{p_0}$; $q'_t = \frac{p_t}{p_{t-1}}$.

3) Bei allen Abschreibungsberechnungen dieses Abschnittes gehen wir der Einfachheit halber von der Annahme aus, daß der Liquidationserlös der Anlagen vernachlässigbar ist.

abschreibung:

$$(4.26)\quad \sum_{t=1}^{t_N} K_{At} = \sum_{t=1}^{t_N} \frac{A\, q_t}{t_N}$$

$$(4.27)\quad \sum_{t=1}^{t_N} K_{At} = A \frac{1}{t_N} \sum_{t=1}^{t_N} q_t$$

Bezeichnen wir das durchschnittliche Preisniveau während der Nutzungsdauer mit $q_{\emptyset}$, so gilt:

$$(4.28)\quad \sum_{t=1}^{t_N} K_{At} = A\, q_{\emptyset}$$

Für den Wiederbeschaffungspreis zum tatsächlichen Ersatzzeitpunkt t_N gilt nun folgender Ausdruck:

$$(4.29)\quad W_{t_N} = A\, q_{t_N}$$

Beachtet man, daß bei steigenden Preisen das Preisniveau der letzten Periode über dem durchschnittlichen Preisniveau liegen muß, so gilt zwangsläufig folgende Relation:

$$(4.30)\quad \sum_{t=1}^{t_N} K_{At} < W_{t_N}$$

Dieser Zusammenhang gilt aber nur, wenn man ausschließlich die nominellen Abschreibungsbeträge betrachtet. Unterstellt man hingegen, daß die Abschreibungsgegenwerte sofort wieder in Wirtschaftsgüter investiert werden, so erzielen sie einen Wertzuwachs infolge der Preissteigerungen eben dieser Wirtschaftsgüter.[1] Treffen wir die

1) Hierauf weist K. Bierle, Inflation (1974), S. 47 hin; vgl. auch G. Wöhe, Bilanzierung (1979), S. 334.

Annahme, daß für alle Vermögensgegenstände des Unternehmens eine identische jährliche Preissteigerung besteht, so erhöht sich der Wert des in andere Vermögenswerte investierten Abschreibungsbetrages der ersten Periode bis zum Ablauf der Nutzungsdauer wie folgt:

(4.31) $$K_{A1(t_N)} = \frac{A\,q_1}{t_N}\,q'_2\ q'_3 \cdots q'_{t_N}$$

Beachtet man, daß zwischen dem Preisindex auf der Basis der Anschaffungsperiode und dem Index der jährlichen Preissteigerung folgender Zusammenhang besteht:

(4.32) $$q_{t-1}\,q'_t = \frac{p_{t-1}}{p_0}\,\frac{p_t}{p_{t-1}} = q_t$$

so erhält man aus Gleichung (4.31):

(4.33) $$K_{A1(t_N)} = \frac{A}{t_N}\,q_{t_N}$$

Analog gilt für den Abschreibungsbetrag der zweiten Periode:

(4.34) $$K_{A2(t_N)} = \frac{A\,q_2}{t_N}\,q'_3 \cdots q'_{t_N}$$

(4.35) $$K_{A2(t_N)} = \frac{A}{t_N}\,q_{t_N}$$

Es wird ersichtlich, daß im Zeitpunkt t_N die Werte der Abschreibungen aller Perioden gleich sind. Addiert man die Werte zum Zeitpunkt t_N, so erhält man:

(4.36) $$\sum_{t=1}^{t_N} K_{At(t_N)} = \sum_{t=1}^{t_N} \frac{A}{t_N}\,q_{t_N}$$

$$(4.37) \quad \sum_{t=1}^{t_N} K_{At(t_N)} = A\, q_{t_N}$$

Unter der Annahme einer sofortigen Reinvestition der Abschreibungsgegenwerte und einer identischen jährlichen Preissteigerungsrate für alle Vermögensgegenstände werden mit der Abschreibung zu jährlichen Wiederbeschaffungspreisen von der Kostenrechnung die Voraussetzungen zur Substanzerhaltung geschaffen. Deren Realisierung stehen allerdings die steuerlichen Bestimmungen entgegen, die bei der Ermittlung der Steuerbemessungsgrundlagen von einer Abschreibung vom Anschaffungswert ausgehen.

Unterscheiden sich die Preissteigerungsraten der Vermögensgegenstände, kann keine eindeutige Aussage mehr darüber gemacht werden, inwieweit die obengenannten Voraussetzungen erreicht sind, da die Wiederanlage der Vermögensgegenstände nicht nachvollzogen werden kann. Divergiert die Preissteigerungsrate der betrachteten Anlage nicht allzu sehr von der durchschnittlichen Preissteigerungsrate der Vermögensgegenstände, dürften sich nur unerhebliche Abweichungen ergeben.

Die Ermittlung der Wiederbeschaffungspreise ist in Betrieben mit Selbstkostenpreis-Produkten problematischer als in Betrieben ohne staatliche Aufträge, da die Errechnung von Wiederbeschaffungspreisen auf der Grundlage von Preisindizes der amtlichen Statistik vom Verordnungsgeber nicht als preisrechtlich zulässig anerkannt wird.[1)] Dies wird damit begründet, daß die Indizes in der Regel für eine Gruppe artähnlicher Anlagegüter berechnet werden und ein Gruppenindex die Preisentwicklung der betrachteten Anlage nicht exakt wiedergibt. Weiterhin wird nicht ersichtlich, inwieweit die Preissteigerung durch technische Verbesserungen der Aggregate bedingt ist. Der Bundeswirtschaftsminister fordert daher eine individuelle

1) Vgl. das Rundschreiben des Bundeswirtschaftsministers vom 3.3.1961, wiedergegeben bei H. Ebisch u. J. Gottschalk, Preise (1977), S. 653.

Ermittlung des aktuellen Preises der jeweiligen Anlage.

Bei diesem Einzelnachweis anhand von Vergleichsobjekten wird der jährliche Wiederbeschaffungspreis mit Hilfe von Rechnungen, Preislisten und Angeboten für die momentan auf dem Markt befindliche Anlage festgestellt.[1] Dieses exakte Verfahren ist allerdings mit erheblichem Aufwand verbunden und in großen Unternehmen nicht für alle abzuschreibenden Anlagegegenstände durchführbar.

Die Kommentare zum Verordnungswerk schlagen daher übereinstimmend als weitere Methode zur Ermittlung von Wiederbeschaffungspreisen das Verfahren der kontrollierten Indizes vor, das auch in der Praxis der Preisprüfung Anerkennung findet.[2]

Bei diesem Verfahren erfolgt eine Zusammenfassung artähnlicher Vermögensgegenstände in der Weise, daß in der amtlichen Statistik für die Anlagen der jeweiligen Gruppe ein Preisindex ausgewiesen wird. Für eine repräsentative Auswahl von Anlagen wird dann ein Einzelnachweis in der oben beschriebenen Form durchgeführt. Dabei empfiehlt es sich, die Auswahl der Anlagen, für die ein Einzelnachweis erfolgen soll, von vornherein mit den Preisprüfern abzustimmen, damit in der Preisprüfung hierüber keine Unstimmigkeiten auftreten.[3] Anhand der durch Einzelnachweis ermittelten Preissteigerungen, wobei die unten beschriebenen Korrekturen infolge technisch-wirtschaftlicher Verbesserungen zu beachten sind, wird nun überprüft, ob der in der amtlichen Statistik ausgewiesene Index für die jeweiligen Anlagegruppen verwendbar ist oder ob Abschläge vorgenommen werden müssen; eventuelle Korrekturen orientieren sich dann an den durch die Einzelnachweise bestimmten Preissteigerungen.

Sowohl das Verfahren der kontrollierten Indizes als auch insbesondere der vollständige Einzelnachweis sind mit erheblichem Aufwand verbunden;

---

1) Vgl. H. Ebisch u. J. Gottschalk, Preise (1977), S. 376.

2) Vgl. H. Ebisch u. J. Gottschalk, Preise (1977), S. 375 ff; H. Michaelis u. C.A. Rhösa, Preisbildung (1982), LSP Nr. 38, S. 16.

3) Vgl. H. Ebisch u. J. Gottschalk, Preise (1977), S. 377.

die vom Verordnungsgeber geforderte Genauigkeit der jährlichen Wiederbeschaffungspreise muß aber sichergestellt sein, damit die betriebswirtschaftlich richtige Abschreibung auf der Grundlage von Wiederbeschaffungspreisen auch in den Selbstkostenpreiskalkulationen anerkannt wird.

Nr. 40 LSP verlangt die Berichtigung des Wiederbeschaffungspreises, falls die <u>Wirtschaftlichkeit</u> der dem Einzelnachweis zugrundegelegten Anlage größer ist als die Wirtschaftlichkeit der im Betrieb vorhandenen Anlage. Unterschiede hinsichtlich der Wirtschaftlichkeit können in folgenden Ausprägungen auftreten:

1. Die neue Anlage besitzt zwar das gleiche Leistungsvermögen wie die vorhandene, aufgrund einer rationelleren Verfahrenstechnik sind ihre laufenden Betriebskosten aber geringer.

2. Die neue Anlage verfügt bei ansonsten unveränderten technischen Daten über eine erhöhte Leistungsfähigkeit.

3. Leistungsfähigkeit und Kostenstruktur der neuen Anlage sind verbessert.

Unterstellt man die Zielsetzung der reproduktiven Substanzerhaltung, so ist gegen die Berichtigung des Wiederbeschaffungspreises aus betriebswirtschaftlicher Sicht nichts einzuwenden, da die Abschreibungsgegenwerte lediglich zum Ersatz der bereits vorhandenen Anlage ausreichen sollen, nicht aber zur Beschaffung eines leistungsfähigeren und/oder kostengünstiger produzierenden Aggregates. Unter der Zielsetzung der qualifizierten Substanzerhaltung wäre dagegen eine Berichtigung abzulehnen.

Unterscheiden sich neue und alte Anlage bei gleicher Leistungsfähigkeit in den laufenden Betriebskosten, so muß die Betriebskostendifferenz bei der Bestimmung der Bemessungsgrundlage berücksichtigt werden. Dabei ist der der Abschreibungsberechnung zugrunde zu legende Wiederbeschaffungspreis so zu bemessen, daß die Summe aus laufenden

Betriebskosten und Kapitaldienst der vorhandenen Anlage nicht größer ist als die der neuen. Die laufenden Betriebskosten sind dabei mit den während der Nutzungsdauer durchschnittlich anfallenden Beträgen anzusetzen,[1] wobei die proportionalen Kostensätze beider Anlagen mit derselben Durchschnittsbeschäftigung zu multiplizieren und zu diesem Produkt die entsprechenden durchschnittlichen Fixkosten zu addieren sind. Auch die Zinsberechnung ist in diesem Fall nach dem Verfahren der Durchschnittswertverzinsung vorzunehmen, obwohl, wie wir in Abschnitt 4.5.3. zeigen werden, zur Ermittlung der Zinskosten pro Jahr die Restwertverzinsung das geeignetere Verfahren darstellt. Beim Vergleich der Anschaffungspreise beider Anlagen ist dagegen die durchschnittliche Kapitalbindung während der Nutzungsdauern von Interesse.

Gehen wir bei der Berechnung der kalkulatorischen Zinsen ebenfalls vom jährlichen Wiederbeschaffungspreis aus,was nach Nr. 45 Abs. 1 zulässig ist, so errechnet sich der berichtigte Wiederbeschaffungspreis aus folgendem Ansatz:[2]

$$\frac{W_A}{t_A} + \frac{W_A}{2} i + B_A = \frac{W_N}{t_N} + \frac{W_N}{2} i + B_N \qquad (4.38)$$

Die hier verwendeten Kurzzeichen haben folgende Bedeutung:

W : Wiederbeschaffungspreis

B : durchschnittliche jährliche Betriebskosten

t : Nutzungsdauer

γ : Abschreibungsprozentsatz

i : Zinssatz

A : Index zur Kennzeichnung der vorhandenen Anlage

N : Index zur Kennzeichnung der neuen Anlage.

---

1) Vgl. H. Ebisch u. J. Gottschalk, Preise (1977), S. 391.

2) H. Ebisch u. J. Gottschalk wählen einen anderen Ansatz, indem sie vom Anschaffungspreis der alten Anlage ausgehen, vgl. Preise (1977), S. 390; dies erscheint nicht folgerichtig, da der Wiederbeschaffungspreis der neuen Anlage korrigiert werden soll; im Ergebnis stimmt ihre Formel mit der hier dargestellten überein.

Für Gleichung (4.38) läßt sich schreiben:

$$(4.39)\quad W_A \left(\frac{1}{t_A} + \frac{i}{2}\right) = \frac{W_N}{t_N} + \frac{W_N}{2}\, i - (B_A - B_N)$$

Durch Ausklammern von W_N ergibt dies:

$$(4.40)\quad W_A \left(\frac{1}{t_A} + \frac{i}{2}\right) = W_N \left(\frac{1}{t_N} + \frac{i}{2} - \frac{B_A - B_N}{W_N}\right)$$

Unter Berücksichtigung, daß die reziproken Nutzungsdauern bei linearer Abschreibung den Abschreibungsprozentsätzen γ_A und γ_N entsprechen, läßt sich Gleichung (4.40) wie folgt umformen:

$$(4.41)\quad W_A = W_N \left(\frac{\gamma_N + \frac{i}{2}}{\gamma_A + \frac{i}{2}} - \frac{B_A - B_N}{\frac{W_N}{t_A} + \frac{W_N}{2}\, i}\right)$$

Für den Fall gleicher Nutzungsdauern vereinfacht sich Gleichung (4.41) zu:

$$(4.42)\quad W_A = W_N \left(1 - \frac{B_A - B_N}{\frac{W_N}{t_N} + \frac{W_N}{2}\, i}\right)$$

Der Wiederbeschaffungspreis der neuen Anlage wird um das Verhältnis von Betriebskostendifferenz zu Kapitaldienst der neuen Anlage korrigiert.

Bei verschiedenen Nutzungsdauern treten zwei Änderungen auf:

1. Die Relation der Kapitaldienstprozentsätze erhöht oder vermindert den Korrekturfaktor.

2. Im Kapitaldienst der neuen Anlage werden die Abschreibungen um das Verhältnis neuer zu alter Nutzungsdauer korrigiert.[1)]

Verfügt die neue Anlage bei unveränderten laufenden Kosten über eine größere Leistungsfähigkeit, so ist ihr Wiederbeschaffungspreis um die Leistungssteigerung zu korrigieren; dabei kann die Leistungssteigerung in ökonomischen oder in technischen Leistungseinheiten gemessen werden. Bezeichnen wir das Leistungsvermögen von neuer und alter Anlage mit λ_N bzw. λ_A, so gilt für den berichtigten Wiederbeschaffungspreis folgende Gleichung:[2)]

$$(4.43)\quad W_A = W_N \frac{\lambda_A}{\lambda_N}$$

Sind die laufenden Betriebskosten der neuen Anlage geringer und ist gleichzeitig ihr Leistungsvermögen gestiegen, so ist die rechte Seite der Gleichung (4.38) im Verhältnis von Leistungsfähigkeit der alten zu derjenigen der neuen zu vermindern. Die Berechnung des korrigierten Wiederbeschaffungspreises erfolgt über folgenden Ansatz:

$$(4.44)\quad \frac{W_A}{t_A} + \frac{W_A}{2}\, i + B_A = \left(\frac{W_N}{t_N} + \frac{W_N}{2}\, i + B_N\right) \frac{\lambda_A}{\lambda_N}$$

Führt man in Gleichung (4.44) die gleichen Umformungen wie in Gleichung (4.38) durch, so erhält man:

$$(4.45)\quad W_A = W_N \left(\frac{\lambda_A}{\lambda_N} \frac{\gamma_N + \frac{i}{2}}{\gamma_A + \frac{i}{2}} - \frac{B_A - B_N \frac{\lambda_A}{\lambda_N}}{\frac{W_N}{t_A} + \frac{W_N}{2}\, i} \right)$$

1) Dies wird anhand folgender Gleichung deutlich:

$$\frac{W_N}{t_A} = \frac{W_N}{t_N} \frac{t_N}{t_A}$$

2) Vgl. die analoge Gleichung bei W. Kilger, Einführung (1980), S. 118.

Im Fall gleicher Nutzungsdauern vereinfacht sich Gleichung (4.45) zu:

$$(4.46)\quad W_A = W_N \left(\frac{\lambda_A}{\lambda_N} - \frac{B_A - B_N \frac{\lambda_A}{\lambda_N}}{\frac{W_N}{t_N} + \frac{W_N}{2} i} \right)$$

Es wird ersichtlich, daß sowohl die Relation der Kapitaldienstprozentsätze als auch die laufenden Betriebskosten der neuen Anlage um den Prozentsatz der verringerten Leistungsfähigkeit der alten Anlage korrigiert werden; beides trägt zur Verminderung des Wiederbeschaffungspreises bei.

Die in den obigen Gleichungen errechneten korrigierten Wiederbeschaffungspreise gelten allerdings nur innerhalb bestimmter Grenzen. Als untere Grenze ist der Anschaffungswert der vorhandenen Anlage anzusehen, da mindestens die tatsächlich angefallenen Auszahlungen über die Jahre der Nutzung zu verteilen sind;[1)] als obere Grenze ist der Wiederbeschaffungspreis der neuen Anlage anzusehen, der dann überschritten werden kann, wenn diese über eine geringere Nutzungsdauer verfügt.

Gegen die beschriebenen Korrekturen des Wiederbeschaffungspreises ist einzuwenden, daß eine äußerst umfangreiche Datenbeschaffung erforderlich ist. Schon die Ermittlung des Wiederbeschaffungspreises anhand konkreter Vergleichsobjekte ist, wie oben gezeigt, mit erheblichem Aufwand verbunden; die Feststellung der Nutzungsdauer, der Leistungsfähigkeit und der durchschnittlich zu erwartenden Betriebskosten dürfte wesentlich schwieriger sein. In vielen Fällen sind daher nur grobe Abschläge vom Wiederbeschaffungspreis möglich bzw. sollte auf eine Korrektur ganz verzichtet werden, denn es ist "nicht im Sinne der LSP, durch überspitzte Anforderungen die Anwendung

---

1) Der Anschaffungspreis darf unserer Ansicht nach in keinem Fall unterschritten werden, auch wenn bei Preissenkungen zur Substanzerhaltung geringere Bemessungsgrundlagen ausreichen würden, weil es zu Vermögens- und Kapitalverlusten kommt, falls die Abschreibungsgegenwerte den Anschaffungspreis nicht decken. Anderer Ansicht sind H. Ebisch u. J. Gottschalk, Preise (1977), S. 374.

von Wiederbeschaffungspreisen praktisch zu verhindern".[1])

4.4.1.2. Die preisrechtlich zulässigen Abschreibungsverfahren

Welche Abschreibungsverfahren[2]) den Bestimmungen der LSP entsprechen, ergibt sich aus Nr. 38 Abs. 1 in Verbindung mit Nr. 37 Abs. 2. In Nr. 38 Abs. 1 wird festgelegt, daß sich der Abschreibungsbetrag durch Division der Bemessungsgrundlage durch die Gesamtnutzung errechnet, aus Nr. 37 Abs. 2 folgt, daß die Gesamtnutzung in Zeiteinheiten oder in Leistungseinheiten gemessen werden kann; dabei sollte zweckmäßigerweise die Bezugsgröße der Kostenstelle, in der das betreffende Aggregat eingesetzt wird, als Leistungsmaßstab gewählt werden.

Aus den Bestimmungen folgt, daß Verfahren der degressiven oder progressiven Abschreibungsberechnung für Selbstkostenpreiskalkulationen nicht angewandt werden dürfen, da diese Verfahren unterschiedlich hohe Abschreibungsbeträge pro Zeiteinheit verrechnen, ohne auf Leistungseinheiten Bezug zu nehmen.[3]) Bei rein zeitabhängiger Abschreibungsberechnung ist daher allein das Verfahren der linearen Abschreibung zulässig.

In der Literatur zur entscheidungsorientierten Kostenrechnung wird das Problem der Auflösung der Abschreibungsbeträge in fixe und proportionale Bestandteile diskutiert,[4]) wobei als Ergebnis festzuhalten bleibt, daß die Ermittlung entscheidungstheoretisch richtiger Abschreibungen für die Kostenrechnung nicht praktikabel ist.[5]) Als

1) H. Ebisch u. J. Gottschalk, Preise (1977), S. 394.

2) Zu den Abschreibungsverfahren vgl. G. Wöhe, Bilanzierung (1979), S. 391 ff; W. Kilger, Einführung (1980), S. 119 ff.

3) Allgemein wird die Ansicht vertreten, daß diese Verfahren für die Zwecke der Kostenrechnung ungeeignet sind; vgl. M. Gercke, Abschreibungen (1966), S. 53 ff; H. Albach, Degressive Abschreibung (1967), S. 52 ff; W. Kilger, Einführung (1980), S. 127 ff.

4) Vgl. D. Schneider, Kostentheorie (1961); A. Mahlert, Abschreibungen (1977); P. Swoboda, Ableitung (1979); A. Luhmer, Abschreibungskosten (1980); K.-P. Kistner u. A. Luhmer, Ermittlung (1981).

5) Vgl. W. Kilger, Plankostenrechnung (1981), S. 400 f.

Näherungsverfahren zur Berechnung beschäftigungsabhängiger Abschreibungen wird in Betrieben mit einer Plankostenrechnung die gebrochene Abschreibung angewandt. Dieses von W. Kilger entwickelte Verfahren wollen wir in leicht modifizierter Form darstellen.[1]

Dem Verfahren liegt die Einteilung der Abschreibungsursachen in solche zugrunde, die unabhängig vom Gebrauch der Anlage sind (Zeitverschleiß), und in solche, die durch deren Nutzung bewirkt sind (Gebrauchsverschleiß).

Für jedes Aggregat werden zwei Nutzungsdauern bestimmt; zum einen die Nutzungsdauer bei reinem Zeitverschleiß, also unter der Annahme, daß die Anlage in Betriebsbereitschaft ist, aber nicht genutzt wird. Diese Nutzungsdauer ist entweder extern vorgegeben (z.B. bei zeitlicher Begrenzung der Produktionsmöglichkeiten) oder mit Hilfe eines Investitionskalküls zu ermitteln. Als zweites wird die optimale Nutzungsdauer bei Realisation der geplanten Beschäftigung der Perioden des Betrachtungszeitraumes bestimmt.

Unter den Prämissen einer konstanten Beschäftigung in den Perioden des Betrachtungszeitraumes und der identischen Reinvestition der jeweiligen Anlage läßt sich die Nutzungsdauer auf Basis einer Investitionsrechnung nach folgender Formel bestimmen:[2]

$$(4.47) \quad ann_{(t_{Nopt})} = \underset{t_N=1\ldots\bar{t}_N}{minimum} \left\{ \left[A + \sum_{t=1}^{t_N} a_t \, (1+i)^{-t} \right] w_{(i,t_N)} \right\}$$

Nach Gleichung (4.47) errechnet sich die optimale Nutzungsdauer, indem die Summe aus Anschaffungsauszahlung A und abdiskontierten jährlichen Betriebskosten a_t (bei Realisierung der Planbeschäftigung) mit Hilfe des Wiedergewinnungsfaktors auf die alternativ

1) Vgl. E. Piroth, Potentialkosten (1983), S. 270 ff.

2) Vgl. P. Swoboda, Investition (1977), S. 87 ff; D. Schneider, Investition (1980), S. 234 f.

möglichen Nutzungsdauern verteilt und die Laufzeit mit minimaler Annuität ausgewählt wird.

Offen bleibt die Frage, inwieweit diese Art der Nutzungsdauerbestimmung in Preisprüfungen Anerkennung findet. Angesichts der Tatsache, daß jede Schätzung der Nutzungsdauer mit Unsicherheiten behaftet ist und subjektive Komponenten enthält, müßte ihre Ermittlung anhand eines nachprüfbaren Kalküls, in das alle relevanten Bestimmungsfaktoren des Anlagenverschleißes eingehen, eigentlich seitens der Preisprüfer akzeptiert werden, sobald die theoretischen Implikationen des Verfahrens verdeutlicht worden sind.

Nach Bestimmung der Nutzungsdauern des Zeit- und Gebrauchsverschleißes erfolgt die Berechnung der Abschreibungsbeträge für den Fall, daß die extern oder im Investitionskalkül bestimmte Nutzungsdauer des Zeitverschleißes t_{NZ} gleich oder kleiner als die Nutzungsdauer bei Planbeschäftigung ist, durch Division der Bemessungsgrundlage durch jene. Der Abschreibungsbetrag:

$$(4.48)\quad K_{At} = \frac{W_t}{t_{NZ}}$$

wird in voller Höhe als fixe Kosten verrechnet.

Ist dagegen die Nutzungsdauer bei Realisierung der Planbeschäftigung kleiner, determiniert diese den Gesamt-Abschreibungsbetrag, der in zwei Bestandteile zerlegt wird; einen fixen Anteil, der sich durch Division der Bemessungsgrundlage durch die Nutzungsdauer des Zeitverschleißes errechnet, und einen proportionalen, der die Differenz von Gesamtabschreibung und fixem Anteil darstellt. Der proportionale Abschreibungsbetrag wird mit Hilfe des Beschäftigungsgrades an die jährliche Ist-Beschäftigung angepaßt. In diesem Fall erhält man folgenden jährlichen Abschreibungsbetrag:

$$(4.49)\quad K_{At} = \frac{W_t}{t_{NZ}} + \left(\frac{W_t}{t_N} - \frac{W_t}{t_{NZ}}\right) \frac{B_t^{(i)}}{B_t^{(p)}}$$

Dieses Verfahren der Abschreibungsberechnung, das sich als Mischung aus zeit- und leistungsbezogener Abschreibung interpretieren läßt, ist gemäß den Bestimmungen der Nrn. 37 und 38 LSP für Selbstkostenpreiskalkulationen zulässig und sollte daher in einer Plankostenrechnung für Betriebe mit Selbstkostenpreis-Erzeugnissen angewandt werden. Gegenüber der gebrochenen Abschreibung W. Kilgers hat das Verfahren den Vorteil, daß die simultane Wirkung von Zeit- und Gebrauchsverschleiß auf den Anlagenersatz in der Berechnung der optimalen Nutzungsdauern bei Planbeschäftigung berücksichtigt wird.

Bei Anwendung dieses Verfahrens läßt sich auch der Einfluß mehrerer Schichten auf die zu verrechnenden Abschreibungen exakt erfassen, indem der proportionale Anteil entsprechend angepaßt wird. Die von H. Ebisch und J. Gottschalk vorgeschlagenen globalen Zuschläge von 25% bei Zweischicht- und 50% bei Dreischichtbetrieb auf die linearen Abschreibungen[1] brauchen daher nicht angewandt zu werden; sie wären nur für eine Relation von fixen und proportionalen Abschreibungen (25% proportional, 75% fix) richtig.

4.4.1.3. Die Verrechnung von Mehr- und Minderabschreibungen bei Änderungen der geplanten Nutzung

Nr. 39 Abs. 2 LSP verlangt eine regelmäßige Überprüfung der Nutzungsdauern bzw. der Leistungspotentiale der abzuschreibenden Aggregate sowie eine sofortige Erhöhung oder Verminderung der Abschreibungsbeträge, falls die Überprüfung ergibt, daß die Nutzung über- bzw. unterschätzt wurde. Damit folgen die Leitsätze der in der Literatur zur Kostenrechnung[2] vertretenen Ansicht, daß für eine Anlage während der tatsächlichen Nutzungsdauer Abschreibungen verrechnet

---

1) Vgl. H. Ebisch u. J. Gottschalk, Preise (1977), S. 381 ff.
2) Vgl. W. Kilger, Einführung (1980), S. 119.

werden sollten, um eine möglichst wirklichkeitsnahe Belastung der einzelnen Abschreibungsperioden mit dieser Kostenart zu erreichen.

Da der Verordnungsgeber aber sicherstellen will, daß für das gesamte Unternehmen auf lange Sicht nur die tatsächlichen Vermögensgegenstände abgeschrieben werden ("Prinzip der Einmaligkeit der Abschreibung"),[1] wird die Führung eines Abschreibungswagniskontos gefordert, auf welchem die Mehr- und Minderabschreibungen aller Anlagegegenstände über einen längeren Zeitraum hinweg miteinander saldiert werden müssen.

Gleichen sich in diesem Zeitraum Mehr- und Minderabschreibungen nicht annähernd aus, so muß ein Verlustsaldo als Kosten und ein Gewinnsaldo als Kostengutschrift verrechnet werden.

Für die Verrechnung der Mehr- oder Minderabschreibungen auf das Abschreibungswagniskonto gibt es zwei Möglichkeiten:[2]

1. Sofort nach Erkennen der falschen Schätzung wird der Restwert korrigiert und die Differenz zwischen altem und neuem Restwert auf das Wagniskonto gebucht. Nehmen wir an, daß im Zeitpunkt t eine Änderung der Nutzungsdauer von $t_N^{(p)}$ auf $t_N^{(i)}$ festgestellt wird, so ergibt sich unter der Annahme linearer Abschreibung vom Anschaffungswert folgende Restwertdifferenz:[3]

$$(4.50) \quad \Delta K_A = R_t^{(i)} - R_t^{(p)} = \left(A - t\,\frac{A}{t_N^{(i)}}\right) - \left(A - t\,\frac{A}{t_N^{(p)}}\right)$$

---

1) Vgl. H. Ebisch u. J. Gottschalk, Preise (1977), S. 384.

2) Beide Methoden sind erwähnt bei G. Frucht, Verrechnung (1954), S. 89 sowie H. Ebisch u. J. Gottschalk, Preise (1977), S. 385.

3) Bei anderen Methoden der Abschreibungsberechnung müssen die Summen über die Periodenbeträge in den Gleichungen ausgewiesen werden; ansonsten gelten die Ergebnisse analog.

Aus Gleichung (4.50) erhält man:

$$(4.51) \quad \Delta K_A = t\left(\frac{A}{t_N^{(p)}} - \frac{A}{t_N^{(i)}}\right)$$

Die Restwertdifferenz entspricht den bis zum Zeitpunkt t zuviel oder zuwenig verrechneten Abschreibungen.

2. Beim zweiten Verfahren werden Mehrabschreibungen erst dann verrechnet, wenn die Summe der Abschreibungen die Anschaffungsauszahlung überschreitet, und Minderabschreibungen zum Zeitpunkt des Ausscheidens der Anlage.

   Wird die Nutzungsdauer unterschätzt, so läßt sich der Zeitpunkt $\bar{t}$, ab dem die Beträge auf das Wagniskonto verrechnet werden, bei linearer Abschreibung aus folgendem Ansatz bestimmen:

$$(4.52) \quad t \frac{A}{t_N^{(p)}} + (\bar{t}-t) \frac{A}{t_N^{(i)}} = A$$

   Durch Umformen erhält man hieraus:

$$(4.53) \quad \bar{t} = t_N^{(i)} \left(1- \frac{t}{t_N^{(p)}}\right) + t$$

   Der Zeitraum, in dem Beträge auf das Wagniskonto verrechnet werden, beträgt somit:

$$(4.54) \quad t_N^{(i)} - \bar{t} = t_N^{(i)} \frac{t}{t_N^{(p)}} - t$$

   Insgesamt werden in diesem Zeitraum folgende Abschreibungsbeträge verbucht:

$$(4.55) \quad \Delta K_A = \frac{A}{t_N^{(i)}} \left(t_N^{(i)} \frac{t}{t_N^{(p)}} - t\right)$$

$$(4.56) \quad \Delta K_A = t\left(\frac{A}{t_N^{(p)}} - \frac{A}{t_N^{(i)}}\right)$$

Muß die Nutzungsdauer nach unten korrigiert werden, so ist im Zeitpunkt $t_N^{(i)}$ folgender Betrag dem Wagniskonto zu belasten:

$$(4.57) \quad \Delta K_A = A - \left[t \frac{A}{t_N^{(p)}} + (t_N^{(i)} - t) \frac{A}{t_N^{(i)}} \right]$$

$$(4.58) \quad \Delta K_A = t\left(\frac{A}{t_N^{(i)}} - \frac{A}{t_N^{(p)}}\right)$$

Die Summe der auf das Wagniskonto verrechneten Beträge ist bei beiden Verfahren identisch. Beim zweiten Verfahren werden allerdings die Restwerte der betreffenden Anlagen niedriger bzw. überhaupt nicht mehr ausgewiesen, wodurch der Schätzfehler nur bei den Abschreibungen, nicht aber bei der Höhe des betriebsnotwendigen Vermögens korrigiert wird.[1]

Problematisch erscheint die Anwendung des zweiten Verfahrens bei der Abschreibungsberechnung auf der Basis jährlicher Wiederbeschaffungspreise. Während beim ersten Verfahren die Mehr- und Minderabschreibungen als Restwertdifferenz analog zu Gleichung (4.50) nach folgender Formel zu errechnen sind:

$$(4.59) \quad \Delta K_A = \sum_{\tau=1}^{t}\left(\frac{A\, q_\tau}{t_N^{(p)}} - \frac{A\, q_\tau}{t_N^{(i)}}\right)$$

---

1) Aus diesem Grunde lehnen H. Ebisch u. J. Gottschalk dieses Verfahren ab. Vgl. Preise (1977), S. 385.

treten beim zweiten Verfahren folgende Probleme auf:

1. Dem Abschreibungskonto würden zu hohe Beträge belastet, da die Abschreibungen der Jahre vor dem Erkennen der Fehlschätzung korrigiert werden müssen, die sich bei steigenden Preisen von denen nach dem Zeitpunkt $\bar{t}$ unterscheiden.

2. Infolge der indizierten Abschreibungen besteht der unterstellte Zusammenhang zwischen Anschaffungsauszahlung und Summe der Abschreibungen nicht mehr; aus diesem Grund ist der Zeitpunkt $\bar{t}$ in der oben beschriebenen Form nicht feststellbar.

Wegen der genannten Gründe empfehlen wir, insbesondere bei Abschreibungen vom jährlichen Wiederbeschaffungswert, die Anwendung der ersten Methode.

4.4.2. Die Behandlung der Reparatur- und Instandhaltungskosten

Zu den Betriebsmittelkosten zählen neben den Abschreibungen noch die Reparatur- und Instandhaltungskosten für jene betrieblichen Maßnahmen, "die der Wartung, Überholung und Wiederingangsetzung von Betriebsmitteln dienen."[1] Reparatur- und Instandhaltungskosten sind keine homogene Kostenart, sondern setzen sich im allgemeinen aus folgenden Bestandteilen zusammen:

- Kosten für Reparaturmaterial und Ersatzteile
- Kosten für Fremdleistungen
- Kosten der betrieblichen Reparaturkostenstellen.

1) W. Kilger, Einführung (1980), S. 138.

Die Kosten der eigenen Reparaturwerkstatt werden im Rahmen der innerbetrieblichen Leistungsverrechnung den leistungsempfangenden Kostenstellen belastet, die übrigen Bestandteile sind primäre Kosten.

Die LSP behandeln diese Kosten in Nr. 26, wo zwischen Kosten der laufenden Instandhaltung und Instandsetzung[1] sowie den Kosten werterhöhender Instandsetzungsmaßnahmen unterschieden wird.

Nr. 26 Abs. 1 bestimmt, daß die Kosten laufender Reparatur- und Instandhaltungsmaßnahmen unmittelbar in den laufenden Kosten zu verrechnen sind, es sei denn, daß ein stoßweiser Anfall eine Ratierung der Beträge erforderlich macht. Es empfiehlt sich, kleinere Beträge sofort den betreffenden Kostenstellen zu belasten, dagegen Reparaturen größeren Ausmaßes als erstes auf Werkauftrags-Nummern zu verrechnen und sie nach Abschluß des Reparaturauftrages den Perioden der Wirkungsdauer der Reparaturmaßnahme anteilig zu belasten.[2]

Da Nr. 26 LSP keine näheren Erläuterungen hinsichtlich der Mengen- und Wertansätze der Reparatur- und Instandhaltungskosten enthält, ist davon auszugehen, daß zum einen der vorkalkulatorischen Selbstkostenpreisermittlung die in der Kostenplanung festgelegten durchschnittlich erwarteten Beträge für Reparatur- und Instandhaltungsmaßnahmen zugrunde zu legen sind.[3] In Nachkalkulationen sind demgegenüber die im Abrechnungszeitraum durchschnittlich angefallenen Beträge anzusetzen, wobei eine Abgrenzung bei den Werkaufträgen zu erfolgen hat, deren Wirkungsdauer über den Abrechnungszeitraum hinausgeht.

Von den unmittelbar zu verrechnenden Reparatur- und Instandhaltungs-

---

1) Der in den Leitsätzen verwendete Begriff Instandsetzungen ist synonym zu Reparaturen zu verstehen.

2) Vgl. W. Kilger, Einführung (1980), S. 139, wo die sofortige Verrechnung bis zu einem Höchstbetrag von 500 DM vorgeschlagen wird.

3) Zur Planung der Reparatur- und Instandhaltungskosten vgl. A.-W. Scheer, Instandhaltungspolitik (1974), S. 93 ff sowie W. Kilger, Plankostenrechnung (1981), S. 405.

kosten sind diejenigen zu unterscheiden, für die eine Aktivierungspflicht besteht. Nr. 26 nennt zwei Tatbestände, welche die Aktivierung von Instandsetzungskosten erforderlich machen:

1. Durch die Instandsetzung erhöht sich der Wert der Anlage im Vergleich zu ihrem Anschaffungspreis erheblich.

2. Die Reparaturmaßnahme verlängert die Nutzungsdauer des Anlagegegenstandes.

Ein Beispiel für eine Werterhöhung gegenüber dem Anschaffungswert ist etwa der Einbau eines leistungsstärkeren Antriebsaggregates. Eine Verlängerung der Lebensdauer wird im allgemeinen beim Ersatz wichtiger Verschleißteile auftreten; eine Aktivierung ist aber nur bei einer wesentlichen Verlängerung der Nutzungsdauer angebracht.

Ist eine der genannten Bedingungen erfüllt, so werden die auf den Werkauftrags-Nummern gesammelten Reparaturkosten dem betriebsnotwendigen Vermögen zugebucht und über die Jahre der Restnutzungsdauer des Aggregates abgeschrieben. Ist schon im Zeitpunkt der Beschaffung der Anlage das ungefähre Ausmaß der werterhöhenden Reparaturen erkennbar, so besteht die Möglichkeit, die erwarteten Reparaturkosten über die Gesamtnutzungsdauer zu verteilen. Dies ist insbesondere bei den Lebensdauer verlängernden Reparaturen zu empfehlen, da hierdurch eine gleichmäßige Belastung aller auf dem Aggregat bearbeiteten Leistungseinheiten erreicht wird.[1] Werden allerdings durch die Reparatur Änderungen der qualitativen Eigenschaften des Aggregates bewirkt, ist unter dem Gesichtspunkt einer richtigen Kostenzurechnung eine Verteilung über die Restnutzungsdauer richtiger.

Die Auflösung der Reparaturkosten in fixe und proportionale Bestandteile erfolgt mit Hilfe einer Analyse, inwieweit die Reparaturen

1) Diese Methode findet sich auch bei H. Michaelis u. C.A. Rhösa, Preisbildung (1982), LSP Nr. 39, S. 3.

durch Zeit- und durch Gebrauchsverschleiß bedingt sind; hierbei ergeben sich im allgemeinen andere Aufteilungsprozentsätze als bei den Abschreibungen. Aus diesem Grund können dann die zu aktivierenden Reparaturkosten nicht mit den Anschaffungs- oder Restwerten zusammengefaßt werden.

4.5. Ansatz und Bemessungsgrundlagen der kalkulatorischen Zinsen

4.5.1. Der kalkulatorische Zinssatz in Selbstkostenpreiskalkulationen

Unsere Ausführungen in Abschnitt 3.1. über die in der Literatur zur Kostentheorie und Kostenrechnung zu findenden Definitionen des Kostenbegriffs haben gezeigt, daß die Bereitstellung von Kapital als Produktionsfaktor anzusehen ist, dessen Nutzung kostenmäßig abgebildet werden muß, unabhängig davon, ob ihr Auszahlungen in Form von Fremdkapitalzinsen gegenüberstehen oder nicht. Die LSP schließen sich dieser Auffassung an und fordern eine einheitliche Verzinsung des gesamten betriebsnotwendigen Kapitals und die Abgrenzung der für Fremdkapital tatsächlich entstandenen Aufwendungen.[1)]

Im Vergleich zu anderen Kostenarten bildet die Behandlung der kalkulatorischen Zinsen in den Leitsätzen insofern eine Ausnahme, als sich der preisrechtlich zulässige Zinssatz, welcher als "Preis" der Überlassung des Kapitals anzusehen ist, nicht aus den für den Auftragnehmer geltenden Gegebenheiten der Beschaffungsmärkte ableitet, sondern vom Bundeswirtschaftsminister ein Höchstsatz verordnet wird; dieser wurde am 1.1.1955 auf 6,5% festgelegt und seitdem nicht mehr geändert.

---

1) Vgl. Nr. 43 Abs. 3 LSP sowie die Erläuterungen zur Abgrenzung zum kalkulatorischen Gewinn bei C.H. Altmann, Kalkulatorischer Zins (1959), S. 151 f.

Die Vernachlässigung der betriebsindividuellen Zinskosten bringt folgende Probleme mit sich:

1. Kleineren Unternehmen stehen häufig nicht die Finanzierungsmöglichkeiten zur Verfügung wie Großunternehmen, so daß ihnen höhere Kosten der Kapitalbereitstellung entstehen. Die durch den staatlich festgelegten Höchstsatz bedingte Nivellierung der zulässigen Kapitalkosten führt somit tendenziell zu einer Benachteiligung kleinerer Firmen.

2. Durch die fehlende Anpassung des Höchstsatzes an die aktuellen Verhältnisse des Kapitalmarktes kann es vorkommen, daß die im Selbstkostenpreis erstatteten Zinsen nicht einmal die Aufwendungen für Fremdkapitalzinsen decken, geschweige denn eine Verzinsung des Eigenkapitals ermöglichen. Beträgt die Fremdkapitalquote α_F%, so gilt für den kritischen Fremdkapitalzinssatz r_{Fkrit}, bei dessen Überschreitung die kalkulatorischen Zinsen nach LSP geringer sind als die Aufwendungen für Fremdkapitalzinsen, folgende Gleichung:

$$(4.60) \quad r_{Fkrit} = \frac{6{,}5}{\alpha_F} \, 100$$

   Bei einer Eigenkapitalquote von 35% liegt der kritische Zinssatz bei 10%.[1] Aber auch bei Unterschreitung des kritischen Fremdkapitalzinssatzes ist die Verzinsung des Eigenkapitals häufig nicht angemessen.

3. Die fehlende Flexibilität des kalkulatorischen Zinssatzes benachteiligt Unternehmen, die Selbstkostenpreis-Erzeugnisse für öffentliche Auftraggeber herstellen, da andere Unternehmen steigende Zinsen zumindest teilweise durch höhere Marktpreise ausgleichen.

Wegen dieser Nachteile halten wir es für richtiger, den kalkulatorischen Zinssatz auf der Grundlage folgender Größen zu errechnen:

---

1) In den Jahren 1980-82 lagen die Fremdkapitalzinsen zeitweise über 14%.

1. Der Fremdkapitalzinsen, welche der betreffende Auftragnehmer für das aufgenommene Fremdkapital jährlich zahlen muß. (Dabei ist in Nachkalkulationen von der Abrechnungsperiode und in Vorkalkulationen von der Periode der Preisermittlung auszugehen.)

2. Der Renditeerwartungen der Eigenkapitalgeber; da diese von subjektiven Anlagemöglichkeiten abhängen, welche sich einer Überprüfung im allgemeinen entziehen, empfehlen wir die durchschnittliche Verzinsung langfristiger Anleihen als Maßstab für die Eigenkapitalverzinsung.

Würde dieser Vorschlag preisrechtliche Beachtung finden, ließe sich der kalkulatorische Zinssatz i nach folgender Formel errechnen:

$$(4.61) \quad i = \alpha_E \, r_E + \alpha_F \, r_F$$

Der kalkulatorische Zinssatz ergibt sich bei Anwendung der Gleichung (4.61) als gewogenes Mittel der Kostensätze für Eigen- und Fremdkapital r_E und r_F, wobei die entsprechenden Anteile am Gesamtkapital α_E bzw. α_F als Gewichtungsfaktoren verwendet werden.

In Preisprüfungen würde die Überprüfung dieses Zinssatzes keinen größeren Aufwand verursachen als diejenige der Wertbasen anderer Kostenarten, da die Renditen langfristiger Anleihen der Wirtschaftspresse entnommen werden können und die tatsächlichen Fremdkapitalzinsen aus den Belegen der Finanzbuchhaltung ersichtlich sind. Nach den zur Zeit geltenden Bestimmungen darf allerdings der Höchstsatz von 6,5% nicht überschritten werden.

Bezüglich der Gestaltung ihrer Kostenrechnung stehen die Auftragnehmer vor dem Problem, ob sie in der Kostenplanung und der Ist-Abrechnung den Zinssatz der Selbstkostenpreisvereinbarung oder den betriebsindividuellen Kalkulationszinssatz verwenden sollen.[1] Die Verwendung des betriebsindividuellen Zinssatzes hat den Nachteil, daß für die Preiskalkulationen eine Umwertung auf die preisrechtlich zulässigen Zinsen erforderlich ist sowie die entsprechende Anpassung der Kalkulations-

1) Zum kalkulatorischen Zinssatz in der Kostenrechnung vgl. A. Moxter, Bestimmung (1961), S. 186 ff; K. Mellerowicz, Kostenrechnung Bd. 2,1 (1974), S. 316; W. Kilger, Einführung (1980), S. 134; W. Kilger, Plankostenrechnung (1981), S. 408.

sätze. Verwendet man dagegen den Zinssatz nach LSP, muß in der kurzfristigen Erfolgsrechnung eine Korrektur der kalkulatorischen Zinsen vorgenommen werden, soll ein richtiges Betriebsergebnis ausgewiesen werden.

Vergegenwärtigen wir uns, daß die Zinsen auf Anlagevermögen weder entscheidungsrelevante Kosten darstellen noch im Soll-Ist-Kostenvergleich kontrolliert werden, empfiehlt sich für diese aus Gründen der Einfachheit der Ansatz des Zinssatzes nach LSP in der Kostenstellenrechnung und die entsprechende Korrektur in der kurzfristigen Erfolgsrechnung. Kalkulatorische Zinsen auf Umlaufvermögen enthalten im Gegensatz zu denen auf Anlagevermögen proportionale Bestandteile; da aber deren Bedeutung in den entscheidungsrelevanten Kosten vergleichsweise gering ist, halten wir es für vertretbar, den Fehler in Höhe der Differenz von tatsächlichem und preisrechtlich zulässigem Zinssatz in Kauf zu nehmen und in gleicher Weise wie bei den Zinsen auf Anlagevermögen zu verfahren. (Bei der Kostenkontrolle werden auch die kalkulatorischen Zinsen auf Umlaufvermögen Soll=Ist abgerechnet.)

Im folgenden wollen wir uns mit der Bemessungsgrundlage der Zinsberechnung befassen, dem betriebsnotwendigen Kapital, welches sich aus dem betriebsnotwendigen Vermögen und dem Abzugskapital zusammensetzt.

4.5.2. Die Begriffsextension des betriebsnotwendigen Kapitals

4.5.2.1. Der Mengenansatz des betriebsnotwendigen Vermögens

Nr. 44 Abs. 2 umschreibt das betriebsnotwendige Vermögen als diejenigen Bestandteile des Anlage- und Umlaufvermögens, welche dem Betriebszweck dienen, und nennt als Beispiele für nicht betriebsnotwendige Vermögensteile stillgelegte Anlagen (mit Ausnahme von Reserveanlagen), landwirtschaftlich genutzte Grundstücke, nicht betriebsnotwendige Beteiligungen u.ä. Die nicht zum betriebsnotwendigen Vermögen gehörenden Vermögenspositionen lassen sich wie folgt systematisieren:[1)]

1. Positionen, die keinen Zusammenhang zur betrieblichen Leistungserstellung aufweisen (z.B. unbebaute Grundstücke).

2. Positionen, die nicht mehr der betrieblichen Leistungserstellung dienen (z.B. stillgelegte Anlagen).

3. Positionen, die noch nicht der betrieblichen Leistungserstellung dienen (z.B. im Bau befindliche, selbst zu nutzende Anlagen).

4. Gemietete und gepachtete Vermögenspositionen.

Gemietete Anlagen können dann im Anlagevermögen eines Unternehmens bilanziert werden, wenn beim sogenannten Finanzierungs-Leasing der Vermögensgegenstand wirtschaftliches Eigentum des Leasing-Nehmers wird, obwohl er rechtlich dem Leasing-Geber gehört. Finanzierungs-Leasing liegt dann vor, wenn die während der Grundmietzeit zu entrichtenden Leasing-Raten die Anschaffungskosten einschließlich der Neben- und Finanzierungskosten sowie des Gewinnzuschlages des Leasing-Gebers decken.[2)] Der Bundesfinanzhof hat in einem Erlaß vom 19.4.1971 Kriterien für die Bilanzierung von Leasing-Gegenständen in Steuerbilanzen angegeben; danach sind die betreffenden Anlagen grundsätzlich beim Leasing-Nehmer zu bilanzieren, wenn die vereinbarte Grundmietzeit weniger als 40% oder mehr als 90% der betriebsgewöhnlichen Nutzungsdauer beträgt.[3)]

Obwohl der Erlaß des Bundesfinanzhofes für handels- und preisrechtliche Belange nicht verbindlich ist, schließen wir uns der Ansicht

---

1) Vgl. F. Joa, Zinsen (1963), S. 668.

2) Vgl. G. Wöhe u. J. Bilstein, Unternehmensfinanzierung (1978), S. 176.

3) Spezielle Regelungen bestehen bei zusätzlicher Vereinbarung von Verlängerungs- und Kaufoptionen; vgl. hierzu ausführlich G. Wöhe u. J. Bilstein, Unternehmensfinanzierung (1978), S. 180.

von H. Ebisch und J. Gottschalk an, daß bei Erfüllung dieser Kriterien der Leasing-Gegenstand dem betriebsnotwendigen Vermögen zuzurechnen ist.[1] Daraus folgt, daß in diesem Fall statt der Leasing-Raten kalkulatorische Abschreibungen und Zinsen auf der Grundlage geschätzter Anschaffungsauszahlungen und geschätzter Nutzungsdauern verrechnet werden müssen. Sind die Kriterien nicht erfüllt, werden die Leasing-Raten als Kosten verrechnet, soweit sie als angemessene Kosten in der Preisprüfung anerkannt werden. Die betreffende Anlage darf dann bei der Berechnung kalkulatorischer Zinsen nicht berücksichtigt werden.[2]

Das betriebsnotwendige Vermögen wird dergestalt ermittelt, daß die aktivierten Vermögensgegenstände auf ihre Betriebsnotwendigkeit hin untersucht werden. Die Zuordnung der Gegenstände des Anlagevermögens auf die Kostenstellen ihres Einsatzes erfolgt mit Hilfe der Anlagenkartei, in welcher die erforderlichen Angaben vermerkt sind. Das betriebsnotwendige Umlaufvermögen wird zum überwiegenden Teil den Material- und Fabrikatelägern zuzurechnen sein.[3] Neben den bilanziell aktivierten Vermögenspositionen sind dem betriebsnotwendigen Vermögen die eigenen Forschungs- und Entwicklungsergebnisse des Unternehmens zuzuordnen, die entweder als rechtlich ungeschütztes oder durch Patente, Gebrauchs-Geschmacksmuster u.ä. geschütztes Wissen der betrieblichen Leistungserstellung dienen; diese selbsterstellten immateriellen Potentiale, die in Bilanzen nicht berücksichtigt werden dürfen, sind bei der Ermittlung der kalkulatorischen Zinsen zu berücksichtigen, falls sie betriebsnotwendig sind.[4]

---

1) Vgl. H. Ebisch u. J. Gottschalk, Preise (1977), S. 361.

2) Zur allgemeinen preisrechtlichen Behandlung des Leasings vgl. J. Broschwitz, Leasing-Verfahren (1964), S. 813 ff.

3) W. Kilger bezeichnet dieses Vorgehen als positionsweise Erfassung kalkulatorischer Zinsen, vgl. Einführung (1980), S. 135.

4) Vgl. H. Ebisch u. J. Gottschalk, Preise (1977), S. 407.

Als Mengenansatz des betriebsnotwendigen Vermögens nennt Nr. 46 die im "Abrechnungszeitraum durchschnittlich gebundenen Mengen".[1] Bezüglich des Anlagevermögens ist diese Vorschrift so zu interpretieren, daß Vermögensgegenstände, die während des Abrechnungszeitraumes beschafft wurden oder aus dem betriebsnotwendigen Vermögen ausscheiden, nur anteilig bei der Abschreibungs- und Zinsberechnung Berücksichtigung finden dürfen. Beim Umlaufvermögen treten im Gegensatz zum Anlagevermögen während der jährlichen Abrechnungsperiode größere Schwankungen der Bestände auf; daher sind hier die durchschnittlich gebundenen Mengen aus den Durchschnittsbeständen der Quartale oder, bei erheblichen Schwankungen, der Monate zu ermitteln.[2]

4.5.2.2. Die Bewertung des betriebsnotwendigen Vermögens

Nach Nr. 45 Abs. 1 ist zur Zinsberechnung das Anlagevermögen mit den kalkulatorischen Restwerten anzusetzen, wie sie sich gemäß den Vorschriften der Abschreibungsberechnung ergeben, soweit es sich um Vermögenspositionen handelt, die einer Wertminderung unterliegen. Aus dieser Bestimmung ist zu folgern, daß bei Verwendung jährlicher Wiederbeschaffungspreise als Bemessungsgrundlagen der Abschreibungsberechnung auch die Restwerte auf der Basis von Wiederbeschaffungspreisen zu ermitteln sind.

Der Restwert bei Abschreibung vom Wiederbeschaffungswert $R_t^{(W)}$ errechnet sich aus dem Restwert bei Abschreibung vom Anschaffungswert $R_t^{(A)}$, indem dieser mit dem Preisindex der Betrachtungsperiode (bezogen auf die Anschaffungsperiode) multipliziert wird:

---

1) Die LSP unterstellen an dieser Stelle im Gegensatz zur Kostenrechnung eine Abrechnungsperiode von einem Jahr.

2) Vgl. H. Ebisch u. J. Gottschalk, Preise (1977), S. 426.

(4.62) $R_t^{(w)} = R_t^{(A)} q_t$

Bei linearer Abschreibung erhält man aus Gleichung (4.62) durch einige Umformungen:[1)]

(4.63) $R_t^{(w)} = W_t \frac{t_N - t}{t_N}$

Den Restwert $R_t^{(w)}$ erhält man somit durch Multiplikation des jährlichen Wiederbeschaffungspreises mit der Relation von Restnutzungsdauer zur gesamten Nutzungsdauer.

Es bleibt die Frage zu untersuchen, ob der direkte oder indirekte (über die Restwerte) Ansatz von Wiederbeschaffungspreisen als Bemessungsgrundlage der Zinsberechnung betriebswirtschaftlich richtig ist. Wie oben dargelegt, stellen kalkulatorische Zinsen das Entgelt für die Bereitstellung des zur Leistungserstellung erforderlichen Kapitals dar, welche als eigenständiger Produktionsfaktor anzusehen ist. Hierbei lassen sich die Zinskosten interpretieren als das Produkt aus den bereitgestellten "Kapitalmengen" und dem kalkulatorischen Zinssatz, dem für die Bereitstellung zu entrichtenden Preis.[2)]

Die Bewertung der Vermögensgegenstände zu jährlichen Wiederbeschaffungspreisen erfolgt aufgrund von Preissteigerungen zum Zwecke der Substanzerhaltung; dem Unternehmen sollen höhere Abschreibungswerte verbleiben, die ansonsten als Scheingewinne[3)] zur Gewinnverwendung gelangen würde. (Dabei sei unterstellt, daß die Abschreibungsgegenwerte durch die Erlöse gedeckt werden.) Die Abschreibung zu Wiederbeschaffungspreisen hat nun aber keine Auswirkungen auf das in der

---

1) Vgl. die analoge Gleichung bei H. Ebisch u. J. Gottschalk, Preise (1977), S. 419.

2) Vgl. E. Heinen, Kapital (1966), S. 11 f.

3) Zum Scheingewinn und seiner betriebswirtschaftlichen Problematik vgl. u.a. K. Hax, Substanzerhaltung (1957), S. 22 ff; H. Hax, Geldentwertung (1967), S. 69 ff; G. Wöhe, Bilanzierung (1979), S. 332 ff; U. Döring, Einfluß (1981), S. 2 ff.

abzuschreibenden Anlage gebundene Kapital, vielmehr werden die Abschreibungsgegenwerte in anderen Vermögenspositionen des Unternehmens gebunden und in diesen, soweit sie betriebsnotwendig sind, auch kalkulatorisch verzinst.

Unterstellt man, wie etwa bei der Restwertverzinsung eine Kapitalfreisetzung in Höhe der Abschreibungsbeträge,[1] so würde sich durch die Abschreibung zu Wiederbeschaffungspreisen das im betrachteten Vermögensgegenstand gebundene Kapital sogar vermindern. Es erscheint aber angebracht, den Abschreibungsbetrag gedanklich zu zerlegen in einen der Kapitalfreisetzung entsprechenden Betrag in Höhe der Abschreibung zum Anschaffungswert und einen Restbetrag, der als Preissteigerungsrücklage zu interpretieren ist.

Damit bleiben die Kapitalmengen des abzuschreibenden Vermögensgegenstandes von der Abschreibung zu Wiederbeschaffungspreisen unberührt; zusätzliches Kapital muß erst dann bereitgestellt werden, wenn die betrachtete Anlage durch eine neue ersetzt wird, wenn also Anschaffungs- und Wiederbeschaffungspreis zusammenfallen. Eine Zinsberechnung auf der Grundlage von jährlichen Wiederbeschaffungspreisen unterstellt aber, daß infolge der Preissteigerung schon für die vorhandene Anlage zusätzliche Kapitalmengen bereitgestellt werden müssen. Die Mengenkomponente der Zinsberechnung ist aber ebensowenig an einem zukünftigen Bedarf auszurichten wie die Mengenkomponenten anderer Kostenarten. Gestiegene Kosten der Kapitalbeschaffung (Wertkomponente der Zinsberechnung) müßten analog zum Rechnen mit Wiederbeschaffungspreisen durch eine Erhöhung des kalkulatorischen Zinssatzes berücksichtigt werden.

Die Verwendung von Wiederbeschaffungspreisen als Wertbasis der Zinsberechnung ist daher aus betriebswirtschaftlicher Sicht nicht als richtig anzusehen und stellt neben der Festschreibung des kalkulatorischen Zinssatzes auf 6,5% die zweite kostenrechnerisch proble-

---

1) Zu dieser Annahme vgl. H. Hax, Kapitalbedarf (1979), Sp. 906.

matische Bestimmung der LSP zur Zinsberechnung dar. Vom praktischen Standpunkt her ist allerdings zu bemerken, daß beide Fehler unter den gegenwärtigen Kapitalmarktbedingungen im allgemeinen entgegengesetzte Wirkungen haben; durch die Begrenzung des Zinssatzes werden nicht ausreichend Zinskosten im Selbstkostenpreis vergütet, durch die Wiederbeschaffungspreise hingegen wird von einer zu hohen Basis der Zinsberechnung ausgegangen. Unter Beachtung dieser Aspekte ist den Auftragnehmern der Ansatz von Wiederbeschaffungspreisen zu empfehlen.

Obiges Problem stellt sich grundsätzlich auch für Vermögensgegenstände des Umlaufvermögens, hier sind die Auswirkungen wegen der geringen Bindungsdauer aber nicht so schwerwiegend. In Anlehnung an Nr. 38 Abs. 2 gestattet Nr. 45 Abs. 2 den Ansatz von Tagespreisen, sofern die Abweichungen vom Anschaffungspreis erheblich sind. In den Absätzen 3 bis 6 der Nr. 45 werden für Teile des Umlaufvermögens wie Wertpapiere, entwertete Vermögensgegenstände u.ä. spezielle Regelungen angegeben, auf deren Kommentierung wir wegen der geringen Bedeutung verzichten wollen.[1]

4.5.2.3. Das Abzugskapital als Korrekturposten zum betriebsnotwendigen Vermögen

Das gesamte betriebsnotwendige Vermögen stellt noch nicht die Bezugsgrundlage der Zinsberechnung dar, sondern es ist um das sogenannte Abzugskapital zu vermindern, welches laut Nr. 44 Abs. 1 aus zinslos zur Verfügung gestellten An- und Vorauszahlungen öffentlicher Auftraggeber sowie aus zinsfreien Lieferantenkrediten besteht.

1) Vgl. hierzu ausführlich H. Ebisch u. J. Gottschalk, Preise (1977), S. 423 ff.

Der Abzug von An- und Vorauszahlungen ist damit zu begründen, daß dem öffentlichen Auftraggeber im Selbstkostenpreis nicht Zinskosten für Kapitalbeträge in Rechnung gestellt werden sollen, die er selbst vor Fertigstellung des Auftrages zinsfrei bereitgestellt hat. An- und Vorauszahlungen, welche der Auftragnehmer von privaten Kunden erhalten hat, zählen nicht zum Abzugskapital.

Der Zinsabzug ist hierbei so vorzunehmen, daß die Gutschrift nur den Aufträgen des Auftraggebers zukommt, welcher die Anzahlungen geleistet hat, und nicht auf alle Erzeugnisse des Auftragnehmers verteilt wird.[1] Für die Behandlung der auf An- und Vorauszahlungen entfallenden Zinsen bedeutet diese Forderung, daß man zweckmäßigerweise das in den Kostenstellen ausgewiesene betriebsnotwendige Vermögen und die hieraus errechneten Zinskosten unverändert läßt und statt dessen die Selbstkosten der Erzeugnisse der betreffenden Auftraggeber direkt um die entsprechende Kostengutschrift vermindert. Hierzu empfiehlt sich die Errechnung eines prozentualen Abschlages; bezeichnen wir die An- und Vorauszahlungen eines öffentlichen Auftraggebers r (r=1,...,Z) mit A_r bzw. V_r, so errechnet sich der Abschlag a_r in Prozent der vollen Selbstkosten für den Fall, daß $j=1,\dots,n_r$ Selbstkostenpreis-Aufträge an den betreffenden Auftraggeber geliefert werden, nach folgender Gleichung:

$$(4.64) \quad a_r = \frac{(A_r + V_r)\, i}{\sum_{j=1}^{n_r} k_{Sj}\, x_j} \qquad (r=1,\dots,Z)$$

Für den Selbstkostenpreis eines Auftrages j an den Auftraggeber r gilt dann:

$$(4.65) \quad p_{jr} = k_{Sj}\,(1-a_r)\,(1+g) \qquad \begin{matrix}(r=1,\dots,Z)\\(j=1,\dots,n_r)\end{matrix}$$

1) Vgl. H. Ebisch u. J. Gottschalk, Preise (1977), S. 410.

Oftmals werden die Anzahlungen einem öffentlichen Auftrag eindeutig zurechenbar sein, so daß man die Gutschrift pro Produkteinheit als Quotient aus Zinsbetrag und Auftragsvolumen erhält. Erfolgen lediglich von einem öffentlichen Auftraggeber An- und Vorauszahlungen, so entfällt in Gleichung (4.64) der Index r.

Die Verminderung der Bemessungsgrundlage der Zinsberechnung um zinsfreie Lieferantenkredite wird damit begründet, daß der Lieferant die Kreditzinsen für die Gewährung des Zahlungszieles im Einstandspreis kalkuliert hat, so daß eine nochmalige Verzinsung im betriebsnotwendigen Vermögen zu doppelt verrechneten Zinskosten führen würde.[1] Richtiger wäre es, den Zinsanteil aus dem Einstandspreis herauszurechnen und als Zinsen der Lieferantenkredite bei der Berechnung des kalkulatorischen Zinssatzes zu berücksichtigen (vgl. hierzu 4.5.1.). Dies ist aber wegen der Festschreibung des kalkulatorischen Zinssatzes und der ausdrücklichen Bestimmung der Nr. 44 Abs. 1, die entsprechenden Beträge vom betriebsnotwendigen Vermögen abzusetzen, nicht zulässig; wegen der relativ geringen Bedeutung der Zinsen auf Lieferantenkredite dürfte es auch in vielen Fällen zu aufwendig sein.

Der Abzug der betreffenden Beträge erfolgt bei der Berechnung der kalkulatorischen Zinsen auf Umlaufvermögen, indem in den Kostenstellen der Material-, Hilfs- und Betriebsstoffläger vom Wert der Durchschnittsbestände der betreffenden Vermögenspositionen die durchschnittliche Höhe der zinsfreien Lieferantenkredite subtrahiert wird. (Diese Berechnungsweise unterstellt implizit, daß der vom Lieferanten im Einstandspreis angesetzte Zinssatz dem Zinssatz nach LSP entspricht.)

---

1) Vgl. H. Diederich, Kostenpreis (1961), S. 165; K. Mellerowicz, Kostenrechnung Bd. 2,1 (1974), S. 419.

4.5.3. Die Verfahren der Zinsberechnung

Die Berechnung kalkulatorischer Zinsen auf das Anlagevermögen kann nach zwei Verfahren vorgenommen werden, dem Restwertverfahren und dem Durchschnittswertverfahren.[1] Während das Durchschnittswertverfahren unterstellt, daß das einem Vermögensgegenstand entsprechende Kapital während der Lebensdauer zur Hälfte gebunden ist, und die Kapitalbindung in den einzelnen Abrechnungsperioden außer acht läßt, liegt dem Restwertverfahren die Annahme zugrunde, daß in einer Periode die Kapitalbindung dem durchschnittlichen Restwert des Vermögensgegenstandes während dieser Periode entspricht; dieser errechnet sich als Mittel aus dem Restwert zu Beginn und dem zu Ende der Periode.

Eine Durchschnittsverzinsung hat zur Folge, daß die für ein Aggregat zu verrechnenden Zinsen in allen Perioden konstant sind und somit (bei gleichmäßiger Beschäftigung) konstante Zinskosten pro Bezugsgrößeneinheit anfallen, wodurch eine gleichmäßige Belastung der Aufträge erreicht wird. Der Nachteil dieses Verfahrens besteht darin, daß die in einer Periode verrechnete Zinssumme keinen unmittelbaren Bezug zur Höhe des Anlagevermögens der betreffenden Periode aufweist, sondern allein von den Anschaffungspreisen der Anlagengegenstände determiniert wird. Dieses Problem sei anhand des in Tabelle 4.1 wiedergegebenen Beispiels verdeutlicht, in welchem die Zinssummen zweier Betriebe verglichen werden, deren Anlagevermögen aus jeweils drei Betriebsmitteln bestehen und zu einem beliebigen Zeitpunkt den gleichen Wert aufweisen. Dabei gehen wir von einem kalkulatorischen Zinssatz von 10% aus.

---

1) Zu diesen Verfahren vgl. W. Kilger, Einführung (1980), S. 135 ff.

Betrieb I				
Anlage	Anschaffungswert	Nutzungsdauer	Restwert	Zinsen bei Durchschnittsverzinsung
1	20 000	5	16 000	1 000
2	80 000	8	40 000	4 000
3	90 000	10	54 000	4 500
Summe			110 000	9 500

Betrieb II				
Anlage	Anschaffungswert	Nutzungsdauer	Restwert	Zinsen bei Durchschnittsverzinsung
1	40 000	10	28 000	2 000
2	90 000	9	40 000	4 500
3	140 000	20	42 000	7 000
Summe			110 000	13 500

Tabelle 4.1

Obwohl das Anlagevermögen beider Betriebe gleich groß ist, verrechnet der Betrieb, dessen Betriebsmittel zwar höhere Anschaffungswerte aufweisen, dafür aber älter sind, eine erheblich höhere Zinssumme als der andere Betrieb. Bedenkt man nun, daß kalkulatorische Zinsen das Entgelt für die Bereitstellung des betriebsnotwendigen (Eigen- und Fremd-) Kapitals darstellen, so ist die Frage nach der Richtigkeit des Durchschnittswertverfahrens gleichbedeutend mit der Frage, welche Kapitalmengen in der Betrachtungsperiode bereitgestellt werden. Aufgrund der Bilanzidentität von Kapital und Vermögen erscheint der Wert des betriebsnotwendigen Vermögens, einmal abgesehen von Bewertungsfragen wie Anschaffungs- oder Wiederbeschaffungspreise, ein entsprechender Maßstab für die Kapitalbereitstellung. Gehen wir auch hier von der in Abschnitt 4.5.2.2. erwähnten Annahme aus, daß jährlich eine Freisetzung des in einem Vermögensgegenstand gebundenen Kapitals in Höhe der Abschreibung erfolgt, so entspricht das für diesen bereitgestellte Kapital seinem Restwert. Damit wären in Betrieben deren Vermögensgegenstände gleiche Restwerte aufweisen, gleiche Zinsbeträge zu verrechnen.

Wir empfehlen daher zur Zinsberechnung die Anwendung des Restwertverfahrens und damit den Ansatz durchschnittlicher Restwerte der Betrachtungsperiode als Bemessungsgrundlagen. In obigem Beispiel würden sich nach dem Restwertverfahren folgende Zinssummen ergeben:

$$K_{ZI} = \left\{ \frac{1}{2} (20\,000 + 16\,000) + \frac{1}{2} (50\,000 + 40\,000) + \frac{1}{2} (63\,000 + 54\,000) \right\} 0{,}1$$

$$K_{ZI} = 12\,150$$

$$K_{ZII} = \left\{ \frac{1}{2} (32\,000 + 28\,000) + \frac{1}{2} (50\,000 + 40\,000) + \frac{1}{2} (49\,000 + 42\,000) \right\} 0{,}1$$

$$K_{ZII} = 12\,050$$

Die Zinskosten unterscheiden sich geringfügig, da wegen des unterschiedlichen Anlagevermögens zu Beginn des Betrachtungszeitraumes die durchschnittlichen Kapitalbindungen nicht übereinstimmen.

Der Einwand gegen die Restwertverzinsung, daß die Erzeugnisse in den einzelnen Abrechnungsperioden unterschiedlich mit Zinskosten belastet werden, unterstellt eine isolierte Betrachtung jedes einzelnen Anlagegegenstandes; geht man nämlich von der realistischen Annahme aus, daß das betriebsnotwendige Vermögen eines Unternehmens im Zeitablauf zumindest nicht abnimmt, sondern durch Ersatz- und Erweiterungsinvestitionen erhalten bzw. ausgedehnt wird, so nehmen auch die insgesamt zu verrechnenden Zinskosten nicht ab, sondern lediglich diejenigen eines Aggregates. Dies führt aber nur dann zu sinkenden Zinskosten pro Erzeugnis, wenn bei dessen Herstellung die Neuinvestitionen nicht oder nur unterdurchschnittlich genutzt werden. Ändert sich allerdings, wie in obigem Beispiel, das betriebsnotwendige Vermögen insgesamt, so ist es u.E. nicht richtig, andere Zinskosten auf die Produkte zu verrechnen als es dem in der Betrachtungsperiode bereitgestellten Kapital entspricht.

Die Zinsen auf Umlaufvermögen errechnen sich in Analogie zum Restwertverfahren, indem die im Betrachtungszeitraum durchschnittlich gebundenen Vermögensbestände mit dem kalkulatorischen Zinssatz multipliziert werden.

Die LSP gehen nicht explizit auf die Verfahren der Zinsberechnung ein; welches Verfahren sie zugrunde legen, kann aber aus den Bestimmungen der Nr. 45 Abs. 1 und Nr. 46 gefolgert werden. Nr. 45 Abs. 1 bestimmt, daß das Anlagevermögen mit kalkulatorischen Restwerten nach Maßgabe der Vorschriften zur Abschreibungsberechnung anzusetzen ist, und Nr. 46 legt fest, daß das betriebsnotwendige Vermögen mit den im Abrechnungszeitraum durchschnittlich gebundenen Mengen anzusetzen ist. Aus beidem ist zu schließen, daß der Verordnungsgeber die Zinsberechnung nach dem Restwertverfahren vorgenommen wissen will.[1)] Der Ansicht R. Brückners,[2)] die Durchschnittswertverzinsung sei eine von den LSP generell akzeptierte Methode der Zinsberechnung, können wir nicht zustimmen, auch ist die von ihm zur Untermauerung seiner These zitierte Literatur nicht in diesem Sinne zu interpretieren.

---

1) Gleicher Ansicht sind H. Michaelis u. C.A. Rhösa, Preisbildung (1982), LSP Nr. 46, S. 2 f. W. Kilger empfiehlt dieses Verfahren auch für die Plankostenrechnung, vgl. Plankostenrechnung (1981), S. 411.

2) Vgl. R. Brückner, Analyse (1972), S. 152, FN. 1.

4.6. Die Kosten für Forschung und Entwicklung

4.6.1. Die Einteilung der Forschungs- und Entwicklungstätigkeiten

Jede Herstellung betrieblicher Erzeugnisse basiert auf naturwissenschaftlichem und technischem Wissen, welches sowohl für die Gestaltung der Erzeugnisse selbst als auch für die zur Anwendung kommenden Fertigungsverfahren benötigt wird. Dieses Wissen ist einerseits inhärente Eigenschaft der im Produktionsprozeß eingesetzten Produktionsfaktoren (insbesondere der Arbeitskräfte und der Betriebsmittel), andererseits müssen in fast allen Produktionsprozessen darüber hinausgehende naturwissenschaftlich-technische Erkenntnisse bereitgestellt werden; diese stellen dann selbst Produktionsfaktoren dar, welche entweder in eigener Forschung und Entwicklung selbsterstellt oder in Form von Fremdpatenten oder Lizenzen fremdbezogen werden.

Insbesondere größere Unternehmen sind gezwungen, eigene Forschung und Entwicklung zu betreiben, wollen sie sich mit neuen Produkten an veränderte Absatzerfordernisse anpassen, was zur Erhaltung der Marktstellung und letztlich der Existenz des Unternehmens notwendig ist. Die Forschungs- und Entwicklungsaktivitäten lassen sich wie folgt einteilen:[1)]

- Grundlagenforschung
- Zweckforschung
- Entwicklung.

Während die Grundlagenforschung der Gewinnung neuer wissenschaftlicher Erkenntnisse dient, ohne daß ein Bezug zu Erzeugnissen und Verfahren besteht, ist die Zielsetzung von Zweckforschung und Ent-

1) Vgl. u.a. K. Mellerowicz, Forschungs- und Entwicklungstätigkeit (1958), S. 19 ff; W. Kilger, Einführung (1980), S. 381.

wicklung die Konzeptionierung neuer bzw. die Verbesserung vorhandener Produkte und Technologien. Unter Entwicklung wird hierbei die Umsetzung der Erkenntnisse der Zweckforschung in absatzfähige Produkte oder anwendbare Verfahren verstanden.

Im Gegensatz zur hier wiedergegebenen Einteilung der Forschungs- und Entwicklungstätigkeiten verwenden die LSP Entwicklung als Oberbegriff für alle Aktivitäten, "die darauf gerichtet sind, neue oder verbesserte Bedingungen für die zukünftige Gestaltung von Produktion und Absatz zu schaffen."[1)] Nr. 27 LSP führt als Beispiele Forschungen, Entwicklungs- und Entwurfsarbeiten, Versuche sowie die Herstellung von Probestücken an.

Weiterhin tragen die Leitsätze den spezifischen Gegebenheiten des öffentlichen Auftragswesens dadurch Rechnung, daß sie die vom Auftragnehmer aus eigener Veranlassung durchgeführte Forschung und Entwicklung, sie wird als werkseigene freie Entwicklung bezeichnet, von zwischen Auftraggeber und Auftragnehmer vertraglich vereinbarten Forschungs- und Entwicklungsprojekten trennen, für welche der Begriff gebundene Entwicklung verwendet wird. Gerade Selbstkostenpreis-Aufträge bestehen nämlich häufig aus völlig neuen Erzeugnissen, die in hohem Maße auftragsspezifische Forschungs- und Entwicklungsarbeiten erfordern. Oftmals äußert der öffentliche Auftraggeber lediglich Vorstellungen über gewünschte technische Eigenschaften des Produktes, deren Realisierung dem Auftragnehmer überlassen bleibt. Weiterhin ist denkbar, daß der gesamte Auftrag allein aus einem Forschungsprojekt besteht.

Neben dieser vertraglich vereinbarten gebundenen Entwicklung führen die Auftragnehmer noch weitere(freie) F+E-Tätigkeiten durch, deren Ergebnisse auch Selbstkostenpreis-Aufträgen zugute kommen können; ist dies der Fall, so sind diese anteilig mit den Kosten der freien Entwicklung zu belasten.

---

1) H. Ebisch u. J. Gottschalk, Preise (1977), S. 329.

Die freie Entwicklung wird in den Kommentaren zur LSP weiter unterteilt in allgemeine und in objektbezogene freie Entwicklung, wobei letztere sich auf konkrete Produkte oder Produktgruppen bezieht, während die allgemeine freie Entwicklung die Grundlagenforschung und verfahrensbezogene Forschungen und Entwicklungen umfaßt.[1] Diese Unterteilung der freien Entwicklung erscheint aus folgenden Gründen unzweckmäßig:

1. Es werden F+E-Aktivitäten zusammengefaßt, die sich bezüglich der Verwertbarkeit der Ergebnisse erheblich unterscheiden.

2. Die Zusammenfassung von Grundlagenforschung und verfahrensbezogener Forschung und Entwicklung erscheint unter dem Gesichtspunkt der Kostenverrechnung nicht zweckmäßig, da erfolgreiche Verfahrensforschung eine Aktivierung der angefallenen Kosten nach sich zieht, was bei der Grundlagenforschung wegen der fehlenden Verwertbarkeit ausgeschlossen ist.

Wir halten es daher für sinnvoller, die oben angegebene Unterteilung in Grundlagenforschung, Zweckforschung und Entwicklung nach dem Kriterium freie oder gebundene F+E weiter zu untergliedern. Daraus ergibt sich die in Übersicht 4.1. wiedergegebene Einteilung.

In den folgenden Abschnitten wollen wir untersuchen, wie die Kosten selbsterstellter und fremdbezogener Forschung und Entwicklung auf die betrieblichen Leistungen verrechnet werden, wobei auch die Kosten fehlgeschlagener F+E-Projekte zu behandeln sind.

---

1) Vgl. H. Ebisch u. J. Gottschalk, Preise (1977), S. 334; H. Michaelis u. C.A. Rhösa, Preisbildung (1982), LSP Nr. 27, S. 11 f.

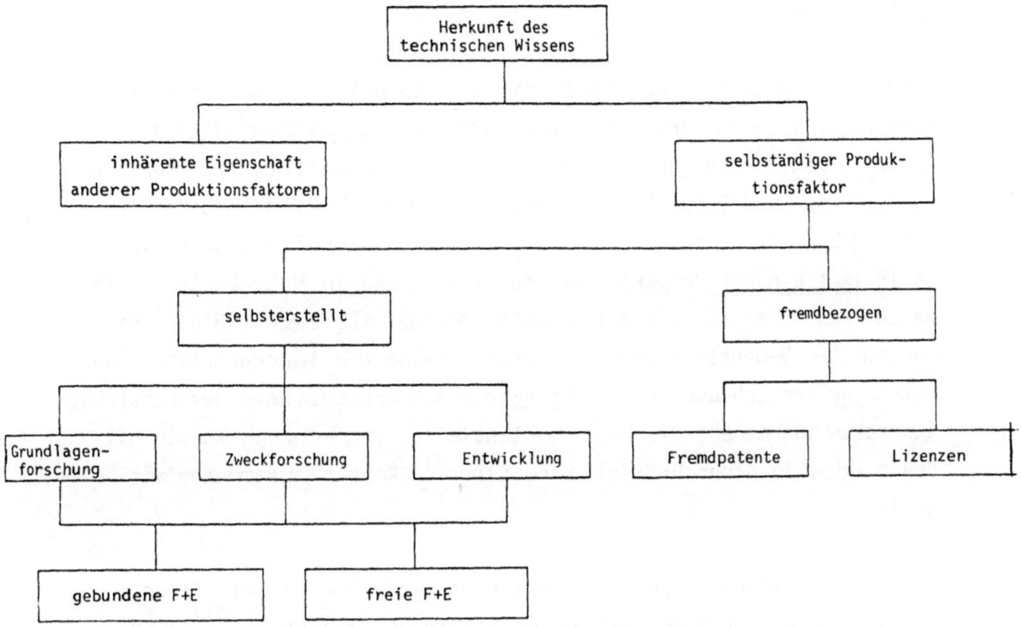

Übersicht 4.1: Herkunft des technischen Wissens

4.6.2. Die Behandlung der betrieblichen Forschungs- und Entwicklungskosten

4.6.2.1. Die Kosten der freien Forschung und Entwicklung

Die Leitsätze machen keine Angaben über die Mengen- und Wertansätze der Forschungs- und Entwicklungskosten, woraus geschlossen werden kann, daß die bei den F+E-Tätigkeiten verbrauchten Produktionsfaktoren gemäß den LSP-Bestimmungen der entsprechenden Kostenarten anzusetzen sind. Hinsichtlich ihrer Behandlung in Preiskalkulationen fordert Nr. 10 LSP einen gesonderten Ausweis der F+E-Kosten, und Nr. 28 Abs. 2 verlangt, daß in Selbstkostenpreiskalkulationen die Kosten der freien und der gebundenen Entwicklung getrennt aufgeführt werden.

Betreibt ein Unternehmen Forschung und Entwicklung, so ist dieser Bereich analog zu Fertigung, Vertrieb etc. in Kostenstellen zu unterteilen,[1] die zur Planung, Kontrolle und Weiterverrechnung der Forschungs- und Entwicklungskosten erforderlich sind.[2] Dabei erweist sich eine Untergliederung in Hauptkostenstellen, denen jeweils nur ein F+E-Projekt zugeordnet ist, und in Nebenkostenstellen, welche mehreren oder allen Projekten dienen, als zweckmäßig.[3] Die Kosten der Nebenkostenstellen werden analog zur innerbetrieblichen Leistungsverrechnung im Fertigungsbereich entsprechend der Leistungsinanspruchnahme auf die Hauptkostenstellen verrechnet, wo sie mit den eindeutig einem Projekt zurechenbaren Kosten zusammengefaßt werden.

Für die Kosten der Grundlagenforschung wird eine direkte Verrechnung auf die Erzeugnisse des laufenden Sortiments empfohlen,[4] die Verrechnung soll mit einem Zuschlag auf die Herstellkosten erfolgen. Gegen eine sofortige Verrechnung spricht der Tatbestand, daß die Grundlagenforschung eher im Zusammenhang mit den aktuellen Projekten der Zweckforschung und Entwicklung steht als mit den Erzeugnissen des laufenden Sortiments, zumal häufig Resultate der Grundlagenforschung den F+E-Projekten unmittelbar zugute kommen. Es wird daher andererseits empfohlen, die Kosten der Grundlagenforschung, die auf

---

1) Dies fordert im Zusammenhang mit Preiskalkulationen gemäß den LSP J. Broschwitz, Freie Entwicklung (1964), S. 1306.

2) Zur Planung und Kontrolle der F+E-Kosten siehe J. Jäger, Planung (1976); W. Kilger, Plankostenrechnung (1981), S. 489.

3) Vgl. hierzu ausführlich S. Unterguggenberger, Forschungs- und Entwicklungskosten (1972), S. 266 f sowie E. Piroth, Potentialkosten (1983), S. 256 ff.

4) Vgl. K. Mellerowicz, Kostenrechnung, Bd. 2,1 (1974), S. 349; W. Kilger, Einführung (1980), S. 381.

Nebenkostenstellen des Entwicklungsbereichs geplant und erfaßt werden, auf die aktuellen F+E-Projekte zu verrechnen.[1] Dies bringt allerdings den Nachteil mit sich, daß diese Kosten nicht in der laufenden Abrechnungsperiode, sondern erst zu einem späteren, im Zweifel weit in der Zukunft liegenden Zeitpunkt durch Erlöse gedeckt werden. In der Praxis des öffentlichen Auftragswesens hat sich als Kompromiß zwischen den unterschiedlichen Ansichten die Regelung durchgesetzt, die Kosten der Grundlagenforschung sowohl anteilig dem laufenden Sortiment als auch den momentan bearbeiteten Projekten der freien und der gebundenen F+E anzulasten.[2] Unter der Voraussetzung, daß eventuell bestehende Zusammenhänge zwischen Grundlagenforschung und Projekten beachtet werden und daß Unterteilungen in artverwandte Gruppen vorgenommen werden (z.B. im Fahrzeugbau nach PKW, Transporter, LKW), empfehlen wir dieses Vorgehen allgemein.

Die Kosten der werkseigenen freien Zweckforschung und Entwicklung fallen jeweils für bestimmte Projekte an. Für jedes Projekt wird ein Konto geführt, auf welchem die anfallenden Kosten (einschließlich anteilig verrechneter Kosten der Grundlagenforschung) gesammelt werden, bis das Projekt entweder erfolgreich abgeschlossen oder gescheitert ist.

Bei erfolgreichen Projekten hängt die Verrechnung der F+E-Kosten davon ab, ob es sich um produkt- oder um verfahrensbezogene Forschung und Entwicklung handelte. Die Kosten produktbezogener Projekte werden auf die (zu schätzende) Gesamtabsatzmenge der von den Resultaten profitierenden Erzeugnisse verteilt, diejenigen verfahrensbezogener Projekte werden in der Kostenstelle, in welcher das betreffende Verfahren zur Anwendung kommt, aktiviert und über die erwartete Nutzungsdauer abgeschrieben. In beiden Fällen sind neben den eigentlichen F+E-Kosten

---

1) Vgl. E. Piroth, Potentialkosten (1983), S. 259 f.

2) Vgl. H. Ebisch u. J. Gottschalk, Preise (1977), S. 336; H. Michaelis u. C.A. Rhösa, Preisbildung (1982), LSP Nr. 27, S. 15 f.

auch die Kosten anzusetzen, die im Zusammenhang mit dem rechtlichen Schutz der Ergebnisse (Patente, Gebrauchs- und Geschmacksmuster, Warenzeichen) entstehen.[1]

Das Scheitern eines F+E-Projektes ist darauf zurückzuführen, daß seine Ergebnisse entweder aus technischen, aus wirtschaftlichen (z.B. keine ausreichenden Absatzmöglichkeiten) oder aus rechtlichen Gründen (bereits bestehende Schutzrechte ähnlicher Ergebnisse) nicht realisierbar sind. In der Literatur zur Kostenrechnung und speziell zu den LSP wird empfohlen, für fehlgeschlagene Projekte auf alle Erzeugnisse des laufenden Produktionsprogrammes kalkulatorische Wagniskosten in einem Zuschlag auf die Herstellkosten zu verrechnen und auf einem Entwicklungswagniskonto die kalkulatorisch verrechneten Wagniskosten den tatsächlich anfallenden Kosten fehlgeschlagener Projekte gegenüberzustellen und durch Anpassung des Zuschlagssatzes langfristig einen Ausgleich zu schaffen.[2] Die Verrechnung als kalkulatorische Wagniskosten führt zu einer gleichmäßigeren Belastung der Kostenträger als die direkte Verrechnung der Projektkosten in der Periode, in welcher das Scheitern des Projektes festgestellt wird.

4.6.2.2. Die Kosten der gebundenen Forschung und Entwicklung

Die zwischen Auftraggeber und Auftragnehmer vertraglich vereinbarte gebundene Forschung und Entwicklung wird in der überwiegenden Zahl der Fälle Projekte der Zweckforschung und/oder der Entwicklung umfassen, da im allgemeinen bei Vertragsabschluß konkrete Vorstellungen über die erwarteten F+E-Resultate bestehen. Mit der Übernahme der Finanzierung wird sich der Auftraggeber die alleinige Ver-

---

1) Zum gewerblichen Rechtsschutz im einzelnen vgl. H. Eisenmann, Rechtsschutz (1974); H.H. Schröder, Schutzrechte (1979).

2) Vgl. J. Broschwitz, Freie Entwicklung (1964), S. 1306; K. Mellerowicz, Kostenrechnung Bd. 2,1 (1974), S. 331; H.Michaelis u. C.A. Rhösa, Preisbildung (1982), LSP Nr. 27, S. 17 ff.

wertung der Ergebnisse des Projektes vorbehalten, d.h. diese dürfen nicht für andere (private oder öffentliche) Aufträge genutzt werden; so sehen beispielsweise die "Allgemeinen Bedingungen für Entwicklungsverträge mit Industriefirmen" des BMVg in § 9 eine Rückzahlung der erstatteten Entwicklungskosten für den Fall einer anderweitigen Verwendung der Ergebnisse vor.[1)]

Die gebundenen F+E-Projekte sind abrechnungstechnisch eigenständige Kostenträger, vergleichbar mit den Erzeugnissen des Unternehmens. Für die Kostenzurechnung hat dies folgende Konsequenzen:

1. Die gebundenen Projekte sind wie diejenigen der freien F+E mit den Kosten der Nebenkostenstellen des Entwicklungsbereiches und anteilig mit den Kosten der Grundlagenforschung zu belasten.

2. Analog zu den sonstigen Kostenträgern sind sie mit kalkulatorischen Wagniskosten (insbesondere für Entwicklungswagnisse) sowie mit Kosten der allgemeinen Verwaltung zu belasten.[2)]

Die vertragliche Vereinbarung von Entwicklungsleistungen schließt die Festlegung des Selbstkostenpreistypes mit ein. Wie in Abschnitt 2.1. dargelegt, fordert § 6 Abs. 1 VPÖA den Vorrang fester Preisvereinbarungen gegenüber vorläufigen Preisen. Die Ermittlung eines Festpreises ist bei F+E-Projekten allerdings wegen der fehlenden Überschaubarkeit der Kalkulationsgrundlagen problematisch, deren Ursache in erster Linie darin zu sehen ist, daß der Gesamt-Zeitbedarf des Projektes wegen der Vielzahl möglicher, nicht vorhersehbarer Schwierigkeiten nicht mit ausreichender Genauigkeit zu prognostizieren ist. Andererseits ist dem öffentlichen Auftraggeber ein Erstattungspreis wegen der Unsicherheit von Forschungsergebnissen und Kostenhöhe nicht zumutbar, zumal die Gefahr besteht, daß im nachhinein die Kosten den Nutzen des Projektes um ein Vielfaches übersteigen.

---

1) Zitiert nach H. Ebisch u, J. Gottschalk, Preise (1977), S. 337.

2) Vgl. H. Michaelis u. C.A. Rhösa, Preisbildung (1982), LSP Nr. 27, S. 19.

Wir halten für F+E-Projekte die Vereinbarung eines modifizierten Selbstkostenrichtpreises für zweckmäßig, der folgende Besonderheiten aufweisen sollte:

1. Die Kalkulationssätze der Kostenstellen werden bei Vertragsabschluß fest vereinbart (eventuell mit Preisgleitklauseln).

2. Das Projekt wird in mehrere Phasen wie Konzeption, Entwurf, Detailkonstruktion, Prototypenbau etc. unterteilt,[1] nach welchen die dem Richtpreis zugrunde gelegten Kostenprognosen aktualisiert werden und der vorläufige Preis angepaßt wird.

3. Weiterhin empfiehlt sich die Vereinbarung einer absoluten Obergrenze des endgültigen Preises, ab welcher der Auftraggeber eine weitere Kostenerstattung ausschließt. Bei frühzeitigem Erkennen einer Überschreitung dieser Obergrenze sollte das Projekt abgebrochen und die bis zum Abbruch des Projektes angefallenen Kosten von beiden Vertragsparteien getragen werden.

4. Als Anreiz zur Kosteneinsparung sollte der kalkulatorische Gewinn nicht prozentual auf die Selbstkosten, sondern in einem festen Betrag berechnet werden; eventuell können Leistungsgewinne bei Kostenunterschreitungen vereinbart werden.

Die Umwandlung des modifizierten Richtpreises in einen Festpreis muß erfolgen, sobald die Kalkulationsgrundlagen, insbesondere das Projektende, überschaubar sind. Dies wird wegen der ständig zu erwartenden Schwierigkeiten erst in der Endphase des Projektes möglich sein.

Diejenigen Kosten eines gebundenen Forschungs- und Entwicklungsprojektes, die nicht im Preis dieses Auftrages entgolten werden, weil entweder eine Selbstbeteiligung vertraglich vereinbart ist oder eine

---

1) Die Einteilung in Projektphasen schlägt J. Broschwitz, Entwicklungsleistungen (1971), S. 2373 vor.

Preisobergrenze überschritten wird oder der Auftragnehmer nach dem im Vertrag festgelegten Projektende aus eigenem Antrieb weiter forscht, können wie Kosten der freien Entwicklung behandelt und auf diejenigen Erzeugnisse verrechnet werden, welchen die Forschungsergebnisse zugute kommen, sofern sie nicht den Tatbestand unwirtschaftlicher Betriebsführung erfüllen.[1)]

4.6.3. Die Kosten fremdbezogener F+E-Resultate

Die Nutzung der Forschungs- und Entwicklungsergebnisse anderer Unternehmen, wissenschaftlicher Institutionen oder Privatpersonen kann auf zwei Arten erfolgen, durch Abschluß eines Lizenzvertrages oder durch Kauf.[2)] Beim Kauf einer Technologie übernimmt der Käufer das alleinige Nutzungsrecht, während es bei Lizenzverträgen von mehreren ausgeübt werden kann.[3)]

Nr. 33 Abs. 1 LSP erkennt Lizenzgebühren als Kosten in Selbstkostenpreiskalkulationen an, soweit sie in angemessenem Verhältnis zu Absatzmengen und Verkaufspreis des betreffenden Erzeugnisses stehen. Die Leitsätze erwähnen somit nur Kriterien zur Überprüfung der Angemessenheit von Produktlizenzen, bei verfahrensbezogenen Lizenzen sind dagegen technische und kostenbezogene Kriterien von Bedeutung, aber auch bei Produktlizenzen sollten weitere Faktoren Berücksichtigung finden, beispielsweise Kostensenkungen durch rationellere Produktgestaltung. Bei Meinungsverschiedenheiten über die Angemessenheit der Lizenzgebühren empfehlen H. Ebisch und J. Gottschalk einen Sachverständigen des Patentwesens zur Begutachtung heranzuziehen.[4)]

---

1) Vgl. H. Ebisch u. J. Gottschalk, Preise (1977), S. 331; H. Michaelis u. C.A. Rhösa, Preisbildung (1982), LSP Nr. 27, S. 8 ff.

2) Hierbei ist zwischen rechtlich geschützter und ungeschützter Technologie zu unterscheiden, für die sich der Begriff Know-How eingebürgert hat, vgl. H. Stumpf, Know-How-Vertrag (1970), S. 20 ff; C. Rohe, Industrielizenzen (1980), S. 14.

3) Allerdings besteht die Möglichkeit, eine ausschließliche Nutzung der Lizenz zu vereinbaren, vgl. K.-L. Busse, Technologietransfer (1978), S. 21.

4) Vgl. H. Ebisch u. J. Gottschalk, Preise (1977), S. 356.

Die Lizenzgebühren werden entweder als pauschaler Jahresbetrag vereinbart oder an Bezugsgrundlagen wie Stückzahl, Umsatz oder Gewinn orientiert.[1] Werden bei der Herstellung von Selbstkostenpreis-Erzeugnissen Umsatzlizenzen vereinbart, so tritt das Problem der Interdependenz von Lizenzkosten und deren Bemessungsgrundlage auf, da die Höhe der Lizenzgebühren erst mit dem Umsatz feststeht und umgekehrt.[2] Gehen wir von Produktlizenzen für ein Selbstkostenpreis-Erzeugnis aus, so errechnet sich der Selbstkostenpreis nach folgender Formel:

$$(4.66) \qquad p = (k_H^* + k_L)\,(1 + h_V)\,(1 + g)$$

k_H^* = Volle Herstellkosten pro Stück ohne Lizenzkosten

k_L = Umsatzabhängige Lizenzkosten pro Stück

h_V = Voller Zuschlagsatz für Verwaltungs- und Vertriebskosten

λ = Lizenzgebühr in Prozent des Umsatzes

Für die Lizenzkosten pro Stück gilt die folgende Gleichung:

$$(4.67) \qquad k_L = p\,\lambda$$

Setzt man Gleichung (4.67) in Gleichung (4.66) ein und löst diese nach p auf, erhält man:

$$(4.68) \qquad p = k_H^* \, \frac{(1+h_V)\,(1+g)}{1 - \lambda\,(1+h_V)(1+g)}$$

Hiermit lassen sich die Lizenzkosten aus den Herstellkosten k_H^* wie

---

1) Gewinnlizenzen führen wegen der unklaren Begriffsextension des Gewinnes zu Schwierigkeiten und sind daher kaum verbreitet; wir werden sie im folgenden außer acht lassen, vgl. hierzu U. Kowalski, Schutz (1980), S. 311.

2) Vgl. M. Gercke, Lizenzgebühren (1966), S. 27.

folgt berechnen:

$$(4.69) \quad k_L = k_H^* \frac{\lambda (1+h_V)(1+g)}{1 - \lambda (1+h_V)(1+g)}$$

Für die gesamten Herstellkosten k_H (einschließlich Lizenzkosten) läßt sich aus Gleichung (4.69) folgende Formel ableiten:

$$(4.70) \quad k_H = k_H^* \frac{1}{1 - \lambda (1+h_V)(1+g)}$$

Mit Hilfe dieser Gleichung lassen sich bei Kenntnis des Gebühren-Prozentsatzes unmittelbar die gesamten Herstellkosten angeben.

Bei Kauf eines Patentes[1)] wird dieses im betriebsnotwendigen Vermögen aktiviert und über die geschätzte Nutzung abgeschrieben. Die in Nr. 33 Abs. 2 als Alternative vorgesehene periodische Abgrenzung und ratenweise Verrechnung der Anschaffungsauszahlung erscheint kostenrechnerisch nicht richtig, da Patente immaterielle Vermögensgegenstände darstellen, die, soweit betriebsnotwendig, zu aktivieren und kalkulatorisch zu verzinsen sind. (Auch im externen Rechnungswesen können Fremdpatente aktiviert werden.)

Nr. 33 Abs. 3 fordert den Ausweis der Kosten für Patente und Lizenzen als Sonderkosten, sofern sie bestimmte Produkte oder Produktgruppen betreffen; die Verrechnung als Sondereinzelkosten entspricht den betriebswirtschaftlichen Gepflogenheiten.[2)] Die Kalkulationsbeträge für Pauschallizenzen ergeben sich durch Division der Lizenzgebühr durch die (geplante oder Ist-) Jahresabsatzmenge; sie stellen in voller Höhe fixe Kosten dar. Bei Stück- und Umsatzlizenzen ergeben sich die in voller Höhe proportionalen Kosten unmittelbar. Zur Ermittlung des Abschreibungsbetrages pro Stück eines Patentes muß die Anschaffungsauszahlung durch die geschätzte Gesamtabsatzmenge des be-

---

1) Die folgenden Ausführungen gelten analog für den Erwerb ungeschützter Technologie.

2) Vgl. W. Kilger, Plankostenrechnung (1981), S. 291 f.

treffenden Erzeugnisses oder der Erzeugnisgruppe dividiert werden. Da die Wiederbeschaffung des gleichen Patentes ausgeschlossen ist, sind die Kosten in voller Höhe fix.

Werden verfahrensbezogene Fremdpatente und Pauschallizenzen von mehreren Erzeugnisarten genutzt, so sind die Kosten über die Kalkulationssätze der betreffenden Kostenstellen zu verrechnen, da ein unmittelbarer Bezug auf die Stückzahlen dem Leistungsentsprechungsprinzip widerspricht. Umsatz- und Stücklizenzen können dagegen gemäß dem Identitätsprinzip immer als Einzelkosten verrechnet werden.

4.7. Die Behandlung der Kostensteuern

Aus produktions- und kostentheoretischer Sicht sind Steuern als staatlicher Zwangsverbrauch den Kosten zuzurechnen, falls die Bemessungsgrundlagen der Steuerzahlungen im Zusammenhang mit der betrieblichen Leistungserstellung stehen.[1] In Kapitalgesellschaften zählen daher alle Steuern außer der Körperschaftsteuer zu den Kosten, soweit die zugrundeliegende Bemessungsgrundlage betriebsbedingt ist. Analog zur Körperschaftsteuer werden in Personengesellschaften die Einkommensteuer und Kirchensteuer der Gesellschafter und darüber hinaus die (personenbezogene) Vermögensteuer nicht als Kosten aufgefaßt.[2]

Die LSP schließen sich mit der Aufzählung der kalkulierbaren und der nicht kalkulierbaren Steuern in Nr. 30 dieser Auffassung an. Sie erwähnen weiterhin die Umsatzsteuer und auf dem Erzeugnis lastende Verbrauchsteuern, die zwar keine Kostensteuern des Unternehmens darstellen, von diesem aber an das Finanzamt abzuführen sind.[3] Nr. 30 bestimmt,

---

1) Vgl. E. Kosiol, Kostenrechnung (1964), S. 25 f.

2) Vgl. W. Kilger, Plankostenrechnung (1981), S. 418.

3) Verbrauchsteuern werden für einige Produkte wie Tabak, Alkohol, Kaffee etc. erhoben, die alle marktgängige Erzeugnisse darstellen; in Selbstkostenpreiskalkulationen dürften sie kaum zum Tragen kommen.

daß diese Steuern als "Sonderkosten" in den Kalkulationen auszuweisen sind, was so zu verstehen ist, daß sie auf Basis des Netto-Selbstkostenpreises (einschließlich kalkulatorischer Gewinn) zu berechnen sind und diesem zur endgültigen Preisermittlung zugeschlagen werden.

Die Planung und Verrechnung der Kostensteuern kann mit Ausnahme der Gewerbeertragsteuer in gleicher Weise wie in der Plankostenrechnung vorgenommen werden.[1] Zusammenfassend ist hierzu anzumerken, daß die Kraftfahrzeugsteuer den entsprechenden Transportkostenstellen (LKW-Dienst, PKW-Dienst) und die Grundsteuer der Raumkostenstelle zugerechnet werden; Vermögen- und Gewerbekapitalsteuer müßten an sich in jeder Kostenstelle anteilig ihren Vermögensgegenständen geplant und verrechnet werden, wir schließen uns aber der Auffassung W. Kilgers an, der eine Zuordnung zu den Raumkostenstellen und den Leitungskostenstellen der Hauptfunktionsbereiche für ausreichend hält.[2]

Obwohl der Gewinn (zuzüglich Fremdkapitalzinsen auf Dauerschulden) die Bemessungsgrundlage der Gewerbeertragsteuer darstellt, wird diese zu den Kostensteuern gezählt,[3] und zwar weil alle Arten der Gewerbesteuer als Objektsteuern den Betrieb belasten und nicht die Eigentümer oder Aktionäre;[4] die Leitsätze erwähnen sie in Nr. 30 explizit als Kostensteuer.

Damit bleibt die Frage zu klären, auf welche Weise die Gewerbeertragsteuer den betrieblichen Erzeugnissen zugerechnet werden soll; hier-

---

1) Zu den Kostensteuern in der Plankostenrechnung vgl. W. Kilger, Plankostenrechnung (1981), S. 418 ff; die LSP-Bestimmungen hierzu sind ausführlich kommentiert bei H. Ebisch u. J. Gottschalk, Preise (1977), S. 342 ff.

2) Vgl. W. Kilger, Plankostenrechnung (1981), S. 419.

3) Dabei gilt allerdings nur der auf den Betriebsgewinn entfallende Teil als Kosten, vgl. G. Wöhe u. J. John, Steuerliche Planung, (1980), S. 84.

4) Vgl. G. Wöhe u. H. Bieg, Steuerlehre (1978), S. 351.

zu werden zwei Verfahren vorgeschlagen, die effektive und die kalkulatorische Verrechnungsmethode.[1)]

Bei der effektiven Verrechnungsmethode erfolgt die Planung und Erfassung der betreffenden Beträge in einer Kostenstelle des Verwaltungsbereiches und die Kalkulation innerhalb des Verwaltungskostenzuschlages;[2)] dagegen werden bei Anwendung der kalkulatorischen Methode gesonderte, nach Produktgruppen differenzierte Zuschlagssätze für die Gewerbeertragsteuer (in Prozent der restlichen Selbstkosten) gebildet und diese in den Kalkulationen als eigene Kostenart kalkulatorische Gewerbeertragsteuer ausgewiesen.

Gegen die effektive Verrechnungsmethode ist einzuwenden, daß unterschiedliche Gewinnbeiträge einzelner Produktgruppen keine Berücksichtigung finden, da der gesamte Steuerbetrag in einem Zuschlagssatz verrechnet wird. Die Kommentare zur LSP[3)] weisen insbesondere auf Unterschiede in den Gewinnspannen von Markt- und Selbstkostenpreis-Produkten hin, auf Grund derer eine gemeinsame Verrechnung zu großen Ungenauigkeiten führen würde. Diese Unterschiede in den Gewinnbeiträgen verschiedener Produktgruppen ließen sich zwar durch eine entsprechende Differenzierung der Verwaltungskostenzuschläge beseitigen, doch erscheint dieses Vorgehen unzweckmäßiger als die Anwendung der kalkulatorischen Verrechnungsmethode, da sämtliche sonstigen Verwaltungsgemeinkosten, für die keine oder andere produktgruppenspezifische Unterschiede vorliegen, von der Differenzierung mit betroffen sind.

Daher ist in solchen Betrieben, die gleichzeitig Markt- und Selbstkostenpreis-Produkte herstellen, die kalkulatorische Methode anzu-

1) Vgl. H. Ebisch u. J. Gottschalk, Preise (1977), S. 344; in ähnlicher Weise W. Kilger, Einführung (1980), S. 147.

2) Für die von W. Kilger vorgeschlagene Zuordnung zum Vertriebsbereich fehlt u.E. der ausschließliche Zusammenhang zwischen Steuerbemessungsgrundlage und Vertrieb, da am Zustandekommen des Gewerbeertrages alle Unternehmensbereiche beteiligt sind.

3) Vgl. H. Ebisch u. J. Gottschalk, Preise (1977), S. 344; H. Michaelis u. C.A. Rhösa, Preisbildung (1982), LSP Nr. 30, S. 22 f.

wenden; bei ausschließlicher Herstellung von Selbstkostenpreis-Erzeugnissen dürfte auch die effektive Methode zu hinreichend genauen Kalkulationsergebnissen führen, falls keine allzu große Differenzierung der Gewinnzuschläge vorgenommen wird.

Bei Anwendung der kalkulatorischen Methode ist zur Errechnung des Zuschlagssatzes als erstes die Ermittlung des auf die betreffende Produktgruppe entfallenden Steuerbetrages erforderlich. Zu diesem Zweck sind die Vollkostengewinne der Erzeugnisse dieser Produktgruppe zunächst um die Differenz zwischen kalkulatorischen Kosten und nicht als Kosten verrechnetem Zweckaufwand zu korrigieren. Weiterhin sind Hinzurechnungen und Kürzungen nach § 8 und § 9 GewStG zu berücksichtigen.[1] H. Ebisch und J. Gottschalk vertreten allerdings die Meinung, daß dies nur dann erforderlich ist, wenn die betreffenden Beträge "stark ins Gewicht fallen".[2] Als letztes muß noch beachtet werden, daß der Steuerbetrag selbst bei der Berechnung abzugsfähig ist. Bezeichnen wir die Differenz zwischen kalkulatorischen Kosten und entsprechendem Zweckaufwand (einschließlich eventueller Hinzurechnungen und Kürzungen nach § 8 und § 9 GewStG) mit A_Z sowie das Produkt aus Steuermeßzahl und Hebesatz mit s, so gilt für die auf eine Produktgruppe Z (Z=1,...,V), die aus n_Z Aufträgen besteht, entfallende Gewerbeertragsteuer K_{GSZ} folgende Gleichung:[3]

$$(4.71) \qquad K_{GSZ} = \left[\sum_{j=1}^{n_Z} (p_j - k_j^*)\, x_j + A_Z - K_{GSZ}\right] s \qquad (Z=1,\ldots,V)$$

Aus Gleichung (4.71) errechnet sich der Steuerbetrag wie folgt:

1) Vgl. hierzu ausführlich G. Wöhe, Steuerlehre I (1978), S. 212 ff sowie G. Wöhe u. H. Bieg, Steuerlehre (1978), S. 96 ff.

2) Vgl. H. Ebisch u. J. Gottschalk, Preise (1977), S. 344.

3) In Gleichung (4.71) symbolisiert k_j^* die vollen Selbstkosten ohne die Kosten für Gewerbeertragsteuer.

$$(4.72)\qquad K_{GSZ} = \frac{\sum_{j=1}^{n_Z} (p_j - k_j^*)\, x_j + A_Z}{1 + s}\, s \qquad (Z=1,\ldots,V)$$

Da bei Selbstkostenpreis-Produkten der Vollkostengewinn gleich dem Produkt aus Selbstkosten und Gewinnzuschlag ist, modifiziert sich der Ansatz wie folgt:[1)]

$$(4.73)\qquad K_{GSZ} = \left[\sum_{j=1}^{n_{SZ}} k_{Sj}^*\, g\, x_{Sj} + A_Z + K_{GSZ}\, g\right] s \qquad (Z=1,\ldots,V)$$

Hieraus ergibt sich:

$$(4.74)\qquad K_{GSZ} = \frac{\sum_{j=1}^{n_{SZ}} k_{Sj}^*\, g\, x_{Sj} + A_Z}{1 - g\, s}\, s \qquad (Z=1,\ldots,V)$$

Zur Errechnung des Zuschlagssatzes wird dieser Steuerbetrag auf die Selbstkosten (ohne Gewerbeertragsteuer) bezogen. Da die Gewerbeertragsteuer wegen ihrer Gewinnabhängigkeit in voller Höhe zu den proportionalen Kosten zählt, ist sie in Plankalkulationen auf die proportionalen Selbstkosten zu beziehen. Dies ist in Selbstkostenpreiskalkulationen aber nicht möglich, da hier üblicherweise nur die Vollkosten ausgewiesen werden. Eine entsprechende Umrechnung des Zuschlagssatzes läßt sich allerdings relativ einfach vornehmen, indem dieser mit der Relation von proportionalen zu gesamten Selbstkosten der betreffenden Produktgruppe multipliziert wird.

---

1) Vgl. M. Gercke, Gewerbeertragsteuer (1958), S. 150 f.

4.8. Die kalkulatorischen Wagniskosten

Nr. 47 LSP definiert Wagnisse allgemein als Verlustgefahren, die sich aus der Natur eines Unternehmens und seiner betrieblichen Tätigkeit ergeben und unterscheidet zwischen allgemeinen Unternehmerwagnissen, welche das Unternehmen als Ganzes gefährden, und Einzelwagnissen, welche die mit der Leistungserstellung in den einzelnen Tätigkeitsgebieten des Unternehmens verbundenen Verlustgefahren darstellen. Während das allgemeine Unternehmerwagnis keinen Kostencharakter besitzt und im Gewinn entgolten wird, dürfen für die Einzelwagnisse gemäß Nr. 48 Abs. 2 kalkulatorische Wagniskosten verrechnet werden, sofern die Verlustgefahren nicht durch Versicherungen gedeckt oder in anderen Kostenarten berücksichtigt werden.

Der Kostencharakter der Einzelwagnisse ist auch aus kostentheoretischer Sicht anzuerkennen, da ein im Zusammenhang mit der Leistungserstellung erfolgender Faktorverbrauch vorliegt, dessen Auftreten allerdings unregelmäßig und nicht beabsichtigt ist.

Die Einzelwagnisse lassen sich einteilen in:[1)]

- Beständewagnisse
- Anlagenwagnisse
- Entwicklungswagnisse
- Gewährleistungswagnisse
- Vertriebswagnisse
- sonstige Wagnisse.

Güteminderung, Schwund, Veralten u.ä. von Rohstoffen, Halb- und Fertigfabrikaten sind die wichtigsten die <u>Bestände betreffenden</u>

---

1) Vgl. hierzu F. Henzel, Kostenrechnung (1964), S. 101; W. Kalveram, Rechnungswesen (1968), S. 268 ff; K. Mellerowicz, Kostenrechnung Bd. 2,1 (1974), S. 320 ff; J. Broschwitz, Wagnisse (1976), S. 831; H. Ebisch u. J. Gottschalk, Preise (1977), S. 430 ff.

Wagnisse. Zum Anlagenwagnis zählt insbesondere das in Abschnitt 4.4.1.3. erwähnte Abschreibungswagnis aufgrund von Fehlschätzungen der Nutzungsdauern. Ebenfalls behandelt haben wir in Abschnitt 4.6.2.1. das Entwicklungswagnis, in welchem die durchschnittlichen Kosten fehlgeschlagener Forschungs- und Entwicklungsprojekte auf die Leistungen verrechnet werden. Das Gewährleistungswagnis umfaßt die Kosten für Nacharbeiten an bereits ausgelieferten Erzeugnissen sowie die kostenlose Lieferung von Ersatzteilen u.ä. Zum Vertriebswagnis zählen die Verluste aus Forderungsausfällen (was bei öffentlichen Aufträgen nicht eintreten dürfte) und für Währungsrisiken. Unter den sonstigen Wagnissen werden weitere betriebs- oder branchenspezifische Verlustgefahren subsummiert.

Der Ermittlung kalkulatorischer Wagniskosten ist ein mehrjähriger Zeitabschnitt zugrunde zu legen (Nr. 49 Abs. 2).[1] Neben den in diesem Zeitabschnitt effektiv angefallenen Verlustbeträgen soll bei der Berechnung der kalkulatorischen Wagniskosten gemäß Nr. 49 Abs. 1 außerdem noch die Gefahrenlage im Abrechnungszeitraum Berücksichtigung finden. Die Wagniskosten werden in einem Betrag pro Erzeugniseinheit oder mit Hilfe eines Zuschlagssatzes in Prozent einer geeigneten Bezugsbasis kalkuliert; auf andere Bezugsbasen muß zurückgegriffen werden, wenn die Wagnisart keinen direkten Zusammenhang zu den Leistungseinheiten aufweist, wie etwa Beständewagnisse bei Rohstoffen oder Entwicklungswagnisse. Hierbei sind die Wagniskosten pro Einheit bzw. die Zuschlagssätze nach Wagnisarten und Kostenträgergruppen zu differenzieren.

Aus den Bestimmungen der Nr. 49 kann gefolgert werden, daß in vorkalkulatorische Selbstkostenpreisberechnungen geplante Wagniskosten eingehen, denen sowohl Vergangenheitswerte als auch das für die Planungsperiode erwartete Ausmaß der Verlustgefahren zugrunde liegen. Bei der Verrechnung der Wagniskosten in Nachkalkulationen müssen u.E.

---

1) Vgl. hierzu auch J. Broschwitz, Abgeltung (1979), S. 415.

zwei Gruppen von Verlustgefahren unterschieden werden:

1. Wagnisse, die selten auftreten und mit Verlusten hohen Ausmaßes, verbunden sind (z.B. Brandschäden einer Anlage).

2. Wagnisse, deren Auftreten und exakte Verlusthöhe zwar zufallsabhängig sind, die aber in jeder Abrechnungsperiode mit Beträgen ähnlicher Größenordnung auftreten (z.B. Schwund bei Lagerbeständen).

Für die erste Gruppe sollten in Nachkalkulationen die gleichen (eventuell aktualisierten) Beträge wie in Plankalkulationen verrechnet werden; diese sind auf gesonderten Konten zu sammeln und bei Eintritt des Schadensfalles den tatsächlichen Aufwendungen gegenüberzustellen, welche hinsichtlich der Kostenrechnung neutral abzugrenzen sind. Für die zweite Gruppe hingegen sollten die effektiv angefallenen Beträge kalkuliert werden.

Die Wagniskosten werden in Kalkulationen je nach Wagnisart als Sondereinzelkosten der Fertigung, Sondereinzelkosten des Vertriebs oder über Kostenstellen verrechnet; dabei empfiehlt sich in vielen Fällen die Zusammenfassung mit den Kostenarten, zu denen sie in ursächlichem Zusammenhang stehen.

Neben den in den voranstehenden Abschnitten angesprochenen Kostenarten finden sich in den Nrn. 32, 34-36 LSP Bestimmungen zu weiteren Kostenarten wie Gebühren und Beiträge, Provisionen, Versandkosten u.a., auf deren Kommentierung wir verzichten wollen, da keine Besonderheiten gegenüber deren Behandlung in Betrieben mit ausschließlich Marktpreis-Erzeugnissen bestehen.

5. Der kalkulatorische Gewinn im Selbstkostenpreis

5.1. Begriffliche Abgrenzung des kalkulatorischen Gewinnes

Neben den vollen Selbstkosten umfaßt der Selbstkostenpreis noch den kalkulatorischen Gewinn, der als Vollkostengewinn pro Produkteinheit veranschlagt wird. Der kalkulatorische Gewinn wird in Nr. 51 LSP in zwei Bestandteile aufgeteilt, wobei die Einteilung den Gründen der Gewährung folgt und das Entgelt für das allgemeine Unternehmerwagnis und den Leistungsgewinn unterscheidet. Während in den LSÖ zusätzlich noch die kalkulatorische Verzinsung des eingesetzten Kapitals als Gewinnbestandteil aufgeführt wurde, erkennen die LSP den Kostencharakter der Eigenkapitalzinsen an, so daß diese in den vollen Selbstkosten enthalten sind.[1]

Wie in Abschnitt 4.8. angedeutet, umfaßt das allgemeine Unternehmerwagnis die Verlustgefahren, die aus der wirtschaftlichen Tätigkeit als solcher sowie den besonderen Bedingungen des Wirtschaftszweiges resultieren; das Entgelt für das allgemeine Unternehmerwagnis ist als Risikoprämie für die Gefahren des wirtschaftlichen Scheiterns und des damit verbundenen Kapitalverlustes anzusehen.

Demgegenüber ist der Leistungsgewinn als Entgelt für besondere unternehmerische Leistungen des Auftragnehmers in wirtschaftlicher, technischer oder organisatorischer Hinsicht definiert. Beispiele für besondere Leistungen wirtschaftlicher Art sind günstige Lieferkonditionen, exakte Termineinhaltung sowie besonders rationelle und damit kostengünstige Gestaltung der Fertigung, auf technischem Gebiet können besondere Leistungen in außergewöhnlicher Qualität, hoher Präzision u.ä. bestehen, und hinsichtlich besonderer organisatorischer Leistungen wäre eine außergewöhnlich gute Betreuung der gelieferten

---

1) Vgl. hierzu Abschnitt 3.1.

Erzeugnisse durch technische Kundendienste zu nennen.[1] Nach Nr. 51, Buchstabe b. LSP soll der Leistungsgewinn einer unternehmerischen Mehrleistung entsprechen; er stellt damit eine Ausnahmeregelung dar und ist nur zu gewähren, wenn der betreffende Auftragnehmer im Vergleich zu anderen für die Leistungserstellung in Frage kommenden Betrieben hervorragende Bedingungen bietet.[2]

Inwieweit der kalkulatorische Gewinn der abgesetzten Aufträge dem tatsächlichen Periodengewinn entspricht, hängt davon ab, welcher Selbstkostenpreistyp vereinbart wurde;[3] bei vorkalkulatorischer Preisermittlung beeinflussen sämtliche Abweichungen der relevanten Kostendaten von ihren Planwerten die Höhe des kalkulatorischen Gewinnes, bei nachkalkulatorischen Preisvereinbarungen ist dies nur der Fall, wenn feste Kalkulationssätze vereinbart oder vorab absolute Preisobergrenzen festgelegt wurden. Weiterhin sind aus dem kalkulatorischen Gewinn alle Beträge zu decken, die in Preisprüfungen nicht als angemessene Kosten und Kosten bei wirtschaftlicher Betriebsführung anerkannt wurden und um die folglich der Selbstkostenpreis gekürzt werden muß. Der verbleibende Betrag stellt den Beitrag der Selbstkostenpreis-Aufträge zum Betriebsergebnis dar.

5.2. Die Methoden der Berechnung des kalkulatorischen Gewinnes

Die Berechnung des kalkulatorischen Gewinnes ist in Nr. 52 LSP geregelt, die zwischen der Berechnung des Entgelts für das allgemeine Unternehmerwagnis und der des Leistungsgewinnes unterscheidet. Für das allgemeine Unternehmerwagnis werden vier Wege der Berechnung zugelassen:

---

1) Vgl. H. Ebisch u. J. Gottschalk, Preise (1977), S. 436.
2) Vgl. J. Broschwitz, Gewinn (1965), S. 334.
3) Hierauf werden wir in Abschnitt 6.3.2. ausführlich eingehen.

(1) Als prozentualer Anteil des Umsatzes
(2) Als prozentualer Anteil des betriebsnotwendigen Vermögens
(3) Als eine Kombination von (1) und (2)
(4) Als einen festen Betrag.

Die Verwendung eines prozentualen Anteils des Umsatzes ist (bei sich entsprechenden Prozentsätzen) gegenüber einem Anteil des betriebsnotwendigen Vermögens für Unternehmen von Vorteil, deren Umsatz aus Selbstkostenpreis-Produkten größer als das betriebsnotwenige Vermögen ist, was etwa bei lohnintensiven Betrieben, Handels- und Dienstleistungsbetrieben der Fall ist. Bei umsatzbezogener Berechnung des kalkulatorischen Gewinnes ergibt sich der Gewinnbetrag pro Erzeugniseinheit als Produkt aus Gewinn-Zuschlagssatz g_U und Selbstkostenpreis, so daß für den unbekannten Preis folgende Gleichung gilt:

$$(5.1) \quad p_{Sj} = \frac{k_{Sj}}{1-g_U} \qquad (j=1,\ldots,n_S)$$

Da davon auszugehen ist, daß der kalkulatorische Gewinn für das allgemeine Unternehmerwagnis prozentual bei allen Erzeugnissen gleich ist, erübrigt sich eine Differenzierung des Zuschlagssatzes nach Produktarten.

Aus Vereinfachungsgründen hat es sich in der Praxis eingebürgert, den Gewinnzuschlag auf die vollen Selbstkosten zu beziehen, so daß sich folgende Gleichung des Selbstkostenpreises ergibt:[1)]

$$(5.2) \quad p_{Sj} = k_{Sj}\,(1+g_U) \qquad (j=1,\ldots,n_S)$$

Allerdings geht die hierdurch entstehende Abweichung in Höhe von:

1) H. Ebisch u. J. Gottschalk erkennen diese Berechnungsmethode als preisrechtlich zulässig an, vgl. Preise (1977), S. 438.

$$(5.3)\quad \Delta p_{Sj} = k_{Sj}\,\frac{g_U^2}{1-g_U} \qquad (j=1,\ldots,n_S)$$

immer zu Lasten des Auftragnehmers, da der Preis nach Gleichung (5.1) immer größer als der Preis gemäß Gleichung (5.2) ist. Die Abweichung ist eine monoton steigende Funktion des Gewinnzuschlages und bewegt sich bei den üblichen Gewinnprozentsätzen[1] um 0,2% bis 0,4% der vollen Selbstkosten, was allerdings schon 5% bis 6% des kalkulatorischen Gewinnes bedeutet. Will man die einfachere Berechnungsmethode beibehalten, sollte versucht werden, eine entsprechende Erhöhung des Zuschlagssatzes auf den Umsatz zu vereinbaren, wobei der folgende Prozentsatz g_S, in Gleichung (5.2) eingesetzt, den Selbstkostenpreis der Gleichung (5.1) liefert:

$$(5.4)\quad g_S = \frac{g_U}{1-g_U}$$

Die Vereinbarung eines Gewinnzuschlages in Prozent des betriebsnotwendigen Vermögens ist für Unternehmen mit anlage-und kapitalintensiver Fertigung vorteilhaft.[2] Wird der kalkulatorische Gewinn auf das betriebsnotwendige Vermögen bezogen, besteht, abgesehen vom Einproduktfall, kein unmittelbarer Bezug zwischen Gewinnbetrag und den Selbstkostenpreis-Erzeugnissen; zur Festlegung des Selbstkostenpreises ist der Gewinn aber den einzelnen Produkten zuzuordnen. Daher muß der Zuschlagssatz in Prozent des betriebsnotwendigen Vermögens g_V in die Zuschlagssätze g_U oder g_S umgerechnet werden. Bei der in der Praxis üblichen Verwendung des Prozentsatzes g_S erfolgt die Umrechnung mit Hilfe folgender Gleichung:

$$(5.5)\quad g_S = \frac{g_V\ BNV}{\sum_{j=1}^{n_S} k_{Sj}\, x_{Sj}}$$

1) Die Gewinnprozentsätze bewegen sich zwischen 4% und 6% des Selbstkostenumsatzes.

2) Zur Bestimmung des betriebsnotwendigen Vermögens vgl. Abschnitt 4.5.2.1.

Der Selbstkostenpreis einer Produktart j errechnet sich nun gemäß Gleichung (5.2). Soll Gleichung (5.1) zur Anwendung kommen, so ist in Gleichung (5.5) statt durch die vollen Selbstkosten durch den Umsatz der Selbstkostenpreis-Produkte zu dividieren, welcher sich zu diesem Zweck nach der folgenden Formel bestimmen läßt:

$$(5.6) \quad U_S = \sum_{j=1}^{n_S} k_{Sj}\, x_{Sj} + g_V \, BNV$$

In der Literatur zu den Leitsätzen findet sich häufig die Formulierung, daß die Umschlagshäufigkeit des betriebsnotwendigen Vermögens zur Umrechnung herangezogen wird.[1] Dies erscheint mißverständlich, da unter der Umschlagshäufigkeit das Verhältnis von Gesamtumsatz zum (betriebsnotwendigen) Vermögen verstanden wird; sie entspricht somit in allen Betrieben, die neben Selbstkostenpreis- auch Marktpreis-Erzeugnisse herstellen, nicht der benötigten Größe; auch werden, wie Gleichung (5.5) zeigt, bei der üblichen Art und Weise der Preisberechnung nicht der Umsatz, sondern die vollen Selbstkosten der Selbstkostenpreis-Aufträge benötigt.

Am häufigsten findet sich in der Praxis die dritte Methode der Gewinnberechnung, bei welcher sich der kalkulatorische Gewinn sowohl als prozentualer Anteil des betriebsnotwendigen Vermögens als auch des Umsatzes ergibt. Zur Ermittlung des Zuschlages auf die vollen Selbstkosten sind dann folgende Umrechnungen vorzunehmen:

$$(5.7) \quad g_S = \frac{g_U}{1-g_U} + \frac{g_V \, BNV}{\sum_{j=1}^{n_S} k_{Sj}\, x_{Sj}}$$

---

1) Vgl. R. Brückner, Analyse (1972), S. 193; H. Ebisch u. J. Gottschalk, Preise (1977), S. 438; H. Michaelis u. C.A. Rhösa, Preisbildung (1982), LSP Nr. 52, S. 10.

Will man dagegen den Gewinn gemäß Gleichung (5.1) errechnen, so ist das betriebsnotwendige Vermögen wiederum statt durch die Selbstkosten durch den Umsatz der Selbstkostenpreis-Produkte gemäß Gleichung (5.6) zu dividieren und der sich ergebende Prozentsatz unmittelbar zu g_U zu addieren.

Als vierte Möglichkeit der Gewinnberechnung wird in Nr. 52 Abs. 1 die Bemessung in einem festen Betrag genannt; diese Art der Berechnung war in der ursprünglichen Fassung der Leitsätze nicht vorgesehen und wurde durch die Verordnung PR 14/54 vom 23.12.1954 in Nr. 52 Abs. 1 eingeführt. An diesem Zusatz zu dem Leitsatz fallen zwei Unklarheiten auf:

1. Es wird keine Aussage darüber gemacht, welche betrieblichen Bemessungsgrundlagen der Festlegung des konstanten Gewinnbetrages zugrunde zu legen sind; die Höhe des Entgelts für das allgemeine Unternehmerwagnis muß sich aber an betrieblichen Größen orientieren. Es ist u.E. davon auszugehen, daß dieselben Bestimmungsfaktoren bei der Bemessung des konstanten Gewinnbetrages zur Anwendung kommen sollen wie bei den sonstigen Verfahren der Gewinnberechnung.[1)]

2. Auch bei Errechnung des kalkulatorischen Gewinnes als prozentualen Anteil des betriebsnotwendigen Vermögens ergeben sich annähernd konstante Beträge, da davon auszugehen ist, daß das betriebsnotwendige Vermögen im Zeitablauf nicht allzu großen Schwankungen unterworfen ist. Lediglich die Verteilung des Gewinnes auf die einzelnen Produkte ändert sich mit der Höhe deren Selbstkosten. Der Wortlaut des Zusatzes zu Nr. 52 Abs. 1 ist daher so zu verstehen, daß ein konstanter Gewinnbetrag pro Erzeugniseinheit bzw. für jeden Selbstkostenpreis-Auftrag festgelegt werden soll, so daß Änderungen der Selbstkosten eines Auftrages weder den Gesamtgewinn noch den kalkulatorischen Gewinn dieses Auftrages beeinflussen.

Die Vor- und Nachteile der einzelnen Methoden zur Berechnung des Entgelts für das allgemeine Unternehmerwagnis werden wir im folgenden

---

1) Gleicher Ansicht sind H. Ebisch u. J. Gottschalk, Preise (1977), S. 438.

Abschnitt behandeln.

Im Gegensatz zum Entgelt für das allgemeine Unternehmerwagnis findet sich bezüglich der Bemessung des Leistungsgewinnes keine Bestimmung in den Leitsätzen. Nr. 52 Abs. 2 fordert lediglich eine ausdrückliche Vereinbarung zwischen Auftraggeber und Auftragnehmer. Die in Abschnitt 5.1. genannten Gründe der Gewährung eines Leistungsgewinnes machen auch deutlich, daß es vom konkreten Einzelfall abhängt, ob, in welcher Höhe und aufgrund welcher Bemessungsgrundlage eine unternehmerische Mehrleistung im Selbstkostenpreis entgolten werden soll.

5.3. Beurteilung der Verfahren zur Gewinnberechnung

Die Beurteilung der nach LSP zulässigen Methoden zur Ermittlung des kalkulatorischen Gewinnes von Selbstkostenpreis-Produkten hat sich an der Eignung der zur Anwendung kommenden Bemessungsgrundlagen zu orientieren; zur Bestimmung des Entgelts für das allgemeine Unternehmerwagnis sind dies, wie oben gesehen, der Umsatz und das betriebsnotwendige Vermögen.

Die Bemessungsgrundlage Umsatz der Selbstkostenpreis-Erzeugnisse (bzw. als Vereinfachung die vollen Selbstkosten) hat den Nachteil, daß jede Erhöhung der vollen Selbstkosten mit höherem Gewinn "belohnt" und jede Kostensenkung mit einer Gewinnminderung "bestraft" wird. Wie das Beispiel zur Rabattgewährung in Abschnitt 4.2.3.1. verdeutlicht, wird damit den Auftragnehmern jeder Anreiz genommen, durch bestimmte Initiativen erzielbare Kosteneinsparungen zu realisieren, vielmehr wird dem Streben, einen möglichst großen Gewinn zu erzielen, dadurch entsprochen, daß jede von den Preisprüfern erfahrungsgemäß nicht zu erkennende bzw. tolerierte Kostensteigerung vollzogen wird.

Im Vergleich zum Umsatz besitzt die Bemessungsgrundlage betriebsnotwendiges Vermögen den Vorteil, daß sich der Gesamt-Gewinn nicht prozentual zu den Selbstkosten erhöht oder verringert. (Dies gilt allerdings nur, wenn der Verrechnungsfaktor betriebsnotwendiges Vermögen zu Selbstkosten (-umsatz) an jede Veränderung der Selbstkosten angepaßt bzw. erst nach Errechnung der endgültigen Plan- oder Ist-Selbstkosten errechnet wird.) Weiterhin erscheint uns das betriebsnotwendige Vermögen ein adäquaterer Maßstab zur Quantifizierung der Verlustgefahren eines Unternehmens als der Umsatz, da das Risiko unternehmerischer Tätigkeit im Verlust des eingesetzten Kapitals besteht, welchem ein Teil des betriebsnotwendigen Vermögens entspricht.

Gegen die Verwendung des betriebsnotwendigen Vermögens wird eingewandt, daß Unternehmen mit vorwiegend neuen Maschinen bevorteilt werden, wodurch eine Tendenz zu unwirtschaftlichem Kapitaleinsatz gefördert würde; desweiteren würden Unternehmen mit Miet- und Pachtanlagen wegen der geringeren Vermögensausstattung benachteiligt.[1] Dem ist entgegenzuhalten, daß neue Anlagen in der Tat ein höheres Verlustrisiko in sich bergen als ältere, zum großen Teil schon abgeschriebene und amortisierte Aggregate; das Analoge gilt für eigene im Vergleich zu gemieteten oder gepachteten Vermögensgegenständen. Das Argument des unwirtschaftlichen Kapitaleinsatzes erscheint nicht stichhaltig, da das betriebsnotwendige Vermögen in jedem Fall im Rahmen der Preisprüfung auf seine Wirtschaftlichkeit hin überprüft wird, weil auf seiner Grundlage die kalkulatorischen Zinsen berechnet werden.

Allerdings sind gegen die alleinige Verwendung des betriebsnotwendigen Vermögens als Bemessungsgrundlage des kalkulatorischen Gewinnes zwei Einwände anzuführen. Da davon auszugehen ist, daß die öffentlichen Auftraggeber keine wesentlichen Variationen der Zuschlagsprozentsätze zugestehen, ist in Betrieben mit einer relativ geringen Vermögensausstattung (lohnintensive Betriebe wie Handwerks- oder Dienstleistungsbetriebe) die alleinige Bemessung in Prozent des betriebsnotwendigen Vermögens nicht ausreichend. Bedenkt man nämlich, daß alle nicht er-

1) Vgl. hierzu J. Broschwitz, Bemessungsgrundlagen (1970), S. 263.

statteten Kosten aus dem kalkulatorischen Gewinn zu decken sind, so würden Kostenüberschreitungen fast unmittelbar zu Verlusten führen; dies erscheint aber insbesondere bei vorkalkulatorischen Preisermittlungen problematisch, wenn also das Risiko von Fehlschätzungen allein beim Auftragnehmer liegt.

Ein weiterer Nachteil der Bemessung des Gewinnes in Abhängigkeit vom betriebsnotwendigen Vermögen besteht darin, daß kein Zusammenhang zwischen Gewinnhöhe und produzierten Erzeugnissen besteht. Dies hat einmal zur Folge, daß die Auftragnehmer keine Anreize zur Ausweitung ihrer Produktionsprogramme haben, da die Herstellung zusätzlicher Produkteinheiten keine Gewinnsteigerung mit sich bringt;[1] zum anderen wird der Gewinnbetrag pro Erzeugniseinheit mit abnehmender Beschäftigung immer größer, wodurch die gleiche Wirkung wie bei der Fixkostendegression auftritt.

Aus den genannten Gründen erscheint es zweckmäßig, beide Bemessungsgrundlagen zu verwenden. Die Nachteile des Selbstkostenumsatzes ließen sich hierbei dadurch mindern, daß der Gewinn nicht prozentual auf den Umsatz (bzw. die Selbstkosten) bezogen wird, sondern daß Größenklassen der Selbstkostenpreise (bzw. der Stück-Selbstkosten) gebildet werden, innerhalb derer die gleichen Beträge entgolten werden. Hierdurch verringern sich die Möglichkeiten durch erhöhte Kosten Vorteile zu erzielen oder durch Einsparungen Nachteile in Kauf nehmen zu müssen. Dieses Vorgehen würde in weiterem Sinne einer Gewinnvereinbarung in einem festen Betrag entsprechen.

In der Praxis des öffentlichen Auftragswesens werden heute im allgemeinen als Entgelt für das kalkulatorische Unternehmerwagnis 1,5% der Selbstkosten und 3,5% des betriebsnotwendigen Vermögens bei einem Vermögensumschlag[2] von 1 vereinbart, woraus sich dann 5% der Selbst-

---

1) Hierauf werden wir in Abschnitt 7.1.1. zurückkommen, wo gezeigt wird, daß sich in diesem Fall keine erzeugnisabhängige Zielfunktion formulieren läßt.

2) Zur Kritik am Begriff Vermögensumschlag vgl. den voranstehenden Abschnitt.

kosten ergeben. Bei höherem Vermögensumschlag verringert sich dieser Prozentsatz entweder entsprechend Gleichung (5.7) oder in ganzzahligen Schritten.[1)]

Ein Leistungsgewinn wird von den öffentlichen Auftraggebern relativ selten zugestanden und dann auch nur in einer Größenordnung von 0,5%-1% des Umsatzes oder der Selbstkosten.[2)] In der Literatur zum öffentlichen Auftragswesen wird diese Gepflogenheit dahingehend kritisiert, daß die öffentlichen Auftraggeber ein ihnen vom Verordnungsgeber anhand gegebenes Instrument zur Verbesserung der Leistungserstellung öffentlicher Aufträge ungenutzt lassen.[3)] Zum Vergleich ziehen sie die Bestimmungen der Auftragsvergabe der Vereinigten Staaten heran, die folgende Faktoren zur Bemessung eines Leistungsgewinnes anführen:

1. Beitrag des Auftragnehmers zur Gesamtleistung (Input to Total of Performance); gemäß dem Grad der Eigenleistung des Auftragnehmers werden für die einzelnen Kostenarten unterschiedlich hohe Gewinnzuschläge gewährt, wobei für Materialkosten die geringsten und für Entwicklungskosten die höchsten Prozentsätze gelten. Der Gesamt-Zuschlagssatz dieser Bemessungsgrundlage ergibt sich dann als gewogenes Mittel der Gewinnprozentsätze der Kostenarten.

2. Übernahme des Kostenrisikos durch den Auftragnehmer (Assumption of Contract Cost Risk); die Gewährung eines Gewinnzuschlages dieser Art hängt in erster Linie vom Preistyp ab (Fest-, Richt- oder Erstattungspreis).

3. Bewertung früherer Leistungen des Auftragnehmers (Record of Contractors Performance); hier werden Zuschläge, aber auch Abzüge für Qualität, Einhaltung von Lieferterminen, Beiträge zu Entwicklungsarbeiten u. ähnl. bei früheren Aufträgen in Höhe von -2% bis +2% gewährt.

---

1) Letzteres ist z.B. bei der Vertragsgestaltung des BWB vorgesehen, wobei 2,5% der Selbstkosten als absolute Untergrenze angegeben werden vgl. hierzu H. Ebisch u. J. Gottschalk, Preise (1977), S. 440.

2) Vgl. J. Broschwitz, Bemessungsgrundlagen (1970), S. 263; H. Ebisch u. J. Gottschalk, Preise (1977), S. 440.

3) Vgl. C.H. Altmann, Rationalisierungsgewinn (1961), S. 210; J. Broschwitz, Bemessungsgrundlagen (1970), S. 264; R. Brückner, Analyse (1972), S. 200 f.

4. Weitere ausgewählte Faktoren (Selected Factors) für technische und finanzielle Mehrleistungen; die Zu- oder Abschläge liegen ebenfalls zwischen -2% und +2%.

Grundsätzlich fördern Regelungen dieser Art das Leistungsprinzip, was den in der Präambel zur VPöA postulierten marktwirtschaftlichen Grundsätzen entspricht; allerdings ist darauf hinzuweisen, daß solche Regelungen den Auftraggebern erhebliche Ermessensspielräume zugestehen, die oftmals Gegenstand von Rechtsstreitigkeiten sein dürften.

6. DIE AUSGESTALTUNG EINES PLANKOSTENRECHNUNGSSYSTEMS IM HINBLICK AUF DIE SELBSTKOSTENPREISBERECHNUNG

6.1. Gestaltungsprobleme der Kostenartenrechnung

Unsere Ausführungen in den vorangegangenen Kapiteln zeigen, daß grundsätzlich die Aufgabe der vor- und nachkalkulatorischen Selbstkostenpreisermittlung neben den sonstigen Aufgaben eines modernen Kostenrechnungssystems von der Plankosten- und Deckungsbeitragsrechnung erfüllt werden kann. Im folgenden wollen wir untersuchen, welche speziellen Erfordernisse die zusätzliche Aufgabe der Preiskalkulation an die Gestaltung der Plankostenrechnung stellt, und dabei die Teilgebiete Kostenarten-, Kostenstellen- und Kostenträgerrechnung getrennt betrachten.

Da vorstehend die wesentlichen Anforderungen der Selbstkostenpreisermittlung nach den LSP an die Kostenartenrechnung beschrieben wurden, genügt an dieser Stelle eine zusammenfassende Darstellung der Besonderheiten. Neben der in allen Kostenrechnungssystemen zu erfüllenden Aufgabe der richtigen Erfassung und Kontierung der Kosten ist der Kostenartenrechnung in einer Plankostenrechnung die Preis- und Lohnplanung zuzuordnen. Während normalerweise die Planpreise und -löhne für die jährliche Planungsperiode einmal ermittelt werden (abgesehen von Materialarten mit starken Preisschwankungen), müssen für vorkalkulatorische Selbstkostenpreisberechnungen die Preise zum Zeitpunkt der Angebotsabgabe festgestellt werden. Unterscheiden sich diese von den Planpreisen, so ist wie folgt vorzugehen. Handelt es sich bei den betreffenden Kostenarten um Einzelkosten, so sind in den Preiskalkulationen die Mengen pro Einheit direkt neu zu bewerten; bei Kostenstellenkosten hängt das Vorgehen davon ab, ob die Kalkulation um einen Ausweis der Primärkosten ergänzt wird. Ist dies der Fall, so werden die betreffenden Kostenbeträge mit dem Faktor der Preisänderung multipliziert; ansonsten ist eine Umwertung der Kostenstellenpläne mit den Wertansätzen nach LSP erforderlich.

Als weitere Besonderheit ist das Führen der kalkulatorischen Wagniskonten anzusehen, welche die Leitsätze zum Teil explizit vorschreiben (z.B. das Abschreibungswagniskonto) und deren Bedeutung in Betrieben mit ausschließlich Marktpreis-Erzeugnissen weitaus geringer ist; weiterhin ist es in Unternehmen ohne Selbstkostenpreis-Aufträge im allgemeinen nicht üblich, die Gewerbeertragsteuer kalkulatorisch als Einzelkosten zu verrechnen, sondern sie wird, wenn überhaupt, innerhalb der Verwaltungsgemeinkosten berücksichtigt.

An dieser Stelle sei noch erwähnt, daß nicht alle in der Kostenartenrechnung erfaßten und weiterverrechneten Beträge in unveränderter Höhe in die Preiskalkulationen übernommen werden. Die Forderung des Verordnungsgebers nach Angemessenheit der Kosten und Wirtschaftlichkeit der Betriebsführung hat zur Folge, daß bestimmte Kostenbeträge entweder vom Auftragnehmer vorab gekürzt oder in der Preisprüfung nicht in voller Höhe anerkannt werden. Handelt es sich um Einzelkosten, sind die Kosten der betreffenden Kostenart unmittelbar in der Preiskalkulation zu vermindern, bei Kostenstellenkosten sind dagegen in der Preiskalkulation die Kostensätze der entsprechenden Kostenstellen zu ändern. Abgesehen von ihrer Eliminierung aus den Preiskalkulationen sind die nicht anerkannten Beträge in der Betriebsabrechnung und der Erfolgsrechnung wie die übrigen Kosten zu behandeln.

6.2. Besonderheiten der Kostenstellenrechnung hinsichtlich Preiskalkulationen

6.2.1. Die Wahl der Kostenstelleneinteilung

Unter Kostenstellen versteht man abgegrenzte Teilbereiche eines Betriebes, in welchen die den Erzeugnissen nicht direkt zugerechneten Kosten geplant, erfaßt und kontrolliert werden.[1] Zum Zwecke

---

1) Auch die Kontrolle der Einzelkosten erfolgt kostenstellenbezogen, da auch bei diesen Mehr- oder Minderverbräuche großenteils in den Verantwortungsbereich des Stellenleiters fallen.

der Kalkulation werden die Kosten der Stellen mit Hilfe von Kalkulationssätzen entweder auf andere Kostenstellen (bei Sekundärstellen) oder auf die Erzeugnisse (bei Primärstellen) weiterverrechnet. Die Einteilung eines Betriebes in Kostenstellen stellt ein Gestaltungsproblem der Kostenrechnung dar, welches folgende Anforderungen zu erfüllen hat:[1)]

1. Die Verantwortung für den wirtschaftlichen Faktorverbrauch in der Kostenstelle muß eindeutig einer Person obliegen.

2. Sämtliche nicht unmittelbar auf Erzeugnisse verrechnete Kosten müssen sich eindeutig einer Kostenstelle zuordnen lassen.

3. Die Ausbringung der Kostenstelle, d.h. ihr Beitrag zur Leistungserstellung des Betriebes, muß durch Maßgrößen quantifizierbar sein, welche eine hohe Korrelation zu den proportionalen Kosten der Stelle aufweisen und gleichzeitig funktional von den in der Stelle bearbeiteten Erzeugniseinheiten abhängen. Die Maßgrößen der Stellenausbringung dienen einmal der Bestimmung der Sollkosten der Stelle und zum anderen der Messung der Input-Output-Beziehungen zwischen den Erzeugniseinheiten und dem indirekten Faktorverbrauch und damit der kalkulatorischen Verrechnung der Kostenstellenkosten.

Durch die erste Bedingung wird sichergestellt, daß die Wirtschaftlichkeitsüberwachung nicht durch unklare Kompetenzregelungen beeinträchtigt wird; hierbei ist es durchaus zulässig, daß einer Person die Verantwortung für mehrere Stellen zukommt, umgekehrt dürfen aber niemals mehrere Personen für eine Stelle verantwortlich sein. Geht man davon aus, daß die Kostenverantwortung den Meistern und Abteilungsleitern übertragen ist, wird die Feinheit der Kostenstellengliederung durch diese Bedingung auf den Meisterbereich bzw. die Abteilung begrenzt; diese Gliederung ist allerdings hinsichtlich der dritten Anforderung bei weitem zu grob.

Die zweite Bedingung läßt sich umso besser sicherstellen, je gröber

---

1) Vgl. hierzu W. Kilger, Einführung (1980), S. 154 f.

die Stellengliederung gewählt wird, dagegen verlangt die dritte Anforderung eine möglichst feine Kostenstelleneinteilung. Hierbei ist allerdings anzumerken, daß die Bestimmung von Bezugsgrößen, welche die geforderten Voraussetzungen erfüllen, nur im Fertigungsbereich und einem Teil der Vertriebsstellen realisierbar ist, da die Ausbringungsmessung insbesondere in der Verwaltung mit erheblichem Aufwand verbunden ist und die Maßgrößen der Ausbringung hier keinen Bezug zu den Erzeugnissen aufweisen.[1)]

Im Fertigungsbereich wird die dritte Bedingung am besten durch eine Gliederung in Produktionsstellen erfüllt, die W. Kilger definiert als eine Gruppe homogener (technisch identischer) Betriebsmittel, welche zum Zwecke der Leistungserstellung eingesetzt werden.[2)] (In der Produktionstheorie wird zur Messung der Input-Output-Beziehungen eine weitergehende Zerlegung des Produktionsprozesses in Elementarkombinationen und Partialprozesse vorgeschlagen; dies ist aber für die praktischen Belange der Kostenrechnung nicht durchführbar.[3)]) In jeder Produktionsstelle lassen sich eine oder mehrere Maßgrößen der Stellenausbringung finden, welche die oben genannten Voraussetzungen erfüllen, wobei deren Anzahl von den Eigenschaften der bearbeiteten Produkte und den Variationsmöglichkeiten des Produktionsvollzugs abhängt.[4)]

Durch die differenziertere Einteilung in Produktionsstellen lassen sich manche Kostenarten nicht mehr eindeutig den Stellen zuordnen, da sie entweder für größere Teilbereiche anfallen oder aus Gründen der Wirtschaftlichkeit nur in größeren Teilbereichen erfaßt werden.

---

1) Vgl. hierzu ausführlich Abschnitt 6.2.2.2.

2) Vgl. W. Kilger, Theorie (1983), S. 107. In gleichem Sinne ist der Vorschlag V. Kube's zur Stelleneinteilung zu interpretieren, vgl. Plankostenrechnung (1974), S. 28.

3) Vgl. hierzu M. Schweitzer u. H.U. Küpper, Kostentheorie (1974), S. 156 ff; W. Busse v. Colbe u. G. Laßmann, Betriebswirtschaftstheorie (1975), S. 128; E. Heinen, Kostenlehre (1983), S. 244 ff.

4) Zur Bezugsgrößenwahl bei produkt- und verfahrensbedingter Heterogenität der Kostenverursachung siehe ausführlich W. Kilger, Grundlagen (1976), S. 682 ff und W. Kilger, Plankostenrechnung (1981), S. 148 ff. Siehe auch Abschnitt 6.2.2.1.

Zweckmäßigste Lösung dieses Problems ist die Bildung von übergeordneten Bereichsstellen für eine Gruppe von Produktionsstellen, in welchen diejenigen Kosten geplant, erfaßt und kontrolliert werden, deren Kontierung auf die einzelnen Produktionsstellen nicht möglich ist oder zu aufwendig wäre.[1] Die Bereichsstellen werden als sekundäre Kostenstellen abgerechnet, d.h. zur Kalkulation werden ihre Kosten im Rahmen der innerbetrieblichen Leistungsverrechnung den betreuten Primärstellen belastet.

Durch die weitgehende Differenzierung der Stelleneinteilung und die zusätzliche Einrichtung von Bereichsstellen erhöht sich die Zahl der Kostenstellen im Vergleich zu gröberen Gliederungen; hierdurch entsteht aber nur dann bedeutsamer zeitlicher und personeller Mehraufwand, wenn die Kostenstellenrechnung nicht datenmaschinell durchgeführt wird.

Wie in Abschnitt 3.3.2. bereits erwähnt, findet sich in der betrieblichen Praxis und häufig auch in Unternehmen mit öffentlichen Aufträgen eine weitaus gröbere Kostenstelleneinteilung, wodurch die Kalkulationsgenauigkeit und die Aussagefähigkeit des Soll-Ist-Kostenvergleichs beeinträchtigt werden. Die Gründe hierfür sind erstens darin zu sehen, daß viele Betriebe noch mit Ist- oder Normalkostenrechnungen arbeiten, welche die Dispositions- und Kontrollaufgaben der Kostenrechnung ohnehin nicht erfüllen können, so daß die differenzierten Stellengliederungen allenfalls zum Zwecke der exakten Nachkalkulation erforderlich wären. Zweitens wird auch nicht in allen Betrieben mit einer Plankostenrechnung die beschriebene Differenzierung in Produktionsstellen bei gleichzeitiger Bildung von Bereichsstellen durchgeführt, sondern aus Gründen der Einfachheit mit gröberen Einteilungen vorlieb genommen. Drittens findet man speziell in Betrieben mit staatlichen Selbstkostenpreis-Aufträgen die Ansicht, daß mit abnehmendem Feinheitsgrad der Stellengliederung die Überprüfbarkeit

---

1) Vgl. hierzu H.G. Plaut, Grenz-Plankostenrechnung (1953), S. 349; die als Alternative zu den Bereichsstellen vorgeschlagene Bildung von Kostenplätzen hat den Nachteil, daß die differenzierte Einteilung für die Kostenkontrolle nicht genutzt wird. Zur Kostenplatzrechnung vgl. W. W. Neumayer, Berücksichtigung (1950), S. 403 ff und zur Kritik H.G. Plaut, Entwicklungsformen (1976), S. 12 f.

der Kostenansätze schwieriger wird und sich darüber hinaus noch Vorteile bei den Preiskalkulationen ergeben.

Zu diesen Gründen ist folgendes zu bemerken:

1. Im Vergleich zur Ist- oder Normalkostenrechnung besitzt die Plankosten- und Deckungsbeitragsrechnung wesentliche Vorteile hinsichtlich der Steuerung und Überwachung des Betriebsgeschehens; vgl. hierzu im einzelnen Abschnitt 3.4.

2. Wählt ein Betrieb mit einer Plankostenrechnung eine zu grobe Stelleneinteilung, wirkt sich dies sowohl auf die Richtigkeit der Sollkostenermittlung als auch auf die Richtigkeit der Grenz- und Vollkostenkalkulationen aus. Werden z.B. $i=1,\dots,\bar{m}$ Produktionsstellen zu einer Kostenstelle zusammengefaßt, so ergibt sich im Vergleich zur gesonderten Kalkulation der Fertigungskosten jeder einzelnen Stelle folgende Differenz der proportionalen Plan-Stückkosten einer Erzeugnisart j:[1)]

$$(6.1)\qquad \Delta k_{Pj} = \sum_{i=1}^{\bar{m}} \frac{K_{Pi}^{(p)}}{B_i^{(p)}}\, b_{ij}^{(p)} - \frac{\sum_{r=1}^{\bar{m}} K_{Pr}^{(p)}}{\sum_{r=1}^{\bar{m}} B_r^{(p)}} \sum_{i=1}^{\bar{m}} b_{ij}^{(p)} \qquad (j=1,\dots,n)$$

Aus Gleichung (6.1) ergibt sich:

$$(6.2)\qquad \Delta k_{Pj} = \sum_{i=1}^{\bar{m}} \frac{K_{Pi}^{(p)}}{B_i^{(p)}}\, b_{ij}^{(p)} - \sum_{i=1}^{\bar{m}} \frac{\sum_{r=1}^{\bar{m}} K_{Pr}^{(p)}}{\sum_{r=1}^{\bar{m}} B_r^{(p)}}\, b_{ij}^{(p)} \qquad (j=1,\dots,n)$$

1) Die formale Darstellung erfordert an dieser Stelle einen zweiten Index der Kostenstellen, den wir mit $r=1,\dots,\bar{m}$ bezeichnen.

Gleichung (6.2) läßt sich wie folgt zusammenfassen:

$$(6.3)\qquad \Delta k_{Pj} = \sum_{i=1}^{\bar{m}} \left[\frac{K_{Pi}^{(p)}}{B_i^{(p)}} - \frac{\sum_{r=1}^{\bar{m}} K_{Pr}^{(p)}}{\sum_{r=1}^{\bar{m}} B_r^{(p)}} \right] b_{ij}^{(p)} \qquad (j=1,\dots,n)$$

Aus Gleichung (6.3) wird der triviale Fall deutlich, daß die Differenz der proportionalen Plan-Stückkosten immer dann Null ist, wenn der proportionale Kostensatz jeder Stelle mit dem durchschnittlichen übereinstimmt, wenn also <u>die Kalkulationssätze der betrachteten Stellen identisch sind</u>.

W. Kilger hat nun für die Zusammenfassung zweier Produktionsstellen zu einer Kostenstelle nachgewiesen, daß weiterhin auch dann kein Kalkulationsfehler auftritt, wenn sich die Relationen von Stückbezugsgröße b_{ij} und Plan- (oder Ist-)Bezugsgröße B_i für alle Produktarten und in allen Produktionsstellen entsprechen.[1] Um dies für den allgemeinen Fall nachzuweisen, formen wir Gleichung (6.3) wie folgt um:

$$(6.4)\qquad \Delta k_{Pj} = \sum_{i=1}^{\bar{m}} \frac{K_{Pi}^{(p)} \sum_{r=1}^{\bar{m}} B_r^{(p)} - B_i^{(p)} \sum_{r=1}^{\bar{m}} K_{Pr}^{(p)}}{\sum_{r=1}^{\bar{m}} B_r^{(p)}} \; \frac{b_{ij}^{(p)}}{B_i^{(p)}} \qquad (j=1,\dots,n)$$

Unterstellen wir in allen $\bar{m}$ Stellen identische Relationen zwischen Stück- und Gesamtbezugsgröße, so läßt sich Gleichung (6.4) schreiben als:

$$(6.5)\qquad \Delta k_{Pj} = \frac{1}{\sum_{r=1}^{\bar{m}} B_r^{(p)}} \; \frac{b_j^{(p)}}{B^{(p)}} \left[\sum_{r=1}^{\bar{m}} B_r^{(p)} \sum_{i=1}^{\bar{m}} K_{Pi}^{(p)} - \sum_{r=1}^{\bar{m}} K_{Pr}^{(p)} \sum_{i=1}^{\bar{m}} B_i^{(p)} \right] \qquad (j=1,\dots,n)$$

---

1) Vgl. W. Kilger, Einführung (1980), S. 155 ff.

Da sich die Produkte der eckigen Klammer der Gleichung (6.5) entsprechen, gilt für diese unter der getroffenen Annahme:

(6.6) $\Delta k_{Pj} = 0$ $(j=1,\ldots,n)$

Daraus folgt, daß auch im allgemeinen Fall der Zusammenfassung von $\bar{m}$ Produktionsstellen dann ebenfalls keine Differenz der Plan-Stückkosten auftritt, wenn das Verhältnis von Stück- zu Gesamtbezugsgröße in allen Stellen und für alle Produkte gleich ist.

Mit Hilfe der gleichen Überlegungen läßt sich nachweisen, daß sich bei der Zusammenlegung mehrerer Produktionsstellen für die Kostenkontrolle nur dann exakte Sollkosten ermitteln lassen, wenn die Beschäftigungsgrade in allen Stellen gleich sind.[1)]

3. Zu den speziellen Einwänden in Betrieben mit Selbstkostenpreis-Erzeugnissen gegen eine differenzierte Kostenstelleneinteilung ist folgendes zu bemerken. Es ist sicher richtig, daß bei gröberer Stellengliederung die Nachprüfbarkeit der geplanten und tatsächlich angefallenen Kosten hinsichtlich ihrer Angemessenheit und Wirtschaftlichkeit schwieriger ist als in Kostenstellen, die aus homogenen Maschinengruppen bestehen, da bei diesen die Faktorverbräuche anhand der technischen Eigenschaften der Aggregate leicht analytisch nachvollziehbar sind. Wie man in Betrieben mit Selbstkostenpreis-Produkten aber feststellen kann, führen die Schwierigkeiten bei der Überprüfbarkeit der Ansätze dazu, daß die Kalkulationssätze in der Preisprüfung mehr oder weniger global und ohne fundierte Begründung korrigiert werden, ja oftmals Gegenstand regelrechter Verhandlungen zwischen Auftragnehmern und Preisprüfern sind, in denen dann dem Auftragnehmer häufig die Argumentationsgrundlagen fehlen.

---

1) In der betrieblichen Praxis werden im allgemeinen Kalkulationsfehler bzw. Sollkostendifferenzen geringeren Ausmaßes toleriert werden, jedoch sind hier enge Grenzen zu setzen, soll die Funktionsfähigkeit der Kostenrechnung nicht beeinträchtigt werden.

Es stellt sich nun aber die Frage, ob diese unmotivierten Korrekturen der Kalkulationssätze für den Auftragnehmer nicht zu schlechteren Ergebnissen führen als klar begründbare und anhand technischer Eigenschaften nachweisbare Kostenansätze, welche die Preisprüfer gezwungenermaßen erkennen müssen. Beachtet man weiterhin die Beeinträchtigung der Funktionsfähigkeit der Kostenrechnung, so erscheint fraglich, ob sich die Vergröberung der Stellengliederung vorteilhaft für den Auftragnehmer auswirkt.

Das zweite Argument gegen eine differenzierte Stelleneinteilung betrifft eventuelle Vorteile bezüglich der Preiskalkulation, d.h., daß den Selbstkostenpreis-Erzeugnissen mehr Kostenstellenkosten zugeordnet werden können und sich damit deren Erlöse erhöhen. Bezeichnen wir die vollen Stückkosten eines Selbstkostenpreis-Erzeugnisses j ohne die Fertigungskosten der betrachteten Stellen mit k^*_{Sj}, so gilt für den Gesamt-Erlös $E^{(1)}$ bei Zusammenfassung der $i=1,\ldots,\bar{m}$ Kostenstellen folgende Gleichung:

$$(6.7) \qquad E^{(1)} = \sum_{j=1}^{n_S} k^*_{Sj}\,(1+g)\,x_{Sj} + \sum_{j=1}^{n_S} \frac{\sum_{i=1}^{\bar{m}} K_i}{\sum_{i=1}^{\bar{m}} B_i} \sum_{i=1}^{\bar{m}} b_{Sij}\,(1+g)\,x_{Sj} + \sum_{l=1}^{n_M} p_{Ml}\,x_{Ml}$$

Wird dagegen die differenzierte Kostenstelleneinteilung realisiert, so ergibt sich folgender Erlös $E^{(2)}$:

$$(6.8) \qquad E^{(2)} = \sum_{j=1}^{n_S} k^*_{Sj}\,(1+g)\,x_{Sj} + \sum_{j=1}^{n_S} \sum_{i=1}^{\bar{m}} \frac{K_i}{B_i}\,b_{Sij}\,(1+g)\,x_{Sj} + \sum_{l=1}^{n_M} p_{Ml}\,x_{Ml}$$

Als Erlösdifferenz $E^{(1)}-E^{(2)}$ erhält man somit:

(6.9) $$\Delta E = \sum_{j=1}^{n_S} \left[\frac{\sum_{i=1}^{\bar{m}} K_i}{\sum_{i=1}^{\bar{m}} B_i} \sum_{i=1}^{\bar{m}} b_{Sij} (1+g)\, x_{Sj} - \sum_{i=1}^{\bar{m}} \frac{K_i}{B_i} b_{Sij} (1+g)\, x_{Sj} \right]$$

Bezeichnen wir die auf Selbstkostenpreis-Produkte entfallenden Stellenbeschäftigungen mit B_{Si}, so läßt sich Gleichung (6.9) wie folgt schreiben:

(6.10) $$\Delta E = \frac{\sum_{i=1}^{\bar{m}} K_i}{\sum_{i=1}^{\bar{m}} B_i} \sum_{i=1}^{\bar{m}} B_{Si} (1+g) - \sum_{i=1}^{\bar{m}} \frac{K_i}{B_i} B_{Si} (1+g)$$

Formt man Gleichung (6.10) analog zu Gleichung (6.1) um, so wird ersichtlich, daß sich durch die Zusammenlegung der Kostenstellen nur dann eine Erlössteigerung ergibt, wenn folgende Ungleichung erfüllt ist:

(6.11) $$\sum_{i=1}^{\bar{m}} \left[\frac{\sum_{r=1}^{\bar{m}} K_r}{\sum_{r=1}^{\bar{m}} B_r} - \frac{K_i}{B_i} \right] B_{Si} > 0$$

Positive Auswirkungen auf die Erlöse ergeben sich somit nur dann, wenn die mit den Stellenbeschäftigungen der Selbstkostenpreis-Erzeugnisse gewichteten Abweichungen zwischen dem durchschnittlichen Kalkulationssatz und dem Kalkulationssatz der jeweiligen Stelle über alle Stelle summiert positiv ist.

Aus Ungleichung (6.11) wird weiterhin deutlich, daß in Betrieben, welche ausschließlich Selbstkostenpreis-Produkte herstellen, keine

Erlössteigerungen erzielbar sind, da die linke Seite der Ungleichung Null ergibt, wenn sich Gesamt-Stellenbeschäftigung und Beschäftigung der Selbstkostenpreis-Produkte entsprechen; hier bewirkt jede Erhöhung des Selbstkostenpreises einer Produktart eine entsprechende Verminderung bei anderen. Eine Ausnahme hiervon stellen allerdings die Fälle dar, in denen für die Selbstkostenpreis-Erzeugnisse unterschiedliche Gewinnzuschläge vereinbart werden.

Aber selbst wenn sich bei Zusammenfassung von Produktionsstellen eine Erlössteigerung ergibt, ist zu bedenken, daß die Einteilung eines Betriebes in Kostenstellen ein langfristiges Gestaltungsproblem der Kostenrechnung ist und die einmal gewählte Einteilung nicht kurzfristig geändert werden kann;[1)] somit besteht die Gefahr, daß sich der momentane Vorteil bei Änderungen des Produktionsprogrammes in einen Nachteil vielleicht größeren Ausmaßes umkehrt.

Zusammenfassend kann gesagt werden, daß u.E. die Gründe, welche gegen eine differenzierte Kostenstelleneinteilung sprechen, nicht stichhaltig genug sind, um die Nachteile einer gröberen Gliederung hinsichtlich der Funktionsfähigkeit der Kostenrechnung, aber auch hinsichtlich potentieller Gefahren bei Preisermittlung und Preisprüfung auszugleichen.

6.2.2. Die Festlegung von Bezugsgrößen

6.2.2.1. Die Bestimmung direkter Bezugsgrößen

Hauptaufgabe der Bezugsgrößen ist neben ihren kontrollbezogenen Funktionen zur Ermittlung der Sollkosten die Verrechnung der Kosten-

---

1) Zu den Anforderungen an eine ordnungsgemäße Kostenrechnung gehört deren Stetigkeit.

stellenkosten auf die Erzeugnisse.[1] Hierbei werden für Vor- und Nachkalkulationen die geplanten Kostenstellenkosten in Relation zur Planbezugsgröße gesetzt (Plankalkulationssatz) und mit Hilfe der Bezugsgrößeneinheiten pro Erzeugniseinheit auf die Produkte verrechnet; in Nachkalkulationen werden zu den Sollkosten die Kostenabweichungen addiert und durch Division dieses Betrages durch die Istbezugsgröße ergibt sich der Istkostensatz.

Art und Anzahl der in einer Stelle verwendeten Bezugsgrößen richten sich (neben der Bestimmung richtiger Sollkosten) nach den Erfordernissen der richtigen Kalkulation der entscheidungsrelevanten proportionalen Kosten. Gemäß dem Identitätsprinzip sind diejenigen Kosten entscheidungsrelevant, welche sich auf die Produktionsentscheidung des betreffenden Erzeugnisses zurückführen lassen (vgl. Abschnitt 3.2.).

Um eine richtige Kalkulation der entscheidungsrelevanten Stückkosten sicherzustellen, müssen sich die Bezugsgrößen sowohl proportional zu den beschäftigungsabhängigen Kosten der Stelle als auch proportional zu den bearbeiteten Erzeugnissen verhalten. Sind die variablen Kosten zu verschiedenen Bezugsgrößen proportional, welche nicht in konstanter Relation zueinander stehen, so ist so lange eine Bezugsgrößendifferenzierung vorzunehmen, bis die doppelte Proportionalität der Verrechnungsgröße zu einem Teil der variablen Kosten und zu den Erzeugnismengen gegeben ist.[2] Die Verwendung mehrerer Bezugsgrößen ist immer dann erforderlich, wenn[3]:

1. produktspezifische Eigenschaften dazu führen, daß

    1.1. bei der Bearbeitung der Erzeugnisarten verschiedene Produktionsfaktoren eingesetzt werden

---

1) In Abschnitt 4.3. haben wir angedeutet, daß die Kalkulationen mit dem Verfahren der Bezugsgrößenkalkulation durchgeführt werden sollten, da dieses hinsichtlich Richtigkeit und Anwendbarkeit den übrigen Verfahren überlegen ist; vgl. hierzu auch Abschnitt 6.3.1.

2) Welche Kosten sich zu welchen Bezugsgrößen proportional verhalten, wird im Rahmen der analytischen Kostenplanung ermittelt.

3) Vgl. W. Kilger, Plankostenrechnung (1981), S. 328 ff; W. Kilger bezeichnet die beiden Fälle als produkt- und verfahrensbedingte Heterogenität der Kostenverursachung.

1.2. der Verbrauch an Produktionsfaktoren bei identischem Einsatz variiert

2. dispositiv veränderbare Prozeßparameter wie Bedienungsrelation, Seriengröße, Laufgeschwindigkeit etc. mit der Konsequenz variiert werden, daß

   2.1. Art und Anzahl der eingesetzten Produktionsfaktoren sich ändern (z.B. Bedienungsrelation)

   2.2. der Faktorverbrauch bei identischem Einsatz sich ändert (z.B. Mehrverbräuche bei Erhöhung der Laufgeschwindigkeit)

   2.3. sich das Ausmaß der Inanspruchnahme produktionsvorbereitender und/oder produktionsergänzender Bearbeitungsvorgänge[1)] verändert (z.B. Änderung der Seriengrößen).

In einer Kostenstelle reicht somit nur dann eine Bezugsgröße zur Zurechnung der proportionalen Kosten auf die Erzeugnisse aus, wenn entweder keine produkt- oder verfahrensspezifischen Kostenunterschiede auftreten (homogene Kostenverursachung) oder wenn die Bezugsgrößen pro Erzeugniseinheit bei jeder Produktart im gleichen Verhältnis zueinander stehen.

Neben der Verrechnung der proportionalen Kostenstellenkosten ist insbesondere in Betrieben mit Selbstkostenpreis-Aufträgen die Kalkulation der Vollkosten erforderlich. Als Grundprinzip zur Verrechnung der Vollkosten haben wir in Abschnitt 3.2. das Leistungsentsprechungsprinzip vorgeschlagen, nach welchem jedes Erzeugnis mit den Vollkosten einer Stelle gemäß der Inanspruchnahme der Stellenleistung belastet wird; die Stellenleistung definieren wir als die Menge der Bearbeitungsvorgänge einer Produktionsstelle pro Periode.

---

1) Zur Einteilung in vorbereitende, ausführende und ergänzende Arbeitsgänge vgl. W. Kilger, Theorie (1983), S. 114 ff.

Die Verrechnung der proportionalen Herstellkosten wird auch in Vollkostenkalkulationen richtigerweise mit Hilfe der gleichen Bezugsgrößen erfolgen wie die Kalkulation der entscheidungsrelevanten Kosten. Es bleibt noch zu untersuchen, ob das Leistungsentsprechungsprinzip eine differenzierte Behandlung der Fixkosten erfordert, oder ob diese zur Vollkostenkalkulation einer Bezugsgröße zugeordnet werden können.

Bei produktbedingter Heterogenität der Kostenverursachung wird in vielen Fällen eine Bezugsgröße nach Produktgruppen differenziert (z.B. Fertigungsstunden Produktgruppe A - Fertigungsstunden Produktgruppe B). Hier ist die Notwendigkeit der Aufteilung der Fixkosten zur Vollkostenkalkulation evident.

Aber auch wenn für jedes Erzeugnis mehrere Bezugsgrößen zur Anwendung kommen (z.B. Fertigungsstunden und Durchsatzgewicht) ist die Aufteilung der Fixkosten auf diese notwendig. Die Bezugsgrößendifferenzierung ist nämlich deshalb erforderlich, weil entweder die Zahl der eingesetzten Produktionsfaktoren oder die Höhe des Faktorverbrauchs in Abhängigkeit von der jeweils bearbeiteten Produktart variieren. Dies bedeutet aber, daß die Leistungsabgabe der Stelle bei den einzelnen Produkten unterschiedlich ist; diese Unterschiede sind nach dem Leistungsentsprechungsprinzip auch bei der kalkulatorischen Verrechnung der Fixkosten zu berücksichtigen.

Auch bei Bezugsgrößendifferenzierungen infolge von Änderungen dispositiv variierbarer Prozeßparameter muß in jedem der obengenannten Fälle eine Aufteilung der Fixkosten auf die einzelnen Bezugsgrößen vorgenommen werden, da jeweils unterschiedliche Stellenleistungen erbracht werden. Werden die Produkte mit verschiedenen Bedienungsrelationen produziert, so ändert sich der Faktoreinsatz des Produktionsfaktors Arbeit bei den verschiedenen Bearbeitungsvorgängen; dies erfordert eine Differenzierung der Stellenleistung. Sind Rüstprozesse erforderlich und unterscheiden sich die Auflegungshäufigkeiten, so beanspruchen die Erzeugnisse in unterschiedlichem Umfange produktionsvorbereitende Arbeitsgänge; auch hier nehmen sie die Stellenleistung nicht in gleichem Maße in Anspruch. Weiterhin sind, wie im Falle produktbedingter Heterogenität, Mehrverbräuche einzelner Produktionsfaktoren als Indiz für eine differenzierte Leistungsabgabe der Stelle zu sehen.

Damit wird deutlich, daß im Fall heterogener Kostenverursachung eine Aufteilung der Fixkosten auf die einzelnen Bezugsgrößen erforderlich ist, soll eine richtige Vollkostenkalkulation gemäß dem Leistungsentsprechungsprinzip gewährleistet sein. Es ist nun noch die Frage zu klären, nach welchen Kriterien die Zuordnung der Fixkosten auf die einzelnen Bezugsgrößen vorzunehmen ist. Dies hängt in so hohem Maße von der Art der verwandten Bezugsgrößen, der jeweiligen Kostenart, aber auch von den betriebs- und kostenstellenbezogenen Gegebenheiten ab, daß allgemeingültige Aussagen nur schwer möglich sind.

In vielen Fällen werden sich die fixen Kosten einer Kostenart eindeutig einer Bezugsgröße zuordnen lassen, etwa die kalkulatorischen Zinsen der Bezugsgröße Maschinenstunden. Auch ist eine eindeutige Zuordnung dann möglich, wenn für eine Kostenart variable und fixe Kosten geplant werden und die variablen nur für eine Bezugsgröße anfallen.

Ist diese eindeutige Zuordnung nicht möglich, so wird in manchen Fällen eine Aufteilung im Verhältnis der jeweiligen Planbezugsgrößen sinnvoll sein, z.B. bei der Differenzierung einer Bezugsgröße nach Produktarten; in anderen Fällen muß die Aufteilung funktionsanalytisch vorgenommen werden, d.h. es wird untersucht, in welchem Verhältnis die betreffende Produktionsfaktorart den durch die jeweilige Bezugsgröße quantifizierten Bearbeitungsvorgängen zuzuordnen ist.

Bei der Berechnung der für Nachkalkulationen erforderlichen Ist-Kalkulationssätze treten im Fall heterogener Kostenverursachung zwei zusätzliche Probleme auf:

1. Die Kostenabweichungen lassen sich nicht vollständig auf die einzelnen Bezugsgrößen aufteilen, da eine derart detaillierte Kostenerfassung oftmals nicht möglich, in anderen Fällen nicht wirtschaftlich ist. Die nicht zurechenbaren Abweichungen müssen aber zur Vollkostenkal-

kulation den Bezugsgrößen zugeordnet werden; wir empfehlen ein analoges Vorgehen wie bei der beschriebenen Fixkostenverteilung.

2. Müssen Fixkosten in der Kostenplanung den Bezugsgrößen im Verhältnis der Planbezugsgrößen oder funktionsanalytisch zugeordnet werden, ist diese anteilsmäßige Zuordnung im Ist nur dann noch richtig, wenn die Relationen von Ist- und Planbezugsgrößen bzw. die Belastungsprozentsätze gleich bleiben, womit aber wegen der sich ändernden Auftragszusammensetzung nicht zu rechnen ist. Für die Errechnung der in Nachkalkulationen verwendeten Ist-Vollkostensätze ist daher eine nochmalige Aufteilung der betreffenden Fixkosten im Verhältnis der Istbezugsgrößen notwendig. Die Neuaufteilung der Fixkosten braucht allerdings nicht in jedem Abrechnungsmonat zu erfolgen, sondern nur zu Zeitpunkten, an denen Daten für Nachkalkulationen benötigt werden, oftmals nur einmal am Jahresende.

6.2.2.2. Die Bestimmung indirekter Bezugsgrößen

Während es in Fertigungsstellen gelingt, Bezugsgrößen zu finden, welche eine Proportionalität sowohl zu den variablen Kosten als auch zu den Erzeugnissen aufweisen, ist dies in anderen Unternehmensbereichen (Materialbereich, Verwaltung, Vertrieb, Sekundärstellen) oftmals nicht möglich. Zwar gelingt in der Mehrzahl dieser Stellen die Ermittlung von Bezugsgrößen mit proportionalen Beziehungen zu den beschäftigungsabhängigen Kosten, diese stehen aber in keinem Zusammenhang zu den Erzeugnismengen und sind somit für die Zwecke der Kalkulation ungeeignet,[1] so daß hier auf andere, ungenauere Verrechnungsmaßstäbe zurückgegriffen werden muß, welche als indirekte Bezugsgrößen bezeichnet werden.[2]

---

1) Zum Zwecke der Kostenkontrolle könnten diese Bezugsgrößen theoretisch verwendet werden, wobei aber in vielen Fällen erhebliche Erfassungsprobleme auftreten.

2) Vgl. W. Kilger, Einführung (1980), S. 166 ff.

Im System der Plankostenrechnung kommen folgende Arten indirekter Bezugsgrößen zur Anwendung:

1. DM-Deckungsbezugsgrößen
2. Lohn- und Gehaltssumme
3. Einzelmaterialkosten
4. Fertigungs- oder Herstellkosten des Umsatzes.

DM-Deckungsbezugsgrößen werden in Kostenstellen verwendet, die nicht quantifizierbare oder nicht erfaßbare Leistungen an andere Stellen abgeben und deren proportionale Plankosten mit Hilfe von Funktionsanalysen, Berechnungen und Schätzungen auf die betreuten Kostenstellen aufgeteilt werden müssen.[1)] Die Lohn- und Gehaltssumme findet als Bezugsgröße der Sozialkostenstellen Anwendung, wobei für primäre und proportionale sekundäre Sozialkosten gemeinsame Zuschlagsätze in Prozent der Lohn- und Gehaltskosten gebildet werden (siehe Abschnitt 4.2.3.). Die Fixkosten der Sekundärstellen mit indirekten Bezugsgrößen werden im Rahmen der sekundären Fixkostenverteilung auf die Primärstellen verrechnet, und zwar gemäß dem Anteilsprinzip im Verhältnis der den Primärstellen belasteten proportionalen Kosten bzw. im Verhältnis der Lohn- und Gehaltskosten der Stellen.[2)]

Die Einzelmaterialkosten dienen der Verrechnung der Materialgemeinkosten, und die Verwaltungs- und Vertriebskosten werden mit Hilfe der Fertigungs- und/oder Herstellkosten kalkuliert.

Wie im Fertigungsbereich besteht im Material-, Verwaltungs- und Vertriebsbereich das Problem, daß die Leistungserstellung bei verschiedenen Erzeugnissen zu unterschiedlich hohen proportionalen Kosten pro Bezugsgrößeneinheit führt, so daß auch die indirekten Bezugsgrößen dieser Be-

---

1) Vgl. hierzu das Beispiel bei W. Kilger, Plankostenrechnung (1981), S. 344; zur Funktionsanalyse siehe auch H.W. Meyer, Funktionsanalyse (1980), S. 73 ff.

2) Zur sekundären Fixkostenverteilung vgl. Abschnitt 6.2.4.

reiche wegen heterogener Kostenverursachung differenziert werden müssen. Aus den im voranstehenden Abschnitt genannten Gründen ist die Bezugsgrößendifferenzierung auch zur Vollkostenkalkulation beizubehalten; auch können die Regeln zur Zuordnung der Fixkosten analog übernommen werden.

Im Materialbereich werden die Verrechnungsgrößen der Gemeinkosten nach Materialarten differenziert, falls sich die Kostenverursachung der verschiedenen zu bestellenden und zu lagernden Materialarten unterscheidet.[1)] Dies ist insbesondere immer dann erforderlich, wenn der öffentliche Auftraggeber bestimmte Materialarten beistellt, da diese im Einkauf und oft auch im Lagerbereich keine bzw. geringere Kosten verursachen als gekauftes Material.

Bei heterogener Kostenverursachung im Materialbereich verzichtet man im allgemeinen auf eine Unterteilung der Kostenstellenpläne gemäß der Bezugsgrößendifferenzierung und ermittelt die einzelnen Zuschlagssätze der Materialgruppen in einer Sonderrechnung.[2)] Hierbei werden die gesamten und die proportionalen Kosten der Materialstellen den Materialarten unterschiedlicher Kostenverursachung kostenartenweise mit Hilfe von Belastungsprozentsätzen zugeordnet, welche bei Personalkosten funktionsanalytisch ermittelt und bei bestandsabhängigen Kostenarten aus den mengen- oder wertmäßigen Lagerbeständen abgeleitet werden.[3)] Mit diesem Vorgehen dürfte dem Leistungsentsprechungsprinzip mit ausreichender Genauigkeit entsprochen werden, falls die Belastungsprozentsätze die Stellenbeanspruchung richtig wiedergeben.

Der Verwaltungsbereich eines Unternehmens erfüllt dispositive und kontrollierende Aufgaben, welche kaum zu den betrieblichen Erzeugnissen in Beziehung zu setzen sind, "daher ist das Leistungsentsprechungsprinzip bei der Verteilung der Verwaltungsgemeinkosten nur angenähert und

---

1) Vgl. E. Birkner, Differenzierung (1968), S. 207 ff; C. Haasis, Zurechnung (1970), S. 209 ff.

2) Vgl. hierzu ausführlich W. Kilger, Plankostenrechnung (1981), S. 497 f.

3) Vgl. W. Kilger, Verrechnung (1969), S. 488.

mit großen Schwierigkeiten realisierbar."[1] Können dennoch in Kostenstellen des Verwaltungsbereichs erzeugnisspezifische Unterschiede der Kostenverursachung und Stellenbelastung festgestellt werden, so ist der Zuschlagssatz nach Produkten oder Produktgruppen in analoger Weise zu differenzieren wie für den Materialbereich beschrieben.

Eine Bezugsgrößendifferenzierung anderer Art ist vorzunehmen, wenn sich die Erzeugnisse hinsichtlich der Relationen von Material- und Fertigungskosten stark unterscheiden. Dies wird deutlich, wenn man bedenkt, daß von zwei Produkten, welche die Verwaltungskostenstellen in gleichem Umfang beanspruchen, dem einen nur deshalb erheblich höhere Verwaltungskosten belastet werden, weil sein Einzelmaterial wesentlich teurer ist. W. Kilger empfiehlt in diesem Fall die parallele Verwendung der Fertigungs- und der Herstellkosten als Zuschlagsgrundlage, wobei in jeder Verwaltungskostenstelle überprüft werden muß, ob ihre Tätigkeiten eher Beziehungen zu den Herstell- oder zu den Fertigungskosten aufweisen; ist dies nicht feststellbar, sollten die Herstellkosten als die umfassendere Größe gewählt werden.[2] Diese Differenzierung erscheint aber nur dann erforderlich, wenn wesentliche Unterschiede in der Kostenstruktur bestehen und wenn keine produktgruppenspezifische Bezugsgrößendifferenzierung vorgenommen wird.

Zur Kalkulation der Vertriebskosten ist eine stärkere Differenzierung der Zuschlagssätze als im Verwaltungsbereich erforderlich, da sich für die Erzeugnisarten insbesondere die Werbekosten, die Verpackungs- und Versandkosten sowie die Lagerkosten des Fertigwarenlagers z.T. erheblich unterscheiden.[3] Vor allem dürfen für öffentliche Aufträge und

---

1) W. Kilger, Verrechnung (1969), S. 482.

2) Vgl. W. Kilger, Verrechnung (1969), S. 483 f und S. 489.

3) Zur Bildung differenzierter Vertriebskostensätze vgl. im einzelnen K. Käfer, Standardkostenrechnung (1964), S. 457 ff; A. Matz, Planung (1964), S. 195; H.G. Plaut, Planungsrechnung (1964), S. 32; B. Hessenmüller, Vertrieb (1966). S. 39 ff; P. Müller-Giebeler, Vertriebskosten (1967), S. 11 ff; R. Gümbel, Vertriebskosten (1972), S. 30 f; W. Kilger, Plankostenrechnung (1981), S. 507 f.

für Marktpreis-Erzeugnisse nicht dieselben Verrechnungssätze gewählt werden, da erstere beispielsweise keine Werbekosten und häufig auch keine Lagerkosten verursachen. Auch innerhalb der öffentlichen Aufträge ist zu untersuchen, ob die Inanspruchnahme der Vertriebsstellen nicht eine weitergehende Differenzierung erfordert.[1]

Die Errechnung der differenzierten Zuschlagssätze erfolgt im Vertriebsbereich in analoger Weise wie im Materialbereich durch kostenstellen- und kostenartenweise Bildung von Belastungsprozentsätzen für die einzelnen Kostenträgergruppen.[2] Als Zuschlagsgrundlagen reichen die (proportionalen bzw. gesamten) Herstellkosten aus, da innerhalb der einzelnen Kostenträgergruppen die Relationen Material- zu Fertigungskosten nicht allzu verschieden sein dürften.

6.2.3. Der Einfluß der Beschäftigung betrieblicher Teilbereiche auf die Kostenverrechnung

6.2.3.1. Begriffliche Abgrenzung der Beschäftigung

Die Kosten eines Betriebes werden in hohem Maße durch dessen Kapazität determiniert, da durch die Entscheidungen über ihre Höhe der Umfang der bereitzustellenden Potentialfaktoren festgelegt wird. Unter Kapazität versteht man allgemein das Leistungsvermögen eines Betriebes oder eines betrieblichen Teilbereiches in einer Periode. Dabei lassen sich operationale Kapazitäten nur für kleinere Teileinheiten eines Betriebes angeben (Ausnahme hiervon ist der Einproduktfall), wobei die Kostenstelle als räumliche Einheit der Kapazitätsangabe zu empfehlen ist. Hinsichtlich der Quantifizierung unterscheidet man maximale Kapazitäten, die sich nur unter angespannten Produktionsbedingungen und für kurze Zeit realisieren lassen, und kostenoptimale Kapazitäten, denen die kostengünstigsten Werte der

---

1) Wird nur ein öffentlicher Auftraggeber beliefert, hat dies speziell für die Preiskalkulation keine (erlösbezogene) Bedeutung, da dessen Belastung gleich bleibt.

2) Vgl. hierzu das Beispiel bei W. Kilger, Plankostenrechnung (1981), S. 517.

Kapazitäts-Bestimmungsfaktoren zugrunde liegen.[1] Der häufig verwendete Begriff der Normalkapazität erscheint nicht angebracht, da lediglich die Auslastung der Kapazität normal sein kann, nicht aber die Kapazität selbst.[2]

Unter der Beschäftigung eines betrieblichen Teilbereichs in einer Periode versteht man die Ausnutzung seiner Kapazität.[3] Die Ausnutzung des Leistungsvermögens einer Kostenstelle wird am besten durch deren Bezugsgrößen gemessen, welche als Maßstäbe der Ausbringungsquantifizierung zu Kontroll- und Kalkulationszwecken verwendet werden. Im Fall heterogener Kostenverursachung läßt sich nur dann eine einheitliche Stellenbeschäftigung angeben und mit der Kapazität vergleichen, wenn sich die Bezugsgrößen sinnvoll addieren lassen, z.B. bei Rüst- und Fertigungszeitbezugsgrößen oder bei produktspezifischer Fertigungszeitdifferenzierung. Im umgekehrten Fall (z.B. Fertigungs- und Maschinenzeitbezugsgrößen bei Mehrstellenarbeit) müssen mehrere Größen zur Beschäftigungsmessung herangezogen werden; hier ist auch eine Differenzierung der Kapazitäten erforderlich, die aber im Gegensatz zu den Bezugsgrößen in festem Verhältnis zueinander stehen. In Kostenstellen mit indirekten Bezugsgrößen lassen sich keine Kapazitäten und damit keine Beschäftigungsmaßstäbe finden, welche den kalkulationsspezifischen Anforderungen gerecht werden.

Die vorkalkulatorische Selbstkostenpreisberechnung geht von einer erwarteten Planbeschäftigung für den zukünftigen Betrachtungszeitraum aus, welche nach zwei Verfahren festgelegt werden kann, dem Verfahren der Kapazitätsplanung oder dem Verfahren der Engpaßplanung.[4]

---

1) Im Normalfall der Kapazitätsmessung in Zeiteinheiten sind die Anzahl Maschinen, die Schichtzahl, der Fertigungszeitgrad und der Leistungsgrad die Bestimmungsfaktoren der Kapazität. Vgl. M. Layer, Kapazität (1979), Sp. 880 f; W. Kilger, Plankostenrechnung (1981), S. 139.

2) Vgl. H.G. Plaut, Grenz-Plankostenrechnung (1953), S. 354.

3) Vgl. W. Kern, Kapazität (1975), Sp. 2084.

4) Zu den Verfahren im einzelnen vgl. W. Kilger, Plankostenrechnung (1981), S. 345 ff.

Beim Verfahren der Kapazitätsplanung entspricht die Planbezugsgröße der Stellenkapazität, wobei normalerweise die Optimalkapazität verwendet wird. Die Engpaßplanung stimmt die Bezugsgrößenfestlegung mit der betrieblichen Gesamtplanung ab und ermittelt die Planbezugsgröße aus dem sich unter Berücksichtigung der Engpaßwirkungen aller betrieblichen Teilpläne ergebenden planmäßigen Produktionsprogramm.

Neben der Problematik ihrer Anwendung in Stellen mit heterogener Kostenverursachung und addierbaren Bezugsgrößen sowie in Stellen mit indirekten Bezugsgrößen hat die Kapazitätsplanung bezüglich Vollkostenkalkulationen und speziell der Selbstkostenpreisermittlung den erheblichen Nachteil, daß die Verrechnung aller Kostenstellenkosten auf die Produkte nicht sichergestellt ist, d.h., die Summe der kalkulatorisch verrechneten Plankosten stimmt nicht in allen Fällen mit den Plan-Stellenkosten überein. Abweichungen treten immer dann auf, wenn die Identität zwischen der Planbezugsgröße und der Summe der für die Erzeugnisse geplanten Bezugsgrößeneinheiten nicht gegeben ist, wenn also gilt:

$$(6.12) \qquad B_i^{(p)} > \sum_{j=1}^{n} b_{ij}^{(p)} \; x_j^{(p)}$$

Obwohl die Summe der Plan-Stellenkosten von den auf das planmäßige Produktionsprogramm verrechneten Kosten abweicht, bleibt dies für die Kalkulation der proportionalen Kosten ohne Auswirkungen, da die proportionalen Plankosten für die Planbezugsgröße geplant werden und sich in gleichem Verhältnis wie diese vermindern; in Vollkostenkalkulationen allerdings werden insgesamt zu wenige Fixkosten pro Produkteinheit verrechnet, wobei sich der nicht gedeckte Betrag nach folgender Gleichung errechnet:

$$(6.13) \qquad \Delta K_{Fi} = K_{Fi}^{(p)} \left(1 - \frac{\sum_{j=1}^{n} b_{ij}^{(p)} \; x_j^{(p)}}{B_i^{(p)}}\right)$$

Aufgrund dieses Verrechnungsfehlers und wegen der sonstigen Nachteile der Kapazitätsplanung ist das Verfahren der Engpaßplanung in Unternehmen mit Selbstkostenpreis-Erzeugnissen als das allein richtige anzusehen.

In Nachkalkulationen werden die zur Kalkulation erforderlichen Ist-Bezugsgrößen entweder direkt gemessen oder retrograd aus den bearbeiteten Erzeugnissen abgeleitet. Bei retrograder Bezugsgrößenerfassung treten Probleme in der Kostenkontrolle auf, die wir an dieser Stelle nicht näher erläutern wollen.[1]

6.2.3.2. Die Auswirkungen von Beschäftigungsschwankungen auf die fixen Stückkosten

Bei Festlegung der Planbezugsgröße mit dem Verfahren der Engpaßplanung und bei der nachkalkulatorischen Selbstkostenberechnung besteht die Möglichkeit, daß die Kapazitäten der Kostenstellen in mehr oder weniger großem Umfange unterschritten werden. Da die Fixkosten definitionsgemäß von der Beschäftigung unabhängig sind, ist ihr Anteil pro Bezugsgrößeneinheit umso größer, je geringer die zugrunde gelegte Plan- bzw. Ist-Beschäftigung ist;[2] damit steigen auch die gesamten Stückkosten mit sinkender Auslastung der Kapazität. Abbildung 6.1. verdeutlicht die Wirkung der Fixkostendegression; sinkt die Beschäftigung von $B^{(1)}$ auf $B^{(2)}$, so erhöht sich dadurch der Vollkostensatz um Δh.

Die in Abb. 6.1 dargestellte Wirkung der Fixkostendegression gilt in dieser Form in allen Kostenstellen mit direkten Bezugsgrößen; im folgenden wollen wir die Fixkostendegression in Stellen mit indirekten Bezugsgrößen untersuchen.

1) Vgl. hierzu W. Medicke, Kostenträgerrechnung (1964), S. 40; W. Kilger, Plankostenrechnung (1981), S. 544.

2) E. Gutenberg unterteilt die Fixkosten in "Nutzkosten" der ausgelasteten Kapazität und "Leerkosten" der nicht ausgelasteten Kapazität, vgl. Produktion (1976), S. 336 ff; siehe hierzu auch K. Schwantag, Theorie (1952), S. 75 ; H. Kürpick, Lehre (1965), S. 88 ff.

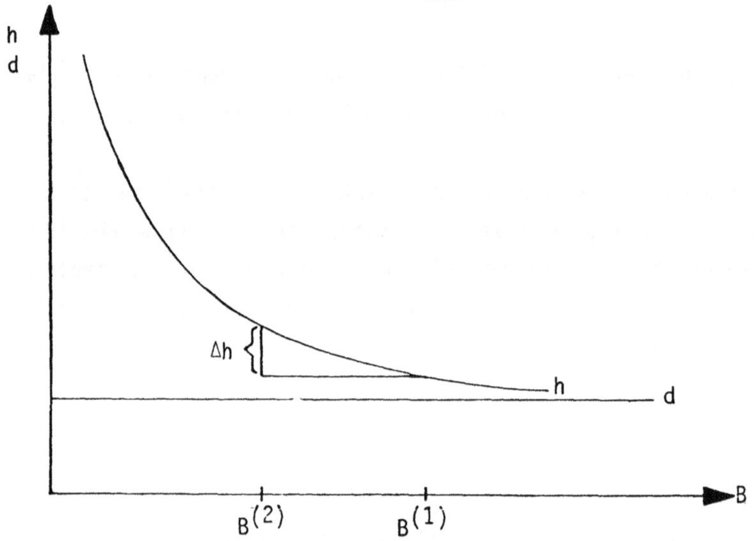

Abb. 6.1

Werden in sekundären Kostenstellen DM-Deckungsbezugsgrößen verwendet, so verringert sich bei einem Beschäftigungsrückgang die Summe der den betreuten Stellen zu belastenden proportionalen Kosten; damit vermindern sich auch die Bezugsgrundlagen zur Verteilung der Fixkosten dieser Stellen im Rahmen der sekundären Fixkostenverteilung, wodurch sich wiederum der Fixkostenverrechnungssatz erhöht. Die Belastung der primären Stellen mit sekundären Fixkosten ändert sich somit nur dann, wenn sich durch den Beschäftigungsrückgang das Verhältnis der Inanspruchnahme der Stellenleistung durch die betreuten primären Stellen ändert. (Dasselbe gilt im übrigen für Sekundärstellen mit direkten Bezugsgrößen). Gleichfalls ändert sich die Aufteilung der Fixkosten der Sozialkostenstellen nur dann, wenn sich die Relationen der Lohn- und Gehaltskosten der Stellen ändern.

Da die Einzelmaterialkosten in voller Höhe proportionale Kosten darstellen, bewirkt ein Beschäftigungsrückgang im Materialbereich eine Erhöhung des vollen Materialgemeinkostenverrechnungssatzes analog zur Steigerung der Kostensätze im Fertigungsbereich. Erwähnt werden muß für diesen Bereich (wie auch für den Verwaltungs- und Vertriebsbereich), daß die Proportionalität zwischen den indirekten Bezugsgrößen und den variablen Stellenkosten oftmals nur angenähert erfüllt ist, so daß eine Verminderung der Einzelmaterialkosten (bzw. der proportionalen Herstellkosten) nicht immer eine Verminderung der variablen Kosten in gleichem Verhältnis nach sich zieht. Diese Problematik wollen wir aber im folgenden außer acht lassen und auch bei indirekten Bezugsgrößen Proportionalität zu den variablen Kosten unterstellen.

Im Verwaltungs- und Vertriebsbereich wird im allgemeinen als Beschäftigungsmaßstab die indirekte Bezugsgröße Herstellkosten des Umsatzes verwendet, wobei zur Kalkulation der proportionalen V.u.V.-Kosten ein Kalkulationssatz in Prozent der proportionalen Herstellkosten des Umsatzes berechnet wird, während die gesamten V.u.V.-Kosten auf die vollen Herstellkosten bezogen werden.

Die Kalkulation der vollen V.u.V.-Kosten in einem Zuschlag auf die vollen Herstellkosten bringt nun im Vergleich zur Kalkulation im Material- und Fertigungsbereich die Besonderheit mit sich, daß sich bei einer Änderung des Beschäftigungsmaßstabes volle Herstellkosten die variablen Kosten dieses Bereiches nicht im gleichen Verhältnis ändern, da sie sich (angenähert) proportional zu den proportionalen Herstellkosten verhalten. Somit lassen sich die Vollkostensätze dieses Bereiches nicht in einen konstanten proportionalen und einen der Degression unterliegenden fixen Bestandteil aufspalten.

Zur Erläuterung haben wir in den Gleichungen (6.14) bis (6.16) die Kostensätze des Material-, des Fertigungs- und des (zusammengefaßten) Verwaltungs- und Vertriebsbereichs in ihre proportionalen und fixen Bestandteile aufgespalten:

$$(6.14) \quad h_M = \frac{K_{MP}}{K_M} + \frac{K_{MF}}{K_M} = d_M + \frac{K_{MF}}{K_M}$$

$$(6.15) \quad h_P = \frac{K_{PP}}{B} + \frac{K_{PF}}{B} = d_P + \frac{K_{PF}}{B}$$

$$(6.16) \quad h_V = \frac{K_{VP}}{K_H} + \frac{K_{VF}}{K_H}$$

Es bedeuten:

K_{MP}, K_{PP}, K_{VP} : Proportionale Kosten pro Periode des Material-, Fertigungs- bzw. V.u.V.-Bereichs

K_{MF}, K_{PF}, K_{VF} : Fixe Kosten pro Periode des Material-, Fertigungs- bzw. V.u.V.-Bereichs

K_M : Einzelmaterialkosten pro Periode

B : Bezugsgrößeneinheiten pro Periode

K_H : Volle Herstellkosten pro Periode

h_M, h_P, h_V : Volle Kalkulationssätze des Material-, Fertigungs- bzw. V.u.V.-Bereichs

d_M, d_P : Proportionale Kalkulationssätze des Material- bzw. Fertigungsbereichs

Während sich im Material- und im Fertigungsbereich die Vollkostensätze jeweils in einen konstant bleibenden proportionalen und einen der Degression unterliegenden fixen Bestandteil aufteilen lassen, verändern sich im Verwaltungs- und Vertriebsbereich beide Komponenten der Kalkulationssätze. Hinzu kommt, daß sich beide Teile in verschiedenen Richtungen ändern; während bei einer Verringerung der vollen Herstellkosten der proportionale Anteil $\frac{K_{VP}}{K_H}$ kleiner wird, da die proportionalen Verwaltungs- und Vertriebskosten im Zähler stärker zurückgehen als die vollen Herstellkosten im Nenner, erhöht sich der fixe Anteil, weil sich hier nur der Nenner vermindert. Abbildung 6.2 zeigt die Verläufe beider Bestandteile der V.u.V.-Verrechnungssätze sowie den Verlauf der vollen Sätze selbst in Abhängigkeit von der Bezugsgröße volle Herstellkosten des Umsatzes.

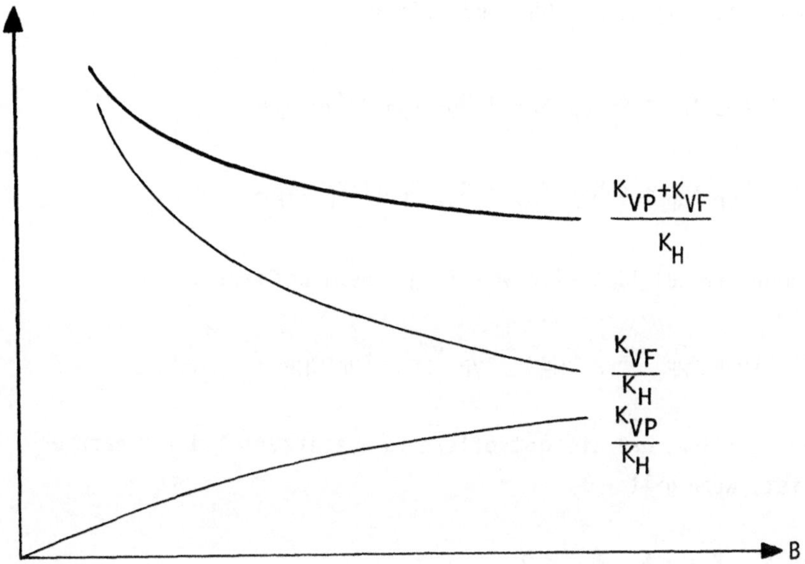

Abb. 6.2

Es bleibt zu untersuchen, ob hier noch in jedem Fall von einer Fixkostendegression gesprochen werden kann oder ob die Möglichkeit besteht, daß die Verrechnungssätze mit einer Erhöhung der vollen Herstellkosten größer werden. Hierzu treffen wir die Annahme, daß sich infolge einer Beschäftigungserhöhung die proportionalen Herstellkosten und die proportionalen V.u.V.-Kosten um einen Faktor c größer als 1 erhöhen[1] und gleichzeitig der Gesamt-Verrechnungssatz steigt. Diese Annahme ist in Gleichung (6.17) formal dargestellt:

$$(6.17) \qquad \frac{c\,K_{VP} + K_{VF}}{c\,K_{HP} + K_{HF}} > \frac{K_{VP} + K_{VF}}{K_{HP} + K_{HF}}$$

1) Wie oben erwähnt, unterstellen wir hier Proportionalität zwischen den variablen V.u.V.-Kosten und deren Bezugsgröße proportionale Herstellkosten.

Durch Ausmultiplizieren erhält man hieraus:

$$(6.18)\quad c\,K_{VP}\,K_{HP} + c\,K_{VP}\,K_{HF} + K_{VF}\,K_{HP} + K_{VF}\,K_{HF}$$

$$> c\,K_{VP}\,K_{HP} + c\,K_{VF}\,K_{HP} + K_{VP}\,K_{HF} + K_{VF}\,K_{HF}$$

Ungleichung (6.18) läßt sich wie folgt zusammenfassen:

$$(6.19)\quad c(K_{VP}\,K_{HF} - K_{VF}\,K_{HP}) > K_{VP}\,K_{HF} - K_{VF}\,K_{HP}$$

Es wird deutlich, daß die getroffene Voraussetzung $c>1$ nur dann erfüllt ist, wenn gilt:

$$(6.20)\quad K_{VP}\,K_{HF} - K_{VF}\,K_{HP} > 0$$

Erweitern wir Ungleichung (6.20) um den Ausdruck

$$(6.21)\quad 0 = K_{VP}\,K_{HP} - K_{VP}\,K_{HP}$$

so ergibt sich:

$$(6.22)\quad K_{VP}\,(K_{HF} + K_{HP}) - K_{HP}\,(K_{VF} + K_{VP}) > 0$$

Beachtet man, daß für die proportionalen Verwaltungs- und Vertriebskosten folgende Gleichung gilt:

$$(6.23)\quad K_{VP} = d_V\,K_{HP}$$

so erhält man aus (6.22):

$$(6.24)\quad K_{HP}\left[\,d_V\,K_H - (K_{VF} + K_{VP})\right] > 0$$

Für die gesamten V.u.V.-Kosten gilt wiederum:

$$(6.25)\quad (K_{VF}+K_{VP}) = h_V\, K_H$$

Somit wird ersichtlich, daß Ungleichung (6.20) nur dann erfüllt ist, wenn gilt:

$$(6.26)\quad d_V > h_V$$

Dies bedeutet, daß eine Fixkostendegression im V.u.V.-Bereich dann nicht auftritt, wenn der proportionale Verrechnungssatz (bezogen auf die proportionalen Herstellkosten) größer als der Gesamt-Verrechnungssatz ist. Ersetzt man in Ungleichung (6.26) die Verrechnungssätze durch ihre Bestimmungsgleichungen, so gilt:

$$(6.27)\quad \frac{K_{VP}}{K_{HP}} > \frac{K_{VP}+K_{VF}}{K_H}$$

Dies läßt sich wie folgt umformen:

$$(6.28)\quad \frac{K_{VP}}{K_{VP}+K_{VF}} > \frac{K_{HP}}{K_H}$$

Hieraus wird deutlich, daß bei zunehmendem Beschäftigungsmaßstab nur dann mit steigenden Vollkostensätzen im V.u.V.-Bereich zu rechnen ist, wenn der Anteil proportionaler Kosten an den Gesamt-V.u.V.-Kosten größer ist als derjenige an den Herstellkosten, was in der Praxis allerdings äußerst selten der Fall sein dürfte, da einerseits die Einzelmaterialkosten als wesentlicher Teil der Herstellkosten in voller Höhe proportional sind und andererseits der Anteil fixer Kosten im Fertigungsbereich i.d.R. geringer ist als im Vertriebs- und insbesondere im Verwaltungsbereich.

Die geschilderte Problematik legt den Schluß nahe, daß die vollen Herstellkosten als indirekte Bezugsgröße zur Verrechnung der Verwaltungs- und Vertriebsgemeinkosten nicht sonderlich geeignet sind. Besser wäre es, eine Bezugsgröße zu wählen, die sich proportional zu den variablen Kosten dieser Bereiche verhält, wodurch sich die gleiche Fixkostendegression wie in den übrigen Kalkulationsbereichen ergeben würde; diese Voraussetzung erfüllen (unter Vernachlässigung der oben erwähnten Einschränkungen) die proportionalen Herstellkosten.

Die Verwendung der proportionalen Herstellkosten als Zuschlagsbasis, die in Betrieben mit einer Plankostenrechnung für interne Kalkulationen durchaus empfehlenswert erscheint, stößt bei Selbstkostenpreiskalkulationen aber auf folgende Schwierigkeiten. Einmal verfügen viele Unternehmen mit Selbstkostenpreis-Aufträgen nicht über eine Plankostenrechnung mit getrenntem Ausweis der proportionalen und fixen Kosten, so daß sie ihre proportionalen Herstellkosten nicht kennen; die öffentlichen Auftraggeber und die Preisprüfer müßten daher in verschiedenen Unternehmen unterschiedliche Methoden der V.u.V.-Kostenkalkulation akzeptieren. Zum anderen müßten sie eine Größe als Verrechnungsmaßstab anerkennen, die ansonsten in Preiskalkulationen keine Funktion erfüllt und die daher einen zusätzlichen Prüfungsaufwand erfordert. Es hängt somit vom konkreten Einzelfall ab, ob die proportionalen Herstellkosten als Zuschlagsbasis verwendet werden können; ist dies nicht der Fall, so müssen die geschilderten Abweichungen vom üblichen Zusammenhang zwischen Beschäftigung und fixen Stückkosten, wie sie die Verwendung der Bezugsgröße volle Herstellkosten mit sich bringt, in Kauf genommen werden.

6.2.3.3. Preisrechtliche Regelungen bezüglich der Fixkostendegression

In diesem Abschnitt wollen wir die Frage behandeln, von welchem Auslastungsgrad [1] der Kapazität in Preiskalkulationen auszugehen ist, somit also die Frage, ob die Stückkosten der tatsächlich erwarteten bzw. realisierten Beschäftigung anzusetzen sind oder ob die Erhöhung der vollen Stückkosten infolge zurückgehender Beschäftigung ab einer bestimmten Grenze nicht mehr in den Preiskalkulationen berücksichtigt werden darf. Die LSP gehen auf das Problem der mangelnden Kapazitätsauslastung explizit nicht ein, so daß sich die Beurteilung an den allgemeinen Forderungen der Verordnung nach Angemessenheit der Kosten und Wirtschaftlichkeit der Betriebsführung orientieren muß.

Ob und inwieweit die Unterbeschäftigung eines Betriebes gegen diese allgemeinen Forderungen der Verordnung verstößt, läßt sich nur anhand ihrer Ursachen beurteilen.[2] Insgesamt lassen sich vier Ursachenkomplexe für die Unterbeschäftigung eines Betriebes oder betrieblichen Teilbereiches anführen:

1. Technische Ursachen; ein für die Produktion erforderliches Aggregat ist ausschließlich mit einer Leistungsfähigkeit erhältlich, welche der Betrieb nur teilweise nutzen kann. (Grundsätzlich wird es einem Betrieb nie gelingen, die Kapazitäten der einzelnen Kostenstellen vollständig aufeinander abzustimmen, da die kapazitätsdeterminierenden Potentialfaktoren nur in ganzzahligen Quanten variiert werden können).

2. Spezielle Ursachen des öffentlichen Auftragswesens; hier ist der Fall zu nennen, daß es im volkswirtschaftlichen und politischen Interesse der öffentlichen Hand liegt, die betreffenden Kapazi-

---

1) Anstelle von Auslastungsgrad findet man häufig den Begriff Beschäftigungsgrad, der aber in der Plankostenrechnung für das Verhältnis Istbeschäftigung zu Planbeschäftigung vergeben ist; der Begriff Auslastungsgrad findet sich auch bei G. Schneider, Fixkosten (1967), S. 21 f.

2) Hierauf weisen u.a. auch hin J. Broschwitz, Einfluß (1963), S. 1722; H. Michaelis u. C.A. Rhösa, Preisbildung (1982), LSP Nr. 4, S. 11 f.

täten zu erhalten.

3. Dispositionsbedingte Ursachen; hier sind zwei Fälle zu unterscheiden:

   3.1. infolge zu optimistischer Absatzerwartungen wurden Kapazitäten aufgebaut, die aufgrund der tatsächlichen Nachfrage nicht ausgelastet sind.

   3.2. ein unter wirtschaftlichen Gesichtspunkten erforderlicher Kapazitätsabbau wird unterlassen.

4. Branchen- und konjunkturbedingte Ursachen; diese sind vom Auftraggeber nicht beeinflußbar und in ihren Wirkungen oftmals nur vorübergehend.

Ist die Überkapazität einer Fertigungsstelle technisch bedingt, so sind die Gesamt-Stückkosten in vollem Umfang anzuerkennen, wenn sichergestellt ist, daß kein Aggregat mit geringerer, für den Betrieb ausreichender Kapazität erhältlich war.[1)] Ebenso dürfen die Vollkostensätze nicht gekürzt werden, wenn die Kapazitäten auf Veranlassung der öffentlichen Auftraggeber aufgebaut wurden bzw. aufrecht erhalten werden.[2)]

Dagegen beruhen die genannten dispositionsbedingten Ursachen auf falschen Entscheidungen der Unternehmensleitung und verstoßen damit gegen den Grundsatz wirtschaftlicher Betriebsführung; dies gilt umso mehr, falls sich nachweisen läßt, daß die Gründe für die Nichterfüllung der Absatzerwartung im Unternehmen selbst liegen, etwa in fehlerhafter Produktgestaltung, schlechter Kundenbetreuung etc. Lassen sich betriebsinterne Ursachen nachweisen, so sind Abschläge von den Vollkostensätzen unvermeidlich. Hierbei ist aber folgendes zu beachten.

Erstens handelt es sich bei Entscheidungen über den Aufbau und die

---

1) Gleicher Ansicht sind H. Ebisch u. J. Gottschalk, Preise (1977), S. 232.

2) Vgl. H. Michaelis u. C.A. Rhösa, Preisprüfung (1982), LSP Nr. 4, S 15

Stillegung von Kapazitäten um langfristige Planungsprobleme, denen ein mehrjähriger Planungshorizont zugrunde zu legen ist. Es ist nun im allgemeinen (auch für den öffentlichen Auftraggeber)günstiger, in einer Periode die Kapazitäten nicht voll auszulasten, als eine theoretisch mögliche permanente Anpassung vorzunehmen; in diesen Fällen kann nicht von einer unwirtschaftlichen Betriebsführung gesprochen werden. Zweitens lassen sich oftmals betriebsinterne Ursachen der Überkapazitäten nicht von externen, etwa konjunkturbedingten Ursachen trennen, so daß es erhebliche Schwierigkeiten bereitet, den Anteil der auf Unwirtschaftlichkeiten zurückgehenden Überkapazitäten zu ermitteln.

Branchen- und konjunkturbedingte Ursachen mangelnder Kapazitätsauslastung stellen an sich keinen Grund zur Kürzung der Vollkostensätze dar, da sie vom Unternehmen nicht zu verantworten sind. Kommt es allerdings zu einer extrem geringen Auslastung mit entsprechend hohen Vollkostensätzen, so werden diese nicht mehr als angemessene Kosten anerkannt,[1] da dies in Zeiten, in denen auf zivilen Märkten die Preise stagnieren oder sinken, äußerst hohe Selbstkostenpreise bedeuten würde. Hierbei sollte aber die Grenze, ab der eine Kürzung vorgenommen wird, weit gezogen werden, da sich auch in Zeiten guter Konjunktur, wenn die Preise von Marktpreis-Erzeugnissen steigen, die Selbstkostenpreise antizyklisch verhalten. H. Ebisch und J. Gottschalk nennen 60% einer Basisbeschäftigung.

Damit sind wir bei der Frage angelangt, welcher Maßstab der Beurteilung der Periodenbeschäftigung zugrunde gelegt werden soll. Es ist naheliegend, von den kostenoptimalen Kapazitäten der Kostenstellen auszugehen und diese den jeweiligen Plan- bzw. Istbeschäftigungen gegenüberzustellen. Die maximalen Kapazitäten stellen theoretische Größen dar, die nur in Ausnahmesituationen realisiert werden und daher für eine preisrechtliche Beurteilung ungeeignet sind. H. Ebisch und J. Gottschalk schlagen als Beurteilungsmaßstab

---

1) Vgl. H. Ebisch u. J. Gottschalk, Preise (1977), S. 229.

eine "kostenoptimale Beschäftigung" vor, die sie gegenüber der "normalen, durchschnittlichen und maximalen Beschäftigung" präferieren.[1] Dies erscheint schon deshalb problematisch, weil eine kostenoptimale Beschäftigung nur in den seltenen Fällen nicht linearer Kostenverläufe existiert. Aber auch hier wäre sie abzulehnen, da Kosten nie als alleiniger Bestimmungsfaktor der Festlegung des Produktionsprogrammes und der Beschäftigung ausreichen; daher wäre eine allein kostenorientierte Beurteilung der Beschäftigung zu einseitig.

Ist der Plan- oder Ist-Vollkostensatz zu kürzen, weil er den Forderungen nach Angemessenheit und Wirtschaftlichkeit nicht entspricht, so errechnet sich der korrigierte Kostensatz, indem die fixen Kosten statt durch die tatsächliche Plan- oder Istbeschäftigung durch die zulässige Mindestbeschäftigung dividiert werden; zu diesem Quotienten wird der proportionale Kostensatz addiert, so daß man folgenden maximalen Vollkostensatz erhält:

$$(6.29) \qquad h_{Max} = d + \frac{K_F}{B_{Min}}$$

Welche Beschäftigung als Mindestbeschäftigung anzusetzen ist, hängt, wie oben gesehen, von den Ursachen der Unterbeschäftigung ab.

6.2.4. Besonderheiten hinsichtlich der innerbetrieblichen Leistungsverrechnung

Im Rahmen der innerbetrieblichen Leistungsverrechnung werden die Kosten derjenigen Stellen, die nicht unmittelbar an der Herstellung oder Bearbeitung der betrieblichen Erzeugnisse beteiligt sind, sondern unterstützende Aufgaben für andere Kostenstellen ausführen, auf die leistungsempfangenden Stellen weiterverrechnet. In einer reinen Grenzplankosten-

1) Vgl. H. Ebisch u. J. Gottschalk, Preise (1977), S. 230.

rechnung werden nur die proportionalen Kosten der Sekundärstellen in die innerbetriebliche Leistungsverrechnung einbezogen und deren Fixkosten, wie alle fixen Kosten, direkt in das Betriebsergebnis gebucht. Zur Verrechnung werden proportionale Kostensätze pro Einheit der Stellenbezugsgröße gebildet, wobei wegen der Interdependenz des innerbetrieblichen Leistungsaustausches die Kostensätze exakt nur in einem simultanen Gleichungssystem ermittelt werden können.[1)]

Wird die Grenzplankostenrechnung um eine Parallelkalkulation der Vollkosten ergänzt, was in Betrieben mit Selbstkostenpreis-Produkten in jedem Fall erforderlich ist, so müssen auch die Fixkosten der Nebenkostenstellen auf die primären Stellen verrechnet werden. Allerdings werden in einer Plankosten- und Deckungsbeitragsrechnung die gesamten Kosten einer Sekundärstelle nicht (parallel zu den proportionalen) mit Hilfe eines Vollkostensatzes verrechnet, sondern es erfolgt ein getrennter Ausweis von proportionalen und fixen sekundären Kosten. Dies ist erforderlich, da oftmals Beträge, die sich in der Nebenkostenstelle proportional zu deren Bezugsgröße verhalten, in der leistungsempfangenden Stelle (teilweise) fix geplant werden; eine gemeinsame Verrechnung proportionaler und fixer sekundärer Kosten würde dabei die Kostenauflösung erschweren.

Daher werden die Fixkosten der Sekundärstellen im Rahmen einer gesonderten sekundären Fixkostenverteilung nach dem Leistungsentsprechungsprinzip auf die Hauptkostenstellen verteilt und dort unter einer gesonderten Kostenart Sekundäre Fixkosten ausgewiesen, wobei die Interdependenz des Leistungsaustausches wiederum die Lösung eines simultanen Gleichungssystems (bzw. ein Näherungsverfahren) erfordert. Gegen dieses Vorgehen könnte seitens der Preisprüfer eingewandt werden, daß durch die getrennte Verrechnung proportionaler und fixer Kosten sowie die Zusammenfassung der fixen zu einer gesonderten Kostenart

1) Auch in der Plankostenrechnung werden häufig Näherungsverfahren zur Ermittlung der Kostensätze der interdependenten Sekundärstellen angewandt; vgl. hierzu W. Kilger, Plankostenrechnung (1981), S. 427 f.

die Transparenz der sekundären Kosten beeinträchtigt werde. Diesem Einwand ist aber entgegenzuhalten, daß aus den Unterlagen über die Verteilung der sekundären Kosten die einzelnen Beträge ersichtlich und damit überprüfbar bleiben.[1]

Bei der vorkalkulatorischen Selbstkostenpreisermittlung brauchen Betriebe mit öffentlichen Aufträgen hinsichtlich der innerbetrieblichen Leistungsverrechnung keine Änderungen gegenüber der grundsätzlichen Vorgehensweise der Plankostenrechnung vorzunehmen. Die Bestimmung der Ist-Selbstkosten erfordert dagegen Schritte, die in Betrieben mit ausschließlich Marktpreis-Erzeugnissen nicht unbedingt notwendig sind.

So werden häufig in der Betriebsabrechnung die sekundären Kostenarten, deren Ist-Beträge in den entsprechenden Hilfskostenstellen erfaßt und kontrolliert werden, in den Primärstellen Soll=Ist abgerechnet; die Kostenabweichungen werden als "nicht auf Kostenträger verrechnete Abweichungen" von den Sekundärstellen direkt in die Erfolgsrechnung gebucht.[2] Zur Errechnung von Selbstkostenerstattungspreisen müssen die Abweichungen aber den leistungsempfangenden Kostenstellen im Verhältnis der Ist-Leistungsinanspruchnahme belastet werden. Im Betriebsabrechnungsbogen werden dann in der Ist-Spalte die anteiligen Abweichungen zu den Sollkosten addiert und somit bei der Berechnung des Ist-Kalkulationssatzes berücksichtigt.

Weiterhin muß für die Kalkulation der Ist-Selbstkosten die sekundäre Fixkostenverteilung neu durchgeführt werden. Der Fixkostenverrechnungssatz einer Sekundärstelle ergibt sich nämlich, indem deren Fixkosten durch die Planbeschäftigung dividiert werden. Beachtet man, daß sich die Bezugsgrößen der Nebenkostenstellen aus den Verbräuchen der leistungsempfangenden Stellen ableiten, so gilt für den Plan-Verrechnungssatz $c_{F\mu}^{(p)}$:

1) Die Unterlagen zur Durchführung einer sekundären Fixkostenverteilung sind im Rahmen eines Zahlenbeispiels wiedergegeben bei W. Kilger, Plankostenrechnung (1981), S. 468 ff.

2) Vgl. W. Kilger, Plankostenrechnung (1981), S. 683.

$$(6.30) \quad c_{F\mu}^{(p)} = \frac{K_{F\mu}^{(p)}}{\sum_{i=1}^{m} r_{\mu i}^{(p)}} \qquad (\mu=1,\ldots,V)$$

Bei der folgenden Ableitung wollen wir alle primären und sekundären leistungsempfangenden Kostenstellen mit (i=1,...,m) indizieren, weiterhin symbolisiert $K_{F\mu}$ die primären und sekundären Fixkosten der Hilfskostenstelle μ. $r_{\mu i}^{(p)}$ bezeichnet den Planverbrauch der Stelle i an Leistungen der Nebenkostenstelle μ. Von Stelle μ werden dann einer beliebigen leistungsempfangenden Stelle k folgende sekundäre Fixkosten belastet:

$$(6.31) \quad K_{F\mu k}^{(p)} = \frac{K_{F\mu}^{(p)}}{\sum_{i=1}^{m} r_{\mu i}^{(p)}} \, r_{\mu k}^{(p)} \qquad \begin{matrix}(k=1,\ldots,m)\\ (\mu=1,\ldots,V)\end{matrix}$$

Unterstellt man, daß sich (primäre) Plan- bzw. Ist-Fixkosten der Stelle μ nicht unterscheiden, bleibt dieser Betrag nur dann im Ist unverändert, wenn gilt:

$$(6.32) \quad \frac{r_{\mu k}^{(p)}}{\sum_{i=1}^{m} r_{\mu i}^{(p)}} = \frac{r_{\mu k}^{(i)}}{\sum_{i=1}^{m} r_{\mu i}^{(i)}} \qquad \begin{matrix}(k=1,\ldots,m)\\ (\mu=1,\ldots,V)\end{matrix}$$

Betrachtet man alle (i=1,...,m) Kostenstellen, so bedeutet dies, daß die Relationen von Ist- und Plan-Inanspruchnahme der Leistungen der Stelle μ bei allen Stellen gleich sein müssen; damit ist aber realistischerweise nicht zu rechnen. Soll das Leistungsentsprechungsprinzip bei den Nachkalkulationen eingehalten werden, müssen daher neue Fixkostenverrechnungssätze errechnet werden, mit deren Hilfe die sekundäre Fixkostenverteilung nochmals durchgeführt wird. Die sich ergebenden Beträge werden im Betriebsabrechnungsbogen in der Ist-Spalte ausgewiesen und bei der Berechnung der Ist-Vollkostensätze berücksichtigt.

6.3. Die Kostenträgerrechnung in Betrieben mit Selbstkostenpreis-Erzeugnissen

6.3.1. Die Gestaltung der Kostenträgerstückrechnung hinsichtlich der Selbstkostenpreisermittlung

Die Leitsätze erwähnen als Kalkulationsverfahren für Selbstkostenpreiskalkulationen in Nr. 5 Abs. 2 lediglich die Divisionskalkulation, die Äquivalenzziffernkalkulation und die Zuschlagskalkulation. Divisions- und Äquivalenzziffernkalkulation sind nur anwendbar, wenn das Produktionsprogramm aus einem bzw. wenigen artähnlichen Erzeugnissen besteht, welche sich in ihrer Kostenverursachung nur geringfügig unterscheiden. In modernen Kostenrechnungssystemen finden diese Verfahren keine Verwendung mehr.

Von den in den LSP genannten Verfahren ist somit allein die Zuschlagskalkulation allgemein anwendbar; allerdings ist, wie bereits in Abschnitt 4.2.1. angedeutet, aus theoretischen und praktischen Gründen der Lohnzuschlagskalkulation die kalkulatorische Verrechnung der Fertigungskosten mit Hilfe mengenmäßiger Bezugsgrößen vorzuziehen. Die Nachteile der Lohnzuschlagskalkulation[1)] bestehen einmal darin, daß nur eine Verrechnungsgröße pro Kostenstelle verwendet wird, sich aber die Stellenleistung oftmals nur mit Hilfe mehrerer Maßgrößen richtig quantifizieren läßt (siehe Abschnitt 6.2.2.1.). Zweitens erscheint problematisch, daß die Höhe der auf ein Erzeugnis kalkulierten sonstigen Fertigungskosten wie Abschreibungen, Energie- und Reparaturkosten vom Lohnniveau der ausführenden Arbeiter beeinflußt werden kann. Drittens ist in vielen Fertigungsstellen der Anteil Lohnkosten an den gesamten Fertigungskosten so gering, daß sich Zuschlagssätze von über tausend Prozent ergeben, welche nicht mehr sinnvoll interpretierbar sind.

Obwohl es in den LSP nicht explizit erwähnt ist, empfehlen wir daher auch für Preiskalkulationen das Verfahren der <u>Bezugsgrößenkalkulation</u>;

---

1) Vgl. hierzu W. Kilger, Einführung (1980), S. 328 f.

die Kommentare zum Verordnungswerk weisen ebenfalls darauf hin, daß die Kalkulation mit Mengenbezugsgrößen Vorteile gegenüber der Lohnzuschlagskalkulation aufweist, woraus deren preisrechtliche Zulässigkeit gefolgert werden kann.[1] Bezeichnen wir die Sondereinzelkosten der Fertigung und des Vertriebs mit e_{Ftg} bzw. e_{Vt} und den Index der Bezugsgrößenart im Falle heterogener Kostenverursachung mit ß (ß=1,...,s_i), so läßt sich für die vollen Stückkosten eines Selbstkostenpreis-Erzeugnisses j folgende Kalkulationsgleichung der Bezugsgrößenkalkulation formulieren:[2]

$$(6.33) \quad k_{Sj} = \left[k_{SMj} \, (1+h_M) + \sum_{i=1}^{m} \sum_{\beta=1}^{s_i} b_{Si\beta j} \, h_{Pi\beta} + e_{SFtgj} \right] (1+h_V) + e_{SVtj} \qquad (j=1,\ldots,n_S)$$

In internen Plan-, Vor- und Nachkalkulationen werden parallel zu den Vollkosten die proportionalen Stückkosten ausgewiesen, wobei Gleichung (6.33) analog anzuwenden ist; in Selbstkostenpreiskalkulationen erübrigt sich der Ausweis proportionaler Kosten. Gleichung (6.33) geht von einteiligen Enderzeugnissen aus; bei mehrteiligen Produkten sind die Herstellkosten jedes selbsterstellen Einzelteils gesondert zu kalkulieren; zusammen mit den Kosten fremdbezogener Teile und den Montagekosten ergibt dies die Herstellkosten der Endprodukte, zu welchen die V.u.V.-Kosten analog zu Gleichung (6.33) hinzugerechnet werden.[3]

Für Betriebe mit Selbstkostenpreis-Erzeugnissen kann es weiterhin zweckmäßig sein, die Kalkulation um einen Ausweis der primären Kosten zu ergänzen. Hierdurch wird einmal eine eventuell erforderliche Um-

---

1) Vgl. H. Ebisch u. J. Gottschalk, Preise (1977), S. 253 f; H. Michaelis u. C.A. Rhösa, Preisbildung (1982), LSP Nr. 5, S. 10.

2) Eine analoge Kalkulationsgleichung für die proportionalen Selbstkosten findet sich bei W. Kilger, Einführung (1980), S. 336.

3) Vgl. W. Kilger, Plankostenrechnung (1981), S. 632 ff.

wertung der Faktorpreise auf die in den Leitsätzen geforderten Wertansätze erleichtert (vgl. Abschnitt 3.4.). Zum anderen werden bei Aufträgen mit langer Fertigungszeit häufig Preisgleitklauseln vereinbart[1], d.h.,der ursprüngliche Selbstkostenfestpreis erhöht sich um die Preissteigerungsraten der einzelnen Produktionsfaktoren; bei Kenntnis der Primärstruktur der Stückkosten ist die Anpassung an die Preissteigerung unproblematisch.

Zur Durchführung eines Primärkostenausweises werden die Kalkulationssätze der Kostenstellen nach den primären Kostenarten differenziert (die Einzelkosten liegen direkt in ihrer Primärstruktur vor). Hierbei ist folgendes zu beachten:

1. Der Arbeitsaufwand zur Ermittlung der Primärkosten pro Erzeugniseinheit hängt wesentlich vom Grad der Differenzierung in primäre Kostenarten ab. Für praktische Belange ist i.d.R. eine Aufteilung der Stellenkosten in die wichtigsten Kostenartengruppen wie Personal-, Energie-, Werkzeugkosten und die Zusammenfassung der restlichen unter sonstige Primärkosten ausreichend.[2]

2. Um die Primärstruktur der Stückkosten zu bestimmen, müssen auch die sekundären Kosten der Hauptkostenstellen in ihre Primärkostenarten zerlegt werden. Wegen der Interdependenz des innerbetrieblichen Leistungsaustausches erfordert dies die nochmalige Durchführung der innerbetrieblichen Leistungsverrechnung, und zwar nach Primärkostenarten differenziert. Dabei sind aus den

---

1) Zur Festlegung von Preisgleitklauseln vgl. u.a. H. Rump, Beurteilung (1964), S. 1233 ff; P. Finger, Preisgleitklausel (1970), S. 1865 ff; H. Ernst, H. Kuppert u. E. Reuter, Beurteilung (1970); H. Bohrs, Ermittlung (1971), S. 153 ff u. S. 379 ff; W. Kilger, Einführung (1980), S. 385 ff und speziell für öffentliche Aufträge J. Broschwitz, Preisgleitklauseln (1974), S. 685 ff; H. Ebisch u. J. Gottschalk, Preise (1977), S. 59 ff.

2) In der Praxis werden im allgemeinen sogenannte partielle Preisgleitklauseln vereinbart, welche nur die wichtigsten Kostenarten in die Preisanpassung einbeziehen.

in Abschnitt 6.2.4. geschilderten Gründen proportionale und fixe Kosten der Sekundärstellen getrennt zu verrechnen.

Indizieren wir die Primärkostenarten mit $\xi(\xi=1,...,z)$, so gilt für den Anteil einer Primärkostenart ξ am proportionalen Verrechnungssatz einer Sekundärstelle μ folgende Bestimmungsgleichung:[1)]

$$(6.34)\quad d_{\mu\xi} = \frac{K_{PPr\mu\xi}}{B_\mu} + \sum_{\nu=1}^{V} \rho_{\nu\mu}\, d_{\nu\xi} \qquad \begin{matrix}(\mu=1,...,V)\\(\xi=1,...,z)\end{matrix}$$

$K_{PPr\mu\xi}$ bezeichnet die proportionalen primären Kosten der Kostenart ξ in Stelle μ und $\rho_{\nu\mu}$ den Verbrauch pro Bezugsgrößeneinheit der Nebenkostenstelle μ an Leistungen der Stelle ν. Analog läßt sich der differenzierte Fixkostenverrechnungssatz bestimmen:

$$(6.35)\quad c_{F\mu\xi} = \frac{K_{FPr\mu\xi}}{B_\mu} + \sum_{\nu=1}^{V} \rho_{\nu\mu}\, c_{F\nu\xi} \qquad \begin{matrix}(\mu=1,...,V)\\(\xi=1,...,z)\end{matrix}$$

Mit den differenzierten Verrechnungssätzen der Sekundärstellen läßt sich der Anteil der Primärkostenart ξ am Vollkostensatz einer Hauptkostenstelle i wie folgt berechnen:

$$(6.36)\quad h_{i\xi} = h_{Pri\xi} + \sum_{\mu=1}^{V} (d_{\mu\xi} + c_{F\mu\xi})\, \rho_{\mu i} \qquad \begin{matrix}(i=1,...,m)\\(\xi=1,...,z)\end{matrix}$$

Bezeichnen wir die Einzelkosten einer Kostenart ξ pro Einheit der Produktart j mit $k_{E\xi j}$, so ergibt sich der Anteil der Primärkosten art ξ an den gesamten Stückkosten nach folgender Formel:

1) Vgl. W. Kilger, Plankostenrechnung (1981), S. 524.

$$(6.37)\quad k_{S\xi j} = k_{SE\xi j} + k_{SMj}\, h_{M\xi} + \sum_{i=1}^{m} h_{Pi\xi}\, b_{Sij} + e_{SFtg\xi j}$$

$$+ k_{SHj}\, h_{V\xi} + e_{SVt\xi j} \qquad (j=1,\ldots,n_S) \quad (\xi=1,\ldots,z)$$

Erhöht sich nun der Einstandspreis einer Kostenart von $q_\xi^{(1)}$ auf $q_\xi^{(2)}$, so wirkt sich dies bei Vereinbarung von Preisgleitklauseln auf die vollen Selbstkosten der Produktart j wie folgt aus:

$$(6.38)\quad k_{Sj}^{(2)} = \sum_{\xi=1}^{z} k_{S\xi j}^{(1)} \frac{q_\xi^{(2)}}{q_\xi^{(1)}} \qquad (j=1,\ldots,n_S)$$

Der Selbstkostenpreis steigt um folgenden Betrag:

$$(6.39)\quad \Delta p_{Sj} = \sum_{\xi=1}^{z} k_{S\xi j}\,(1+g)\left(\frac{q_\xi^{(2)}}{q_\xi^{(1)}} - 1\right) \qquad (j=1,\ldots,n_S)$$

Aus Gleichung (6.39) wird deutlich, daß bei Vereinbarung eines prozentualen Gewinnzuschlages auf die Selbstkosten sich auch der kalkulatorische Gewinn im Verhältnis der gewogenen Preissteigerungsrate erhöht. Soll dieser Effekt ausgeschaltet werden, d.h. der kalkulatorische Gewinn pro Stück soll sich nicht durch die Faktorpreissteigerung mit erhöhen, so ist für den Selbstkostenpreis folgende Gleichung anzusetzen:

$$(6.40)\quad p_{Sj}^{(2)} = p_{Sj}^{(1)} + \sum_{\xi=1}^{z} k_{S\xi j}\left(\frac{q_\xi^{(2)}}{q_\xi^{(1)}} - 1\right) \qquad (j=1,\ldots,n_S)$$

Mit einer Preisanpassung gemäß Gleichung (6.40) ist sichergestellt, daß die Höhe des kalkulatorischen Gewinnes im ursprünglichen Festpreis und im angepaßten Festpreis übereinstimmen.

6.3.2. Die kurzfristige Erfolgsrechnung in Betrieben mit Selbstkostenpreis-Erzeugnissen

In Unternehmen mit einer Plankosten- und Deckungsbeitragsrechnung wird die kurzfristige Erfolgsrechnung mit dem Umsatzkostenverfahren auf Grenzkostenbasis durchgeführt,[1] welches den Periodengewinn dergestalt ermittelt, daß von der Summe der Deckungsbeiträge aller Erzeugnisse die gesamten Fixkosten subtrahiert werden. Dieses Verfahren hat den Vorteil, daß der Beitrag jeder Produktart zur Deckung der Fixkosten und zum Periodengewinn ersichtlich ist, wodurch Verlustartikel unmittelbar erkannt und aus dem Produktionsprogramm eliminiert werden können. Weiterhin impliziert dieses Verfahren die Bewertung der Halb- und Fertigfabrikatebestände zu proportionalen Herstellkosten, was für die interne Bestandsbewertung als richtig angesehen wird.[2]

Im folgenden wollen wir untersuchen, wie die Gleichung des Periodenerfolges nach dem Umsatzkostenverfahren auf Grenzkostenbasis in Unternehmen mit Selbstkostenpreis-Produkten abzuwandeln ist; dabei gehen wir davon aus, daß in einer Abrechnungsperiode von $(j=1,\ldots,n_S)$ Erzeugnisarten $x_{SPj}^{(i)}$ Mengeneinheiten produziert und $x_{SAj}^{(i)}$ Mengeneinheiten abgesetzt werden. Nehmen wir weiterhin an, daß für sämtliche Produktarten Selbstkostenerstattungspreise vereinbart wurden und die Forderungen nach Wirtschaftlichkeit und Angemessenheit der Kosten erfüllt sind, so ergibt sich folgende Gewinngleichung:

$$(6.41) \quad G = \sum_{j=1}^{n_S} \left[k_{Sj}^{(i)} \; (1+g) \; - \; k_{SPj}^{(i)} \right] \; x_{SAj}^{(i)} \; - \; \sum_{i=1}^{m} K_{Fi}^{(i)}$$

---

1) Zu den Verfahren der kurzfristigen Erfolgsrechnung siehe Th. Beste, Erfolgsrechnung (1962), S. 277 ff; W. Kilger, Erfolgsrechnung (1962), S. 29 ff; W. Kilger, Einführung (1980), S. 420 ff.

2) Zur Bestandsbewertung im internen und externen Rechnungswesen vgl. H. Albach, Rechnungslegung (1966), S. 180; H. Albach, Bewertungsprobleme (1966), S. 380 ff; G. Wöhe, Bilanzierung (1979), S. 351 ff; W. Kilger, Einführung (1980), S. 270 ff.

Betrachtet man die fixen Herstellkosten und die fixen Verwaltungs- und Vertriebskosten getrennt voneinander, so gilt:

$$(6.42)\quad \sum_{i=1}^{m_H} K_{FHi}^{(i)} + \sum_{r=1}^{m_V} K_{FVr}^{(i)} = \sum_{j=1}^{n_S} k_{SFHj}^{(i)}\, x_{SPj}^{(i)} + \sum_{j=1}^{n_S} k_{SFVj}^{(i)}\, x_{SAj}^{(i)}$$

Die Kostenstellen des Verwaltungs- und Vertriebsbereiches haben wir an dieser Stelle mit $r=1,\ldots,m_V$ indiziert. Zerlegt man die vollen Ist-Selbstkosten $k_{Sj}^{(i)}$ in ihre proportionalen und fixen Bestandteile und unterteilt die fixen weiter in Herstell- und V.u.V.-Kosten, so läßt sich Gleichung (6.41) zu Gleichung (6.43) umformen:

$$(6.43)\quad G = \sum_{j=1}^{n_S} k_{Sj}^{(i)}\, g\, x_{SAj}^{(i)} - \sum_{j=1}^{n_S} k_{SFHj}^{(i)} \left(x_{SPj}^{(i)} - x_{SAj}^{(i)}\right)$$

Neben dem kalkulatorischen Gewinn sind in der Gleichung des Periodenerfolges die auf Bestandsveränderungen entfallenden fixen Herstellkosten zu berücksichtigen, somit der Teil der Fixkosten, der zwar in der Abrechnungsperiode anfällt, aber noch nicht im Selbstkostenpreis erstattet wird, bzw. in Vorperioden anfiel und jetzt erfolgswirksam verrechnet wird.[1)]

Nehmen wir an, daß für alle Erzeugnisse des Produktionsprogrammes <u>Selbstkostenfestpreise</u> vereinbart werden, welche als volle Plankosten zuzüglich dem kalkulatorischen Gewinnzuschlag ermittelt werden, modifiziert sich die Gleichung des Periodenerfolges wie folgt:

$$(6.44)\quad G = \sum_{j=1}^{n_S} \left[k_{Sj}^{(p)}\,(1+g) - k_{SPj}^{(i)}\right] x_{SAj}^{(i)} - \sum_{i=1}^{m} K_{Fi}^{(i)}$$

---

1) Bei einer Bestandsbewertung zu vollen Herstellkosten entfällt in Gleichung (6.43) die zweite Summe.

Schreiben wir die proportionalen Istkosten $k_{SPj}^{(i)}$ als Plankosten plus Stückkostenabweichung, so läßt sich Gleichung (6.44) analog zu Gleichung (6.41) umformen zu:

$$(6.45)\quad G = \sum_{j=1}^{n_S} \left[k_{Sj}^{(p)}\, g - (k_{SPj}^{(i)} - k_{SPj}^{(p)})\right] x_{SAj}^{(i)} + \sum_{j=1}^{n_S} k_{SFj}^{(p)}\, x_{SAj}^{(i)} - \sum_{i=1}^{m} K_{Fi}^{(i)}$$

Nehmen wir an, daß im Betrachtungszeitraum keine Bestandsveränderungen stattgefunden haben, so läßt sich die zweite Summe der Gleichung (6.45) schreiben als:

$$(6.46)\quad \sum_{j=1}^{n_S} k_{SFj}^{(p)}\, x_{SAj}^{(i)} = \sum_{i=1}^{m} \frac{K_{Fi}^{(p)}}{B_i^{(p)}} \sum_{j=1}^{n_S} b_{Sij}^{(p)}\, x_{SAj}^{(i)}$$

Berücksichtigt man, daß die zweite Summe der rechten Seite von Gleichung (6.46) die Ist-Beschäftigung der Kostenstellen darstellt[1)] und sich die Ist-Fixkosten in Gleichung (6.45) ebenfalls schreiben lassen als Plan-Fixkosten zuzüglich Fixkostenabweichung, so läßt sich Gleichung (6.45) zu Gleichung (6.47) umformen:

$$(6.47)\quad G = \sum_{j=1}^{n_S} \left[k_{Sj}^{(p)}\, g - (k_{SPj}^{(i)} - k_{SPj}^{(p)})\right] x_{SAj}^{(i)} - \sum_{i=1}^{m} K_{Fi}^{(p)} \left(1 - \frac{B_i^{(i)}}{B_i^{(p)}}\right) - \sum_{i=1}^{m} (K_{Fi}^{(i)} - K_{Fi}^{(p)})$$

---

1) Dies gilt nur unter der Annahme $x_{Aj}^{(i)} = x_{Pj}^{(i)}$; weiterhin ist unterstellt, daß keine Leistungsabweichungen auftreten.

Gleichung (6.47) verdeutlicht, daß bei Vereinbarung von Selbstkostenfestpreisen vom kalkulatorischen Gewinn neben den Abweichungen zwischen Ist- und Plankosten noch die Beschäftigungsabweichungen der Kostenstellen zu subtrahieren sind. Dies erklärt sich dadurch, daß dem Festpreis die Planbeschäftigungen der Periode zugrunde liegen und infolge von Unter- oder Überschreitungen dieser Planbeschäftigungen zu wenige bzw. zu viele Fixkosten pro Produkteinheit im Selbstkostenfestpreis angesetzt werden.

Um die Auswirkungen von Bestandsveränderungen auf Gleichung (6.47) analysieren zu können, formen wir die linke Seite der Gleichung (6.46) wie folgt um:

$$(6.48) \quad \sum_{j=1}^{n_S} k_{SFj}^{(p)} x_{SAj}^{(i)} = \sum_{j=1}^{n_S} k_{SFHj}^{(p)} x_{SPj}^{(i)} - \sum_{j=1}^{n_S} k_{SFHj}^{(p)} (x_{SPj}^{(i)} - x_{SAj}^{(i)}) + \sum_{j=1}^{n_S} k_{SFVj}^{(p)} x_{SAj}^{(i)}$$

Hierfür läßt sich dann schreiben:

$$(6.49) \quad \sum_{j=1}^{n_S} k_{SFj}^{(p)} x_{SAj}^{(i)} = \sum_{i=1}^{m_H} \frac{K_{FHi}^{(p)}}{B_{Hi}^{(p)}} \sum_{j=1}^{n_S} b_{Sij}^{(p)} x_{SPj}^{(i)} - \sum_{j=1}^{n_S} k_{SFHj}^{(p)} (x_{SPj}^{(i)} - x_{SAj}^{(i)}) + \sum_{r=1}^{m_V} \frac{K_{FVr}^{(p)}}{B_{Vr}^{(p)}} \sum_{j=1}^{n_S} b_{Sij}^{(p)} x_{SAj}^{(i)}$$

Die erste und die dritte Summe der linken Seite von Gleichung (6.49) lassen sich nun wieder zusammenfassen:

$$(6.50) \quad \sum_{j=1}^{n_S} k_{SFj}^{(p)} x_{SAj}^{(i)} = \sum_{i=1}^{m} K_{Fi}^{(p)} \frac{B_i^{(i)}}{B_i^{(p)}} - \sum_{j=1}^{n_S} k_{SFHj}^{(p)} (x_{SPj}^{(i)} - x_{SAj}^{(i)})$$

Setzt man Gleichung (6.50) in Gleichung (6.45) ein, so ergibt sich als Gewinngleichung im Falle von Bestandsveränderungen:

$$(6.51)\quad G = \sum_{j=1}^{n_S} \left[k_{Sj}^{(p)}\, g - (k_{SPj}^{(i)} - k_{SPj}^{(p)}) \right] x_{SAj}^{(i)} - \sum_{i=1}^{m} K_{Fi}^{(p)} \left(1 - \frac{B_i^{(i)}}{B_i^{(p)}}\right)$$

$$- \sum_{i=1}^{m} (K_{Fi}^{(i)} - K_{Fi}^{(p)}) - \sum_{j=1}^{n_S} k_{SFHj}^{(p)} (x_{SPj}^{(i)} - x_{SAj}^{(i)})$$

Ein Vergleich der Gleichungen (6.43) und (6.51) verdeutlicht Risiko und Chance des Auftragnehmers bei Vereinbarung von Selbstkostenfestpreisen gegenüber der Vereinbarung von Erstattungspreisen; sämtliche Über- und Unterschreitungen der Plankosten und zusätzlich die Beschäftigungsabweichungen infolge Über- bzw. Unterschreitung der Planbeschäftigungen wirken sich bei Festpreisverträgen gewinnerhöhend oder gewinnmindernd aus.

Produziert nun ein Unternehmen $(j=1,\ldots,n_{S1})$ Erzeugnisse zu Selbstkostenfest- und $(k=1,\ldots,n_{S2})$ Erzeugnisse zu Selbstkostenerstattungspreisen, so ergibt sich als Gewinngleichung:

$$(6.52)\quad G = \sum_{j=1}^{n_{S1}} \left[k_{S1j}^{(p)} (1+g) - k_{S1Pj}^{(i)} \right] x_{S1Aj}^{(i)}$$

$$+ \sum_{k=1}^{n_{S2}} \left[k_{S2k}^{(i)} (1+g) - k_{S2Pk}^{(i)} \right] x_{S2Ak}^{(i)} - \sum_{i=1}^{m} K_{Fi}^{(i)}$$

Formen wir Gleichung (6.52) analog zu den Gleichungen (6.41) und (6.44) um, so ergibt dies:

$$(6.53)\quad G = \sum_{j=1}^{n_{S1}} \left[k_{S1j}^{(p)}\, g - (k_{S1Pj}^{(i)} - k_{S1Pj}^{(p)})\right] x_{S1Aj}^{(i)} + \sum_{k=1}^{n_{S2}} k_{S2k}^{(i)}\, g\, x_{S2Ak}^{(i)}$$

$$+ \sum_{j=1}^{n_{S1}} k_{S1Fj}^{(p)}\, x_{S1Aj}^{(i)} + \sum_{k=1}^{n_{S2}} k_{S2Fk}^{(i)}\, x_{S2Ak}^{(i)} - \sum_{i=1}^{m} K_{Fi}^{(i)}$$

Schreiben wir die Summe der Plan-Fixkosten der Produkte zu Selbstkostenfestpreisen wiederum als Differenz aus Ist-Fixkosten und Fixkosten-Abweichung, so läßt sich Gleichung (6.53) unter der Annahme, daß in der betreffenden Abrechnungsperiode keine Bestandsveränderungen stattgefunden haben, zu Gleichung (6.54) vereinfachen:

$$(6.54)\quad G = \sum_{j=1}^{n_{S1}} \left[k_{S1j}^{(p)}\, g - (k_{S1Pj}^{(i)} - k_{S1Pj}^{(p)})\right] x_{S1Aj}^{(i)} + \sum_{k=1}^{n_{S2}} k_{S2k}^{(i)}\, g\, x_{S2Ak}^{(i)}$$

$$- \sum_{j=1}^{n_{S1}} (k_{S1Fj}^{(i)} - k_{S1Fj}^{(p)})\, x_{S1Aj}^{(i)}$$

Die Gewinngleichung enthält somit neben den kalkulatorischen Gewinnen (bei den Festpreis-Erzeugnissen sind noch eventuelle Abweichungen der proportionalen Selbstkosten zu berücksichtigen) die Differenz der auf die Produkte mit Selbstkostenfestpreisen verrechneten fixen Ist- und fixen Sollkosten; diese Abweichung setzt sich aus zwei Bestandteilen zusammen:

1. der auf die Festpreis-Produkte entfallenden Fixkosten-Verbrauchsabweichung

2. der Beschäftigungsabweichung der Festpreis-Erzeugnisse, d.h. der aufgrund der Abweichungen von den Planbeschäftigungen zu viel oder zu wenig auf diese verrechneten Fixkosten.

Treten Bestandsveränderungen auf, so sind diese analog zu den Gleichungen (6.43) und (6.51) zu berücksichtigen; auf die Wiedergabe der algebraische Ableitung dieses Falles wollen wir verzichten.

Die bisher abgeleiteten Gewinngleichungen gelten für Unternehmen, die ausschließlich Selbstkostenpreis-Erzeugnisse herstellen. Gehören zum Produktionsprogramm eines Unternehmens neben $(j=1,...,n_S)$ Selbstkostenpreis-Produkten noch $(l=1,...,n_M)$ Marktpreis-Erzeugnisse, deren Absatzmengen $x_{MAl}^{(i)}$ zum Verkaufspreis p_{Ml} abgesetzt werden, so ergibt sich folgende Gleichung des Periodenerfolges, falls für die Selbstkostenpreis-Produkte Erstattungspreise vereinbart werden:

$$(6.55)\quad G = \sum_{l=1}^{n_M} (p_{Ml}^{(i)} - k_{MPl}^{(i)}) x_{MAl}^{(i)} + \sum_{j=1}^{n_S} \left[k_{Sj}^{(i)} (1+g) - k_{SPj}^{(i)} \right] x_{SAj}^{(i)} - \sum_{i=1}^{m} K_{Fi}^{(i)}$$

Gleichung (6.55) läßt sich wiederum umformen zu:

$$(6.56)\quad G = \sum_{l=1}^{n_M} (p_{Ml}^{(i)} - k_{MPl}^{(i)})\, x_{MAl}^{(i)} + \sum_{j=1}^{n_S} k_{Sj}^{(i)}\, g\, x_{SAj}^{(i)} + \sum_{j=1}^{n_S} k_{SFj}^{(i)}\, x_{SAj}^{(i)} - \sum_{i=1}^{m} K_{Fi}^{(i)}$$

Zur weiteren Ableitung teilen wir die gesamten Fixkosten gemäß dem Leistungsentsprechungsprinzip auf die Markt- und die Selbstkostenpreis-Produkte auf; dazu zerlegen wir die Ist-Beschäftigungen der Stellen in $B_{Si}^{(i)}$ Bezugsgrößeneinheiten, welche für Selbstkostenpreis-Erzeugnisse anfielen, und $B_{Mi}^{(i)}$ Bezugsgrößeneinheiten der Marktpreis-Erzeugnisse:

$$(6.57)\quad \sum_{i=1}^{m} K_{Fi}^{(i)} = \sum_{i=1}^{m} K_{Fi}^{(i)} \frac{B_{Si}^{(i)}}{B_i^{(i)}} + \sum_{i=1}^{m} K_{Fi}^{(i)} \frac{B_{Mi}^{(i)}}{B_i^{(i)}}$$

Berücksichtigt man weiterhin analog zu den Umformungen der Gleichung (6.41) die auf Bestandsveränderungen der Selbstkostenpreis-Produkte entfallenden fixen Herstellkosten, so ergibt sich folgende Gewinngleichung:

$$(6.58) \quad G = \sum_{l=1}^{n_M} (p_{Ml}^{(i)} - k_{MPl}^{(i)})\, x_{MAl}^{(i)} + \sum_{j=1}^{n_S} k_{Sj}^{(i)}\, g\, x_{SAj}^{(i)}$$

$$\cdot \sum_{j=1}^{n} k_{SFHj}^{(i)}\, (x_{SPj}^{(i)} - x_{SAj}^{(i)}) - \sum_{i=1}^{m} K_{Fi}^{(i)} \frac{B_{Mi}^{(i)}}{B_i^{(i)}}$$

Ein Vergleich von Gleichung (6.58) und (6.43) zeigt, daß sich bei zusätzlicher Herstellung von Marktpreis-Erzeugnissen der Periodengewinn um die Differenz aus deren Deckungsbeiträgen und den anteilig auf diese verrechneten Fixkosten erhöht.

Auf gleichem Wege lassen sich die Gleichungen des Periodenerfolges für die Fälle ableiten, daß neben den Marktpreis-Erzeugnissen ausschließlich Produkte zu Selbstkostenfestpreisen hergestellt werden bzw. daß sowohl Produkte zu Markt- als auch zu Selbstkostenfest- als auch zu Selbstkostenerstattungspreisen zum Produktionsprogramm gehören.

Die kurzfristige Erfolgsrechnung wird in Betrieben mit einer Plankosten- und Deckungsbeitragsrechnung als geschlossene Kostenträgererfolgsrechnung oder als Artikelergebnisrechnung durchgeführt, die sich darin unterscheiden, daß die geschlossene Kostenträgererfolgsrechnung den Erfolgsausweis um eine rechnerische Bestandsführung der Halb- und Fertigfabrikatebestände ergänzt, auf welche die Artikelergebnisrechnung verzichtet.[1)]

---

1) Zu diesen Verfahren siehe W. Medicke, Kostenträgerrechnung (1964); H.G. Plaut, H. Müller u. W. Medicke, Grenzplankostenrechnung (1973), S. 305 ff; W. Kilger, Einführung (1980), S. 431 ff sowie Plankostenrechnung (1981), S. 671 ff.

Grundsätzlich sind beide Verfahren der kurzfristigen Erfolgsrechnung in Betrieben mit Selbstkostenpreis-Erzeugnissen anwendbar, wegen der oben gezeigten relativ großen Bedeutung von Bestandsveränderungen für den Periodengewinn und der oftmals langen Fertigungsdauer öffentlicher Aufträge halten wir aber hier eine rechnerische Bestandsführung und damit eine geschlossene Kostenträgererfolgsrechnung für unerläßlich; allerdings erscheint auch eine parallele Anwendung beider Verfahren erwägenswert, da die Artikelergebnisrechnung schnellere und vielseitiger auswertbare Ergebnisse liefert.[1)]

1) Die parallele Anwendung empfiehlt auch W. Kilger, Einführung (1980), S. 444.

7. Die betriebliche Planung in Unternehmen mit Selbstkostenpreis-Erzeugnissen

7.1. Die kurzfristige Produktions- und Absatzplanung

7.1.1. Die Produktionsprogrammplanung in Unternehmen mit ausschließlich Selbstkostenpreis-Erzeugnissen

In den voranstehenden Kapiteln wurde gezeigt, daß in Betrieben mit öffentlichen Selbstkostenpreis-Aufträgen die Preisermittlung mit den Kostendaten der Plankosten- und Deckungsbeitragsrechnung durchgeführt werden kann. Im folgenden soll nun untersucht werden, wie die wichtigsten Planungsprobleme industrieller Betriebe im Falle der Fertigung öffentlicher Aufträge gelöst werden können. Es wird sich zeigen, daß wie in Betrieben mit ausschließlich Marktpreis-Erzeugnissen richtige Entscheidungen bezüglich der Produktionsprogramm- und der Produktionsvollzugsplanung nur getroffen werden können, wenn die Kostenrechnung die proportionalen Kosten pro Bezugsgrößen- und pro Erzeugniseinheit bereitstellen kann, wenn also die vorgeschlagene Parallelkalkulation fixer und proportionaler Kosten vorgenommen wird.

In den folgenden Abschnitten unterscheiden wir zwischen Betrieben, die ausschließlich Selbstkostenpreis-Aufträge herstellen und solchen, deren Produktionsprogramm neben $j=1,...,n_S$ Selbstkostenpreis-Erzeugnissen noch $l=1,...,n_M$ Marktpreis-Erzeugnisse enthält, wobei es ohne Belang ist, ob diese von staatlicher oder privater Seite nachgefragt werden. Diese Unterscheidung ist erforderlich, da sich die Entscheidungskriterien in beiden Fällen erheblich unterscheiden.

Als erstes wenden wir uns der Planung des Produktionsprogrammes in Betrieben mit ausschließlich Selbstkostenpreis-Erzeugnissen zu, wobei wir von folgenden Prämissen ausgehen:

1. Von öffentlichen Auftraggebern werden in der Planungsperiode $j=1,...,n_S$ Aufträge mit einer Absatzhöchstmenge von x_{SHj} Mengeneinheiten nachgefragt und der Auftragnehmer kann frei entscheiden, welche Aufträge er annehmen und welche er ablehnen soll. Müssen

einer oder mehrere Aufträge aus irgendwelchen Gründen produziert werden, so besteht bezüglich dieser kein Entscheidungsspielraum; daher sind die Gesamtkapazitäten um den Kapazitätsbedarf dieser Pflichtaufträge zu kürzen, und für die verbleibenden Aufträge ist nach denselben Kriterien zu entscheiden.

2. Es bestehen keine Wahlmöglichkeiten der Produktionsvollzugsplanung. (Die Besonderheiten der Produktionsvollzugsplanung in Unternehmen mit Selbstkostenpreis-Aufträgen werden in Abschnitt 7.1.3. behandelt.)

3. Der Produktaufbau aller Aufträge ist bekannt, so daß für alle Aufträge Selbstkostenfestpreise zu vereinbaren sind.

4. Die vorkalkulatorisch ermittelten Selbstkosten werden in der Preisprüfung als angemessene Kosten und Kosten bei wirtschaftlicher Betriebsführung anerkannt.

5. Alle Aufträge werden innerhalb der Planungsperiode hergestellt.

6. Der kalkulatorische Gewinn wird in einem Prozentsatz auf die Selbstkosten berechnet, der für alle Produkte gleich ist.

Durch die Prämissen 3 und 5 ist die Produktionsplanung bei langfristiger Auftrags- und Einzelfertigung und bei Entwicklungsaufträgen aus der Betrachtung ausgeschlossen; dies ist erforderlich, da es sich hier um Planungsprobleme handelt, deren optimale Lösung andere Wirtschaftlichkeitskriterien erfordert.

Auch in Betrieben, deren Verkaufspreise aus den vollen Selbstkosten abgeleitet werden, hängen die Entscheidungskriterien zur Ermittlung des optimalen Produktionsprogrammes davon ab, ob alle Fertigungsstellen über ausreichende Kapazitäten verfügen, ob eine Stelle zum Engpaß wird oder ob beim Aufbau der Produktionsprogrammplanung mehrere Engpässe auftreten.[1]

---

1) Zu den Entscheidungskriterien in Betrieben mit vorgegebenen Marktpreisen und Absatzhöchstmengen vgl. W. Kilger, Produktionsplanung (1973), S. 76 ff und W. Kilger, Plankostenrechnung (1981), S. 745 ff.

Treten in einem Betrieb keine Engpässe auf, so ist es wirtschaftlich, alle Erzeugnisarten mit positivem Stück-Deckungsbeitrag in das Produktions- und Absatzprogramm aufzunehmen. Für Produkte zu Selbstkostenpreisen läßt sich der Stück-Deckungsbeitrag wie folgt schreiben:

$$(7.1) \qquad p_{Sj} - k_{SPj} = k_{Sj}\,(1+g) - k_{SPj} \qquad (j=1,\ldots,n_S)$$

$$(7.2) \qquad p_{Sj} - k_{SPj} = k_{SPj}\,g + k_{SFj}\,(1+g) \qquad (j=1,\ldots,n_S)$$

Aus Gleichung (7.2) wird ersichtlich, daß für Selbstkostenpreis-Produkte unter den gesetzten Prämissen der Deckungsbeitrag immer positiv ist; daher ist es für Betriebe mit freien Kapazitäten wirtschaftlich, alle nachgefragten öffentlichen Aufträge herzustellen.

Wird eine Fertigungsstelle zum Engpaß, so erfolgt bei Marktpreis-Erzeugnissen unter der Annahme gegebener Verkaufspreise und Absatzhöchstmengen die Verkaufssteuerung durch Reihung der relativen Deckungsbeiträge pro Einheit der Engpaßbelastung w_{Ml}:

$$(7.3) \qquad w_{Ml} = \frac{p_{Ml} - k_{MPl}}{b_{MEl}} \qquad (l=1,\ldots,n_M)$$

Die Produkte werden in der Reihenfolge der relativen Deckungsbeiträge solange dem Engpaß mit ihren Absatzhöchstmengen zugeordnet, bis dessen Kapazität ausgeschöpft ist.

Die Bestimmung des optimalen Produktionsprogrammes mit Hilfe der Gleichung (7.3) stößt bei Selbstkostenpreis-Produkten auf die Schwierigkeit, daß der Deckungsbeitrag der Erzeugnisse in diesem Fall nicht konstant ist, sondern von der Zusammensetzung des Produktionsprogrammes und damit von der Lösung der Optimierungsaufgabe abhängt. Vor Festlegung des Produktionsprogrammes kann nämlich nur der Vollkostensatz der Engpaßstelle exakt angegeben werden, da deren

Kapazität ausgeschöpft wird; die Vollkostensätze der übrigen Stellen hängen davon ab, welche Erzeugnisarten mit ihren Absatzhöchstmengen hergestellt werden und bei welchen Erzeugnisarten Fehlmengen entstehen.

Die Planung des optimalen Produktionsprogrammes erweist sich somit zunächst als Optimierungsproblem mit nicht-linearer Zielfunktion; schreiben wir den Stück-Deckungsbeitrag gemäß der Gleichung (7.2), so läßt sich diese Zielfunktion in der Form der Gleichung (7.4) darstellen:

$$(7.4) \quad DB = \sum_{j=1}^{n_S} \left[k_{SPj}\, g + k_{SFj}\, (1+g) \right] x_{Sj}$$

Berücksichtigt man, daß für die fixen Stückkosten der Produkte folgende Kalkulationsgleichung gilt:

$$(7.5) \quad k_{SFj} = \sum_{i=1}^{m} \frac{K_{Fi}}{\sum_{j=1}^{n_S} b_{Sij}\, x_{Sj}}\, b_{Sij} \qquad (j=1,\ldots,n_S)$$

so läßt sich die Zielfunktion wie folgt umformen:

$$(7.6) \quad DB = \sum_{j=1}^{n_S} k_{SPj}\, g\, x_{Sj} + \sum_{j=1}^{n_S} \sum_{i=1}^{m} \frac{K_{Fi}}{\sum_{k=1}^{n_S} b_{Sik}\, x_{Sk}}\, b_{Sij}\, (1+g)\, x_{Sj}$$

Zur formalen Darstellung muß hierbei als zweiter Index der Produktarten $k=1,\ldots,n_S$ eingeführt werden, da für eine Produktart j im Nenner der Doppelsumme die Beschäftigungen aller Erzeugnisse addiert werden.

Vertauschen wir im zweiten Ausdruck der Gleichung (7.6) die Summen, so ergibt sich:

$$(7.7)\quad DB = \sum_{j=1}^{n_S} k_{SPj}\, g\, x_{Sj} + \sum_{i=1}^{m} \frac{K_{Fi}\,(1+g)}{\sum_{k=1}^{n_S} b_{Sik}\, x_{Sk}} \sum_{j=1}^{n_S} b_{Sij}\, x_{Sj}$$

Durch diese Umformung wird deutlich, daß in der Zielfunktion die Fixkosten der Stellen sowohl durch deren Beschäftigung dividiert als auch mit dieser multipliziert werden, so daß sie sich kürzen läßt; damit läßt sich Gleichung (7.7) schreiben als:

$$(7.8)\quad DB = \sum_{j=1}^{n_S} k_{SPj}\, g\, x_{Sj} + \sum_{i=1}^{m} K_{Fi}\,(1+g)$$

In Gleichung (7.8) ist die zweite Summe von den Aktionsparametern des Planungsproblems unabhängig und damit nicht entscheidungsrelevant. Dieses Ergebnis läßt sich dergestalt interpretieren, daß in Betrieben mit ausschließlich Selbstkostenpreis-Produkten die gesamten Fixkosten (einschließlich Gewinnzuschlag) in jedem Fall von den öffentlichen Auftraggebern erstattet werden und es für die Maximierung des Gesamt-Deckungsbeitrages belanglos ist, im Preis welcher Erzeugnisse die Fixkosten in Rechnung gestellt werden. Die Zielfunktion des Entscheidungsproblems läßt sich somit auf folgenden Ausdruck reduzieren:

$$(7.9)\quad Z = \sum_{j=1}^{n_S} k_{SPj}\, g\, x_{Sj}$$

Da der Gewinnzuschlag von den Produktarten unabhängig ist, verändert auch er die Ergebnisse der Optimierungsaufgabe nicht.

Wie in Betrieben mit Marktpreis-Erzeugnissen ergibt sich ein linearer Verlauf der Zielfunktion, daher ermittelt man im Falle eines Engpasses analog zu den relativen Deckungsbeiträgen die kalkulatorischen Gewinne auf die proportionalen Kosten pro Einheit der Engpaßbelastung:

$$(7.10) \quad w_{Sj} = \frac{k_{SPj}\, g}{b_{SEj}} \qquad (j=1,\dots,n_S)$$

und ordnet die Erzeugnisse in der Reihenfolge dieser Größen dem Engpaß zu, bis dessen Kapazität ausgeschöpft ist.

Dieses Entscheidungskriterium zeigt, daß es der Zielsetzung der Gewinnmaximierung entspricht, Produkte mit hohen proportionalen Kosten pro Einheit der Engpaßbelastung als erste ins Produktionsprogramm aufzunehmen; dies erklärt sich dadurch, daß wegen des prozentualen Gewinnzuschlages die Erzeugnisse mit hohen proportionalen Kosten stärker zur Gewinnerzielung beitragen als jene, deren relative proportionale Kosten geringer sind.

An dieser Stelle wollen wir kurz untersuchen, welche Auswirkungen die alleinige Bemessung des kalkulatorischen Gewinnes in Prozent des betriebsnotwendigen Vermögens auf die Zielgröße hätte. Schreiben wir die Stück-Deckungsbeiträge in der Form der Gleichung (7.1), so läßt sich die Zielfunktion für diese Art der Gewinnbemessung wie folgt formulieren (vgl. hierzu Gleichung (5.5)):

$$(7.11) \quad DB = \sum_{j=1}^{n_S} \left[k_{Sj} \left(1 + \frac{g_V\, BNV}{\sum_{k=1}^{n_S} k_{Sk}\, x_{Sk}}\right) - k_{SPj} \right] x_{Sj}$$

Durch Ausmultiplizieren des Gewinnzuschlages ergibt dies:

$$(7.12) \quad DB = \sum_{j=1}^{n_S} (k_{Sj} - k_{SPj}) x_{Sj} + \frac{g_V\, BNV}{\sum_{k=1}^{n_S} k_{Sk}\, x_{Sk}} \sum_{j=1}^{n_S} k_{Sj}\, x_{Sj}$$

Da sich die Summen in Zähler und Nenner des zweiten Ausdrucks entsprechen, läßt sich Gleichung (7.12) schreiben als:

$$(7.13) \quad DB = \sum_{j=1}^{n_S} k_{SFj} \, x_{Sj} + g_V \, BNV$$

Berücksichtigt man die Überlegungen zur Umformung der Gleichung (7.4), so erhält man aus Gleichung (7.13):

$$(7.14) \quad DB = \sum_{i=1}^{m} K_{Fi} + g_V \, BNV$$

Es zeigt sich das bereits in Abschnitt 5.3. angedeutete paradoxe Ergebnis, daß die Zielfunktion von den Entscheidungsvariablen unabhängig ist, d.h. es ist für die Zielerreichung unerheblich, welche Aufträge der Auftragnehmer annimmt und welche er ablehnt, da die Bemessungsgrundlage des Gewinnes von Art und Anzahl der Erzeugnisse nicht beeinflußt wird.

Aus diesem Ergebnis wird auch ersichtlich, daß bei einer Gewinnbemessung sowohl in Prozent der Selbstkosten als auch in Prozent des betriebsnotwendigen Vermögens <u>nur der auf die Selbstkosten entfallende Teil</u> für das Entscheidungsproblem von Bedeutung ist.

Treten in einem Unternehmen <u>mehrere Engpässe</u> auf, so läßt sich das optimale Produktionsprogramm nur mit Hilfe linearer Planungsmodelle ermitteln. Bei ausschließlicher Herstellung von Marktpreis-Erzeugnissen kommt für dieses Problem der Standardansatz der linearen Programmierung zur Anwendung, welcher die Deckungsbeiträge unter Einhaltung der Kapazitätsrestriktionen der Fertigungsstellen und der Absatzrestriktionen maximiert.[1)]

1) Zum Standardansatz vgl. W. Wittmann, Operations-Research (1958), S. 285 ff; T.Paulsson-Frenckner, Bestimmung (1958), S. 565 ff; H. Hax, Planungsrechnung (1960), S. 578 ff; W. Krelle, Überblick (1961), S. 346 ff; G.B. Dantzig, Lineare Programmierung (1966), S. 40 ff; W. Kilger, Produktionsplanung (1973), S. 96.

In Betrieben mit ausschließlich Selbstkostenpreis-Produkten ist dem Standardansatz die gleiche Zielfunktion zugrunde zu legen, die wir in Gleichung (7.4) für den Ein-Engpaß-Fall angegeben haben, auch ändert sich nichts an den Überlegungen zur Umformung dieser Zielfunktion zu Gleichung (7.9). Damit kann der Standardansatz auch für diese Problemstellung zur Anwendung kommen und zwar mit der Zielvorschrift: 'Maximiere den auf die proportionalen Selbstkosten entfallenden kalkulatorischen Gewinn'. Es ergibt sich folgendes Planungsmodell:

$$(7.15.1) \quad Z = \sum_{j=1}^{n_S} k_{SPj}\, g\, x_{Sj} \;\; -> \;\; \text{Max}$$

$$(7.15.2) \quad B_i \geq \sum_{j=1}^{n_S} b_{Sij}\, x_{Sj} \qquad (i=1,\ldots,m)$$

$$(7.15.3) \quad x_{SHj} \geq x_{Sj} \geq 0 \qquad (j=1,\ldots,n_S)$$

Damit zeigt sich, daß in Unternehmen, die nur Selbstkostenpreis-Erzeugnisse herstellen, die gleichen Planungsverfahren zur Produktionsprogrammplanung anzuwenden sind wie in Unternehmen mit ausschließlich Marktpreis-Produkten.

Zum Abschluß dieses Abschnittes wollen wir noch eine Modifikation der Problemstellung behandeln, die bei öffentlichen Aufträgen von Bedeutung sein dürfte. Das Entscheidungskriterium bei einem Engpaß und insbesondere der Standardansatz unterstellen, daß der Auftragnehmer frei entscheiden kann, ob er einen Auftrag mit der Absatzhöchstmenge, nur teilweise oder überhaupt nicht annehmen soll. Oftmals existiert aber die zweite Möglichkeit nicht, denn der öffentliche Auftraggeber wird bei der Auftragsvergabe auf der gewünschten Stückzahl bestehen.

Bei freien Kapazitäten stellt sich dieses Problem nicht, da hier alle

Aufträge ohnehin mit ihren Absatzhöchstmengen produziert werden. Bei einem Engpaß führt das oben angegebene Entscheidungskriterium dann nicht zu einer zulässigen Lösung, wenn der als letzter ins Produktionsprogramm aufgenommene Auftrag unteilbar ist und nicht in seiner Absatzhöchstmenge produziert werden kann. In diesem Fall entspricht die Problemstruktur dem sogenannten Rucksack-Problem mit Unteilbarkeitsbedingungen, für welches spezielle Lösungsverfahren entwickelt wurden, auf die wir hier nicht näher eingehen wollen.[1]

Treten mehrere Engpässe auf, so ist das Planungsmodell (7.15) dergestalt abzuwandeln, daß für die nicht teilbaren Aufträge Binärvariablen u_j eingeführt werden, welche den Wert 1 annehmen, wenn der Auftrag in vollem Umfang produziert werden soll, und die bei Nicht-Herstellung 0 sind. Nehmen wir an, daß von insgesamt $j=1,\ldots,n_S$ Aufträgen $\bar{n}_S$ Aufträge nicht teilbar sind, so ergibt sich folgendes Planungsmodell:

$$(7.16.1) \quad Z = \sum_{j=1}^{\bar{n}_S} k_{SPj}\ g\ x_{SHj}\ u_j + \sum_{j=\bar{n}_S+1}^{n_S} k_{SPj}\ g\ x_{Sj} \rightarrow \text{Max}$$

$$(7.16.2) \quad B_i \geq \sum_{j=1}^{\bar{n}_S} b_{Sij}\ x_{SHj}\ u_j + \sum_{j=\bar{n}_S+1}^{n_S} b_{Sij}\ x_{Sj} \qquad (i=1,\ldots,m)$$

$$(7.16.3) \quad x_{SHj} \geq x_{Sj} \geq 0 \qquad (j=\bar{n}_S+1,\ldots,n_S)$$

$$(7.16.4) \quad u_j \in \{0,1\} \qquad (j=1,\ldots,\bar{n}_S)$$

Sind alle Aufträge unteilbar, so entfällt Ungleichung (7.16.3) vollständig und in (7.16.1) und (7.16.2) die zweite Summe; im umgekehrten Fall geht das Planungsmodell (7.16) in den Standardansatz über.

1) Vgl. hierzu u.a. H. Müller-Merbach, Operations-Research (1973), S. 358 ff.

7.1.2. Die Produktionsprogrammplanung in Unternehmen mit Markt- und Selbstkostenpreis-Erzeugnissen

7.1.2.1. Die Produktionsprogrammplanung bei freien Kapazitäten

Im folgenden modifizieren wir die Fragestellung des voranstehenden Abschnitts dergestalt, daß neben $j=1,\ldots,n_S$ Selbstkostenpreis-Produkten $l=1,\ldots,n_M$ Erzeugnisse nachgefragt werden, deren Verkaufspreise in keiner Beziehung zu den Kosten des Unternehmens stehen. Bei den Marktpreis-Produkten kann es sich einmal um Aufträge handeln, die von privater Seite (Unternehmen, Endverbraucher) nachgefragt werden, zum anderen aber auch um Aufträge der öffentlichen Hand, für die ein Marktpreis festgestellt werden kann, dem gemäß § 1 VPöA der Vorrang vor einem Selbstkostenpreis eingeräumt werden muß.

In Unternehmen mit hinsichtlich der Verkaufspreise gemischtem Produktionsprogramm tritt ein Phänomen auf, das in Unternehmen mit ausschließlich Marktpreis- oder ausschließlich Selbstkostenpreis-Erzeugnissen unbekannt ist. Dieses besteht darin, daß die Erlöse einer Gruppe von Aufträgen, derjenigen zu Selbstkostenpreisen, davon beeinflußt werden, ob und in welchem Umfange sich Marktpreis-Erzeugnisse im Produktionsprogramm befinden. Aufgrund der in Abschnitt 6.2.3.2. beschriebenen Degression der fixen Stückkosten hängt die Höhe der auf Selbstkostenpreis-Erzeugnisse zu kalkulierenden Fixkosten und damit der Selbstkostenpreis davon ab, in welchem Maße die Kostenstellen des Betriebes Leistungen an die Marktpreis-Erzeugnisse abgeben, da in diesem Umfange gemäß dem Leistungsentsprechungsprinzip Fixkosten auf solche Produkte verrechnet werden müssen, deren Verkaufspreise von den Stückkosten unabhängig sind.

Die beschriebene Interdependenz zwischen den Markt- und den Selbstkostenpreis-Produkten wird auch in der Zielfunktion des betreffenden Betriebes deutlich. Schreiben wir den Stück-Deckungsbeitrag der Selbstkostenpreis-Produkte in der Form der Gleichung (7.2), so ergibt sich analog zu Gleichung (7.6) folgende Bestimmungsgleichung des Gesamt-Deckungsbeitrages:

$$(7.17) \quad DB = \sum_{l=1}^{n_M} (p_{Ml} - k_{MPl})\, x_{Ml} + \sum_{j=1}^{n_S} k_{SPj}\, g\, x_{Sj}$$

$$+ \sum_{j=1}^{n_S} \sum_{i=1}^{m} \frac{K_{Fi}}{\sum_{l=1}^{n_M} b_{Mil} x_{Ml} + \sum_{k=1}^{n_S} b_{Sik} x_{Sk}}\, b_{Sij}\, (1+g)\, x_{Sj}$$

Der dritte Ausdruck in Gleichung (7.17) verdeutlicht die Abhängigkeit der Deckungsbeiträge der Selbstkostenpreis-Erzeugnisse vom Auftragsvolumen zu Marktpreisen bzw. dem Anteil der Marktpreis-Erzeugnisse an der Beschäftigung der Kostenstellen. Gleichfalls wird deutlich, daß ähnliche Umformungen wie in Gleichung (7.6), bei denen sich die Fixkosten und die auf sie entfallenden kalkulatorischen Gewinne als nicht entscheidungsrelevant herausstellen, in Gleichung (7.17) nicht möglich sind.

Zur Analyse dieser Zielfunktion wollen wir untersuchen, welchen Beitrag zur Gewinnerzielung die einzelnen Erzeugnisse leisten; zu diesem Zweck leiten wir Gleichung (7.17) partiell nach einem beliebigen Selbstkostenpreis- und einem beliebigen Marktpreis-Erzeugnis ab. Zur Vereinfachung der formalen Darstellung führen wir an dieser Stelle folgende Indexmengen ein:

J_M : Indexmenge der Marktpreis-Produkte

J_S : Indexmenge der Selbstkostenpreis-Produkte

I : Indexmenge der Kostenstellen

Als partielle Ableitung der Deckungsbeitragsgleichung nach einem beliebigen Selbstkostenpreis-Produkt $h \in J_S$ erhält man:

$$(7.18)\quad \frac{\partial DB}{\partial x_{Sh}} = k_{SPh}\, g$$

$$+ \Big[\sum_{i\in I} \frac{K_{Fi} b_{Sih} \Big(\sum\limits_{l\in J_M} b_{Mil} x_{Ml} + \sum\limits_{k\in J_S} b_{Sik} x_{Sk}\Big) - K_{Fi} b_{Sih} x_{Sh} b_{Sih}}{\Big(\sum\limits_{l\in J_M} b_{Mil} x_{Ml} + \sum\limits_{k\in J_S} b_{Sik} x_{Sk}\Big)^2}$$

$$- \sum_{j\in J_S \setminus \{h\}} \sum_{i\in I} \frac{K_{Fi} b_{Sij} x_{Sj} b_{Sih}}{\Big(\sum\limits_{l\in J_M} b_{Mil} x_{Ml} + \sum\limits_{k\in J_S} b_{Sik} x_{SK}\Big)^2} \Big] (1+g)$$

In Gleichung (7.18) nehmen wir folgende Umformungen vor:

1. Im Zähler des ersten Bruches isolieren wir aus der Summe der Beschäftigung der Selbstkostenpreis-Produkte die Produktart h (nach welcher abgeleitet wird) und multiplizieren deren Beschäftigung mit dem Ausdruck $K_{Fi} b_{Sih}$; das sich ergebende Produkt entspricht dem Subtrahend des Zählers und entfällt.

2. Beim letzten Ausdruck der Ableitung vertauschen wir die Summen über die Produkte und über die Stellen, wobei alle vom Index j unabhängigen Größen vor die Summe gezogen werden.

Aus beiden Umformungen ergibt sich:

$$(7.19)\quad \frac{\partial DB}{\partial x_{Sh}} = k_{SPh}\, g$$

$$+\left[\sum_{i\in I} \frac{K_{Fi} b_{Sih} \left(\sum_{l\in J_M} b_{Mil} x_{Ml} + \sum_{j\in J_S \setminus \{h\}} b_{Sij} x_{Sj}\right)}{\left(\sum_{l\in J_M} b_{Mil} x_{Ml} + \sum_{k\in J_S} b_{Sik} x_{Sk}\right)^2}\right.$$

$$\left. - \sum_{i\in I} \frac{K_{Fi} b_{Sih} \sum_{j\in J_S \setminus \{h\}} b_{Sij} x_{Sj}}{\left(\sum_{l\in J_M} b_{Mil} x_{Ml} + \sum_{k\in J_S} b_{Sik} x_{Sk}\right)^2}\right](1+g)$$

Fassen wir beide Summen in der eckigen Klammer zusammen, so vereinfachen sich die partiellen Ableitungen zu folgendem Ausdruck:

$$(7.20)\quad \frac{\partial DB}{\partial x_{Sh}} = k_{SPh}\, g + \sum_{i\in I} \frac{K_{Fi} b_{Sih} \sum_{l\in J_M} b_{Mil} x_{Ml}}{\left(\sum_{l\in J_M} b_{Mil} x_{Ml} + \sum_{j\in J_S} b_{Sij} x_{Sj}\right)^2} (1+g)$$

Aus Gleichung (7.19) wird ferner deutlich, daß im Falle der ausschließlichen Herstellung von Selbstkostenpreis-Erzeugnissen die eckige Klammer Null wird, so daß sich als partielle Ableitung allein der (konstante) kalkulatorische Gewinn auf die proportionalen Selbstkosten ergibt, auf dessen Grundlage im voranstehenden Abschnitt die Entscheidungskriterien gebildet wurden.

Als partielle Ableitung eines Marktpreis-Erzeugnisses $h\in J_M$ erhält man folgende Gleichung:

$$(7.21)\quad \frac{\partial DB}{\partial x_{Mh}} = (p_{Mh} - k_{MPh}) - \sum_{j\in J_S} \sum_{i\in I} \frac{K_{Fi} b_{Sij} x_{Sj} b_{Mih}}{\left(\sum_{l\in J_M} b_{Mil} x_{Ml} + \sum_{k\in J_S} b_{Sik} x_{Sk}\right)^2} (1+g)$$

Vertauschen wir wiederum die beiden Summen und ziehen alle von j unabhängigen Größen vor die entsprechende Summe, so ergibt sich:

$$(7.22)\quad \frac{\partial DB}{\partial x_{Mh}} = (p_{Mh}-k_{MPh}) - \sum_{i\in I} \frac{K_{Fi} b_{Mih} \sum\limits_{j\in J_S} b_{Sij} x_{Sj}}{\left(\sum\limits_{l\in J_M} b_{Mil} x_{Ml} + \sum\limits_{k\in J_S} b_{Sik} x_{Sk}\right)^2} (1+g)$$

Aus den Gleichungen (7.20) und (7.22) wird deutlich, daß in Betrieben mit sowohl Markt- als auch Selbstkostenpreis-Erzeugnissen die Grenzgewinne pro Produkteinheit nicht konstant, sondern lösungsabhängig sind. Weiterhin wird ersichtlich, daß die Struktur der beiden Gleichungen eine analytische Ermittlung der optimalen Produktions- und Absatzmengen durch Nullsetzen der ersten Ableitungen nicht zuläßt, da Polynome höheren Grades multiplikativ miteinander verknüpft sind.

Da eine analytische Bestimmung des optimalen Produktionsprogrammes wegen der komplizierten Struktur der Zielfunktion nicht möglich ist, sind andere Lösungswege zu suchen. Als erstes wollen wir eine betriebswirtschaftliche Interpretation der Gleichungen der Grenzgewinne beider Erzeugnisgruppen vornehmen. In Gleichung (7.20) steht in den Nennern der Summe die quadrierte Gesamt-Beschäftigung der Kostenstellen und in den Zählern neben den Fixkosten und der Stück-Bezugsgröße die Beschäftigung, welche die Herstellung der Marktpreis-Produkte in den Kostenstellen hervorruft. Führen wir für diese Beschäftigungen die Symbole B_i und B_{Mi} ein, so läßt sich Gleichung (7.20) schreiben als:

$$(7.23)\quad \frac{\partial DB}{\partial x_{Sh}} = k_{SPh}\, g + \sum_{i=1}^{m} \frac{K_{Fi}}{B_i} b_{Sih} \frac{B_{Mi}}{B_i} (1+g)$$

Mit Hilfe der gleichen Überlegungen lassen sich die partiellen Ableitungen nach den Marktpreis-Erzeugnissen gemäß Gleichung (7.22) wie folgt darstellen, wobei B_{Si} die Bezugsgrößeneinheiten der Selbstkostenpreis-Produkte symbolisiert:

$$(7.24)\qquad \frac{\partial DB}{\partial x_{Mh}} = (p_{Mh}-k_{MPh}) - \sum_{i=1}^{m} \frac{K_{Fi}}{B_i}\, b_{Mih}\, \frac{B_{Si}}{B_i}\, (1+g)$$

Aus Gleichung (7.23) wird ersichtlich, daß jede Herstellung eines zusätzlichen Selbstkostenpreis-Produktes den Gesamt-Deckungsbeitrag um folgenden Betrag erhöht:

1. den konstanten kalkulatorischen Gewinn auf die proportionalen Selbstkosten
2. den Anteil der auf dieses Erzeugnis zu verrechnenden Fixkosten der einzelnen Kostenstellen in dem Verhältnis, in welchem die Fixkosten auf Marktpreis-Produkte verrechnet werden
3. den kalkulatorischen Gewinn auf den unter 2. genannten Betrag.

Demgegenüber erbringt die Fertigung eines Marktpreis-Erzeugnisses die folgende Deckungsbeitragsveränderung; der Gesamt-Deckungsbeitrag erhöht sich um den Stück-Deckungsbeitrag des Produktes und vermindert sich um die auf dieses Produkt zu verrechnenden Fixkosten der Stellen, soweit sie ansonsten auf Selbstkostenpreis-Produkte verrechnet werden; weiterhin vermindert er sich um den kalkulatorischen Gewinn auf letztgenannten Betrag.

Der Tatbestand, daß der Stück-Deckungsbeitrag nicht in vollem Umfang zur Gewinnerhöhung beiträgt, erklärt sich dadurch, daß dem Marktpreis-Erzeugnis fixe Kosten belastet werden, welche ansonsten zum Teil auf Selbstkostenpreis-Produkte entfielen, wo sie zum einen im Selbstkostenpreis erstattet werden würden und zum anderen einen kalkulatorischen Gewinn in Höhe von g% erbrächten. Der Grenzgewinn eines Marktpreis-Produktes ist somit nur dann positiv, wenn sein Stück-Deckungsbeitrag die mit den Anteilen der Selbstkostenpreis-Produkte an den Gesamt-Beschäftigungen gewogenen fixen Stückkosten (plus zugehörigen Gewinnzuschlag) überschreitet.

Damit zeigt sich, daß in Betrieben mit Markt- und Selbstkostenpreis-Erzeugnissen auch bei freien Kapazitäten nicht immer alle nachgefragten

Erzeugnismengen mit positivem Deckungsbeitrag produziert werden. Aus Gleichung (7.23) folgt, daß es bei freien Kapazitäten in jedem Fall wirtschaftlich ist, alle Selbstkostenpreis-Aufträge herzustellen, da deren Grenzgewinne für jede Datenkonstellation positiv sind. Ob die Herstellung eines Marktpreis-Erzeugnisses wirtschaftlich ist, hängt von folgenden Größen ab:

1. dem Stück-Deckungsbeitrag
2. der Leistungsinanspruchnahme in den Kostenstellen
3. der Gesamt-Beschäftigung der Kostenstellen
4. der Aufteilung der Gesamt-Beschäftigung auf die beiden Produktgruppen.

Gehen wir von dem vereinfachenden Fall eines Betriebes mit nur einer Kostenstelle aus, so ergibt sich der in Abbildung 7.1 wiedergegebene Verlauf des Grenzgewinnes eines Marktpreis-Erzeugnisses 1 in Abhängigkeit von der Stellenbeschäftigung, wobei ein gegebenes Auftragsvolumen an Selbstkostenpreis-Produkten angenommen wird. Zum Vergleich haben wir in Abbildung 7.2 den Verlauf des Grenzgewinnes eines Selbstkostenpreis-Produktes angegeben.

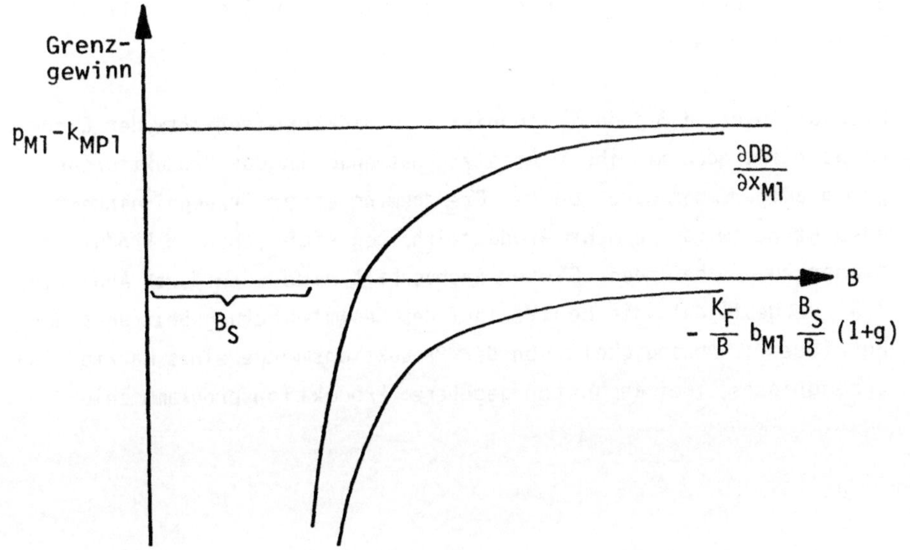

Abb. 7.1

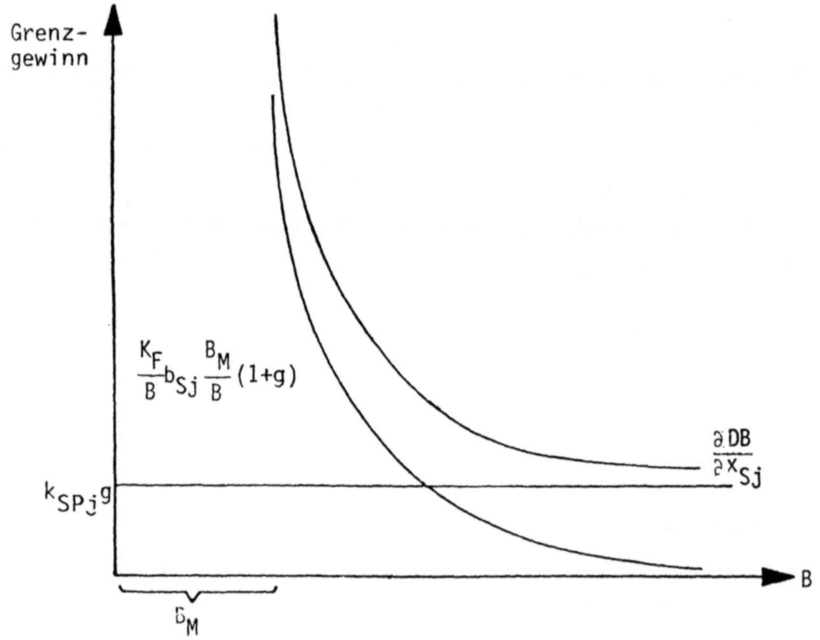

Abb. 7.2

Abbildung 7.1. verdeutlicht, daß der Grenzgewinn eines Marktpreis-Produktes umso größer ist, je besser die Kostenstellen ausgelastet sind. Mit zunehmender Beschäftigung nähert sich der Grenzgewinn asymptotisch dem Stück-Deckungsbeitrag der Produktart, da infolge der Fixkostendegression der negative Ausdruck in Gleichung (7.24) immer kleiner wird.

Hieraus folgt, daß jede Erzeugnisart zu Marktpreisen entweder überhaupt nicht oder mit ihrer Absatzhöchstmenge in das Produktionsprogramm aufgenommen wird, da der Grenzgewinn einer Erzeugniseinheit umso größer wird, je mehr Produkteinheiten sich schon im Produktionsprogramm befinden. Dieser Sachverhalt wird auch durch Abbildung 7.3. verdeutlicht, die den Verlauf des Gesamt-Deckungsbeitrages des Betriebes in Abhängigkeit von der Produktionsmenge eines Marktpreis-Erzeugnisses 1 bei ansonsten gegebenem Produktionsprogramm zeigt.

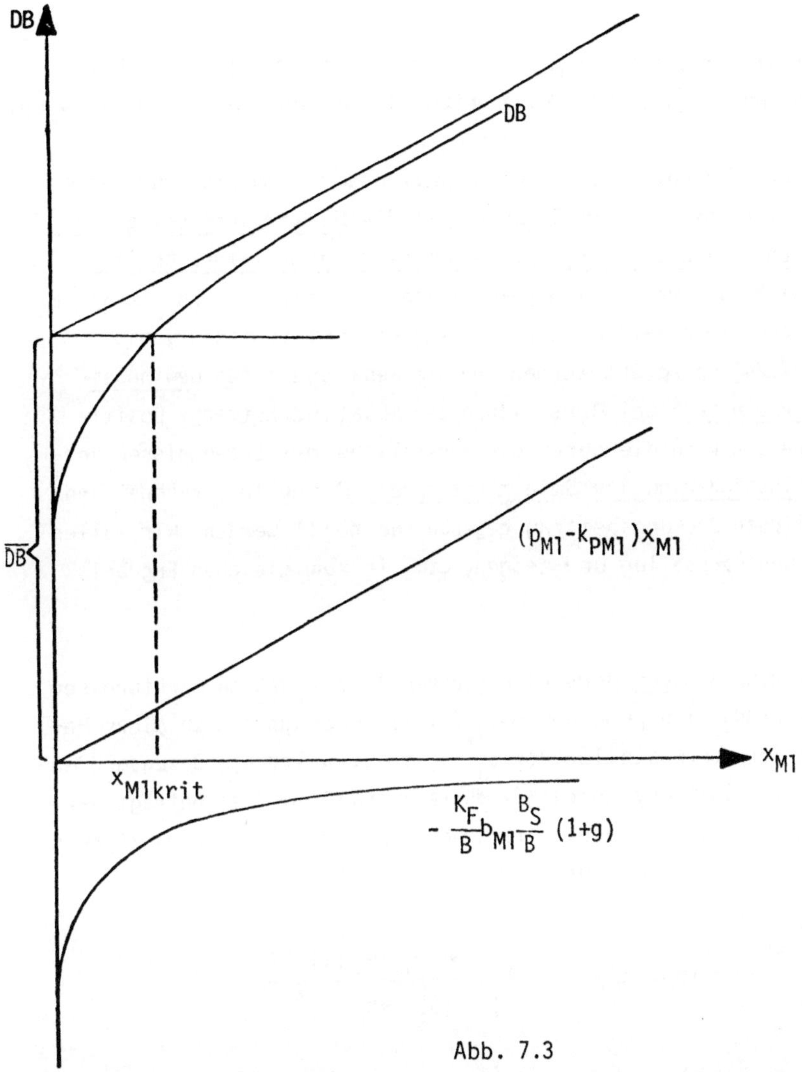

Abb. 7.3

Die übrigen Erzeugnisse des Programmes erbringen einen Deckungsbeitrag von $\overline{DB}$; dieser verringert sich in Abbildung 7.3 zunächst durch die Herstellung der Produktart 1, d.h., der Grenzgewinn der ersten Produkteinheiten ist negativ.[1] Wegen des degressiven Verlaufs der Kurve im vierten Quadranten, welche die nun auf Produktart 1 entfallenden Fixkosten der Selbstkostenpreis-Erzeugnisse exemplifiziert, steigt der Gesamt-Deckungsbeitrag mit zunehmender Produktmenge und nähert sich der in den Ordinatenpunkt $\overline{DB}$ parallel verschobenen Geraden des Deckungsbeitrages von 1. Aus Abbildung 7.3 wird ersichtlich, daß die Herstellung der Produktart 1 mit ihrer Absatzhöchstmenge dann wirtschaftlich ist, wenn die Ab-

1) Dies ist im Beispiel angenommen und keinesfalls allgemeingültig.

satzhöchstmenge größer als x_{M1krit} ist, der Produktmenge also, bei welcher der ursprüngliche Deckungsbeitrag $\overline{DB}$ gerade wieder erzielt wird.

Zur Bestimmung des optimalen Produktionsprogrammes muß nun für jedes Marktpreis-Erzeugnis überprüft werden, ob die Herstellung seiner Absatzhöchstmenge eine Erhöhung des Gesamt-Deckungsbeitrages bewirkt. Dies läßt sich auf zweierlei Wegen feststellen; einmal kann mit Hilfe der Formel des Grenzgewinnes eines Marktpreis-Erzeugnisses gemäß Gleichung (7.24) überprüft werden, ob die Gesamtheit des Gewinnbeitrages der Produktart bei Herstellung der Absatzhöchstmenge positiv ist. Zum zweiten kann die durch die Herstellung des Erzeugnisses verursachte Erlösminderung der Selbstkostenpreis-Produkte errechnet und dem zusätzlichen Deckungsbeitrag gegenübergestellt werden. Wir wollen beide Methoden darstellen und zeigen, daß sie zum gleichen Ergebnis führen.

Unterstellt man, daß vor Herstellung einer Produktart zu Marktpreisen die sich im Produktionsprogramm befindlichen Erzeugnisse zu einer Beschäftigung der Kostenstellen von $B_i^{(1)}$ führen, wovon B_{Si} Bezugsgrößeneinheiten auf Selbstkostenpreis-Produkte entfallen,[1] so beträgt der Grenzgewinn der ersten Produkteinheit des zu überprüfenden Marktpreis-Erzeugnisses 1 (vgl. Gleichung 7.24):

$$(7.25)\quad \frac{\partial DB}{\partial (x_{M1}=1)} = (p_{M1}-k_{MP1}) - \sum_{i=1}^{m} \frac{K_{Fi}b_{Mi1}B_{Si}(1+g)}{(B_i^{(1)}+b_{Mi1})^2}$$

Für die x_{M1}-te Produkteinheit beträgt dann der Grenzgewinn:

$$(7.26)\quad \frac{\partial DB}{\partial x_{M1}} = (p_{M1}-k_{MP1}) - \sum_{i=1}^{m} \frac{K_{Fi}b_{Mi1}B_{Si}(1+g)}{(B_i^{(1)}+b_{Mi1}x_{M1})^2}$$

Die Gesamtheit der Gewinnbeiträge ΔDB_1 errechnet sich dann nach folgen-

1) Wird das betreffende Produkt als erstes Marktpreis-Erzeugnis hergestellt, so sind $B_i^{(1)}$ und B_{Si} identisch.

der Gleichung:

$$(7.27)\quad \Delta DB_1 = \int_0^{x_{MH1}} \Big[(p_{M1}-k_{MP1}) - \sum_{i=1}^{m} \frac{K_{Fi} b_{Mi1} B_{Si}(1+g)}{(B_i^{(1)}+b_{Mi1}x_{M1})^2} \Big] dx_{M1}$$

Aus Gleichung (7.27) ergibt sich folgende Stammfunktion:

$$(7.28)\quad \Delta DB_1 = \Big[(p_{M1}-k_{MP1})x_{M1} + \sum_{i=1}^{m} \frac{K_{Fi} B_{Si}(1+g)}{B_i^{(1)}+b_{Mi1}x_{M1}} \Big]_0^{x_{MH1}} .$$

Setzt man in Gleichung (7.28) die Ober- und Untergrenzen des Integrals ein, erhält man folgenden Ausdruck:

$$(7.29)\quad \Delta DB_1 = (p_{M1}-k_{MP1})x_{MH1} - \sum_{i=1}^{m} \Big[\frac{K_{Fi} B_{Si}(1+g)}{B_i^{(1)}} - \frac{K_{Fi} B_{Si}(1+g)}{B_i^{(1)}+b_{Mi1}x_{MH1}} \Big]$$

Bezeichnen wir die Beschäftigungen nach Aufnahme der Absatzhöchstmenge von Produktart 1 mit $B_i^{(2)}$, so läßt sich Gleichung (7.29) zu Gleichung (7.30) umformen:

$$(7.30)\quad \Delta DB_1 = (p_{M1}-k_{MP1})x_{MH1} - \sum_{i=1}^{m} \frac{B_{Si}}{B_i^{(1)}} \cdot \frac{K_{Fi}}{B_i^{(2)}} b_{Mi1}x_{MH1}\ (1+g)$$

Als Gewinnveränderung bei Aufnahme des Marktpreis-Erzeugnisses 1 in das Produktionsprogramm ergibt sich die Differenz aus dem Deckungsbeitrag dieser Produktart und der ihr zuzurechnenden Fixkosten bei Herstellung der Absatzhöchstmenge, gewichtet mit dem Anteil der Selbstkostenpreis-Erzeugnisse an der ursprünglichen Beschäftigung der Kostenstellen und erhöht um den Gewinnzuschlag der Selbstkostenpreis-Produkte. Ist diese Differenz positiv, so ist das Marktpreis-Erzeugnis (bei freien Kapazitäten) herzustellen.

Die oben erwähnte zweite Methode ermittelt die Erlösminderung der Selbstkostenpreis-Produkte, welche die Herstellung eines Marktpreis-Erzeugnisses 1 infolge der Fixkostendegression mit sich bringt und vergleicht diese mit dem erzielbaren Deckungsbeitrag. Vor Aufnahme dieses Erzeugnisses beträgt der auf die Fixkosten entfallende Selbstkostenerlös $E_{SF}^{(1)}$:

$$(7.31) \quad E_{SF}^{(1)} = \sum_{i=1}^{m} \frac{K_{Fi}}{B_i^{(1)}} B_{Si} \ (1+g)$$

Dieser vermindert sich infolge der Beschäftigungszunahme auf:

$$(7.32) \quad E_{SF}^{(2)} = \sum_{i=1}^{m} \frac{K_{Fi}}{B_i^{(2)}} B_{Si} \ (1+g)$$

Die Differenz der Gleichungen (7.31) und (7.32) entspricht der Summe in Gleichung (7.29) und läßt sich analog zu dieser zum zweiten Ausdruck der Gleichung (7.30) umformen, so daß wir als Entscheidungskriterium für die Aufnahme eines Marktpreis-Erzeugnisses in das Produktionsprogramm nach beiden Methoden erhalten:

$$(7.33) \quad p_{M1} - k_{MP1} > \sum_{i=1}^{m} \frac{B_{Si}}{B_i^{(1)}} \frac{K_{Fi}}{B_i^{(2)}} b_{Mi1} \ (1+g)$$

Bei der Entscheidung über die Aufnahme mehrerer Marktpreis-Erzeugnisse in das Produktionsprogramm tritt zwischen diesen folgende Interdependenz auf. Aus Gleichung (7.33) folgt, daß die Herstellung einer Produktart umso eher wirtschaftlich ist, je größer die Beschäftigungen vor und damit auch nach ihrer Aufnahme sind, d.h., die Chance, das Kriterium (7.33) zu erfüllen, wird größer, je mehr Produkte sich schon im Produktionsprogramm befinden. Diese Interdependenz kann bei der Festlegung des optimalen Programmes folgende Besonderheiten hervorrufen:

1. Ein Marktpreis-Erzeugnis, dessen Herstellung nicht vorteilhaft ist, wenn als erstes (d.h. nach Aufnahme der Selbstkostenpreis-Produkte) über seine Produktion entschieden werden soll, kann sich dann als wirtschaftlich erweisen, wenn vor ihm eine oder mehrere andere Produktarten in das Produktionsprogramm aufgenommen werden.

2. Für mehrere Marktpreis-Produkte, die bei einer bestimmten Beschäftigung $B_i^{(1)}$ jedes isoliert Kriterium (7.33) nicht erfüllen, kann die gemeinsame Herstellung wegen des dann größer werdenden $B_i^{(2)}$ wirtschaftlich sein.

Hieraus folgt, daß ansich für jede Kombination von Marktpreis-Erzeugnissen überprüft werden müßte, ob die Herstellung der betreffenden Produkte vorteilhaft ist. Die Anzahl der Kombinationsmöglichkeiten entspricht dabei der Mächtigkeit der Potenzmenge der betreffenden Produktarten; d.h., stehen n_M Erzeugnisse zur Disposition, so existieren 2^{n_M} Möglichkeiten, Marktpreis-Produkte in das Produktionsprogramm aufzunehmen. Im folgenden wollen wir aber ein Verfahren zur Vereinfachung des Entscheidungsprozesses zur Produktionsprogrammplanung der Marktpreis-Erzeugnisse darstellen.

Hierzu haben wir in Übersicht 7.1 ein Ablaufschema zur Produktionsprogrammplanung der Marktpreis-Erzeugnisse wiedergegeben. Aus diesem Diagramm wird ersichtlich, daß als erstes die Produkte aufgenommen werden, die Kriterium (7.33) für den Fall erfüllen, daß das (vorläufige) Produktionsprogramm nur Selbstkostenpreis-Produkte enthält. Dies sind die Erzeugnisse, deren Verkaufspreise die Vollkosten bei den Beschäftigungen $(B_{Si}+b_{Mil}x_{MHl})$ zuzüglich des kalkulatorischen Gewinnes auf die Fixkosten übersteigen.[1] Für die Erzeugnisse, welche diese Voraussetzung nicht erfüllen, wird Kriterium (7.33) auf Basis der Beschäftigungen überprüft, die sich nach Aufnahme der erstgenannten Produkte ergeben.

Dabei ist zu erwarten, daß wegen der gestiegenen Beschäftigungen einige Produkte im zweiten Durchlauf das Kriterium erfüllen; diese werden dann ebenfalls aufgenommen und auf der Grundlage der sich dann ergebenden Beschäftigungen wird die Wirtschaftlichkeit der verbleibenden untersucht. Dieser Prozeß ist so lange zu wiederholen, bis entweder alle Produkte produziert werden oder mehrere Marktpreis-Erzeugnisse verbleiben, die auch bei der größten erzielbaren Beschäftigung Kriterium (7.33) nicht erfüllen. (Trifft dies nur für ein Produkt zu, so

1) Dies folgt aus Ungleichung (7.33), deren rechte Seite für $B_i^{(1)}=B_{Si}$ die Stück-Fixkosten multipliziert mit dem Gewinnzuschlag darstellt.

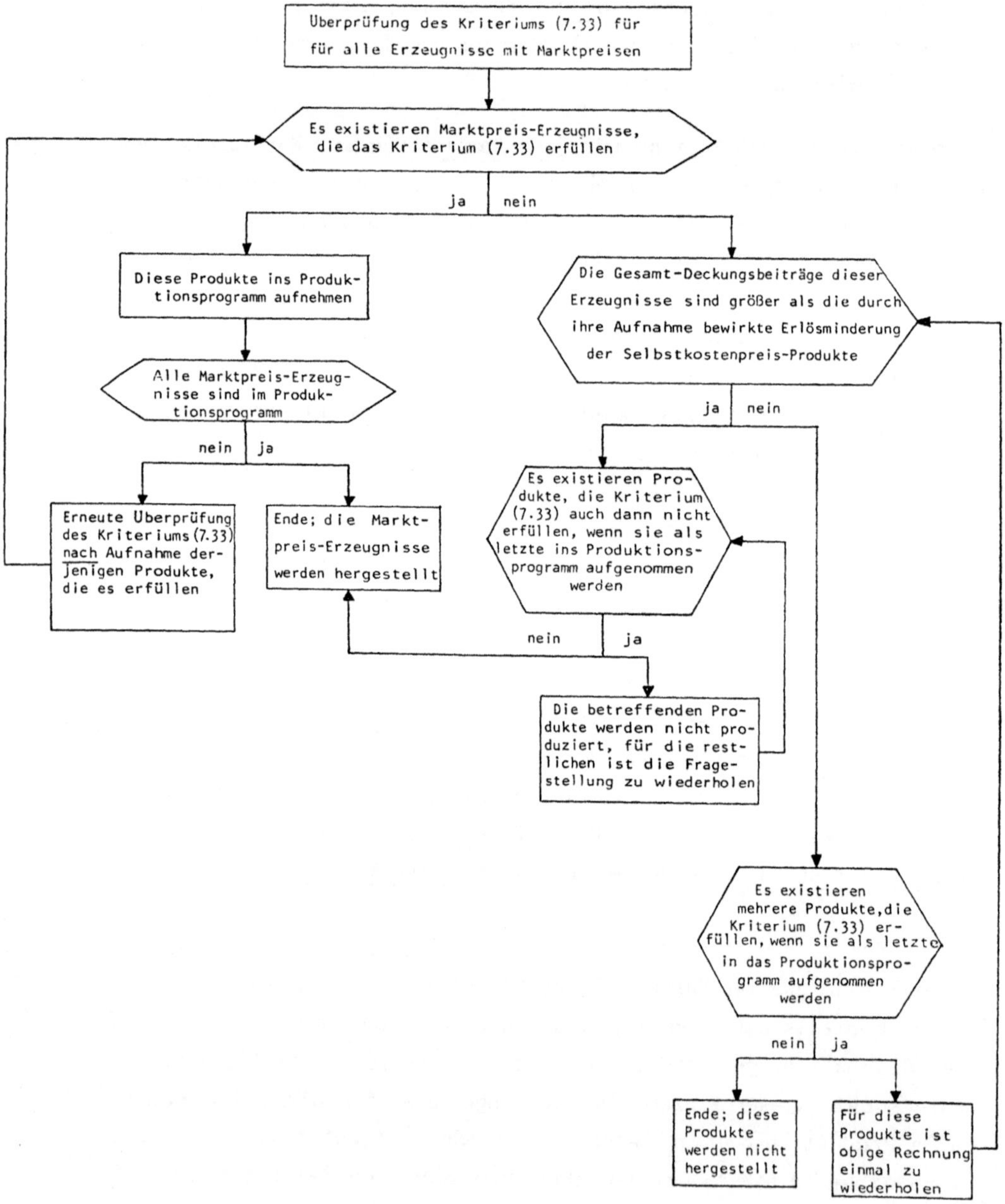

Übersicht 7.1: Entscheidungsverfahren zur Produktionsprogrammplanung für Markt- und Selbstkostenpreis-Erzeugnisse bei freien Kapazitäten

ist seine Herstellung nicht wirtschaftlich, da keine weiteren Beschäftigungserhöhungen realisierbar sind; der Entscheidungsprozeß ist dann ebenfalls beendet.)

Verbleiben mehrere Produkte, so läßt sich die Zahl der zu untersuchenden Kombinationen dadurch erheblich vermindern, daß als erstes überprüft wird, ob die Summe der Deckungsbeiträge aller in Frage kommenden Erzeugnisse größer ist als die durch ihre gemeinsame Aufnahme verursachte Erlösminderung der Selbstkostenpreis-Produkte. Bezeichnen wir die Anzahl der betreffenden Produkte mit $\bar{n}_M$, so ist für diese Fragestellung Ungleichung (7.33) wie folgt abzuwandeln:

$$(7.34) \quad \sum_{l=1}^{\bar{n}_M} (p_{Ml}-k_{MPl})x_{MHl} > \sum_{i=1}^{m} \frac{B_{Si}}{B_i^{(1)}} \frac{K_{Fi}}{B_i^{(1)}+\sum_{l=1}^{\bar{n}_M} b_{Mil}x_{MHl}} \sum_{l=1}^{\bar{n}_M} b_{Mil}x_{MHl}(1+g)$$

Erfüllen die betrachteten Erzeugnisse Ungleichung (7.34), bedeutet dies, daß die gemeinsame Herstellung wirtschaftlich ist. Es ist dann noch zu überprüfen, ob sich eine Gewinnsteigerung dadurch erzielen läßt, daß eines oder mehrere der betrachteten Produkte nicht in das Produktionsprogramm aufgenommen werden.

Zu diesem Zweck wird für jede Erzeugnisart ermittelt, ob sie Kriterium (7.33) unter der Annahme erfüllt, daß über ihre Aufnahme als letztes entschieden wird. Bezeichnen wir die Beschäftigungen nach Aufnahme aller Produkte mit B_{iMax}, so ist Ungleichung (7.33) für diese Fragestellung folgendermaßen zu modifizieren:

$$(7.35) \quad p_{Ml}-k_{MPl} > \sum_{i=1}^{m} \frac{B_{Si}}{B_{iMax}-b_{Mil}x_{MHl}} \frac{K_{Fi}}{B_{iMax}} b_{Mil} (1+g)$$

Die Produktarten, die Ungleichung (7.35) nicht erfüllen, vermindern den maximalen Gewinnzuwachs, der durch die betrachteten $\bar{n}_M$ Aufträge erzielbar ist, so daß auf deren Herstellung verzichtet werden sollte. Erfüllen alle Produkte Ungleichung (7.35), werden sie ins Produktionsprogramm aufgenommen, und der Entscheidungsprozeß ist beendet; im umgekehrten Fall muß für die verbleibenden Aufträge Kriterium (7.35) auf der Basis der verminderten Beschäftigungen nochmals überprüft und in gleicher Weise entschieden werden.

Ist der Gesamt-Deckungsbeitrag der betrachteten $\bar{n}_M$ Produkte geringer als die von ihnen verursachte Erlösminderung, so lohnt sich tendenziell deren Herstellung nicht. Trotzdem besteht theoretisch die Möglichkeit, daß für eine Teilmenge dieser Erzeugnisse die Aufnahme ins Produktionsprogramm wirtschaftlich ist. Um auch für diesen Fall eine vollständige Enumeration zu vermeiden, empfehlen wir wiederum zu überprüfen, ob die einzelnen Produkte hergestellt werden, wenn über ihre Produktion als letztes entschieden wird. Alle die Produkte, die Kriterium (7.35) nicht erfüllen, werden nicht hergestellt. Für die übrigen wird noch einmal die Summe der Deckungsbeiträge der verursachten Erlösminderung gegenübergestellt und in gleicher Weise entschieden, wie oben für die Gesamtheit dieser Produkte beschrieben.

Das geschilderte Entscheidungsverfahren ermöglicht die Planung des Produktionsprogramms der Marktpreis-Erzeugnisse, ohne daß die Gewinnveränderung jeder Kombinationsmöglichkeit errechnet werden muß. Der Aufwand des Entscheidungsprozesses hängt einmal wesentlich von der Anzahl der nachgefragten Marktpreis-Produkte ab, weiterhin wird er in hohem Maße von den relevanten Daten der Erzeugnisse (Deckungsbeiträge, Absatzhöchstmengen, Belastungsfaktoren) bestimmt, da es wesentlich von diesen abhängt, ob alle in Übersicht 7.1 wiedergegebenen Prüfschritte tatsächlich durchgeführt werden müssen oder ob vorzeitig über Annahme oder Ablehnung der einzelnen Marktpreis-Erzeugnisse entschieden ist.

Bei den bisherigen Ableitungen dieses Abschnittes gingen wir implizit von der Voraussetzung aus, daß sämtliche Stückbezugsgrößen sich proportional zur zugehörigen Produktmenge verhalten und ansonsten exogen vorgegeben sind. Wie bereits in Abschnitt 6.2.3.2. erwähnt, werden in der Praxis häufig die vollen Herstellkosten als indirekte Bezugsgröße zur Verrechnung der vollen Verwaltungs- und Vertriebskosten verwendet. Diese Bezugsgröße verhält sich nun weder proportional zu den Produktmengen noch liegt ihre Höhe pro Produkteinheit vorab fest, sondern hängt von der Auslastung der Material- und Fertigungskostenstellen und damit von der Zusammensetzung des Produktionsprogrammes ab.

Im genannten Abschnitt haben wir bereits darauf hingewiesen, daß diese Bezugsgröße an sich ungeeignet ist. Wegen ihres häufigen Gebrauchs wollen wir aber dennoch untersuchen, welche Auswirkungen die Verwendung der vollen Herstellkosten zur Kalkulation der V.u.V.-Kosten auf das hergeleitete Entscheidungskriterium hat.

Diese Auswirkungen sollen anhand der Erlösminderungen der Selbstkostenpreis-Produkte bei Aufnahme eines beliebigen Marktpreis-Erzeugnisses 1 ins Produktionsprogramm untersucht werden. Dabei gelten die Gleichungen (7.31) und (7.32) für die fixen Kosten des Material- und des Fertigungsbereiches unverändert. Die auf die fixen Verwaltungs- und Vertriebskosten entfallenden Erlöse der Selbstkostenpreis-Produkte ergeben sich vor Aufnahme des Marktpreis-Erzeugnisses als:[1]

$$(7.36) \qquad E_{SVF}^{(1)} = \sum_{r=1}^{m_V} \frac{K_{Fr}}{K_H^{(1)}} K_{SH}^{(1)} (1+g)$$

Beachtet man, daß sich durch die Produktion der Produktart 1 die gesamten Herstellkosten $K_H^{(1)}$ um deren proportionale Herstellkosten erhöhen, so gilt für die Herstellkosten nach Aufnahme des Erzeugnisses 1:

$$(7.37) \qquad K_H^{(2)} = K_H^{(1)} + k_{MHP1} x_{MH1}$$

Weiterhin folgt aus den obigen Überlegungen, daß sich die vollen Herstellkosten aller Selbstkostenpreis-Produkte $K_{SH}^{(1)}$ bei Aufnahme eines Marktpreis-Erzeugnisses um dessen Fixkosten gewichtet mit dem Anteil der Selbstkostenpreis-Erzeugnisse an den ursprünglichen Stellenbeschäftigungen vermindern. Für $K_{SH}^{(2)}$ gilt dementsprechend:

1) Die Kostenstellen des Verwaltungs- und Vertriebsbereichs werden im folgenden mit $r=1,\ldots,m_V$ indiziert.

$$(7.38) \quad K_{SH}^{(2)} = K_{SH}^{(1)} - \sum_{i=1}^{m_H} \frac{B_{Si}}{B_i^{(1)}} \frac{K_{Fi}}{B_i^{(2)}} b_{Mi1} x_{MH1}$$

Durch die Herstellung der Erzeugnisart 1 entsteht damit folgende auf die fixen V.u.V.-Kosten entfallende Erlösminderung der Selbstkostenpreis-Produkte:

$$(7.39) \quad \Delta E_{SVF} = \sum_{r=1}^{m_V} \Bigg[\frac{K_{Fr}}{K_H^{(1)}} K_{SH}^{(1)} - \frac{K_{Fr}}{K_H^{(1)} + k_{MHP1} x_{MH1}} \Bigg(K_{HS}^{(1)} - \sum_{i=1}^{m_H} \frac{B_{Si}}{B_i^{(1)}} \frac{K_{Fi}}{B_i^{(2)}} b_{Mi1} x_{MH1} \Bigg) \Bigg] (1+g)$$

Multiplizieren wir die runde Klammer in Gleichung (7.39) aus und fassen die sich ergebende Differenz der fixen V.u.V.-Zuschlagssätze zusammen, so ergibt sich:

$$(7.40) \quad \Delta E_{SVF} = \sum_{r=1}^{m_V} \Bigg[\frac{K_{Fr} K_{SH}^{(1)}}{K_H^{(1)} K_H^{(2)}} k_{MHP1} x_{MH1} + \frac{K_{Fr}}{K_H^{(2)}} \sum_{i=1}^{m_H} \frac{B_{Si}}{B_i^{(1)}} \frac{K_{Fi}}{B_i^{(2)}} b_{Mi1} x_{MH1} \Bigg] (1+g)$$

Klammert man in Gleichung (7.40) den fixen Zuschlagssatz nach Aufnahme der Produktart 1 aus, erhält man:

$$(7.41) \quad \Delta E_{SVF} = \sum_{r=1}^{m_V} \frac{K_{Fr}}{K_H^{(2)}} \Bigg[\frac{K_{SH}^{(1)}}{K_H^{(1)}} k_{MHP1} + \sum_{i=1}^{m_H} \frac{B_{Si}}{B_i^{(1)}} \frac{K_{Fi}}{B_i^{(2)}} b_{Mi1} \Bigg] x_{MH1} (1+g)$$

Werden die vollen Herstellkosten als Bezugsgröße zur Kalkulation der Verwaltungs- und Vertriebsgemeinkosten verwendet, so gehen die fixen V.u.V.-Kosten pro Stück in zwei Bestandteilen in das Entscheidungskriterium zur Aufnahme eines Marktpreis-Erzeugnisses ein:

1. die auf der Grundlage der proportionalen Herstellkosten verrechneten fixen V.u.V.-Kosten werden mit dem Anteil der auf Selbstkostenpreis-Erzeugnisse entfallenden Bezugsgrößeneinheiten (vor

Aufnahme der Produktart 1) gewichtet. Dies entspricht dem Vorgehen bei lösungsunabhängigen Bezugsgrößen.

2. auf die in Kriterium (7.33) entscheidungsrelevanten fixen Herstellkosten werden die fixen Zuschlagssätze des V.u.V.-Bereiches (nach Aufnahme der Produktart 1) ohne weitere Gewichtung angewandt.

Addierten wir ΔE_{SVF} zu den auf die fixen Herstellkosten entfallenden Erlösminderungen der Selbstkostenpreis-Produkte,[1)] so erhalten wir als Entscheidungskriterium bei Verwendung der vollen Herstellkosten als Bezugsgröße:

$$(7.42) \quad p_{M1} - k_{MP1} > \left[\sum_{i=1}^{m_H} \frac{B_{Si}}{B_i^{(1)}} \frac{K_{Fi}}{B_i^{(2)}} b_{Mi1} \left(1 + \sum_{r=1}^{m_V} \frac{K_{Fr}}{K_H^{(2)}} \right) + \sum_{r=1}^{m_V} \frac{K_{SH}^{(1)}}{K_H^{(1)}} \frac{K_{Fr}}{K_H^{(2)}} k_{MHP1} \right] (1+g)$$

Abschließend sei nochmals darauf hingewiesen, daß wir es für betriebswirtschaftlich richtiger und auch für zweckmäßiger halten, die V.u.V.-Kosten nicht auf der Basis der vollen Herstellkosten zu verrechnen, sondern eine Bezugsgröße zu wählen, welche die beiden Voraussetzungen Proportionalität zu den Produktmengen und Unabhängigkeit von der Auftragszusammensetzung erfüllt; eine derartige Bezugsgröße wären etwa die proportionalen Herstellkosten.

7.1.2.2. Die Produktionsprogrammplanung bei einem Engpaß

Treten in Unternehmen mit Selbstkostenpreis- und Marktpreis-Erzeugnissen Engpässe auf, so tritt neben die erlösbezogenen Interdependenzen zwischen beiden Erzeugnisgruppen die Konkurrenz um die knappen Kapazitäten der Fertigungsstellen. Während in Unternehmen mit ausschließlich Marktpreis- oder Selbstkostenpreis-Produkten sich die entscheidungsrelevanten Teile der Deckungsbeitragsfunktion linear zu den zu optimierenden Produktmengen verhalten, so daß die Planung des optimalen Produktionsprogrammes mit Hilfe von Reihungsverfahren (bei einem Engpaß) oder linearen Planungs-

---

1) Diese ergeben sich aus Gleichung (7.29), wenn nur der Herstellbereich betrachtet wird.

modellen durchgeführt werden kann, haben unsere Ausführungen im voranstehenden Abschnitt gezeigt, daß bei Herstellung von Erzeugnissen beider Preistypen immer eine nicht-lineare Zielfunktion vorliegt, was eine Optimierung mit den genannten Verfahren ausschließt. Im folgenden soll untersucht werden, inwieweit dennoch eine optimale Produktionsprogrammplanung in Unternehmen dieser Art möglich ist.

Als erstes wollen wir uns der Programmplanung bei einem Engpaß zuwenden; dabei wird der Begriff Engpaß so verstanden, daß sich das mit dem im vorangegangenen Abschnitt dargestellten Verfahren ermittelte Produktionsprogramm nicht realisieren läßt, weil eine Fertigungsstelle nicht über ausreichende Kapazität verfügt.

Häufig werden betriebswirtschaftliche Planungsprobleme mit nicht-linearer Zielfunktion und einem Engpaß mit Hilfe der Multiplikatormethode von Lagrange gelöst.[1] Wird eine Fertigungsstelle E zum Engpaß, so ist bei Anwendung dieses Verfahrens von der Zielfunktion nach Gleichung (7.17) folgender Ausdruck zu subtrahieren:

$$(7.43) \qquad w\left(\sum_{l=1}^{n_M} b_{MEl}x_{Ml} + \sum_{j=1}^{n_S} b_{SEj}x_{Sj} - B_E\right)$$

Die partiellen Ableitungen der Lagrange-Funktion nach den gesuchten Produktmengen ergeben sich dann aus den Gleichungen (7.23) und (7.24) als:

$$(7.44) \qquad \frac{\partial Z}{\partial x_{Sj}} = k_{SPj}\, g + \sum_{i=1}^{m} \frac{K_{Fi}}{B_i} \frac{B_{Mi}}{B_i} b_{Sij}(1+g) - w\, b_{SEj} = 0 \quad (j=1,\ldots,n_S)$$

$$(7.45) \qquad \frac{\partial Z}{\partial x_{Ml}} = (p_{Ml} - k_{MPl}) - \sum_{i=1}^{m} \frac{K_{Fi}}{B_i} \frac{B_{Si}}{B_i} b_{Mil}(1+g) - w\, b_{MEl} = 0 \quad (l=1,\ldots,n_M)$$

1) Vgl. u.a. C.W. Churchmann, R.L. Ackoff u. E.L. Arnoff, Operations Research (1966), S. 241 f; W. Kilger, Produktionsplanung (1973), S. 86 ff, S. 412 ff, S. 515 f.

Hinzu kommt noch die partielle Ableitung nach dem Lagrange-Multiplikator w:

$$(7.46)\quad \frac{\partial Z}{\partial w} = \sum_{l=1}^{n_M} b_{MEl}x_{Ml} + \sum_{j=1}^{n_S} b_{SEj}x_{Sj} - B_E = 0$$

Eine analytische Ermittlung der gesuchten Variablen mit Hilfe dieses Gleichungssystems ist wegen der sich ergebenden Polynome höheren Grades nicht möglich. Als weitere Schwierigkeit kommt hinzu, daß bei der vorliegenden Problemstruktur nicht einmal sichergestellt ist, daß die Kapazität der Engpaßstelle in vollem Umfang ausgeschöpft wird. Dies sei an folgendem Zahlenbeispiel gezeigt, in welchem drei Produkte zu Marktpreisen und vier Selbstkostenpreis-Erzeugnisse nachgefragt werden. Der Einfachheit halber nehmen wir an, daß der betrachtete Betrieb nur aus drei Kostenstellen besteht.[1] Die Ausgangsdaten befinden sich in Tab. 7.1.:

Produktart	Marktpreis	Prop. Selbstkosten	Absatzhöchstmenge	Belastungsfaktoren		
				Stelle 1	Stelle 2	Stelle 3
1	120	70	3 000	2	5	4
2	90	30	2 000	4	2	3
3	110	80	5 000	3	3	4
4	-	80	2 000	2	6	5
5	-	50	4 000	5	3	2
6	-	60	6 000	2	1	5
7	-	50	3 000	3	2	3
Fixkosten				185 000	308 000	304 000

Tabelle 7.1: Ausgangsdaten

1) Die Einflüsse der indirekten Bezugsgrößen des Material- und V.u.V.-Bereiches auf die Vollkostenkalkulation werden im folgenden vernachlässigt.

Tabelle 7.2 zeigt die zur Realisierung dieses Programmes erforderlichen Beschäftigungen der Stellen, wobei diese zusätzlich nach Markt- und Selbstkostenpreis-Produkten differenziert werden.

Stelle	Gesamt-Beschäftigung	Beschäftigung der Marktpreis-Erzeugnisse	Beschäftigung der Selbstkostenpreis-Erzeugnisse
1	74 000	29 000	45 000
2	70 000	34 000	36 000
3	95 000	38 000	57 000

Tabelle 7.2: Beschäftigungen des Ausgangsprogrammes

Gemäß dem Vorgehen bei freien Kapazitäten werden als erstes die Selbstkostenpreis-Erzeugnisse ins Produktionsprogramm aufgenommen und anschließend für die Marktpreis-Produkte Kriterium (7.33) auf der Grundlage der Beschäftigungen überprüft, die sich ergeben, wenn das betrachtete Erzeugnis als erstes (und einziges) Marktpreis-Produkt hergestellt werden soll. Hierbei erhält man bei einem Gewinnzuschlag von 5% auf die Selbstkosten folgende Ergebnisse:

Produkt 1: $(\frac{185}{51}\,2 + \frac{308}{51}\,5 + \frac{304}{69}\,4)\;1{,}05 = 57{,}83 > 50$

Produkt 2: $(\frac{185}{53}\,4 + \frac{308}{40}\,2 + \frac{304}{63}\,3)\;1{,}05 = 46{,}03 < 60$

Produkt 3: $(\frac{185}{60}\,3 + \frac{308}{51}\,3 + \frac{304}{77}\,4)\;1{,}05 = 45{,}32 > 30$

Im ersten Durchgang wird nur Produkt 2 ins Programm aufgenommen; bei der sich mit Produkt 2 ergebenden Beschäftigung sind die Berechnungen für die verbleibenden Produktarten zu wiederholen:

Produkt 1: $(\frac{185}{59}\,\frac{45}{53}\,2 + \frac{308}{55}\,\frac{36}{40}\,5 + \frac{304}{75}\,\frac{57}{63}\,4)\;1{,}05 = 47{,}45 < 50$

Nach Aufnahme von Produkt 2 ist auch die Herstellung der Produktart 1 wirtschaftlich, damit kann bei der Überprüfung von Produkt 3 deren Beschäftigung mit berücksichtigt werden:

Produkt 3: $(\frac{185}{74}\frac{45}{59}\,3 + \frac{308}{70}\frac{36}{55}\,3 + \frac{304}{95}\frac{57}{75}\,4)\;1{,}05 = 25{,}29 < 30$

Somit ist bei freien Kapazitäten die Herstellung aller Marktpreis-Erzeugnisse wirtschaftlich. Nehmen wir nun an, daß die Kapazität der zweiten Kostenstelle auf 50 000 Fertigungsminuten beschränkt ist und alle Selbstkostenpreis-Erzeugnisse hergestellt werden sollen, so wird als erstes Marktpreis-Erzeugnis Produkt 2 ins Produktionsprogramm aufgenommen, da es als einziges beim ersten Durchgang vorteilhaft ist. Für die Erzeugnisse 1 und 3 stehen dann noch 10 000 Fertigungsminuten zur Verfügung, in denen entweder 2 000 Stück von Produkt 1 oder 3 333 Stück von Produkt 3 hergestellt werden können. Überprüft man für diese Datenkonstellation Kriterium (7.33), erhält man folgende Ergebnisse:

Produkt 1: $(\frac{185}{57}\frac{45}{53}\,2 + \frac{308}{50}\frac{36}{40}\,5 + \frac{304}{71}\frac{57}{63}\,4)\;1{,}05 = 51{,}16 > 50$

Produkt 3: $(\frac{185}{63}\frac{45}{53}\,3 + \frac{308}{50}\frac{36}{40}\,3 + \frac{304}{76{,}33}\frac{57}{63}\,4)\;1{,}05 = 40{,}45 > 30$

Hieraus folgt, daß es nicht wirtschaftlich ist, die Produkte 1 und 3 herzustellen, so daß die Engpaßkapazität um 10 000 Fertigungsminuten unterschritten wird. Die Richtigkeit dieses Ergebnisses wird bestätigt, wenn man die erzielbaren Deckungsbeiträge beider Alternativen vergleicht. Mit der Herstellung von 2 000 Stück des Produktes 1 ergibt sich folgender Gesamt-Deckungsbeitrag (die Herstellung von 3 333 Stück der Produktart 3 führt zum gleichen Erzeugnis-Deckungsbeitrag, vermindert aber die auf Fixkosten entfallenden Selbstkostenerlöse stärker, so daß die Gewinndifferenz größer ist):

Deckungsbeitrag der Marktpreis-Produkte	120 000 + 100 000	= 220 000
Kalk. Gewinne auf die proportionalen Selbstkosten	870 000 · 0,05	= 43 500
Auf Fixkosten entfallende Selbstkostenerlöse	$(185\,000\ \frac{45\,000}{57\,000} + 308\,000\ \frac{36\,000}{50\,000} + 304\,000\ \frac{57\,000}{71\,000})1{,}05$	= 642 462
Gesamt-Deckungsbeitrag		= 905 962

Verzichtet man auf die Herstellung dieser Produktart, so ergibt sich folgender Deckungsbeitrag:

Deckungsbeitrag des Produktes 2		= 120 000
Kalk. Gewinne auf die proportionalen Selbstkosten	870 000 · 0,05	= 43 500
Auf Fixkosten entfallende Selbstkostenerlöse	$(185\,000\ \frac{45\,000}{53\,000} + 308\,000\ \frac{36\,000}{40\,000} + 304\,000\ \frac{57\,000}{63\,000})1{,}05$	= 744 789
Gesamt-Deckungsbeitrag		= 908 289

Aufgrund der Fixkostendegression ist die Erlösminderung der Selbstkostenpreis-Produkte bei den sich aufgrund des Engpasses ergebenden Beschäftigungen um 2 327 DM größer als der erzielbare Deckungsbeitrag der Produktart 1 in Höhe von 100 000 DM.[1)] (Soll als Alternative Pro-

1) Der Deckungsbeitrag bei ausreichenden Kapazitäten würde 939 465 DM betragen und ist damit um 31 176 DM größer als der bei Verzicht auf Produkt 1 und 3.

dukt 3 betrachtet werden, ergibt sich eine Deckungsbeitragsdifferenz von 34 836 DM.) Die Gewinnunterschiede erhält man auch, wenn man die Differenz zwischen entscheidungsrelevanten Fixkosten pro Stück und Stück-Deckungsbeitrag mit der zugehörigen Stückzahl multipliziert.[1]

Produkt 1: (51,16-50) 2 000 = 2 320
Produkt 3: (40,45-30) 3 333 = 34 830

Das Beispiel verdeutlicht, daß für die Produktionsprogrammplanung bei einem Engpaß in Betrieben mit beiden Preistypen neue Entscheidungskriterien gefunden werden müssen. Im folgenden wollen wir ein Näherungsverfahren vorstellen, welches die simultanen Wirkungen der Erlösinterdependenzen und der knappen Fertigungskapazitäten dergestalt berücksichtigt, daß die durchschnittlichen Gewinnbeiträge der Produkte pro Einheit der Engpaßbelastung berechnet und die Erzeugnisse in deren Reihenfolge dem Engpaß zugeordnet werden. Dies erscheint zweckmäßig, da in den Gleichungen der Gewinnbeiträge die Erlösinterdependenzen zwischen Markt- und Selbstkostenpreis-Produkten eine bedeutende Rolle spielen, während die Engpaßwirkung durch den Bezug auf die Engpaßbelastung und die entsprechende Reihung Berücksichtigung findet.

Die wesentliche Schwierigkeit dieses Vorgehens besteht darin, daß die Gewinnbeiträge (wie die Grenzgewinne) von den Beschäftigungen aller Kostenstellen und von deren Aufteilung auf die Produktgruppen abhängig sind, welche aber erst gleichzeitig mit der optimalen Lösung vorliegen.

Dieses Problem soll dadurch gelöst werden, daß in einem ersten Schritt ein Ausgangsprogramm unter Berücksichtigung des Engpasses festgelegt wird und im Anschluß daran für die nicht in diesem Programm enthaltenen Erzeugnisse mit Hilfe eines noch zu entwickelnden Kriteriums überprüft wird, ob sie anstelle anderer Produkte in das Programm aufgenommen werden sollen. In Übersicht 7.2 haben wir den Ablauf dieses Näherungsverfahrens wiedergegeben.

---

1) Aufgrund von Rundungsfehlern treten geringfügige Unterschiede auf.

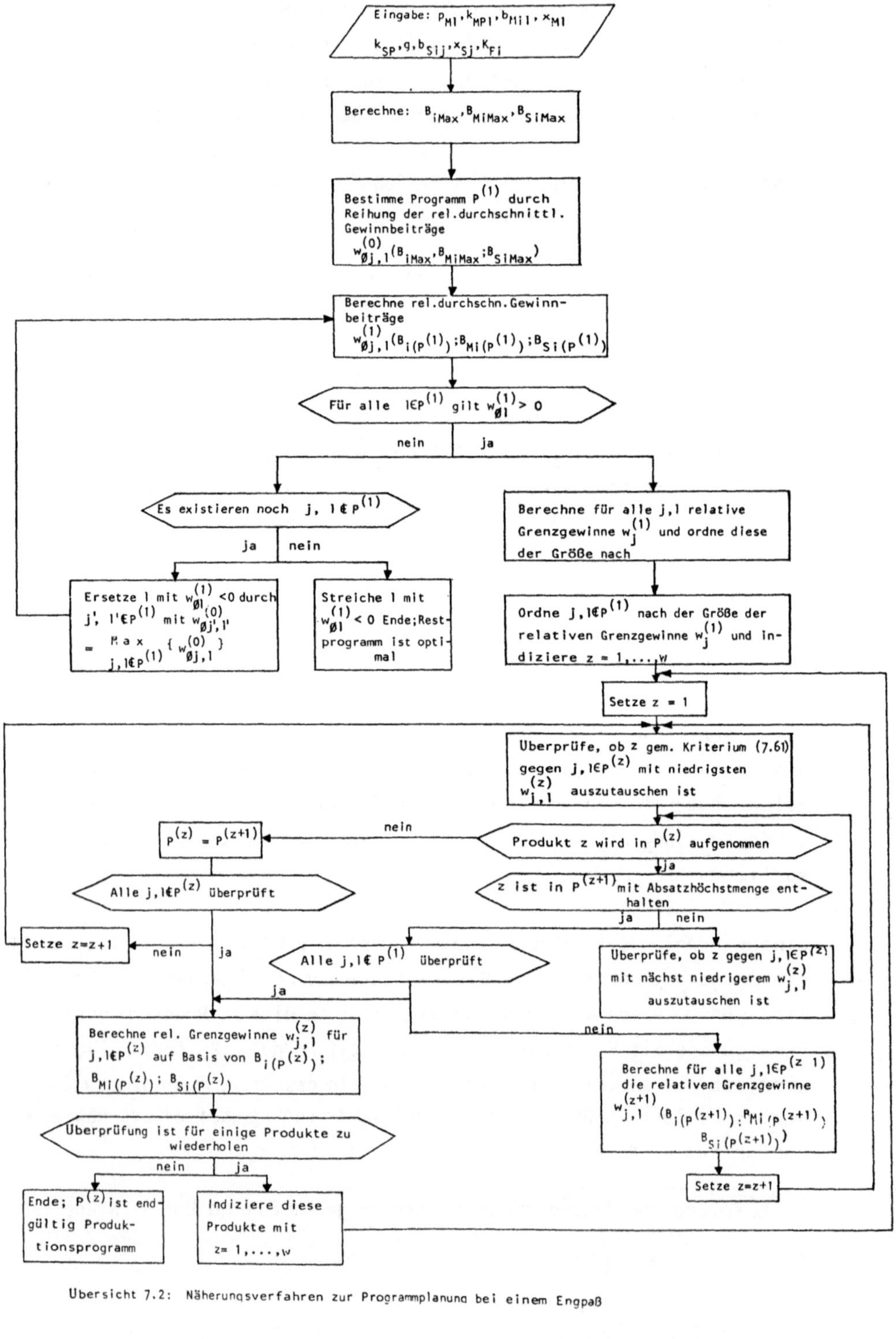

Ubersicht 7.2: Näherungsverfahren zur Programmplanung bei einem Engpaß

Zur Bestimmung des Ausgangsprogrammes werden die relativen durchschnittlichen Gewinnbeiträge der Erzeugnisse unter der Annahme berechnet, daß **alle** nachgefragten Produkte im Produktionsprogramm enthalten sind, d.h. die Kapazitätsbeschränkung des Engpasses wird außer Acht gelassen. Bezeichnen wir die Beschäftigungen ohne Berücksichtigung der Engpaßwirkung mit B_{iMax}, B_{MiMax} und B_{SiMax}, so läßt sich aus Ungleichung (7.35) folgende Bestimmungsgleichung der Gewinnbeiträge der Marktpreis-Erzeugnisse $w_{Ml}^{(0)}$ ableiten:

$$(7.47) \quad w_{Ml}^{(0)} = \left[p_{Ml} - k_{MPl} - \sum_{i=1}^{m} \frac{K_{Fi}}{B_{iMax}} \frac{B_{SiMax}}{B_{iMax} - b_{Mil} x_{Ml}} b_{Mil} (1+g) \right] \frac{1}{b_{MEl}}$$

$$(l=1,\ldots,n_M)$$

Die Überlegungen im voranstehenden Abschnitt zur Ermittlung der durchschnittlichen Gewinnzunahmen der Marktpreis-Erzeugnisse lassen sich analog auf die Selbstkostenpreis-Produkte übertragen, so daß sich für diese aus Gleichung (7.23) folgende Formel des relativen Gewinnbeitrages ableiten läßt:

$$(7.48) \quad w_{Sj}^{(0)} = \left[k_{SPj}\, g + \sum_{i=1}^{m} \frac{K_{Fi}}{B_{iMax}} \frac{B_{MiMax}}{B_{iMax} - b_{Sij} x_{Sj}} b_{Sij} (1+g) \right] \frac{1}{b_{SEj}}$$

$$(j=1,\ldots,n_S)$$

Nach Berechnung dieser Werte werden die Erzeugnisse in deren Reihenfolge dem Engpaß zugeordnet, bis dessen Kapazität ausgeschöpft ist; das sich ergebende Programm haben wir mit $P^{(1)}$ bezeichnet.

Im Anschluß hieran sind die relativen Gewinnzunahmen der in $P^{(1)}$ enthaltenen Produkte unter der Annahme zu bestimmen, daß das jeweils betrachtete Produkt als letztes in $P^{(1)}$ aufgenommen wird, d.h., in den Gleichungen (7.47) und (7.48) sind die Größen B_{iMax}, B_{MiMax} und B_{SiMax} durch $B_{i(P^{(1)})}$, $B_{Mi(P^{(1)})}$ und $B_{Si(P^{(1)})}$ auszutauschen. Hierbei kann es wegen der Fixkostendegression vorkommen, daß die Gewinnbeiträge von Marktpreis-Produkten negativ werden; diese sind aus $P^{(1)}$ zu eliminieren und durch die ersten, nicht in $P^{(1)}$ enthaltenen Erzeugnisse zu ersetzen.

Sind alle nachgefragten Selbstkostenpreis-Aufträge im Ausgangsprogramm enthalten, kann der in obigem Beispiel dargestellte Fall auftreten, daß die Gewinnbeiträge so vieler Marktpreis-Produkte negativ werden, daß die Engpaßkapazität nicht ausgeschöpft wird; dann besteht das optimale Programm lediglich aus den in $P^{(1)}$ verbleibenden Produkten.

Ist die Engpaßkapazität durch Produkte mit positivem Gewinnbeitrag ausgeschöpft, so muß für die nicht in $P^{(1)}$ enthaltenen Produkte überprüft werden, ob ihre Herstellung nicht zu einem größeren Gesamt-Deckungsbeitrag führt als die Herstellung eines in $P^{(1)}$ befindlichen Erzeugnisses. Zur Ableitung dieses Kriteriums wollen wir annehmen, daß für ein nicht in $P^{(1)}$ enthaltenes Marktpreis-Erzeugnis z ein Selbstkostenpreis-Produkt j^* eliminiert werden soll. Das Kriterium wird durch Vergleich der Deckungsbeiträge mit und ohne Produktart z abgeleitet. Ohne diese Erzeugnisart wird folgender Deckungsbeitrag erzielt:

$$(7.49)\quad DB_{(P^{(1)})} = \sum_{l \in P^{(1)}} (p_{Ml} - k_{MPl}) x_{Ml} + \sum_{j \in P^{(1)}} k_{SPj}\, g\, x_{Sj} + \sum_{i=1}^{m} \frac{K_{Fi}}{B_{i(P^{(1)})}} B_{Si(P^{(1)})} (1+g)$$

Das sich durch den Austausch von Δx_{Sj^*} Mengeneinheiten des Selbstkostenpreis-Produktes j^* durch x_{Mz} Mengeneinheiten der Produktart z ergebende Programm $P^{(2)}$ erbringt folgenden Deckungsbeitrag:

$$(7.50)\quad DB_{(P^{(2)})} = \sum_{l \in P^{(1)}} (p_{Ml} - k_{MPl}) x_{Ml} + (p_{Mz} - k_{MPz}) x_{Mz} + \sum_{j \in P^{(1)}} k_{SPj}\, g\, x_{Sj} - k_{SPj^*}\, g\, \Delta x_{Sj^*} + \sum_{i=1}^{m} \frac{K_{Fi}}{B_{i(P^{(2)})}} B_{Si(P^{(2)})} (1+g)$$

Als Differenz der Deckungsbeiträge erhalten wir:

$$(7.51)\quad \Delta DB = (p_{Mz}-k_{MPz})x_{Mz}-k_{SPj^*}\, g\, \Delta x_{Sj^*} + \sum_{i=1}^{m} K_{Fi}\left[\frac{B_{Si(P^{(2)})}}{B_{i(P^{(2)})}} - \frac{B_{Si(P^{(1)})}}{B_{i(P^{(1)})}}\right](1+g)$$

Die letzte Summe in Gleichung (7.51), die wir mit ΔE_{SF} bezeichnen wollen, läßt sich wie folgt umformen:

$$(7.52)\quad \Delta E_{SF} = \sum_{i=1}^{m} K_{Fi}\, \frac{B_{Si(P^{(2)})}\, B_{i(P^{(1)})} - B_{Si(P^{(1)})} B_{i(P^{(2)})}}{B_{i(P^{(2)})}\, B_{i(P^{(1)})}}\ (1+g)$$

Ergänzt man den Zähler dieses Ausdrucks um:

$$(7.53)\quad 0 = - B_{Si(P^{(1)})}\, B_{i(P^{(1)})} + B_{Si(P^{(1)})}\, B_{i(P^{(1)})}$$

so ergibt sich aus Gleichung (7.52):

$$(7.54)\quad \Delta E_{SF} = \sum_{i=1}^{m} K_{Fi}\, \frac{B_{i(P^{(1)})}\left[B_{Si(P^{(2)})}-B_{Si(P^{(1)})}\right] - B_{Si(P^{(1)}}\left[B_{i(P^{(2)})}-B_{i(P^{(1)}}\right.}{B_{i(P^{(2)})}\, B_{i(P^{(1)})}}$$

Beachtet man, daß für die Beschäftigungen <u>nach dem Austausch</u> beider Produkte folgende Bestimmungsgleichungen gelten:

$$(7.55)\quad B_{Si(P^{(2)})} = B_{Si(P^{(1)})} - b_{Sij^*}\, \Delta x_{Sj^*}$$

$$(7.56)\quad B_{i(P^{(2)})} = B_{i(P^{(1)})} - b_{Sij^*}\, \Delta x_{Sj^*} + b_{Miz}\, x_{Mz}$$

so läßt sich Gleichung (7.54) schreiben als:

$$(7.57)\quad \Delta E_{SF} = -\sum_{i=1}^{m}\left[\frac{K_{Fi}}{B_{i(P^{(2)})}}\, b_{Sij^*}\,\Delta x_{Sj^*} - \frac{K_{Fi}}{B_{i(P^{(2)})}}\,\frac{B_{Si(P^{(1)})}}{B_{i(P^{(1)})}}\, b_{Sij^*}\Delta x_{Sj^*}\right](1$$

$$-\sum_{i=1}^{m}\frac{K_{Fi}}{B_{i(P^{(2)})}}\,\frac{B_{Si(P^{(1)})}}{B_{i(P^{(1)})}}\, b_{Miz}x_{Mz}\;(1+g)$$

Setzen wir Gleichung (7.57) in Gleichung (7.51)ein, erhalten wir als Deckungsbeitragsänderung:

$$(7.58)\quad \Delta DB = \left[(p_{Mz} - k_{MPz}) - \sum_{i=1}^{m}\frac{K_{Fi}}{B_{i(P^{(2)})}}\,\frac{B_{Si(P^{(1)})}}{B_{i(P^{(1)})}}\, b_{Miz}\;(1+g)\right] x_{Mz}$$

$$-\left[k_{SPj^*}\, g + \sum_{i=1}^{m}\frac{K_{Fi}}{B_{i(P^{(2)})}}\,\frac{B_{Mi(P^{(1)})}}{B_{i(P^{(1)})}}\, b_{Sij^*}\;(1+g)\right]\Delta x_{Sj^*}$$

Berücksichtigt man, daß zwischen den auszutauschenden Mengen folgender Zusammenhang besteht:

$$(7.59)\quad \Delta x_{Sj^*} = \frac{b_{MEz}\, x_{Mz}}{b_{SEj^*}}$$

so ergibt sich als Entscheidungskriterium für den Austausch eines Selbstkostenpreis-Erzeugnisses durch ein Marktpreis-Erzeugnis :

$$(7.60)\quad \left[p_{Mz} - k_{MPz} - \sum_{i=1}^{m}\frac{K_{Fi}}{B_{i(P^{(2)})}}\,\frac{B_{Si(P^{(1)})}}{B_{i(P^{(1)})}}\, b_{Miz}\;(1+g)\right]\frac{1}{b_{MEz}}$$

$$> \left[k_{SPj^*}\, g + \sum_{i=1}^{m}\frac{K_{Fi}}{B_{i(P^{(2)})}}\,\frac{B_{Mi(P^{(1)})}}{B_{i(P^{(1)})}}\, b_{Mij^*}\;(1+g)\right]\frac{1}{b_{SEj^*}}$$

Ungleichung (7.60) zeigt, daß das Entscheidungskriterium 'Größe der relativen Gewinnbeiträge' grundsätzlich bestehen bleibt, bei deren Berechnung aber folgende Modifikationen vorzunehmen sind: die Fixkostenverrechnungssätze beider Produkte werden unter der Annahme berechnet, daß Produkt z für Produkt j^* in das Programm aufgenommen wird, die Gewichtungsfaktoren B_{Si}/B_i und B_{Mi}/B_i hingegen auf der Grundlage der Beschäftigungen des ursprünglichen Programmes $P^{(1)}$. Während also bei freien Kapazitäten durch die Beschäftigungen vor und nach Annahme der betrachteten Produktart dividiert wird, werden bei einem Engpaß die Beschäftigungen vor und nach Austausch der Produkte zugrunde gelegt, und zwar sowohl für die aufzunehmende als auch für die auszutauschende Produktart. Wir wollen diese Größen daher als relative Austauschgewinne bezeichnen.

Mit Hilfe der gleichen Überlegungen läßt sich nachweisen, daß auch in den Fällen, in denen

1. ein Selbstkostenpreis-Erzeugnis für ein Marktpreis-Erzeugnis
2. ein Marktpreis-Erzeugnis für ein anderes Marktpreis-Erzeugnis
3. ein Selbstkostenpreis-Erzeugnis für ein anderes Selbstkostenpreis-Erzeugnis

aufgenommen werden soll, das analoge Entscheidungskriterium anzuwenden ist. Auf die Wiedergabe der entsprechenden Ableitungen haben wir verzichtet; es ändern sich die Gleichungen der Deckungsbeitragsveränderungen und die Bestimmungsgleichungen der Beschäftigungen $B_{Si(P^{(2)})}$ und $B_{i(P^{(2)})}$ dergestalt, daß sich immer das zu Kriterium (7.60) analoge Resultat ergibt.

Bezeichnen wir die relativen Austauschgewinne mit G'_A, so läßt sich folgendes allgemeines Entscheidungskriterium formulieren:

$$(7.61) \quad \frac{G'_{Az}}{b_{Ez}} > \frac{G'_{Aj^*,l^*}}{b_{Ej^*,l^*}}$$

Nachdem wir das benötigte Entscheidungskriterium bestimmt haben, ist als nächstes zu untersuchen, welche in $P^{(1)}$ befindlichen Produkte dem jeweiligen Erzeugnis z gegenüberzustellen sind. Theoretisch richtig wäre es, die Produktart mit dem kleinsten relativen Austauschgewinn auszuwählen; dies ist aber aus folgenden Gründen problematisch:

1. Die Ermittlung dieser Größen ist mit erheblichem Rechenaufwand verbunden, da sich bei jedem Vergleich andere Stellenbeschäftigungen ergeben. Befinden sich n^* Produkte in $P^{(1)}$ und sind w nicht enthaltene Produkte zu überprüfen, so müssen $n^* \cdot w$-mal die Beschäftigungen aller Kostenstellen (sowie deren Aufteilung) berechnet werden.

2. In vielen Fällen müssen zur Herstellung der Absatzhöchstmenge der Produktart z mehrere Erzeugnisse aus $P^{(1)}$ eliminiert werden, wobei ein oder mehrere Erzeugnisse vollständig und ein anderes zum Teil verdrängt werden. Welche Produkte ganz und welche teilweise verdrängt werden, hängt nun aber von der gesuchten Reihenfolge der relativen Austauschgewinne ab und kann von vornherein nicht angegeben werden.[1]

Aus diesen Gründen empfehlen wir näherungsweise die Verwendung der Grenzgewinne der letzten Erzeugniseinheit gemäß den Gleichungen (7.23) und (7.24), in welchen die Beschäftigungen $B_{i(P^{(1)})}$ im Quadrat auftreten, während in den relativen Austauschgewinnen das Produkt $B_{i(P^{(1)})} B_{i(P^{(2)})}$ an entsprechender Stelle steht. Dies bedeutet, daß die sich aufgrund des Austausches der betreffenden Produkte ergebenden Beschäftigungsänderungen der Kostenstellen mit freien Kapazitäten vernachlässigt werden (in der Engpaßstelle bleibt die Gesamtbeschäftigung unverändert, so daß sich hier beide Terme entsprechen).

Es wird somit unterstellt, daß die Beschäftigungsänderungen (siehe Gleichung (7.56)) nicht zu einer Änderung der Reihenfolge der relativen Austauschgewinne der Produktarten führen. Diese Annahme dürfte in der überwiegenden Zahl der Fälle erfüllt sein, insbesondere weil sich die Änderungen zum Teil nivellieren werden, da in einigen Stellen die Beschäftigungen zu- und in anderen abnehmen werden. Weiterhin sind die Auswirkungen der Beschäftigungsänderungen umso geringer, je mehr Produkte im Produktionsprogramm enthalten sind, je kleiner also die Anteile der einzelnen Produktarten an den Gesamt-Stellenbeschäftigungen sind.

---

1) Eine Möglichkeit, dem zu entgehen, bestünde darin, die aufzunehmende Menge von z an der Engpaßbeanspruchung der zu vergleichenden Produktarten zu orientieren; dann ist aber ein Vergleich der relativen Austauschgewinne sinnlos, da jeweils unterschiedliche Mengen von z hergestellt werden.

Für jede nicht im Programm $P^{(1)}$ enthaltene Produktart wird nun überprüft, ob sie anstatt des Erzeugnisses mit dem kleinsten relativen Grenzgewinn $w^{(1)}$ ins Produktionsprogramm aufgenommen werden soll. Zur Festlegung der Reihenfolge der $z=1,...,w$ nicht in $P^{(1)}$ enthaltenen Produkte empfehlen wir, auch für diese die relativen Grenzgewinne auf der Grundlage der Beschäftigungen des Programmes $P^{(1)}$ zu berechnen. Diese Grenzgewinne haben zwar fiktiven Charakter, da sich mit den betreffenden Erzeugnissen andere Beschäftigungen ergeben würden; weil es sich aber nur um eine Vorauswahl handelt, kann dieser Fehler in Kauf genommen werden.[1)]

Wird nun eine Produktart z in das Produktionsprogramm aufgenommen, so ist für alle Produkte des geänderten Programmes die Reihung der relativen Grenzgewinne auf der Basis der neuen Beschäftigungen zu wiederholen und ein neues Grenzprodukt zu ermitteln, welchem die noch nicht überprüften Erzeugnisse gegenüberzustellen sind. Ist es zur Erstellung der Absatzhöchstmenge einer Produktart z erforderlich, daß mehrere Produkte aus dem Programm eliminiert werden müssen, so werden diese nacheinander überprüft, d.h., wird das Grenzprodukt verdrängt, ist z mit der entsprechenden Menge aufzunehmen; die restlichen Produkteinheiten sind der Erzeugnisart mit dem zweitniedrigsten relativen Grenzgewinn gegenüberzustellen usw. Dabei kann es vorkommen, daß zwar die Produktart mit dem kleinsten Grenzgewinn vollständig verdrängt wird, aber alle weiteren wirtschaftlicher sind als Produkt z. In diesem Fall wird das zu überprüfende Erzeugnis nicht mit seiner Absatzhöchstmenge ins Programm aufgenommen.

Diese Operationen sind solange durchzuführen, bis alle nicht in $P^{(1)}$ enthaltenen Erzeugnisse überprüft sind. Aber auch nachdem alle nicht im Ausgangsprogramm enthaltenen Produkte auf ihre Vorteilhaftigkeit getestet sind, besteht die theoretische Möglichkeit, daß Erzeugnisse nicht im Produktionsprogramm sind, deren Herstellung wirtschaftlich wäre. Durch den Übergang von einem Programm zum anderen ändern sich nämlich die relativen Austauschgewinne, so daß diejenigen bereits abgelehnter Erzeugnisse größer werden können.

1) Die Auswahl in der Reihenfolge der relativen durchschnittlichen Gewinnbeiträge bei freien Kapazitäten erscheint weniger zweckmäßig, da die hier zugrundegelegten Beschäftigungen nicht so realistisch sind wie die des Programmes $P^{(1)}$.

Theoretisch richtig wäre es daher, die Überprüfung solange fortzusetzen, bis in einem Durchgang alle nicht im Programm befindlichen Erzeugnisse wiederum abgelehnt werden. Da dies mit hohem Rechenaufwand verbunden ist, empfehlen wir, als Annäherung auch für die abzulehnenden Aufträge die relativen Grenzgewinne auf der Basis der Beschäftigungen des letzten Programmes zu berechnen, wobei wiederum angenommen wird, daß sich die Reihenfolgen der relativen Grenzgewinne und der relativen Austauschgewinne nicht unterscheiden.[1] Für die Produkte, deren relative Grenzgewinne größer sind als diejenigen des Grenzproduktes, sollte die Berechnung wiederholt werden.

Das vorgeschlagene Näherungsverfahren wollen wir an einem Zahlenbeispiel verdeutlichen. Wie im voranstehenden Beispiel gehen wir von einem Betrieb mit drei Kostenstellen aus, von denen eine zum Engpaß wird. Dem Betrieb werden sechs Selbstkostenpreis-Aufträge und vier Aufträge zu Marktpreisen angeboten; die relevanten Produktdaten sind in Tabelle 7.3 zusammengefaßt:

Produktart	Marktpreis	Prop. Selbstkosten	Absatzhöchstmenge	Belastungsfaktoren		
				Stelle 1	Stelle 2	Stelle 3
1	120	70	3 000	2	5	4
2	90	30	2 000	4	2	3
3	110	80	5 000	3	3	4
4	140	60	4 000	4	3	5
5	-	80	2 000	2	6	5
6	-	50	4 000	5	3	2
7	-	60	6 000	2	1	5
8	-	50	3 000	3	2	3
9	-	70	4 000	4	5	2
10	-	40	7 000	1	3	2
Fixkosten der Kostenstellen				185 000	308 000	304 000

Tabelle 7.3: Produktdaten der nachgefragten Aufträge

1) Im Vergleich zur Auswahl des Grenzproduktes ist diese Berechnung dadurch fehlerhaft, daß den Grenzgewinnen Beschäftigungen zugrunde gelegt werden, in denen die Stellenbeanspruchungen der betreffenden Erzeugnisse nicht enthalten sind.

Die zur Realisierung dieses Produktionsprogrammes erforderlichen Beschäftigungen und ihre Aufteilung auf Markt- und Selbstkostenpreis-Erzeugnisse sind in Tabelle 7.4 wiedergegeben:

Stelle	Gesamt-Beschäftigung	Beschäftigung der Marktpreis-Erzeugnisse	Beschäftigung der Selbstkostenpreis-Erzeugnisse
1	113 000	45 000	68 000
2	123 000	46 000	77 000
3	137 000	58 000	79 000

Tabelle 7.4: Beschäftigungen ohne Berücksichtigung des Engpasses

Im weiteren wollen wir davon ausgehen, daß die Kapazitäten der Stellen 1 und 3 zur Fertigung aller Aufträge ausreichen, in Stelle 2 aber lediglich 70 000 Fertigungsminuten zur Verfügung stehen.

Gemäß dem in Übersicht 7.2 geschilderten Vorgehen werden als erstes die durchschnittlichen Gewinnbeiträge der Aufträge ohne Berücksichtigung der Engpaßwirkungen berechnet,[1] wobei für jedes Erzeugnis angenommen wird, daß es als letztes in das Programm aufgenommen wird. Für das Marktpreis-Erzeugnis 1 ergibt sich dabei folgende Berechnung:

$$w_{\emptyset 1}^{(0)} = \left[50 - \left(\frac{185}{113}\frac{68}{107}\, 2 + \frac{308}{123}\frac{77}{108}\, 5 + \frac{304}{137}\frac{79}{125}\, 4\right) 1{,}05 \right] \frac{1}{5} = 6{,}51$$

In Tabelle 7.5 sind die Gewinnbeiträge absolut und bezogen auf die Belastungsfaktoren der Engpaßstelle wiedergegeben:

Produktart	1	2	3	4	5	6	7	8	9	10
Absoluter Gewinnbeitrag	32,55	47,93	14,51	61,84	17,28	12,02	11,88	9,97	14,66	8,48
Relativer Gewinnbeitrag	6,51	23,96	4,84	20,61	2,88	4,01	11,88	4,98	2,93	2,83
Rangfolge	4	1	6	2	9	7	3	5	8	10

Tabelle 7.5: Durchschnittliche Gewinnbeiträge bei freien Kapazitäten

1) Vgl. die Gleichungen (7.47) und (7.48).

Das Ausgangsprogramm $P^{(1)}$ ergibt sich nun durch Zuordnung der Produkte zum Engpaß in der Reihenfolge der relativen Gewinnbeiträge:

Produkt-art	Absatz-menge	Kapazitätsbe-darf	Restkapa-zität	rel. Gewinn-beitrag in $P^{(1)}$	rel. Grenz-gewinn	Rang-folge
2	2 000	4 000	66 000	23,78	24,22	1
4	4 000	12 000	54 000	20,19	21,38	2
7	6 000	6 000	48 000	20,82	16,80	3
1	3 000	15 000	33 000	6,29	6,90	6
8	3 000	6 000	27 000	9,31	8,58	4
3	5 000	15 000	12 000	4,44	5,52	7
6	4 000	12 000	0	8,28	6,96	5

Tabelle 7.6: Programm $P^{(1)}$

Die fünfte Spalte der Tabelle 7.6 zeigt die relativen Gewinnbeiträge der Produkte unter der Annahme, daß die betreffende Produktart als letzte in das Ausgangsprogramm aufgenommen wurde. Da sämtliche Gewinnbeiträge positiv bleiben, kann das Ausgangsprogramm unverändert übernommen werden. Die beiden letzten Spalten zeigen die relativen Grenzgewinne und ihre Rangfolge. Der Berechnung dieser Größen liegen folgende sich aus $P^{(1)}$ ergebenden Beschäftigungen zugrunde:

Stelle	Gesamt-Beschäftigung	Beschäftigung der Marktpreis-Erzeugnisse	Beschäftigung der Selbstkostenpreis-Erzeugnisse
1	86 000	45 000	41 000
2	70 000	46 000	24 000
3	105 000	58 000	47 000

Tabelle 7.7: Beschäftigungen des Programmes $P^{(1)}$

Die Berechnung der relativen Grenzgewinne wollen wir am Beispiel des Selbstkostenpreis-Erzeugnisses 8 zeigen:

$$w_8^{(1)} = \left[2{,}5 + \left(\frac{185}{86}\,\frac{45}{86}\,3 + \frac{308}{70}\,\frac{46}{70}\,2 + \frac{304}{105}\,\frac{58}{105}\,3\right)\,1{,}05\right]\frac{1}{2} = 8{,}58$$

Für die nicht im Programm $P^{(1)}$ befindlichen Produktarten ergeben sich auf der Grundlage der Beschäftigungen der Tabelle 7.7 folgende relativen Grenzgewinne:

$$w_5^{(1)} = 5{,}50; \quad w_9^{(1)} = 5{,}35; \quad w_{10}^{(1)} = 5{,}22$$

Die Produktarten 5, 9 und 10 werden nun in der Reihenfolge dieser Größen daraufhin getestet, ob ihre Herstellung wirtschaftlicher ist als die Herstellung der Produkte in $P^{(1)}$ mit niedrigstem Rang; als erstes wird somit Produktart 5 überprüft. Die Herstellung der Absatzhöchstmenge der Produktart 5 erfordert 12 000 Fertigungsminuten der Engpaßstelle; um diese herzustellen, müßte auf die Produktion von 12 000 : 3 = 4 000 ME des Erzeugnisses 3 verzichtet werden. Durch diesen Tausch ändern sich die Beschäftigungen der Stellen 1 und 3 wie folgt:

$$B_1 = 86\,000 - 4\,000 \cdot 3 + 2\,000 \cdot 2 = 78\,000$$

$$B_3 = 105\,000 - 4\,000 \cdot 4 + 2\,000 \cdot 5 = 99\,000$$

Mit diesen Beschäftigungen werden nun die relativen Austauschgewinne gemäß der Ungleichung (7.60) berechnet:

$$\frac{G'_{A5}}{b_{25}} = \left[4 + \left(\frac{185}{78}\,\frac{45}{86}\,2 + \frac{308}{70}\,\frac{46}{70}\,6 + \frac{304}{99}\,\frac{58}{105}\,5\right)\,1{,}05\right]\frac{1}{6} = 5{,}62$$

$$\frac{G'_{A3}}{b_{23}} = \left[30 - \left(\frac{185}{78}\,\frac{41}{86}\,3 + \frac{308}{70}\,\frac{24}{70}\,3 + \frac{304}{99}\,\frac{47}{105}\,4\right)\,1{,}05\right]\frac{1}{3} = 5{,}30$$

Aus dieser Berechnung folgt, daß es wirtschaftlich ist, 4 000 Mengeneinheiten der Produktart 3 aus dem Programm zu streichen und dafür die Produktart 5 mit ihrer Absatzhöchstmenge in das Produktionsprogramm aufzunehmen. Tabelle 7.8 zeigt das Programm $P^{(2)}$ und die relativen Grenzgewinne dieses Programmes, denen folgende Aufteilungen der Stellenbeschäftigungen zugrunde liegen:

$B_{M1} = 33\ 000;\quad B_{M2} = 34\ 000;\quad B_{M3} = 42\ 000$

$B_{S1} = 45\ 000;\quad B_{S2} = 36\ 000;\quad B_{S3} = 57\ 000$

Produktart	2	4	7	8	6	1	5	3
Absatzmenge	2 000	4 000	6 000	3 000	4 000	3 000	2 000	1 000
rel. Grenzgewinn	21,97	19,28	14,19	7,13	5,75	5,56	4,40	3,71
Rangfolge	1	2	3	4	5	6 ·	7	8

Tabelle 7.8: Programm $P^{(2)}$

Als nächstes ist die Wirtschaftlichkeit der Produktart 9 zu überprüfen. Da die Herstellung der Absatzhöchstmenge dieses Erzeugnisses mehr Kapazität erfordert als durch den Verzicht auf das Produkt mit kleinstem Rang frei wird, erfolgt hier die Überprüfung in mehreren Schritten. Durch den Verzicht auf 1 000 ME von Produkt 1 könnten 3 000 : 5 = 600 ME von Produkt 9 hergestellt werden. Dieser Austausch würde folgende Beschäftigungsänderungen mit sich bringen:

$B_1 = 78\ 000 - 1\ 000 \cdot 3 + 600 \cdot 4 = 77\ 400$

$B_3 = 99\ 000 - 1\ 000 \cdot 4 + 600 \cdot 2 = 96\ 200$

Damit ergeben sich folgende relativen Austauschgewinne:

$$\frac{G'_{A9}}{b_{29}} = \left[3{,}5 + \left(\frac{185}{77{,}4}\,\frac{33}{78}\,4 + \frac{308}{70}\,\frac{34}{70}\,5 + \frac{304}{96{,}2}\,\frac{42}{99}\,2\right) 1{,}05\right]\frac{1}{5} = 4{,}36$$

$$\frac{G'_{A3}}{b_{23}} = \left[30 - \left(\frac{185}{77{,}4}\,\frac{45}{78}\,3 + \frac{308}{70}\,\frac{36}{70}\,3 + \frac{304}{96{,}2}\,\frac{57}{99}\,4\right) 1{,}05\right]\frac{1}{3} = 3{,}63$$

Die Berechnung zeigt, daß die 1 000 ME von Produkt 1 zu eliminieren und dafür 600 ME von Produkt 9 herzustellen sind. Durch diesen Austausch ergeben sich folgende Aufteilungen der Stellenbeschäftigungen:

$B_{M1} = 30\ 000;\quad B_{M2} = 31\ 000;\quad B_{M3} = 38\ 000$

$B_{S1} = 47\ 400;\quad B_{S2} = 39\ 000;\quad B_{S3} = 58\ 200$

Durch den Verzicht auf die Absatzhöchstmenge der Produktart 5 könnten weitere 12 000 : 5 = 2 400 ME von Produktart 9 hergestellt werden. Dies würde die Beschäftigungen der Stellen 1 und 3 wie folgt ändern:

$$B_1 = 77\,400 - 2\,000 \cdot 2 + 2\,400 \cdot 4 = 83\,000$$

$$B_2 = 96\,200 - 2\,000 \cdot 5 + 2\,400 \cdot 2 = 91\,000$$

Mit Hilfe dieser Beschäftigungen lassen sich folgende relativen Austauschgewinne der Produktarten 5 und 9 berechnen:

$$\frac{G'_{A9}}{b_{29}} = \left[3{,}5 + \left(\frac{185}{83}\,\frac{30}{77{,}4}\,4 + \frac{308}{70}\,\frac{31}{70}\,5 + \frac{304}{91}\,\frac{38}{96{,}2}\,2\right) 1{,}05 \right] \frac{1}{5} = 4{,}03$$

$$\frac{G'_{A5}}{b_{25}} = \left[4 + \left(\frac{185}{83}\,\frac{30}{77{,}4}\,2 + \frac{308}{70}\,\frac{31}{70}\,6 + \frac{304}{91}\,\frac{38}{96{,}2}\,5\right) 1{,}05 \right] \frac{1}{6} = 4{,}17$$

Ein Austausch der Produktart 5 gegen 2 400 ME von Produkt 9 ist somit nicht wirtschaftlich. Damit erhalten wir als Programm $P^{(3)}$:

Produktart	2	4	7	8	6	1	5	9
Absatzmenge	2 000	4 000	6 000	3 000	4 000	3 000	2 000	600
rel. Grenzgewinn	21,34	18,70	13,54	6,72	5,37	5,21	4,13	4,05
Rangfolge	1	2	3	4	5	6	7	8

Tabelle 7.9: Programm $P^{(3)}$

Von der als letztes zu überprüfenden Produktart 10 können 1 000 ME produziert werden, wenn auf die 600 ME von Produkt 9 verzichtet wird. Durch dieses Tausch ergäben sich folgende Beschäftigungen der Stellen 1 und 3:

$$B_1 = 77\,400 - 600 \cdot 4 + 1\,000 \cdot 1 = 76\,000$$

$$B_3 = 96\,200 - 600 \cdot 2 + 1\,000 \cdot 2 = 97\,000$$

Damit lassen sich folgende relativen Austauschgewinne bestimmen:

$$\frac{G'_{A10}}{b_{210}} = \left[2 + (\frac{185}{76}\frac{30}{77,4} 1 + \frac{308}{70}\frac{31}{70} 3 + \frac{304}{97}\frac{38}{96,2} 2)\ 1,05 \right] \frac{1}{3} = 3,91$$

$$\frac{G'_{A9}}{b_{29}} = \left[3,5 + (\frac{185}{76}\frac{30}{77,4} 4 + \frac{308}{70}\frac{31}{70} 5 + \frac{304}{97}\frac{38}{96,2} 2)\ 1,05 \right] \frac{1}{5} = 4,06$$

Der Austausch ist somit nicht vorteilhaft, so daß das Programm $P^{(3)}$ nicht geändert wird. Abschließend errechnen wir noch die relativen Grenzgewinne der nicht in $P^{(3)}$ enthaltenen Produktarten 3, 9 und 10 auf der Grundlage der Beschäftigungen des Programmes $P^{(3)}$:

$$w_3^{(3)} = 3,21; \quad w_9^{(3)} = 4,05; \quad w_{10}^{(3)} = 3,91$$

Da Produkt 9 teilweise im Programm enthalten ist und Produkt 10 im letzten Durchgang abgelehnt wurde, erscheint eine nochmalige Überprüfung nicht notwendig.

Zum Abschluß haben wir in Tabelle 7.10 die Gesamt-Deckungsbeiträge der drei Produktionsprogramme miteinander verglichen. Es zeigt sich, daß der Deckungsbeitrag des Programmes $P^{(3)}$ um 5 984 DM größer ist als der des Ausgangsprogrammes, dies entspricht einer Erhöhung um 0,53%.

Programm	Deckungsbeitrag der Marktpreis-Erzeugnisse	kalk. Gewinne auf die prop. Selbstkosten	Auf Fixkosten entfallende Selbstkosten-Erlöse	Gesamt-Deckungsbeitrag
1	740 000	35 500	346 368	1 121 868
2	620 000	43 500	462 169	1 125 669
3	590 000	45 600	492 252	1 127 852

Tabelle 7.10: Deckungsbeiträge der Produktionsprogramme

Dividiert man die Differenz der Gesamt-Deckungsbeiträge der Programme 1 und 2 durch die vom Austausch betroffene Engpaßbelastung von 12 000 Fertigungsminuten, erhält man:

3 801 : 12 000 = 0,32 DM/Min

Dieser Betrag entspricht der Differenz der relativen Austauschgewinne der Produkte 3 und 5:

5,62 - 5,30 = 0,32 DM/Min.

Damit wird deutlich, daß sich die Deckungsbeitragsunterschiede durch Multiplikation dieser Differenz mit den entsprechenden Engpaßminuten berechnen lassen.

Das Zahlenbeispiel verdeutlicht, daß das vorgeschlagene Näherungsverfahren einen beträchtlichen Rechenaufwand erfordert, welcher neben der Gesamtzahl der nachgefragten Produkte und der Zahl der Kostenstellen insbesondere davon abhängt, wie groß die Zahl abzulehnender Aufträge und damit die Zahl der Überprüfungen ist. Für den Fall, daß der erforderliche Aufwand zu groß erscheint, empfehlen wir auch bei einem Engpaß die gleiche Vorgehensweise wie im Fall mehrerer Engpässe, auf welche wir im nachstehenden Abschnitt eingehen werden.

7.1.2.3. Die Produktionsprogrammplanung bei mehreren Engpässen

Während sich in Betrieben mit ausschließlich Markt- oder Selbstkostenpreis-Produkten die optimale Produktionsprogrammplanung bei mehreren Engpässen mit Hilfe des Standardansatzes der linearen Programmierung durchführen läßt, verhindern in Betrieben mit beiden Erzeugnisgruppen die nicht-linearen Zielfunktionen, wie im Fall freier Kapazitäten und eines Engpasses, die Anwendung der üblichen Planungstechniken. In der mathematischen Unternehmensforschung werden zwar Lösungsverfahren für Planungsmodelle mit hyperbolischen Zielfunktionen diskutiert, doch können beim heutigen Stand der Forschung lediglich Probleme mit einer linearen und einer gebrochenen Funktion optimiert werden.[1] In unserer Problemstellung treten aber bei Herstellung von n_S Selbstkostenpreis-Produkten in m Kostenstellen $n_S \cdot m$ Brüche in der Zielfunktion auf (zuzüglich $n_S + n_M$ linearen Bestandteilen). Weiterhin setzen diese Lösungsverfahren voraus, daß die Zielfunktion des betreffenden Planungsproblems (zumindest) quasi-konkav ist, damit sichergestellt ist, daß ein gefundenes lokales Optimum auch dem globalen Optimum entspricht. Wir wollen untersuchen, ob diese Voraussetzung für unsere Fragestellung erfüllt ist.

Eine Funktion ist dann quasi-konkav wenn für zwei beliebige Punkte $\underline{x}^{(0)}$ und $\underline{x}^{(1)}$ des Definitionsbereiches folgende Implikation erfüllt ist:[2]

$$(7.62) \quad Z_{(\underline{x}^{(1)})} \geq Z_{(\underline{x}^{(0)})} \Rightarrow \nabla Z_{(\underline{x}^{(0)})} (\underline{x}^{(1)} - \underline{x}^{(0)}) \geq 0$$

$Z_{(\underline{x})}$ bezeichnet den Funktionsoperator, $\nabla Z_{(\underline{x})}$ den Gradienten der Zielfunktion in einem beliebigen Punkt. Eine Zielfunktion ist somit dann quasi-konkav, wenn mit jeder Zunahme der Zielfunktionswerte eine Zunahme der Summe der Grenzgewinne verbunden ist.

Für die Beweisführung erweist es sich als zweckmäßig, die Negation der Implikation zu verwenden. Unter Verwendung der Summenschreibweise für n_M Markt- und n_S Selbstkostenpreis-Produkte lautet diese:

---

1) Zu diesen Lösungsverfahren vgl. W. Dinkelbach, Fractional Programming (1967), S. 492 ff; J. Hirche, Extremwertannahme (1975), S. 184 f; J. Hirche u, Ho Khac Tan, Nichtkonvexe Optimierungsprobleme (1977), S. 247; S. Schaible, Linear-Fractional Functions (1977), S. 691 ff; J.S.H. Kornbluth u. R.E. Steuer, Linear Fractional Programming (1981), S. 1024 ff; S. Schaible, Fractional Programming (1983), S. 39 ff. Häufig werden Verfahren der Vektoroptimierung vorgeschlagen, welche die Deckungsbeitragsfunktion in mehrere Zielfunktionen zerlegen und für diese effiziente Bereiche bestimmen.

2) Vgl. O.L. Mangasarian, Nonlinear Programming (1969), S. 131 ff; B. Martos, Nonlinear Programming (1975), S. 44 f; J. Jahn, Optimierungsprobleme (1978), S. 18; S.K. Bhatt, Linearisation Technique (1981), S. 53 ff; R. Weber, Pseudomonotonic Multiobjective Programming (1983), S. 116.

$$(7.63)\quad \sum_{l=1}^{n_M} \nabla Z_{l(x_{Ml}^{(0)})}\,(x_{Ml}^{(1)}-x_{Ml}^{(0)}) + \sum_{j=1}^{n_S} \nabla Z_{j(x_{Sj}^{(0)})}(x_{Sj}^{(1)}-x_{Sj}^{(0)}) < 0$$

$$=> Z_{(x_{M1}^{(1)}\ldots x_{Mn_M}^{(1)}\,;\, x_{S1}^{(1)}\ldots x_{Sn_S}^{(1)})} < Z_{(x_{M1}^{(0)}\ldots x_{Mn_M}^{(0)}\,;\, x_{S1}^{(0)}\ldots x_{Sn_S}^{(0)})}$$

Der erste Teil der Implikation (7.63) läßt sich unter Verwendung der Gleichungen (7.23) und (7.24) schreiben als:

$$(7.64)\quad \sum_{l=1}^{n_M}\Big[p_{Ml}-k_{MPl} - \sum_{i=1}^{m} \frac{K_{Fi}}{B_i^{(0)}} \frac{B_{Si}^{(0)}}{B_i^{(0)}} b_{Mil}\ (1+g) \Big]\, x_{Ml}^{(1)} + \sum_{j=1}^{n_S}\Big[k_{SPj}\ g$$

$$+ \sum_{i=1}^{m} \frac{K_{Fi}}{B_i^{(0)}} \frac{B_{Mi}^{(0)}}{B_i^{(0)}} b_{Sij}\ (1+g) \Big] x_{Sj}^{(1)}$$

$$< \sum_{l=1}^{n_M}\Big[p_{Ml}-k_{MPl} - \sum_{i=1}^{m} \frac{K_{Fi}}{B_i^{(0)}} \frac{B_{Si}^{(0)}}{B_i^{(0)}} b_{Mil}\ (1+g) \Big]\, x_{Ml}^{(0)} + \sum_{j=1}^{n_S}\Big[k_{SPj}\ g$$

$$+ \sum_{i=1}^{m} \frac{K_{Fi}}{B_i^{(0)}} \frac{B_{Mi}^{(0)}}{B_i^{(0)}} b_{Sij}\ (1+g) \Big] x_{Sj}^{(0)}$$

Die rechte Seite der Ungleichung (7.64) läßt sich unter Berücksichtigung der Bestimmungsgleichungen für $B_{Mi}^{(0)}$ und $B_{Si}^{(0)}$ folgendermaßen umformen:

$$(7.65)\quad \sum_{l=1}^{n_M} (p_{Ml}-k_{MPl})x_{Ml}^{(0)} + \sum_{j=1}^{n_S} k_{SPj}\ g\ x_{Sj}^{(0)} - \sum_{i=1}^{m} \frac{K_{Fi}}{B_i^{(0)}} \frac{B_{Si}^{(0)}}{B_i^{(0)}} B_{Mi}^{(0)}\ (1+g)$$

$$+ \sum_{i=1}^{m} \frac{K_{Fi}}{B_i^{(0)}} \frac{B_{Mi}^{(0)}}{B_i^{(0)}} B_{Si}^{(0)}\ (1+g) = \sum_{l=1}^{n_M} (p_{Ml}-k_{MPl})\ x_{Ml}^{(0)} + \sum_{j=1}^{n_S} k_{SPj}\ g\ x_{Sj}^{(0)}$$

In gleicher Weise läßt sich die linke Seite der Ungleichung (7.64) schreiben als:

$$(7.66)\quad \sum_{l=1}^{n_M} (p_{Ml}-k_{MPl})x_{Ml}^{(1)} + \sum_{j=1}^{n_S} k_{SPj}\, g\, x_{Sj}^{(1)} - \sum_{i=1}^{m} \frac{K_{Fi}}{B_i^{(0)}} \frac{B_{Si}^{(0)}}{B_i^{(0)}} B_{Mi}^{(1)} (1+g)$$

$$+ \sum_{i=1}^{m} \frac{K_{Fi}}{B_i^{(0)}} \frac{B_{Mi}^{(0)}}{B_i^{(0)}} B_{Si}^{(1)} (1+g) = \sum_{l=1}^{n_M} (p_{Ml}-k_{MPl})\, x_{Ml}^{(1)}$$

$$+ \sum_{j=1}^{n_S} k_{SPj}\, g\, x_{Sj}^{(1)} + \sum_{i=1}^{m} \frac{K_{Fi}(1+g)}{B_i^{(0)}\, B_i^{(0)}} (B_{Mi}^{(0)}\, B_{Si}^{(1)} - B_{Si}^{(0)}\, B_{Mi}^{(1)})$$

Erweitern wir auf der rechten Seite der Gleichung (7.66) die Klammer der dritten Summe um:

$$(7.67)\quad 0 = B_{Si}^{(0)}\, B_{Si}^{(1)} - B_{Si}^{(0)}\, B_{Si}^{(1)}$$

so ergibt dies:

$$(7.68)\quad \sum_{l=1}^{n_M} (p_{Ml}-k_{MPl})x_{Ml}^{(1)} + \sum_{j=1}^{n_S} k_{SPj}\, g\, x_{Sj}^{(1)}$$

$$+ \sum_{i=1}^{m} \frac{K_{Fi}}{B_i^{(0)}} B_{Si}^{(1)} (1+g) - \sum_{i=1}^{m} \frac{K_{Fi}}{B_i^{(0)}} \frac{B_i^{(1)}}{B_i^{(0)}} B_{Si}^{(0)} (1+g)$$

Damit läßt sich Ungleichung (7.64) wie folgt darstellen:

$$(7.69)\quad \sum_{l=1}^{n_M} (p_{Ml}-k_{MPl})x_{Ml}^{(1)} + \sum_{j=1}^{n_S} k_{SPj}\, g\, x_{Sj}^{(1)} + \sum_{i=1}^{m} \frac{K_{Fi}}{B_i^{(1)}} B_{Si}^{(1)} (1+g) \frac{B_i^{(1)}}{B_i^{(0)}}$$

$$< \sum_{l=1}^{n_M} (p_{Ml}-k_{MPl})x_{Ml}^{(0)} + \sum_{j=1}^{n_S} k_{SPj}\, g\, x_{Sj}^{(0)} + \sum_{i=1}^{m} \frac{K_{Fi}}{B_i^{(0)}} B_{Si}^{(0)} (1+g) \frac{B_i^{(1)}}{B_i^{(0)}}$$

Vergegenwärtigen wir uns die Gleichung der Gesamt-Deckungsbeiträge (7.17), so wird ersichtlich, daß sich beide Seiten der Ungleichung (7.69) von jener dadurch unterscheiden, daß die auf die Fixkosten entfallenden Selbstkostenerlöse pro Kostenstelle um das Verhältnis $B_i^{(1)}/B_i^{(0)}$ abgeändert sind; damit läßt sich für eine Abnahme der Summe der Grenzgewinne lediglich folgendes nachweisen:

$$(7.70)\quad Z(x_{M1}^{(1)}\ldots x_{Mn_M}^{(1)};\ x_{S1}^{(1)}\ldots x_{Sn_S}^{(1)}) - \sum_{i=1}^{m} \frac{K_{Fi}}{B_i^{(1)}} B_{Si}^{(1)} (1+g) (1- \frac{B_i^{(1)}}{B_i^{(0)}})$$

$$< Z(x_{M1}^{(0)}\ldots x_{Mn_M}^{(0)};\ x_{S1}^{(0)}\ldots x_{Sn_S}^{(0)}) - \sum_{i=1}^{m} \frac{K_{Fi}}{B_i^{(0)}} B_{Si}^{(0)} (1+g) (1- \frac{B_i^{(1)}}{B_i^{(0)}})$$

Damit kann der generelle Nachweis der Implikation (7.63) nicht erbracht werden; zwar ist es eher unwahrscheinlich, daß die Korrekturglieder in Ungleichung (7.70) die Größenrelationen der Zielfunktionswerte verändern, da einmal das Korrekturglied in allen Stellen Null ist, deren Kapazitäten in beiden Lösungen voll ausgeschöpft werden, und zum anderen die Beträge in einigen Stellen positiv, in anderen negativ sind, so daß sie sich teilweise ausgleichen, doch kann der allgemeingültige Beweis der Quasi-Konkavität nicht gegeben werden.

Aus diesem Grund sind die Optimierungsverfahren der Quotientenprogrammierung für unsere Fragestellung nicht anwendbar, abgesehen davon, daß diese Probleme von praxisbezogenen Größenordnungen ohnehin nicht lösen können. Daher ist, wie bei einem Engpaß, auch für die Produktionsprogrammplanung bei mehreren Engpässen die Anwendung von Näherungsverfahren geboten. Im folgenden schlagen wir ein Näherungsverfahren vor, welches sich der Technik der Gradientenverfahren bedient; vgl. hierzu Übersicht 7.3.

Bei diesem Verfahren wird von einem vorgegebenen Startpunkt aus die Tangente an die Deckungsbeitragsfunktion bestimmt und die Gleichung dieser Tangente als lineare Zielfunktion im Planungsmodell verwendet.

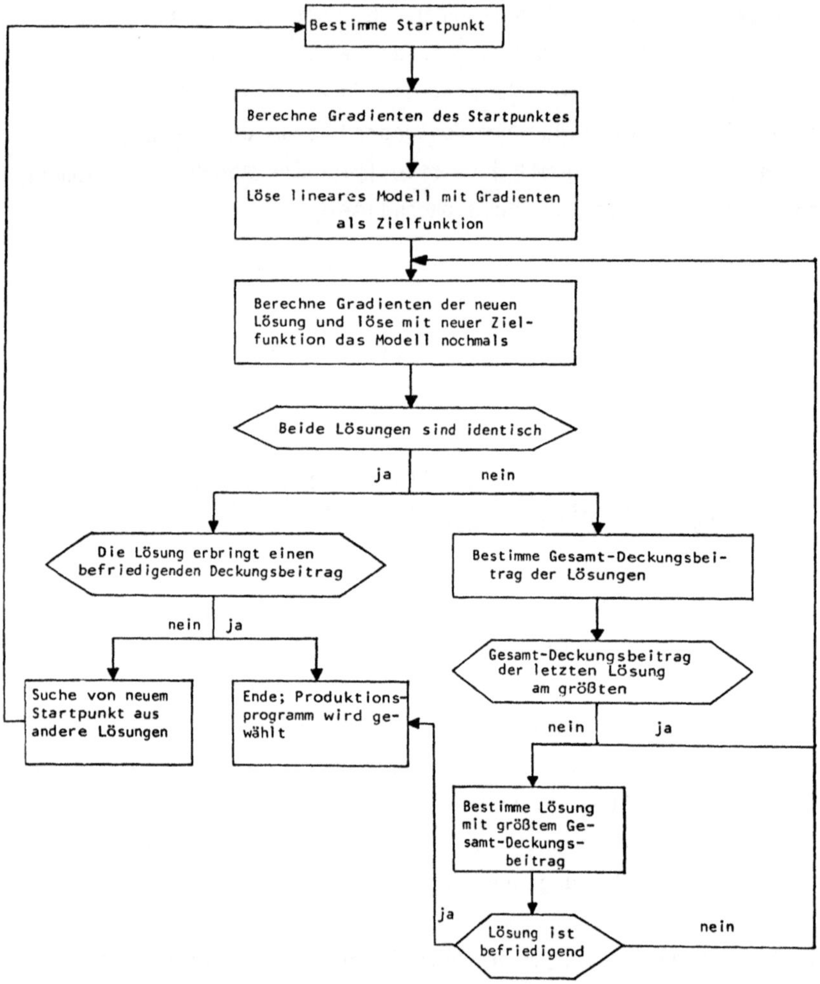

Übersicht 7.3: Näherungsverfahren zur Produktionsprogrammplanung bei mehreren Engpässen

Als Lösung dieses linearen Modells erhalten wir einen Eckpunkt des Zulässigkeitsbereiches.

In diesem Lösungspunkt wird die Tangentengleichung nochmals berechnet und das Planungsmodell mit dieser als Zielfunktion ein weiteres Mal gelöst. Dieses Vorgehen wird so lange wiederholt, bis die Änderung des Zielfunktionswertes so unwesentlich wird, daß die Lösung stabil bleibt oder eine Lösung gefunden wird, deren Deckungsbeitrag dem Entscheidungsträger befriedigend erscheint. Hält der Entscheidungsträger keine der gefundenen Lösungen für befriedigend, können von einem anderen Startpunkt ausgehend weitere Lösungen gesucht und mit den bisherigen verglichen werden.

Die jeweilige Tangentengleichung erhält man, indem die Grenzgewinne der Markt- und Selbstkostenpreis-Produkte an dem jeweiligen Lösungspunkt mit den Modellvariablen x_{Ml} und x_{Sj} multipliziert werden. Die Bestimmungsgleichungen der Grenzgewinne haben wir in Abschnitt 7.1.2.1. hergeleitet; vgl. die Gleichungen (7.23) und (7.24).

Die Wahl des ersten Startpunktes ist an sich beliebig; es erscheint aber zweckmäßig, die Absatzhöchstmengen aller Aufträge ohne Berücksichtigung der Engpässe als Ausgangspunkt zu wählen, damit keine zusätzlichen Annahmen über die Aufteilung der Beschäftigungen auf die beiden Produktgruppen erforderlich sind. Es kann aber auch von einem anderen Startpunkt ausgegangen werden, etwa den Absatzhöchstmengen der Selbstkostenpreis-Erzeugnisse bei Verzicht auf Aufträge zu Marktpreisen.

Mit der beschriebenen Vorgehensweise wird eine Folge zulässiger Lösungen ermittelt und deren Zielfunktionswerte miteinander verglichen. Dabei kann nicht gesagt werden, inwieweit sich das letztlich gewählte Produktionsprogramm vom optimalen Programm unterscheidet und welche realisierbaren Deckungsbeiträge damit entgehen. Weiterhin muß darauf hingewiesen werden, daß das Verfahren nur Eckpunkte des Zulässigkeitsbereiches betrachtet, bei nicht-linearen Zielfunktionen aber auch sonstige Randpunkte optimal sein können. Dennoch erscheint die vorgeschlagene Lösungsmethode als Näherungsverfahren geeignet, insbesondere da die

Lösung von Planungsproblemen praxisrelevanter Größenordnungen möglich ist.

Abschließend wollen wir auch dieses Verfahren an einem Zahlenbeispiel erläutern; dazu haben wir das Beispiel des vorangegangenen Abschnitts dergestalt erweitert, daß sechs Markt- und acht Selbstkostenpreis-Erzeugnisse in fünf Fertigungsstellen produziert werden, deren Kapazitäten zur Herstellung aller Absatzhöchstmengen nicht ausreichen. Die relevanten Produktdaten sind in Tabelle 7.11 zusammengefaßt.

Produktart	Marktpreis	Prop. Selbstkosten	Absatzhöchstmenge	Belastungsfaktoren				
				Stelle 1	Stelle 2	Stelle 3	Stelle 4	Stelle 5
1	120	70	3 000	2	5	4	6	3
2	90	30	2 000	4	2	3	5	5
3	110	80	5 000	3	3	4	1	4
4	140	60	4 000	4	3	5	2	2
5	220	150	4 500	4	2	6	4	2
6	130	90	7 000	2	4	1	4	3
7	-	80	2 000	2	6	5	3	1
8	-	50	4 000	5	3	2	5	4
9	-	60	6 000	2	1	5	6	3
10	-	50	3 000	3	2	3	3	6
11	-	70	4 000	4	5	2	4	2
12	-	40	7 000	1	3	2	2	1
13	-	90	2 500	6	2	4	8	2
14	-	100	2 000	3	7	4	3	1
Fixkosten der Stelle				185 000	308 000	304 000	240000	210 000

Tabelle 7.11: Ausgangsdaten des Zahlenbeispiels

Die Realisierung der Absatzhöchstmengen aller Produkte erfordert Kapazitäten, die größer oder zumindest gleich den in Tabelle 7.12 angegebenen maximalen Beschäftigungen der Stellen sind. In der Tabelle 7.12 sind neben den erforderlichen Beschäftigungen auch deren Aufteilungen auf Markt- und Selbstkostenpreis-Produkte enthalten.

Stelle	Gesamt-Beschäftigung	Beschäftigung der Marktpreis-Erzeugnisse	Beschäftigung der Selbstkostenpreis-Erzeugnisse
1	166 000	77 000	89 000
2	179 000	83 000	96 000
3	189 000	92 000	97 000
4	214 000	87 000	127 000
5	153 000	77 000	76 000

Tabelle 7.12: Beschäftigungen ohne Berücksichtigung der Engpässe

Die fünf Kostenstellen sollen aber lediglich über die in Tabelle 7.13 angegebenen Kapazitäten verfügen:

Stelle	1	2	3	4	5
Kapazität	120 000	125 000	140 000	150 000	100 000

Tabelle 7.13: Kapazitäten der Fertigungsstellen

Wählen wir als Startpunkt die Absatzhöchstmengen aller Produkte, so sind als erstes die Grenzgewinne auf der Grundlage der in Tabelle 7.12 angegebenen Beschäftigungen zu berechnen; für das Marktpreis-Produkt 1 ergibt sich folgender Rechengang:

$$G_1' = 50 - \left(\frac{185}{166}\,\frac{89}{166}\,2 + \frac{308}{179}\,\frac{96}{179}\,5 + \frac{304}{189}\,\frac{97}{189}\,4 + \frac{240}{214}\,\frac{127}{214}\,6 + \frac{210}{153}\,\frac{76}{153}\,3\right)1{,}05$$

$$G_1' = 34{,}09$$

Für das Selbstkostenpreis-Produkt 7 ergibt sich:

$$G_7' = 4 + (\frac{185}{166}\,\frac{77}{166}\,2 + \frac{308}{179}\,\frac{83}{179}\,6 + \frac{304}{189}\,\frac{92}{189}\,5 + \frac{240}{214}\,\frac{87}{214}\,3 + \frac{210}{153}\,\frac{77}{153}\,1)1{,}05$$

$$G_7' = 16{,}38$$

Insgesamt ergeben sich die in Tabelle 7.14 wiedergegebenen Grenzgewinne:

Produktart	1	2	3	4	5	6	7
Grenzgewinn	34,09	45,88	18,18	67,42	56,12	29,06	16,38

Produktart	8	9	10	11	12	13	14
Grenzgewinn	14,67	14,08	14,06	14,87	8,38	18,00	17,94

Tabelle 7.14: Grenzgewinne des Startpunktes

Mit diesen Grenzgewinnen als Zielfunktionskoeffizienten lösen wir das lineare Planungsmodell zur Bestimmung der ersten Lösung. Tabelle 7.15 zeigt die Ausgangsmatrix des Modells (siehe folgende Seite).

Als optimale Lösung dieses Programmes ergeben sich die in Tabelle 7.16 ausgewiesenen Werte.

		x_1	x_2	x_3	x_4	x_5	x_6	x_7	x_8	x_9	x_{10}	x_{11}	x_{12}	x_{13}	x_{14}
	Zielfunktion	34,09	45,88	18,18	67,42	56,12	29,06	16,38	14,67	14,08	14,06	14,87	8,38	18,00	17,94
1	120 000 $\geq$	2	4	3	4	4	2	2	5	2	3	4	1	6	3
2	125 000 $\geq$	5	2	3	3	2	4	6	3	1	2	5	3	2	7
3	140 000 $\geq$	4	3	4	5	6	1	5	2	5	3	2	2	4	4
4	150 000 $\geq$	6	5	1	2	4	4	3	5	6	3	4	2	8	3
5	100 000 $\geq$	3	5	4	2	2	3	1	4	3	6	2	1	2	1
6	3 000 $\geq$	1													
7	2 000 $\geq$		1												
8	5 000 $\geq$			1											
9	4 000 $\geq$				1										
10	4 500 $\geq$					1									
11	7 000 $\geq$						1								
12	2 000 $\geq$							1							
13	4 000 $\geq$								1						
14	6 000 $\geq$									1					
15	3 000 $\geq$										1				
16	4 000 $\geq$											1			
17	7 000 $\geq$												1		
18	2 500 $\geq$													1	
19	2 000 $\geq$														1

Tabelle 7.15: Ausgangsmatrix des Planungsmodells

Produktart	1	2	3	4	5	6	7
Lösungswert	3 000	2 000	4 502	4 000	4 500	7 000	1 516
Produktart	8	9	10	11	12	13	14
Lösungswert	0	3 968	0	2 286	0	2 500	2 000

Tabelle 7.16: Lösungswerte der ersten Lösung

Dieser Lösung liegen die folgenden Stellenbeschäftigungen und deren Aufteilung auf Markt- und Selbstkostenpreis-Erzeugnisse zugrunde:

Stelle	Gesamt-Beschäftigung	Beschäftigung der Marktpreis-Erzeugnisse	Beschäftigung der Selbstkostenpreis-Erzeugnisse
1	116 618	75 507	41 111
2	125 000	81 507	43 493
3	140 000	90 009	49 991
4	150 000	86 502	63 498
5	100 000	75 009	24 991

Tabelle 7.17: Beschäftigungen der ersten Lösung

Tabelle 7.17 zeigt, daß bis auf Stelle 1 in allen Stellen die vorhandenen Kapazitäten voll ausgeschöpft werden; Stelle 1 verfügt noch über eine Kapazitätsreserve von 3 382 Fertigungsminuten.

Die erste Lösung erbringt einen Gesamt-Deckungsbeitrag von:

DB = 1 320 069 + 47 218 + 456 763 = 1 824 050

Der Gesamt-Deckungsbeitrag setzt sich zusammen aus dem Deckungsbeitrag der Marktpreis-Erzeugnisse, den kalkulatorischen Gewinnen auf die proportionalen Selbstkosten und den auf Fixkosten entfallenden Selbstkostenerlösen.

Ausgehend von den Beschäftigungen der Tabelle 7.17 werden jetzt die Grenzgewinne des ersten Lösungspunktes berechnet; wir haben sie in Tabelle 7.18 zusammengefaßt:

Produktart	1	2	3	4	5	6	7
Grenzgewinn	35,15	47,10	19,37	68,36	57,02	29,91	28,17

Produktart	8	9	10	11	12	13	14
Grenzgewinn	27,35	24,95	26,34	26,36	14,66	31,27	30,47

Tabelle 7.18: Grenzgewinne des ersten Lösungspunktes

Lösen wir mit diesen Grenzgewinnen das Planungsmodell ein zweites Mal, ergibt sich folgende optimale Lösung:

Produktart	1	2	3	4	5	6	7
Lösungswert	3 000	2 000	2 486	4 000	4 500	7 000	2 000

Produktart	8	9	10	11	12	13	14
Lösungswert	0	3 459	1 622	0	3 946	2 500	2 000

Tabelle 7.19: Lösungswerte der zweiten Lösung

Die aus dieser Lösung folgenden Beschäftigungen haben wir in der nachstehenden Tabelle wiedergegeben:

Stelle	Gesamt-Beschäftigung	Beschäftigung der Marktpreis-Erzeugnisse	Beschäftigung der Selbstkostenpreis-Erzeugnisse
1	110 189	69 460	40 729
2	125 000	75 459	49 541
3	140 000	81 946	58 054
4	150 000	84 486	65 514
5	100 000	66 946	33 054

Tabelle 7.20: Beschäftigungen der zweiten Lösung

Wiederum ist allein die Stelle 1 nicht voll ausgelastet; ihre Kapazitätsreserve beträgt bei dieser Lösung 9 811 Fertigungsminuten, hat sich somit gegenüber der ersten Lösung um 6 429 Minuten erhöht.

Die zweite Lösung erbringt einen Gesamt-Deckungsbeitrag von:

DB = 1 259 595 + 51 574 + 515 282 = 1 826 451

Im Vergleich zur ersten Lösung verbessert sich der Gesamt-Deckungsbeitrag um 2 401 DM, wobei die Deckungsbeiträge der Marktpreis-Erzeugnisse um 60 474 DM sinken, während die kalkulatorischen Gewinne auf die proportionalen Kosten um 4 356 DM und die Selbstkostenerlöse auf Fixkosten um 58 519 DM steigen.

Als nächstes werden nun wiederum die Grenzgewinne des zweiten Lösungspunktes berechnet; wir haben sie in Tabelle 7.21 zusammengefaßt:

Produktart	1	2	3	4	5	6	7
Grenzgewinn	33,20	45,19	17,54	66,66	55,28	28,53	26,58

Produktart	8	9	10	11	12	13	14
Grenzgewinn	26,05	23,56	24,66	25,16	13,83	30,15	28,92

Tabelle 7.21: Grenzgewinne des zweiten Lösungspunktes

Mit diesen Grenzgewinnen als Zielfunktionskoeffizienten erhält man folgenden dritten Lösungspunkt:

Produktart	1	2	3	4	5	6	7
Lösungswert	3 000	2 000	714	4 000	4 500	7 000	2 000

Produktart	8	9	10	11	12	13	14
Lösungswert	0	2 696	3 000	0	5 054	2 500	2 000

Tabelle 7.22: Lösungswerte der dritten Lösung

Stelle	Gesamt-Beschäftigung	Beschäftigung der Marktpreis-Erzeugnisse	Beschäftigung der Selbstkostenpreis-Erzeugnisse
1	108 589	64 143	44 446
2	125 000	70 143	54 857
3	135 447	74 857	60 590
4	150 000	82 714	67 286
5	100 000	59 857	40 143

Tabelle 7.23: Beschäftigungen der dritten Lösung

Tabelle 7.23 zeigt die der dritten Lösung entsprechenden Beschäftigungen.

Neben Stelle 1, deren Auslastung sich um weitere 1 600 Fertigungsminuten verringert, verfügt bei dieser Lösung auch Stelle 3 über eine Kapazitätsreserve von 4 553 Minuten. Der Gesamt-Deckungsbeitrag dieses Lösungspunktes beträgt:

$$DB = 1\,206\,429 + 54\,946 + 565\,778 = 1\,827\,153$$

Der Gesamt-Deckungsbeitrag erhöht sich im Vergleich zur zweiten Lösung um 702 DM; die Deckungsbeiträge der Marktpreis-Produkte sinken um weitere 53 166 DM, dagegen steigen die kalkulatorischen Gewinne auf die proportionalen Selbstkosten um 3 372 DM und die auf Fixkosten entfallenden Selbstkostenerlöse um 50 496 DM. Der vernachlässigbare Gewinnunterschied läßt beide Lösungen nahezu gleichwertig erscheinen.

Die Grenzgewinne des dritten Lösungspunktes lauten:

Produktart	1	2	3	4	5	6	7
Grenzgewinn	31,46	43,44	15,89	65,12	53,69	27,27	25,44

Produktart	8	9	10	11	12	13	14
Grenzgewinn	24,65	22,60	23,18	23,94	13,19	29,00	27,64

Tabelle 7.24: Grenzgewinne des dritten Lösungspunktes

Lösen wir mit diesen Grenzgewinnen als Zielfunktionskoeffizienten das Planungsmodell ein weiteres Mal, so ergeben sich dieselben Lösungswerte wie bei der dritten Lösung, so daß der Entscheidungsträger entweder diese als befriedigende Lösung akzeptiert oder von einem anderen Startpunkt aus bessere Lösungen sucht. Da die dritte Lösung einen Deckungsbeitrag erbringt, der nur 13,6% unter dem (hypothetischen) Deckungsbeitrag ohne Berücksichtigung der Engpässe in Höhe von 2 114 243 DM liegt, halten wir diese Lösung für akzeptabel.

Trotz der an sich befriedigenden Lösung haben wir doch versucht, von einem anderen Startpunkt aus weitere Lösungswerte des Planungsproblems zu bestimmen. Als zweiten Startpunkt wählten wir die Lösung, bei welcher alle Selbstkostenpreis-Produkte mit ihren Absatzhöchstmengen und keine Marktpreis-Erzeugnisse hergestellt werden. Im Gegensatz zum ersten Startpunkt, dem freien Optimum, handelt es sich in diesem Fall um einen Punkt des Zulässigkeitsbereichs, bei dem alle Kapazitätsrestriktionen erfüllt sind.

Da die Rechenschritte in gleicher Weise ablaufen wie oben geschildert, haben wir auf die Wiedergabe der Grenzgewinne und Beschäftigungen der gefundenen Lösungspunkte verzichtet und lediglich in Tabelle 7.25 die zugehörigen Produktmengen und Gesamt-Deckungsbeiträge wiedergegeben. Aus Tabelle 7.25 wird ersichtlich, daß sich als Ergebnis der dritten Optimierung dieselben Lösungswerte wie bei der oben gezeigten Berechnung vom ersten Startpunkt aus ergeben, welche dann ebenfalls stabil bleiben.

7.1.3. Besonderheiten der Produktionsvollzugsplanung in Unternehmen mit Selbstkostenpreis-Erzeugnissen

Unter Produktionsvollzugsplanung versteht man alle Entscheidungen in einem Betrieb, welche die Art und Weise der Herstellung der Produkt-

	x_1	x_2	x_3	x_4	x_5	x_6	x_7	x_8	x_9	x_{10}	x_{11}	x_{12}	x_{13}	x_{14}	Deckungsbeitrag
1. Lösungspunkt	0	2 000	0	4 000	4 500	4 450	2 000	0	4 200	3 000	4 000	7 000	2 500	2 000	1 806 448
2. Lösungspunkt	3 000	2 000	0	4 000	4 500	7 000	2 000	0	4 125	3 000	0	6 125	1 250	2 000	1 825 778
3. Lösungspunkt	3 000	2 000	714	4 000	4 500	7 000	2 000	0	2 696	3 000	0	5 054	2 500	2 000	1 827 147

Tabelle 7.25: Lösungswerte der Berechnung vom zweiten Startpunkt

mengen betreffen.[1] Beispiele für Planungsprobleme der Produktionsvollzugsplanung sind die Wahl alternativer Fertigungsverfahren, die Wahl zwischen Eigenerstellung und Fremdbezug, die Planung von Seriengrößen und Bedienungssystemen, die Festlegung der räumlichen und zeitlichen Verteilung der Produktionsmengen u.a.

In Betrieben mit ausschließlich Marktpreis-Produkten hängen die Entscheidungskriterien zur optimalen Produktionsvollzugsplanung neben der Engpaßsituation davon ab, ob das jeweilige Planungsproblem bei fest vorgegebenem Produktionsprogramm optimal gelöst werden soll oder ob simultan über das optimale Produktionsprogramm und den optimalen Produktionsvollzug entschieden werden soll.[2] Beide Fälle unterscheiden sich dadurch, daß im zweiten eventuelle Fehlmengen der Produktarten mit zum Entscheidungsfeld des Planungsproblems gehören. Sind Fehlmengen zulässig, ist die Absatzseite des Betriebes entscheidungsrelevant, so daß das Entscheidungsproblem als Zielvorschrift die Deckungsbeitragsmaximierung erfordert, dagegen bleibt bei gegebenem Produktionsprogramm der Absatzsektor von den zu treffenden Entscheidungen unberührt, womit die Zielsetzung 'Minimiere die entscheidungsrelevanten Kosten' zur optimalen Planung ausreicht.

In Betrieben mit Selbstkostenpreis-Produkten tritt in der Produktionsvollzugsplanung ein Zielkonflikt auf, welcher in der Natur des Kostenpreises bzw. des prozentualen Gewinnzuschlages begründet ist. Während in anderen Betrieben immer die Zielsetzung besteht, alle Erzeugnisse zu geringst möglichen (entscheidungsrelevanten) Kosten herzustellen, liegt bei den Herstellern öffentlicher Aufträge zu Selbstkostenpreisen auf den ersten Blick ein umgekehrter Zusammenhang zwischen Kosten- und Gewinnhöhe vor, was an sich das Bestreben nach sich ziehen müßte, bei der Produktionsvollzugsplanung die Alternativen mit möglichst hohen Kosten zu wählen. Dies entspricht im übrigen dem Entscheidungskriterium der Produktionsprogrammplanung bei einem Engpaß, die Produkte in der

---

1) Vgl. W. Kilger, Produktionsplanung (1973), S. 39 f.; H. Koch, Unternehmensplanung (1982), S. 233.

2) Zu den Entscheidungskriterien der Produktionsvollzugsplanung in Unternehmen mit ausschließlich Marktpreis-Erzeugnissen vgl. W. Kilger, Produktionsplanung (1973); W. Kern, Produktionswirtschaft (1980).

Reihenfolge der relativen kalkulatorischen Gewinne auf die proportionalen Kosten, und damit (bei einheitlichem Gewinnzuschlag) in der Reihenfolge der relativen proportionalen Kosten in das Produktionsprogramm aufzunehmen bzw. der Maximierung dieser Größen bei mehreren Engpässen (vgl. Abschnitt 7.1.1.).

Nun besteht aber zwischen der Produktionsprogramm- und der Produktionsvollzugsplanung in diesem Zusammenhang folgender grundlegender Unterschied. In einem liberalen Wirtschaftssystem kann jeder Unternehmer frei darüber entscheiden, welche Aufträge er annimmt und welche er nicht herstellen will, so daß die entwickelten Entscheidungskriterien der Programmplanung ohne Einschränkungen anwendbar sind. Entschließt sich dagegen ein Unternehmer zur Herstellung öffentlicher Aufträge, so unterwirft er sich den Bestimmungen der VPöA und der LSP, insbesondere der Forderung nach Wirtschaftlichkeit der Betriebsführung sowie deren Feststellung im Rahmen der Preisprüfung. Aus diesem Grunde wird die Realisierung der Alternativen des Produktionsvollzugs mit möglichst hohen Kosten in der Preisprüfung nicht akzeptiert werden, so daß zur Festlegung der preisrechtlich zulässigen Kosten entsprechende Abschläge vorgenommen werden müssen.

Ob nun die Forderung nach Wirtschaftlichkeit der Betriebsführung immer den Einsatz der kostengünstigsten Alternative des Produktionsvollzugs verlangt oder ob dem Auftragnehmer Spielräume bei der Fertigungsgestaltung verbleiben, ist den Definitionen des Begriffs Wirtschaftlichkeit in den Kommentaren zum Verordnungswerk nicht zu entnehmen.[1] Es kann aber u.E. davon ausgegangen werden, daß Preisprüfer immer dann, wenn sie feststellen, daß eine kostengünstigere Alternative realisierbar wäre, den Selbstkostenpreis um den entsprechenden Betrag kürzen.

---

1) Vgl. H. Ebisch u. J. Gottschalk, Preise (1977), S. 228 f; H. Michaelis u. C.A. Rhösa, Preisbildung (1982), LSP Nr. 4, S. 7 ff.

Er erscheint daher im Rahmen einer wissenschaftlichen Arbeit nicht möglich, eine allgemeingültige Zielvorschrift zur Produktionsvollzugsplanung anzugeben, da es vom jeweiligen Einzelfall abhängt, welche Alternativen im Lichte des genannten Konfliktes verwirklicht werden können. Um allgemeingültige Aussagen zu ermöglichen, wollen wir im weiteren unterstellen, daß die Alternativen des Produktionsvollzuges ermittelt werden sollen, die zu den geringsten entscheidungsrelevanten Kosten führen.

Soll der Produktionsvollzug bei vorgegebenem Produktionsprogramm festgelegt werden, so bestehen unter der genannten Annahme keine Unterschiede zwischen Betrieben mit Selbstkostenpreis-Produkten und solchen, die ausschließlich Marktpreis-Erzeugnisse herstellen.

Dagegen ist eine simultane Optimierung des Produktionsprogrammes und des Produktionsvollzuges nicht möglich. In Betrieben mit ausschließlich Selbstkostenpreis-Produkten ließen sich auf den ersten Blick zwar die in den üblichen Simultanmodellen angewandten Techniken der Differenzierung der Produktvariablen gemäß dem Produktionsvollzug bzw. der Einführung spezieller Variablen für die jeweiligen Aktionsparameter (Variablen für Normal- und Mehrarbeitszeiten, für selbsterstellte und fremdbezogene Vorprodukte) ebenfalls benutzen. Bei Differenzierung der Produktvariablen nach $\nu=1,\dots,v$ Alternativen des Produktionsvollzuges hätte die Zielfunktion dann folgendes Aussehen:

$$(7.71) \qquad Z = \sum_{j=1}^{n_S} \sum_{\nu=1}^{v} \left[k_{S\nu j}(1+g) - k_{SP\nu j} \right] x_{S\nu j} \;\text{->}\; \text{Max}$$

Unter der Annahme, daß die Erstattung der Fixkosten bei den einzelnen Variablen des Produktionsvollzugs unverändert ist[1], folgt unter Beachtung der Überlegungen des Abschnitts 7.1.1. hieraus:

1) Oftmals sind den Alternativen des Produktionsvollzugs auch verschiedene Fixkosten zugeordnet, so daß auch die Höhe der fixen Stückkosten im Selbstkostenpreis von der Vollzugsplanung abhängig ist.

$$(7.72) \quad Z = \sum_{j=1}^{n_S} \sum_{\nu=1}^{V} k_{SP\nu j} \; g \; x_{S\nu j} \rightarrow \text{Max}$$

Es wird aber deutlich, daß hierbei die Alternativen mit den höchsten proportionalen Kosten am günstigsten sind, da sie bei prozentualem Gewinnzuschlag die höchsten Zielfunktionsbeiträge erbringen; die beiden Ziele maximaler Deckungsbeitrag und kostenminimaler Produktionsvollzug sind nicht gleichzeitig realisierbar.

In Betrieben mit beiden Preistypen scheitert darüber hinaus die simultane Optimierung an der komplizierten nicht-linearen Struktur der Zielfunktion.

Damit ist es in Betrieben mit Selbstkostenpreis-Produkten bei Verfolgung der beiden genannten Ziele immer erforderlich, eine sukzessive Planung des Produktionsprogramms und des Produktionsvollzugs vorzunehmen, an die sich eine rekursive Abstimmung der betreffenden Teilpläne anschließen sollte.[1)]

7.2. Die langfristige Kapazitäts- und Verfahrensplanung

7.2.1. Die Wirtschaftlichkeitskriterien für Erweiterungsinvestitionen

In Abschnitt 7.2 wollen wir uns den Besonderheiten der wichtigsten langfristigen Planungsprobleme in Betrieben mit Selbstkostenpreis-Produkten zuwenden.[2)] Da diese Besonderheiten in erster Linie aus

---

1) Zu den Planungstechniken vgl. P. Vischer, Absatzplanung (1967), S. 22; H. Albach, Kassenhaltung (1970), S. 379; W. Kilger, Produktionsplanung (1973), S. 17; D. Hahn, Kontrollrechnung (1974), S. 47 f; J. Wild, Unternehmensplanung (1974), S. 78 f; E. Gutenberg, Produktion (1976), S. 149 ff; E. Gutenberg, Absatz (1976), S. 118; H.J. Brink, Koordination (1981), S. 8 ff.

2) Die Unterscheidung zwischen Betrieben mit ausschließlich Selbstkostenpreis-Produkten und solchen, die Erzeugnisse beider Preistypen herstellen, hat für die Wirtschaftlichkeitskriterien der Investitionsrechnung nicht die Bedeutung wie in der kurzfristigen Planung, so daß wir sie nicht als gesondertes Gliederungsmerkmal anführen.

der Abhängigkeit der Erlöse von den Selbstkosten resultieren, beschränken wir die Analyse auf die quantitativen Wirtschaftlichkeitskriterien der Langfristplanung. Die sonstigen Aspekte der strategischen und langfristig operativen Planung sollen dagegen außer acht gelassen werden; zwar muß der Hersteller staatlicher Aufträge hierbei die Eigenheiten des öffentlichen Auftragswesens beachten, doch innerhalb dieses Rahmens treten keine grundsätzlich anders gearteten Fragestellungen auf.

Gegenstand der langfristigen Kapazitäts- und Verfahrensplanung sind Entscheidungen über

- Erweiterungen betrieblicher Teilbereiche
- Stillegungen betrieblicher Teilbereiche
- Durchführung von Rationalisierungsmaßnahmen
- Auswahl einer von mehreren Verfahrensalternativen
- Festlegung des optimalen Ersatzzeitpunktes.

Von diesen fünf Fragestellungen der Investitionsrechnung wollen wir Erweiterungs-, Stillegungs- und Rationalisierungsentscheidungen im einzelnen behandeln, dagegen auf Verfahrenswahlprobleme und die Ermittlung optimaler Ersatzzeitpunkte nicht weiter eingehen, da die Ergebnisse der anderen Fälle auf diese Bereiche analog übertragen werden können.

Als Wirtschaftlichkeitskriterien zur Beurteilung von Investitions- und Desinvestitionsentscheidungen werden die bekannten Verfahren der Investitionsrechnung -Kapitalwert, Annuität, interner Zinsfuß- verwendet.[1] Eine Erweiterungsinvestition ist somit dann wirtschaftlich, wenn ihre Anschaffungsauszahlung geringer ist als die Summe der abdiskontierten Einzahlungsüberschüsse, welche durch die beschafften Vermögensgegenstände zusätzlich erzielt werden. In einem

---

1) Auf Gemeinsamkeiten und Unterschiede dieser Verfahren wollen wir nicht eingehen; vgl. H. Blohm u. K. Lüder, Investition (1978), S. 49 ff; H. Hax, Investitionstheorie (1979), S. 11 ff; D. Schneider, Investition (1980), S. 177 ff.

Unternehmen, das ausschließlich Selbstkostenpreis-Erzeugnisse herstellt, gilt für den Kapitalwert einer Erweiterungsinvestition, mit der von $j=1,\ldots,n_S$ Produktarten x_{Sjt} Mengeneinheiten pro Jahr zusätzlich hergestellt und verkauft werden können, folgende Gleichung:

$$(7.73)\quad C_0 = -A_0 + \sum_{t=1}^{t_N} \Big[\sum_{j=1}^{n_S} \Big(k_{Sjt}\,(1+g) - a_{SPjt} \Big) x_{Sjt} - \Delta A_{Ft} \Big] (1+i)^{-t}$$

C_0 : Kapitalwert

A_0 : Anschaffungsauszahlung

a_{SP} : Auszahlungswirksame proportionale Selbstkosten

ΔA_{Ft} : Zusätzliche auszahlungswirksame Fixkosten

i : Kalkulationszinssatz

t_N : Investitionslaufzeit

In den vollen Selbstkosten k_{Sjt} sind unter anderem die auszahlungswirksamen proportionalen Kosten a_{SPjt} sowie anteilig die zusätzlichen auszahlungswirksamen Fixkosten ΔA_{Ft} und die jährlichen Abschreibungen K_{At} und kalkulatorischen Zinsen K_{Zt} der neuen Anlage enthalten. Gehen wir davon aus, daß die letztgenannten Beträge nur auf die zusätzlichen Erzeugnisse verrechnet werden und bezeichnen wir die sonstigen für die Preisermittlung relevanten Stückkosten mit k^*_{Sjt}, so läßt sich die Kapitalwertgleichung wie folgt umformen:

$$(7.74)\quad C_0 = -A_0 + \sum_{t=1}^{t_N} \Big[\sum_{j=1}^{n_S} a_{SPjt}\, g\, x_{Sjt} + \Delta A_{Ft}\, g + (K_{Zt} + K_{At})(1+g)$$

$$+ \sum_{j=1}^{n_S} k^*_{Sjt}\,(1+g)\, x_{Sjt} \Big] (1+i)^{-t}$$

Entspräche die Summe der diskontierten, auf die neuen Vermögensgegenstände entfallenden jährlichen Abschreibungen und Zinsen exakt dem Anschaffungswert, ließe sich Gleichung (7.74) folgendermaßen schreiben:[1)]

1) Stellen die Abschreibungen teilweise proportionale Kosten dar, muß zusätzlich die Voraussetzung konstanter Jahresbeschäftigungen erfüllt sein.

$$(7.75)\quad C_0 = \sum_{t=1}^{t_N} \Big[\sum_{j=1}^{n_S} a_{SPjt}\, g\, x_{Sjt} + (\Delta A_{Ft} + K_{At} + K_{Zt})\, g + \sum_{j=1}^{n_S} k^*_{Sjt}\,(1+g)\, x_{Sjt} \Big] (1+i)^{-t}$$

Da die verbleibenden Größen der Gleichung (7.75) immer positiv sind, ist auch der Kapitalwert immer größer als Null, so daß sich unter den getroffenen Annahmen eine Wirtschaftlichkeitsberechnung erübrigen würde.

Werden in der Kostenrechnung jährlich lineare Abschreibungen und kalkulatorische Zinsen nach dem Restwertverfahren auf der Grundlage der Anschaffungsauszahlung verrechnet, so ist die Summe der diskontierten Beträge kleiner als der zugehörige Anschaffungswert. Es läßt sich nämlich nachweisen, daß die Summe aus (diskontierten) linearen Abschreibungen und kalkulatorischen Zinsen genau dann der Anschaffungsauszahlung entspricht, wenn in jedem Jahr statt des durchschnittlich gebundenen Restwertes $0{,}5 \cdot (R_{t-1} + R_t)$ der Restwert zu Beginn der Planungsperiode R_{t-1} der Zinsberechnung zugrunde gelegt wird;[1] dies ist aber für die Selbstkostenpreisermittlung nicht zulässig.[2]

Demgegenüber ist es gemäß den Leitsätzen jedoch zulässig, sowohl bei der Abschreibungs- als auch bei der Zinsberechnung von jährlichen Wiederbeschaffungspreisen auszugehen; wegen der multiplikativen Verknüpfung der jährlichen Preisindizes und der Steigerung bei beiden Komponenten des Kapitaldienstes ist damit zu rechnen, daß die betreffende Differenz in der Kapitalwertgleichung nicht negativ ist.

---

1) Vgl. hierzu W. Lücke, Investitionsrechnung (1955), S. 314 ff, wo dieser Zusammenhang für Laufzeiten von bis zu vier Perioden nachgewiesen wird. Den allgemeingültigen Beweis wollen wir an dieser Stelle nicht darstellen; er verläuft analog zu der in Abschnitt 7.2.2 wiedergegebenen Beweisführung bei Stillegungsentscheidungen.

2) Vgl. H. Ebisch u. J. Gottschalk, Preise (1977), S. 426.

Das gefundene Ergebnis darf allerdings nicht dergestalt interpretiert werden, daß in Betrieben mit Selbstkostenpreis-Produkten jede Erweiterungsinvestition unabhängig von ihrer Notwendigkeit und Wirtschaftlichkeit durchgeführt werden kann. Wie in Abschnitt 6.2.3.3. erwähnt, wird bei der Preisermittlung von den Preisprüfern eine Beschäftigungsuntergrenze gezogen, ab welcher die Erhöhung der Kalkulationssätze infolge der Fixkostendegression nicht mehr als angemessen oder wirtschaftlich akzeptiert wird, so daß bei fehlender Auslastung nicht alle Fixkosten der von der Erweiterungsinvestition betroffenen Kostenstellen im Selbstkostenpreis erstattet werden. Neben dieser generellen Kürzung der Kalkulationssätze besteht die Gefahr, daß die Preisprüfer die Ansätze der Kostenarten Abschreibungen und kalkulatorische Zinsen als unwirtschaftlich ansehen und entsprechend kürzen.

Voraussetzung für die sichere Vorteilhaftigkeit einer Erweiterungsinvestition ist somit einmal ihre angemessene Auslastung (Untergrenze sind i.d.R. 60% der Kapazität) und zum zweiten die Wirtschaftlichkeit des Kapitaleinsatzes, d.h. daß sich Anschaffungsauszahlung und Nutzungsdauer in üblichen wirtschaftlichen Größenordnungen bewegen.

Können infolge der Erweiterungsinvestition zusätzliche Mengeneinheiten von Markt- und Selbstkostenpreis-Produkten hergestellt und abgesetzt werden, so hat der Kapitalwert folgendes Aussehen:

$$(7.76)\quad C_0 = -A_0 + \sum_{t=1}^{t_N} \Big[\sum_{l=1}^{n_M} (p_{Mlt} - a_{MPlt})\, x_{Mlt} + \sum_{j=1}^{n_S} \big(k_{Sjt}\,(1+g) - a_{SPjt}\big)\, x_{Sjt} - \Delta A_{Ft} \Big] (1+i)^{-t}$$

Beachtet man, daß die Anschaffungsauszahlung und die zusätzlichen auszahlungswirksamen Fixkosten den beiden Erzeugnisgruppen gemäß ihrer Inanspruchnahme der neu zu beschaffenden Vermögensgegenstände zu belasten sind, so wird deutlich, daß keine generelle Aussage über die Wirtschaftlichkeit einer derartigen Investitionsmaßnahme mehr möglich ist. Deren Vorteilhaftigkeit hängt vielmehr von der konkreten Datenkonstellation ab, wobei hier den Aufteilungen der Stellenbelastungen auf beide Produktgruppen eine zusätzliche Bedeutung zukommt, da sie für die Höhe der im Selbstkostenpreis erstatteten Anschaffungsauszahlung und auszahlungswirksamen Fixkosten ausschlaggebend sind.

7.2.2. Stillegungsentscheidungen in Betrieben mit Selbstkostenpreis-Erzeugnissen

Die Stillegung eines Betriebes oder betrieblichen Teilbereiches ist dann vorteilhaft, wenn der erzielbare Liquidationserlös größer ist als die Summe der (abdiskontierten) Deckungsbeiträge über die auszahlungswirksamen proportionalen Kosten aller in der Restlaufzeit absetzbaren Erzeugnisse abzüglich der abbaufähigen fixen Kosten.[1] In Betrieben mit ausschließlich Selbstkostenpreis-Produkten muß mindestens eine der folgenden Voraussetzungen erfüllt sein, damit eine vorzeitige Stillegung wirtschaftlich ist:

1. Es werden nicht alle Kosten des betreffenden Bereiches bei der Selbstkostenpreisermittlung anerkannt, sei es daß die Auslastung zu gering ist, sei es daß sonstige Unwirtschaftlichkeiten vorliegen. Werden nicht alle Kosten erstattet, so sind die gleichen Wirtschaftlichkeitskriterien für Desinvestitionsentscheidungen anzuwenden, wie in Betrieben mit Marktpreis-Erzeugnissen, wobei die entsprechenden Stück-Deckungsbeiträge aus den preisrechtlich zulässigen Selbstkosten (plus Gewinnzuschlag) und den effektiven auszahlungswirksamen proportionalen Kosten gebildet werden.

2. Der erzielbare Liquidationserlös liegt (wesentlich) über dem Restwert der betreffenden Vermögensgegenstände im Entscheidungszeitpunkt. Analog zu Gleichung (7.74) läßt sich der Kapitalwert bei Weiterführung bis zum Ende der Restlaufzeit t_R unter der Voraus-

1) Zur Bestimmung optimaler Stillegungszeitpunkte vgl. W. Kilger, H. Grögler u. E. Piroth, Investitionsrechnung (1980), S. 40 f, W. Kilger, Stillegung (1981), S. 104 f.

setzung, daß alle Kosten als zulässig anerkannt werden, schreiben als:[1]

$$(7.77)\quad C_{0(t_R)} = \sum_{t=1}^{t_R} \Big[(K_{At} + K_{Zt}) + (K_{At} + K_{Zt} + \Delta A_{Ft})\, g$$

$$+ \sum_{j=1}^{n_S} \Big(a_{SPjt}\, g\, x_{Sjt} + k^{*}_{Sjt}\, (1+g)\, x_{Sjt} \Big) \Big] (1+i)^{-t}$$

Bei linearer Abschreibung und Restwertverzinsung auf Basis des Restwertes zu Beginn der einzelnen Perioden gilt für die Summe aus Abschreibungen und Zinsen:

$$(7.78)\quad \sum_{t=1}^{t_R} (K_{At} + K_{Zt})\, (1+i)^{-t} = \sum_{t=1}^{t_R} \Big[\frac{A_0}{t_N} + \Big(A_0 - (t_N - t_R + t - 1)\, \frac{A_0}{t_N} \Big) i \Big] (1+i)^{-t}$$

Gleichung (7.78) läßt sich zu Gleichung (7.79) umformen:

$$(7.79)\quad \sum_{t=1}^{t_R} (K_{At} + K_{Zt})\, (1+i)^{-t} = \Big(\frac{A_0}{t_N} + \frac{A_0}{t_N}\, t_R\, i + \frac{A_0}{t_N}\, i \Big) \frac{1}{w(i, t_R)}$$

$$- \frac{A_0}{t_N}\, i \sum_{t=1}^{t_R} t\, (1+i)^{-t}$$

Für den Ausdruck $\sum_{t=1}^{t_R} t\,(1+i)^{-t}$ läßt sich folgende Formel herleiten:[2]

$$(7.80)\quad \sum_{t=1}^{t_R} t(1+i)^{-t} = \frac{\Big[(1+i)^{t_R} - 1 \Big] (1+i) - t_R\, i}{(1+i)^{t_R}\, i^2}$$

---

1) ΔA_{Ft} symbolisiert in Gleichung (7.77) die abbaufähigen auszahlungswirksamen Fixkosten.

2) Auf die Wiedergabe der recht umfangreichen Herleitung der Gleichung (7.80) wollen wir an dieser Stelle verzichten.

Unter Berücksichtigung von Gleichung (7.80) und der Bestimmungsgleichung des Rentenbarwertfaktors erhält man aus Gleichung (7.79) nach einigen Umformungen:

$$(7.81) \quad \sum_{t=1}^{t_R} (K_{At} + K_{Zt})\ (1+i)^{-t} = \frac{A_0}{t_N}\ t_R$$

Die rechte Seite der Gleichung (7.81) entspricht dem Restwert zu dem Zeitpunkt, an dem über die Stillegung entschieden werden soll. Obwohl die unterstellte Zinsberechnung nach LSP nicht zulässig ist, kann wegen der höheren Bemessungsgrundlagen der Abschreibungs- und Zinsberechnung davon ausgegangen werden, daß die Summe aus diskontierten Abschreibungen und Zinsen nicht kleiner als obiger Restwert ist. Damit muß aber, unter der Voraussetzung, daß alle Kosten im Selbstkostenpreis berücksichtigt werden dürfen, der Liquidationserlös größer als der Restwert zuzüglich der übrigen (positiven) Beträge der Gleichung (7.77) sein, wenn eine vorzeitige Stillegung wirtschaftlich sein soll.

Werden in einem Betrieb ober betrieblichen Teilbereich, über dessen Stillegung zu entscheiden ist, Markt- und Selbstkostenpreis-Produkte hergestellt, erfolgt die Erstattung von Abschreibungen und Zinsen im Selbstkostenpreis nur teilweise, so daß die oben nachgewiesenen Zusammenhänge nicht mehr gelten. Allgemeingültige Aussagen über die Wirtschaftlichkeit von Desinvestitionsmaßnahmen sind daher, wie auch bei Erweiterungsinvestitionen, nicht mehr möglich, weshalb die herkömmlichen Entscheidungskriterien herangezogen werden müssen.

7.2.3. Die Wirtschaftlichkeit von Rationalisierungen in Betrieben mit Selbstkostenpreis-Erzeugnissen

Unter Rationalisierungsinvestitionen versteht man solche Veränderungen des Betriebsmittelbestandes, die nicht der Variation von Kapazitäten dienen, sondern der Verbesserung der Kostenstruktur des Betriebs;[1)]

1) Vgl. W. Kilger, H. Grögler u. E. Piroth, Investitionsrechnung (1980), S. 35.

daher hat ihre Durchführung keine Auswirkungen auf die Zusammensetzung des Produktionsprogrammes. Hieraus folgt in Betrieben mit Marktpreis-Erzeugnissen, daß die Erlöse des Unternehmens von der Investitionsentscheidung unbeeinflußt bleiben, was wiederum bedeutet, daß im Entscheidungskriterium der Anschaffungsauszahlung lediglich die Summe der diskontierten Einsparungen gegenüberzustellen sind, welche durch die Rationalisierung im Verlaufe deren Nutzungsdauer erzielt werden.

Die Aussage, daß von Rationalisierungsmaßnahmen die Erlösseite eines Betriebes nicht betroffen wird, gilt allerdings nur bei ausschließlicher Herstellung von Marktpreis-Produkten. Sobald die Preise der Erzeugnisse aus den ihnen zuzurechnenden Kosten abgeleitet werden, erfolgt durch die mit der Rationalisierung verbundenen Einsparungen eine Veränderung der Erlöse, die im Entscheidungskriterium zu berücksichtigen ist.

Betrachten wir als erstes Betriebe, welche ausschließlich Selbstkostenpreis-Produkte produzieren. Unterstellt man, daß alle Kosten in den Selbstkostenpreisen erstattet werden, so bedeutet einerseits (bei Gewährung prozentualer Gewinnzuschläge auf die Selbstkosten) jede Einsparung eine Verminderung der Einzahlungsüberschüsse; diese werden andererseits durch die auf die Rationalisierung entfallenden jährlichen Abschreibungen und kalkulatorische Zinsen (zuzüglich Gewinnzuschlag) erhöht. Bezeichnen wir die Einsparungen pro Periode mit ΔA_t, so läßt sich für den Kapitalwert einer Rationalisierungsinvestition unter den getroffenen Annahmen folgende Gleichung angeben:

$$(7.82) \quad C_0 = - A_0 + \sum_{t=1}^{t_N} \left[- \Delta A_t \, g + (K_{At} + K_{Zt}) \, (1+g) \right] \, (1+i)^{-t}$$

In Gleichung (7.82) symbolisieren K_{At} und K_{Zt} wiederum ausschließlich die auf die Investitionsmaßnahme entfallenden Abschreibungen und Zinsen. Nehmen wir an, daß die Summe der diskontierten Abschreibungen und Zinsen exakt der Anschaffungsauszahlung entspricht, so gilt für Gleichung (7.82):

$$(7.83) \quad C_0 = A_0 \, g + \sum_{t=1}^{t_N} - \Delta A_t \, g \, (1+i)^{-t}$$

Dieser Kapitalwert ist genau dann positiv, wenn zwischen der Anschaffungsauszahlung und den diskontierten Einsparungen folgender Zusammenhang besteht:

$$(7.84) \quad A_0 > \sum_{t=1}^{t_N} \Delta A_t \, (1+i)^{-t}$$

Es zeigt sich, daß unter den genannten Prämissen bei ausschließlicher Herstellung von Selbstkostenpreis-Produkten nur solche Rationalisierungsmaßnahmen von Vorteil sind, die bei Unabhängigkeit von Preisen und Kosten nicht wirtschaftlich wären. Die praktische Umsetzung dieses Kriteriums wird zwar i.d.R. an der Kontrolle der Wirtschaftlichkeit im Rahmen der Preisprüfung scheitern, aus dem Ergebnis folgt aber, daß der Hersteller öffentlicher Aufträge von sich aus keinen Anreiz hat, mögliche Verbesserungen der Kostenstruktur zu realisieren.

Stellt ein Betrieb gleichzeitig Markt- und Selbstkostenpreis-Produkte her, werden durch eine Rationalisierung die Erlöse der Marktpreis-Produkte nicht beeinflußt; damit sind in der Kapitalwertformel zum einen die gesamten Ersparnisse infolge der Investitionsmaßnahme zu berücksichtigen und zum anderen, mit negativem Vorzeichen, die Erlöseinbußen der Selbstkostenpreis-Produkte. Nehmen wir an, daß durch die Rationalisierung die Kostentruktur einer Fertigungsstelle beeinflußt wird, wodurch sich die proportionalen Stückkosten um Δa_{Pt} und die auszahlungswirksamen Fixkosten um ΔA_{Ft} verändern und daß von der jährlichen Stellenbeschäftigung B_t (nach Durchführung der Rationalisierung) B_{Mt} Einheiten auf Marktpreis- und B_{St} Einheiten auf Selbstkostenpreis-Erzeugnisse entfallen, so lautet die Kapitalwertgleichung wie folgt:

$$(7.85) \quad C_0 = - A_0 + \sum_{t=1}^{t_N} \Bigg[\sum_{l=1}^{n_M} \Delta a_{MPlt} \, x_{Mlt} + \frac{\Delta A_{Ft}}{B_t} B_{Mt} - \sum_{j=1}^{n_S} \Delta a_{SPjt} \, g \, x_{Sjt} - \frac{\Delta A_{Ft}}{B_t} B_{St} \, g + \frac{K_{At} + K_{Zt}}{B_t} B_{St} \, (1+g) \Bigg] (1+i)^{-t}$$

Unter den weiteren Prämissen, daß die Beschäftigungen und deren Aufteilungen auf Markt- und Selbstkostenpreis-Produkte in jedem Jahr gleich sind und daß die Summe des diskontierten Kapitaldienstes der Anschaffungsauszahlung entspricht, läßt sich Gleichung (7.85) zu Gleichung (7.86) umformen:

$$(7.86)\quad C_0 = - A_0 \frac{B_M}{B} + \sum_{t=1}^{t_N} \Big[\sum_{l=1}^{n_M} \Delta a_{MPlt}\, x_{Mlt} + \frac{\Delta A_{Ft}}{B} B_M \Big] (1+i)^{-t}$$

$$+ A_0 \frac{B_S}{B} g - \sum_{t=1}^{t_N} \Big[\sum_{j=1}^{n_S} \Delta a_{SPjt}\, g\, x_{Sjt} + \frac{\Delta A_{Ft}}{B} B_S\, g \Big] (1+i)^{-t}$$

Denken wir uns die Anschaffungsauszahlung im Verhältnis der Aufteilungen der Stellenbeschäftigungen auf beide Produktgruppen verteilt, so läßt sich der Gesamt-Kapitalwert der Rationalisierung aufteilen in einen Kapitalwert der Marktpreis-Erzeugnisse, in welchem, wie bei ausschließlicher Herstellung von Marktpreis-Produkten üblich, der (anteiligen) Anschaffungsauszahlung die Summe der Ersparnisse gegenübergestellt wird, und in einen Kapitalwert der Selbstkostenpreis-Erzeugnisse, der analog zum Kapitalwert in Gleichung (7.83) zusammengesetzt ist. Allerdings ist, ähnlich wie in den voranstehenden Abschnitten, bei Herstellung von Produkten beider Preistypen keine generelle Aussage über die Vorteilhaftigkeit einer Rationalisierungsmaßnahme mehr möglich, sondern die Wirtschaftlichkeit muß im konkreten Einzelfall überprüft werden.

Die bisher in diesem Kapitel gefundenen Ergebnisse lassen sich analog auf Entscheidungen über optimale Ersatzzeitpunkte und über Verfahrenswahlprobleme übertragen. Auch bei diesen wird im Fall der ausschließlichen Herstellung von Selbstkostenpreis-Produkten das Entscheidungskriterium wegen der prozentualen Gewinnzuschläge die <u>unwirtschaftliche Alternative</u> als der Zielsetzung Kapitalwertmaximierung entsprechend auswählen, was jedoch in den Preisprüfungen keine Anerkennung finden dürfte. Bei gemeinsamer Herstellung von Markt- und Selbstkostenpreis-Produkten sind derartige allgemeingültige Aussagen nicht möglich, so daß die bekannten Entscheidungskriterien heranzuziehen sind.

8. Zusammenfassung

Das Ziel dieser Arbeit besteht darin zu zeigen, wie die zusätzliche Aufgabe der Ermittlung von Selbstkostenpreisen von der Plankosten- und Deckungsbeitragsrechnung erfüllt werden kann, ohne daß hinsichtlich der sonstigen Aufgaben der Kostenrechnung wesentliche Einschränkungen hinzunehmen sind. Weiterhin sind die Konsequenzen der Vereinbarung dieses Preistypes auf die Entscheidungskriterien der betrieblichen Planung Gegenstand der Untersuchung.

Die Preiskalkulation ist für sämtliche Selbstkostenpreistypen im System der Plankostenrechnung ohne Schwierigkeiten möglich, es sind lediglich eventuelle Anpassungen der Wertansätze an die preisrechtlichen Bestimmungen erforderlich, die bei datenmaschineller Durchführung der Kostenrechnung keinen erheblichen Arbeitsaufwand verlangen; in diesem Zusammenhang erweist sich auch die Ergänzung der Plankostenrechnung um einen Primärkostenausweis als vorteilhaft.
Eine Analyse der Bestimmungen der LSP zu den Kostenbestandteilen des Selbstkostenpreises zeigt, daß die Preiskalkulationen keine Beeinträchtigungen der sonstigen Aufgaben der Kostenrechnung nach sich ziehen.

Bezüglich der Gestaltung des Abrechnungssystems stellt sich heraus, daß eine genaue Vollkostenkalkulation dieselbe Differenzierung des Bezugsgrößensystems erfordert wie die Ermittlung der proportionalen Kosten. Weiterhin erweist sich bei der Zurechnung der V.u.V.Kosten auf die Erzeugniseinheiten die in der Praxis übliche Verwendung der indirekten Bezugsgröße volle Herstellkosten als unzweckmäßig, da diese sich weder proportional zu den Produkteinheiten verhält noch von der Zusammensetzung des Produktionsprogrammes unabhängig ist, wodurch insbesondere die entwickelten Entscheidungskriterien der Produktionsprogrammplanung wesentlich komplizierter werden.

Im abschließenden Kapitel werden die Entscheidungskriterien der wichtigsten Planungsprobleme eines Industriebetriebes bei Herstellung von Selbstkostenpreis-Produkten dargestellt. Die Herleitung exakter

Optimierungskriterien ist nur möglich, wenn ausschließlich Selbstkostenpreis-Erzeugnisse produziert werden und wenn bei gemeinsamer Herstellung von Markt- und Selbstkostenpreis-Produkten keine Engpässe vorliegen. Während die Kriterien bei ausschließlicher Herstellung in Analogie zu den üblichen Entscheidungskriterien stehen, ist beim letztgenannten Planungsproblem ein relativ kompliziertes Entscheidungsverfahren anzuwenden. Für die Fälle, daß bei gemeinsamer Herstellung von Erzeugnissen beider Preistypen (ein oder mehrere) Engpässe auftreten, wird jeweils ein Näherungsverfahren vorgestellt und anhand eines Zahlenbeispiels erläutert.

Im Vergleich zu Betrieben, welche keine Selbstkostenpreis-Produkte herstellen, tritt die weitere Besonderheit auf, daß eine simultane Optimierung des Produktionsprogrammes mit Entscheidungsproblemen des Produktionsvollzuges wegen des funktionalen Zusammenhanges zwischen Stückkosten und Verkaufspreisen nicht möglich ist, da dies mit dem Gebot der Wirtschaftlichkeit der Betriebsführung nicht in Einklang zu bringen ist. Somit ist eine sukzessive Abstimmung dieser Teilpläne erforderlich.

Im Abschnitt über die langfristige Kapazitäts- und Verfahrensplanung wird für Entscheidungen über die Erweiterung und Rationalisierung betrieblicher Teilbereiche gezeigt, daß bei ausschließlicher Herstellung von Produkten zu Selbstkostenpreisen unter bestimmten Datenkonstellationen allgemeingültige Aussagen über die Vorteilhaftigkeit der jeweiligen Investitionsentscheidung getroffen werden können.

Weiterhin zeigt sich, daß sich für Stillegungsentscheidungen und für Rationalisierungsinvestitionen Wirtschaftlichkeitskriterien ergeben, welche sich entgegengesetzt zu den Wirtschaftlichkeitskriterien bei ausschließlicher Herstellung von Marktpreis-Produkten verhalten. Bei gemeinsamer Herstellung von Erzeugnissen beider Preistypen sind derartige Aussagen nicht mehr möglich, so daß die herkömmlichen Wirtschaftlichkeitskriterien analog anzuwenden sind.

ABKÜRZUNGSVERZEICHNIS

BMWF	:	Bundesminister für Wirtschaft und Finanzen
BMWi	:	Bundesminister für Wirtschaft
BMVg	:	Bundesminister der Verteidigung
BNK	:	Betriebsnotwendiges Kapital
BNV	:	Betriebsnotwendiges Vermögen
BWB	:	Bundesamt für Wehrtechnik und Beschaffung
EStG	:	Einkommensteuergesetz
F+E	:	Forschung und Entwicklung
GewStG	:	Gewerbesteuergesetz
GRK	:	Gemeinschafts-Richtlinien für die Kosten- und Leistungsrechnung
LSP	:	Leitsätze für die Preisermittlung auf Grund von Selbstkosten
LSÖ	:	Leitsätze für die Preisermittlung auf Grund der Selbstkosten bei Leistungen für öffentliche Auftraggeber
VPöA	:	Verordnung PR 30/53 des Bundesministers für Wirtschaft über Preise bei öffentlichen Aufträgen
VPÖ	:	Verordnung über die Preise bei öffentlichen Aufträgen
V.u.V.	:	Verwaltung und Vertrieb
ZfB	:	Zeitschrift für Betriebswirtschaft
ZfbF	:	Zeitschrift für betriebswirtschaftliche Forschung
ZfhF	:	Zeitschrift für handelswissenschaftliche Forschung

VERZEICHNIS HÄUFIG VERWENDETER KURZZEICHEN

1. GRUNDKURZZEICHEN

A	:	Anschaffungsauszahlung
ΔA	:	Einsparungen aufgrund einer Rationalisierungsmaßnahme
ΔA_F	:	Entscheidungsrelevante auszahlungswirksame Fixkosten
a_P	:	Auszahlungswirksame proportionale Kosten
B	:	Bezugsgrößeneinheiten pro Periode
b	:	Stückbezugsgröße
BNV	:	Betriebsnotwendiges Vermögen
C_o	:	Kapitalwert
c_F	:	Fixkostenverrechnungssatz
DB	:	Deckungsbeitrag pro Periode
d	:	Proportionaler Kostensatz
E	:	Erlös pro Periode
e_{Ftg}	:	Sondereinzelkosten der Fertigung
e_{Vt}	:	Sondereinzelkosten des Vertriebs
g	:	Gewinnprozentsatz
g_S	:	Gewinnprozentsatz in Prozent der vollen Selbstkosten
g_U	:	Gewinnprozentsatz in Prozent des Umsatzes
g_V	:	Gewinnprozentsatz in Prozent des betriebsnotwendigen Vermögens
h	:	Vollkostensatz
I	:	Indexmenge der Kostenstellen
i	:	Kalkulatorischer Zinssatz
J	:	Indexmenge der Produktarten
K_A	:	Abschreibungen pro Periode
K_F	:	Fixe Kosten
K_H	:	Herstellkosten
K_P	:	Proportionale Kosten
K_Z	:	Kalkulatorische Zinsen pro Periode

k	:	Gesamte Stückkosten
k_F	:	Fixe Stückkosten
k_P	:	Proportionale Stückkosten
m	:	Anzahl Kostenstellen
n	:	Anzahl Produktarten
P	:	Produktionsprogramm
p	:	Verkaufspreis
q	:	Preissteigerungsrate
R	:	Restwert
r	:	Verbrauch an Produktionsfaktoren
s_i	:	Anzahl Bezugsgrößen einer Kostenstelle i
t_N	:	Nutzungsdauer eines Vermögensgegenstandes
t_R	:	Restlaufzeit eines Vermögensgegenstandes
u	:	Binärvariable
V	:	Anzahl Sekundärstellen
v	:	Anzahl Alternativen des Produktionsvollzuges
W	:	Wiederbeschaffungspreis
w	:	Gewinnbeiträge pro Bezugsgrößeneinheit
$w_{(i,t_N)}$	:	Kapitalwiedergewinnungsfaktor für t_N Perioden bei einem Zinssatz von i%
x	:	Produktmenge pro Periode
x_H	:	Absatzhöchstmenge
∇Z	:	Gradient der Zielfunktion
Z	:	Zielfunktion
z	:	Anzahl Primärkostenarten

2. Indizes

E	:	Index der Engpaßstelle
H	:	Index zur Kennzeichnung des Herstellbereiches
i	:	Index der Kostenstellen
j	:	Index der Selbstkostenpreis-Produkte
k	:	Zweiter Index der Produktarten
l	:	Index der Marktpreis-Produkte
M	:	Index zur Kennzeichnung des Materialbereiches

M	:	Index zur Kennzeichnung von Marktpreis-Erzeugnissen
r	:	Zweiter Index der Kostenstellen
S	:	Index zur Kennzeichnung von Selbstkostenpreis-Erzeugnissen
t	:	Zeitindex
V	:	Index zur Kennzeichnung des Verwaltungs- und Vertriebsbereichs
ß	:	Index der Bezugsgrößenarten
μ,ν	:	Indizes der sekundären Kostenstellen
ν	:	Index zur Kennzeichnung der Alternativen des Produktionsvollzuges
τ	:	Zweiter Zeitindex
ξ	:	Index der Primärkostenarten

LITERATURVERZEICHNIS

ADAM, D.: Entscheidungsorientierte Kostenbewertung. Wiesbaden 1970.

AGHTE, K.: Zur stufenweisen Fixkostendeckung. In: ZfB 1959, S. 742-748.

ALBACH, H.: Bewertungsprobleme des Jahresabschlusses nach dem Aktiengesetz 1965. In: Der Betriebsberater 1966, S. 377-382.

ALBACH, H.: Rechnungslegung im neuen Aktienrecht. In: Neue Betriebswirtschaft, 1966, S. 178-192.

ALBACH, H.: Die degressive Abschreibung. Wiesbaden 1967.

ALBACH, H.: Kapitalbindung und optimale Kassenhaltung. In: Finanzierungshandbuch, hrsg. v. H. Janberg. 2. Auflage, Wiesbaden 1970.

ALTMANN, C.H.: Preisrechtlich zulässige und preisrechtlich unzulässige Vereinbarungen bei öffentlichen Aufträgen im Sinne der Verordnung PR Nr. 30/53. In: Neue Betriebswirtschaft 1959, S. 31-35.

ALTMANN, C.H.: Kalkulatorischer Zins und kalkulatorischer Gewinn nach der Verordnung und in der Praxis des öffentlichen Auftragswesens. In: Neue Betriebswirtschaft 1959, S. 151-155.

ALTMANN, C.H.: Der Begriff des Marktpreises im Sinne der Verordnung PR Nr. 30/53. In: Die öffentliche Verwaltung 1959, S. 932-937.

ALTMANN, C.H.: Das öffentliche Auftragswesen. Stuttgart 1960.

ALTMANN, C.H.: Wem steht der Rationalisierungsgewinn zu? In: Wirtschaftsprüfung 1961, S. 205-210.

ALTMANN, C.H.: Weitergabe von Rabatten, Skonti und sonstigen Vorteilen an den öffentlichen Auftraggeber. In: Der Betrieb 1970, S. 767-770.

ALTMANN, C.H.: Der "abgeleitete" Preis bei öffentlichen Aufträgen der Verordnung PR Nr. 30/53. In: Der Betrieb 1978, S. 1578-1580.

BAIERL, F.: Lohnanreizsysteme. Mittel zur Produktivitätssteigerung. 5. Auflage, München 1974.

BECKER, H.D.: Die Anforderungen der Preispolitik an die Gestaltung der Kostenrechnung. Dissertation,Frankfurt 1962.

BESTE, Th.: Die kurzfristige Erfolgsrechnung. 2. Auflage, Köln-Opladen 1962.

BHATT, S.K.: Linearizition Technique for Linear Fractional and Pseudo-Montonic Programmes Revisited. In: Cahiērs du Centre de Recherche Opérationelle, Vol. 23, 1981, S. 53-56.

BIERLE, K.: Inflation und Steuern. Berlin 1974.

BIRKNER, E.: Differenzierung des Materialgemeinkostenzuschlages. In: Zeitschrift für das gesamte Rechnungswesen, 1968, S. 207-210.

BLOHM, H. u. LÜDER, K.: Investition. 4. Auflage, München 1978.

BÖHM, H.H. u. WILLE, F.: Deckungsbeitragsrechnung, Grenzpreisrechnung und Optimierung. 5. Auflage, München 1974.

BÖHRS, H.: Ermittlung des Einflusses der Veränderung der Löhne, der Preise der Einsatzgüter und der Produktivität auf die Kosten der Erzeugnisse. ZfB 1971, S. 153-166 und S. 279-390.

BOSSHARDT, E.: Leistungsmäßige Kostenrechnung. Zürich 1948.

BRINK, H.J.: Zur Planung des optimalen Fertigungsprogrammes. Köln-Berlin-Bonn-München 1969.

BRINK, H.J.: Die Koordination funktionaler Teilbereiche der Unternehmung. Stuttgart 1981.

BRINK, H.J. u. FABRY, P.: Die Planung von Arbeitszeiten unter besonderer Berücksichtigung der Systeme vorbestimmter Zeiten. Wiesbaden 1974.

BROSCHWITZ, J.: Der Einfluß des Beschäftigungsgrades auf die Ermittlung der Selbstkosten. In: Der Betrieb 1963, S. 1721-1724.

BROSCHWITZ, J.: Das Leasing-Verfahren bei der Abwicklung öffentlicher Aufträge. In: Der Betrieb 1964, S. 813-816.

BROSCHWITZ, J.: Kosten für werkseigene freie Entwicklung in der Preiskalkulation. In: Der Betrieb 1964, S. 1305-1309.

BROSCHWITZ, J.: Der kalkulatorische Gewinn bei öffentlichen Aufträgen. In: Der Betrieb 1965, S. 333-337.

BROSCHWITZ, J.: Vorstands- und Aufsichtsratsbezüge als Kosten in der Preiskalkulation öffentlicher Aufträge. In: Der Betrieb 1965, S. 1409-1413.

BROSCHWITZ, J.: Kriterien für Selbstkostenpreisvereinbarungen bei öffentlichen Aufträgen. In: Der Betrieb 1969, S. 977-981.

BROSCHWITZ, J.: Bemessungsgrundlagen für den kalkulatorischen Gewinn bei öffentlichen Aufträgen. In: Der Betrieb 1970, S. 261-267.

BROSCHWITZ, J.: Festpreise für Entwicklungsleistungen bei öffentlichen Aufträgen. In: Der Betrieb 1971, S. 2369-2373.

BROSCHWITZ, J.: Bestimmung des konstanten Anteils in Preisgleitklauseln bei öffentlichen Aufträgen. In: Der Betrieb 1974, S. 685-687.

BROSCHWITZ, J.: Entwicklungstrend und Bemessungsprobleme kalkulatorischer Wagnisse. In: Der Betrieb 1976, S. 829-834.

BROSCHWITZ, J.: Abgeltung kalkulatorischer Wagnisse industrieller Mittelbetriebe bei öffentlichen Aufträgen. In: Der Betrieb 1979, S. 413-417.

BRÜCKNER, R.: Betriebswirtschaftliche Analyse der preisrechtlichen Vorschriften für öffentliche Aufträge in der BRD und den USA. Dissertation, Saarbrücken 1972.

BUSSE, K.-L.: Internationaler Technologietransfer und Steuerrecht. Frankfurt 1978.

BUSSE v. COLBE, W. u. LASSMANN, G.: Betriebswirtschaftstheorie. Band 1, Grundlagen, Produktions- und Kostentheorie. Berlin-Heidelberg-New York 1975.

CHLADEK, G.: Rabatte bei der Abrechnung von öffentlichen Aufträgen. In: Der Betrieb 1966, S. 1575-1576.

CHURCHMANN, C.W., ACKOFF, R.L. u. ARNOFF, E.L.: Operations Research. 3. Auflage, Wien-München 1966.

DANTZIG, G.B.: Lineare Programmierung und Erweiterung. Berlin-Heidelberg-New York 1966.

DAUB, W.: Handkommentar der VPöA und LSP. Wiesbaden 1955.

DELLMANN, K.: Zum Stand der betriebswirtschaftlichen Theorie der Kostenrechnung. In: ZfB 1979, S. 319-332.

DIEDERICH, H.: Der Kostenpreis bei öffentlichen Aufträgen. Heidelberg 1961.

DINKELBACH, W.: On Nonlinear Fractional Programming. Management Science 13, 1967, S. 492-498.

DIPPER, : Unterliegen Festpreisverträge mit öffentlichen Auftraggebern der Preiskontrolle. In: Der Betriebsberater 1957, S. 589-591.

DÖRING, U.: Zum Einfluß der Scheingewinnbesteuerung auf Preisuntergenzen. Diskussionsbeiträge des Fachbereiches Wirtschaftswissenschaft der Universität des Saarlandes, Saarbrücken 1981.

EBBEKEN, K.: Primärkostenrechnung. Berlin 1973.

EBISCH, H. u. GOTTSCHALK, J.: Preise und Preisprüfungen bei öffentlichen Aufträgen. 4. Auflage, München 1977.

EHRT, R.: Die Zurechenbarkeit von Kosten auf Leistungen auf der Grundlage kausaler und finaler Beziehungen. Stuttgart 1967.

EISENMANN, H.: Gewerblicher Rechtsschutz. Wiesbaden 1974.

ENGELMANN, K.: Einwände gegen den pagatorischen Kostenbegriff. In: ZfB 1958, S. 558-565.

ENGELMANN, R.: Grundlagen und Aufbau der Kostenkontrolle unter Berücksichtigung stochastischer Aspekte. Dissertation, Saarbrücken 1980.

ERNST, H., KUPPERT, H. u. REUTER, E.: Beurteilung von Preisanpassungsklauseln. VIK-Bericht Nr. 180, 1970.

EVERSHEIM, W., MINOLLA, W. u. FISCHER, W.: Angebotskalkulation mit Kostenfunktionen. Berlin-Köln 1977.

FETTEL, J.: Marktpreis und Kostenpreis. 2. Auflage, Meisenheim am Glan 1957.

FETTEL, J.: Ein Beitrag zur Diskussion über den Kostenbegriff. In: ZfB 1959, S. 567-569.

FINGER, P.: Die mathematische Preisgleitklausel. In: Der Betrieb 1970, S. 1865-1870.

FRUCHT, G.: Die Verrechnung von Mehr- und Minderabschreibungen nach den LSP. In: Der Betrieb 1954, S. 89-91.

GERCKE, M.: Die kalkulatorische Gewerbeertragsteuer in der Selbstkostenpreisermittlung für öffentliche Aufträge. In: Neue Betriebswirtschaft 1958, S. 149-151.

GERCKE, M.: Lizenzgebühren in der Selbstkostenpreisermittlung nach dem Preisrecht bei öffentlichen Aufträgen. In: Kostenrechnungspraxis 1966, S. 27-32.

GERCKE, M.: Lineare und exponentielle Abschreibung in der Selbstkostenpreisermittlung bei öffentlichen Aufträgen. In: Kostenrechnungspraxis 1966, S. 53-60.

GROCHLA, E.: Die Kalkulation von öffentlichen Aufträgen. Berlin 1954.

GROCHLA, E.: Grundlagen der Materialwirtschaft. 2. Auflage, Wiesbaden 1973.

GROLL, K.H.: Die Berechnung des kalkulatorischen Unternehmerlohnes. In: Praxis des Rechnungswesens, Gruppe 8, Stand 1981, S. 99 ff.

GÜMBEL, R.: Kostenrechnung; Grundlagen der Verwaltungs- und Vertriebskosten. In: Wirtschaftswoche 1972, S. 29-38.

GUTENBERG, E.: Grundlagen der Betriebswirtschaftlehre. Band 1, Die Produktion. 22. Auflage, Berlin-Heidelberg-New York 1976.

GUTENBERG, E.: Grundlagen der Betriebswirtschaftslehre. Band 2, Der Absatz. 15. Auflage, Berlin-Heidelberg-New York 1976.

HAASIS, C.: Die Zurechnung der Materialgemeinkosten auf Kostenträger. In: Rechnungswesen, Datentechnik, Organisation 1970, S. 209-213.

HAHN, D.: Planungs- und Kontrollrechnung. Wiesbaden 1974.

HAX, H.: Lineare Planungsrechnung und Simplex-Methode als Instrumente betriebswirtschaftlicher Planung. In: ZfhF 1960, S. 578-605.

HAX, H.: Kostenbewertung mit Hilfe der mathematischen Programmierung. In: ZfB 1965, S. 197-210.

HAX, H.: Unternehmensführung und Geldentwertung. In: Die wirtschaftlichen und sozialen Folgen der Geldentwertung, hrsg. v. H. Eichler. Berlin 1967, S. 69-91.

HAX, H.: Investitionstheorie. 4. Auflage, Würzburg-Wien 1979.

HAX, H.: Stichwort Kapitalbedarf. In: Handwörterbuch der Produktionswirtschaft, hrsg. v. W. Kern. Stuttgart 1979, Sp. 903-918.

HAX, K.: Die Substanzerhaltung der Betriebe. Köln-Opladen 1957.

HECK, P. u. SCHOLZ, H.: Die optimale Nutzung kalkulatorischer Möglichkeiten mit Hilfe der ADV. In: Der Betrieb 1970, S. 122-126.

HEINEN, E.: Reformbedürftige Zuschlagskalkulation. In: ZfhF 1958, S. 1-27.

HEINEN, E.: Das Kapital in der betriebswirtschaftlichen Kostentheorie. Wiesbaden 1966.

HEINEN, E.: Betriebswirtschaftliche Kostenlehre. 6. Auflage, Wiesbaden 1983.

HENZEL, F.: Die Kostenrechnung. 4. Auflage, Essen 1964.

HESSENMÜLLER, B.: Kosten- und Erfolgsrechnung im industriellen Vertrieb. Baden-Baden und Bad Homburg 1966.

HIRCHE, J.: Zur Extremwertannahme und Dualität bei Optimierungsproblemen mit Linearem und Gebrochen-Linearem Zielfunktionsanteil. Zeitschrift für angewandte Mathematik und Mechanik 55 (1975), S. 691- 693.

HIRCHE, J. u. HO KHAC Tan: Über eine Klasse nichtkonvexer Optimierungsprobleme. Zeitschrift für Angewandte Mathematik und Mechanik, 57 (1977), S. 247-253.

HOHENBILD, R.: Das Verursachungsdenken in der betriebswirtschaftlichen Kostenlehre. Bern-Frankfurt 1974.

HOLZAPFEL, W.: Das gesetzliche Selbstkostenprüfrecht der Preisbehörde bei Festpreisverträgen mit öffentlichen Auftraggebern. In: Die öffentliche Verwaltung 1957, S. 142-144.

HUMMEL, S.: Wirklichkeitsnahe Kostenerfassung. Berlin 1970.

HUMMEL, S. u. MÄNNEL, W.: Kostenrechnung 1. 2. Auflage,Wiesbaden 1980.

JACOB, H.: Preispolitik. Wiesbaden 1963.

JÄGER, J.: Planung und Kontrolle von Forschungs- und Entwicklungsprojekten. Dissertation, Würzburg 1976.

JAHN, J.: Sequentieller Inner-Punkt-Algorithmus zur Lösung nichtlinearer Optimierungsprobleme. Dissertation, Darmstadt 1978.

JOA, W.F.: Zum Problem der Zinsen auf Eigen- und Fremdkapital in Kalkulation und betrieblicher Preispolitik. In: Der Betrieb 1963, S. 665-668 und S. 701-705.

KÄFER, K.: Standardkostenrechnung. 2. Auflage, Zürich und Stuttgart 1964.

KALVERAM, W.: Betriebsabrechnung. Wiesbaden 1961.

KALVERAM, W.: Industrielles Rechnungswesen. 6. Auflage, Wiesbaden 1968.

KERN, W.: Kalkulation mit Opportunitätskosten. In: ZfB 1965, S. 133-147.

KERN, W.: Kapazität und Beschäftigung. In: Handwörterbuch der Betriebswirtschaft, hrsg. v. E. Grochla u. W. Wittmann. 4. Auflage, Stuttgart 1975, Sp. 2083-2089.

KERN, W.: Industrielle Produktionswirtschaft. Stuttgart 1980.

KILGER, W.: Produktions- und Kostentheorie. Wiesbaden 1958.

KILGER, W.: Kurzfristige Erfolgsrechnung. Wiesbaden 1962.

KILGER, W.: Die Verrechnung von Material-, Verwaltungs- und Vertriebsgemeinkosten in Kalkulationen zur Bestimmung von Selbstkostenpreisen für Aufträge mit atypischer Kostenstruktur. In: ZfB 1969, S. 475-496.

KILGER, W.: Optimale Produktions- und Absatzplanung. Opladen 1973.

KILGER, W.: Die Entstehung und Weiterentwicklung der Grenzplankostenrechnung als entscheidungsorientiertes System der Kostenrechnung. In: Schriften zur Unternehmensführung. Band 21, hrsg. v. H. Jacob, Neuere Entwicklungen in der Kostenrechnung (I). Wiesbaden 1976, S. 9-39.

KILGER, W.: Kostentheoretische Grundlagen der Grenzplankostenrechnung. In: ZfbF 1976, S. 679-693.

KILGER, W.: Moderne Methoden der Angebotskalkulation. In: VDI-Berichte Nr. 382 1980, S. 107-111.

KILGER, W.: Einführung in die Kostenrechnung. 2. Auflage, Wiesbaden 1980.

KILGER, W.: Flexible Plankostenrechnung und Deckungsbeitragsrechnung. 8. Auflage, Wiesbaden 1981.

KILGER, W.: Rationalisierung oder Stillegung verlustbringender Betriebe? In: Investitions- und Finanzplanung im Wechsel der Konjunktur, hrsg. v. W. Kilger u. A.-W. Scheer. Würzburg-Wien 1981, S. 97-117.

KILGER, W.: Die Theorie der industriellen Produktion auf der Grundlage dispositiv variierbarer Prozeßparameter. In: Neuere Entwicklungen in der Unternehmenstheorie. Erich Gutenberg zum 85. Geburtstag, hrsg. v. H. Koch. Wiesbaden 1983, S. 99-148.

KILGER, W., GRÜGLER, H. u. PIROTH, E.: Investitionsrechnung. In: agplan-Handbuch zur Unternehmensplanung, hrsg. in Zusammenarbeit mit der Gesellschaft für Planung -AGPLAN- e.V.. Berlin 1980.

KIRSCH, W.: Entscheidungsprozesse. Band III, Entscheidungen in Organisationen. Wiesbaden 1971.

KISTNER, K.-P. u. LUHMER, A.: Zur Ermittlung der Kosten der Betriebsmittel in der statischen Produktionstheorie. In: ZfB 1981, S. 165-179.

KOCH, H.: Zur Diskussion über den Kostenbegriff. In: ZfhF 1958, S. 355-399.

KOCH, H.: Zur Frage des pagatorischen Kostenbegriffs. In: ZfB 1959, S. 8-17.

KOCH, H.: Das Prinzip der traditionellen Stückkostenrechnung. In: ZfB 1965, S. 325-337.

KOCH, H.: Zum Problem des Gemeinkostenverteilungsschlüssels. In: ZfbF 1965, S. 169-200.

KOCH, H.: Integrierte Unternehmensplanung. Wiesbaden 1982.

KORNBLUTH, J.S.H. u. STEUER, R.E.: Multiple Objective Linear Fractional Programming. Management Science 27 (1981), S. 1024-1039.

KOSIOL, E.: Kritische Analyse der Wesensmerkmale des Kostenbegriffs. In: Betriebsökonomisierung durch Kostenanalyse, Absatzrationalisierung und Nachwuchserziehung. Festschrift für R.Seyffert, hrsg. v. E. Kosiol u. F. Schlieper, Köln-Opladen 1958, S. 9-37.

KOSIOL. E.: Kostenrechnung. Wiesbaden 1964.

KOWALSKI, U.: Der Schutz von betrieblichen Forschungs- und Entwicklungsergebnissen. Frankfurt 1980.

KRELLE, W.: Überblick über die Problemgruppen der Unternehmensforschung und den Stand der Anwendung. In: ZfhF 1961, S. 335-353.

KUBE, V.: Die Grenzplankostenrechnung. Wiesbaden 1974.

KÜRPICK, H.: Die Lehre von den fixen Kosten. Köln und Opladen 1965.

KÜTING, K.: Zur Problematik der Erfassung und Verrechnung von Pensionsrückstellungen in der Kostenrechnung. In: ZfB 1982, S. 336-353.

LAUB, K. u. ZEILER, M.: Der kalkulatorische Unternehmerlohn. RKW-Veröffentlichung. Frankfurt 1972.

LAYER, M.: Kapazität: Begriff, Arten und Messung. In: Handwörterbuch der Produktionswirtschaft, hrsg. v. W. Kern. Stuttgart 1979, Sp. 871-882.

LINHARDT, H.: Kosten und Kostenlehre. In: Aktuelle Betriebswirtschaft, Festschrift für K. Mellerowicz. Berlin 1952, S. 124 ff.

LÜCKE, W.: Die kalkulatorischen Zinsen im betrieblichen Rechnungswesen. In: ZfB 1965, Ergänzungsheft, S. 3-28.

LÜCKE, W.: Investitionsrechnung auf der Grundlage von Ausgaben oder Kosten. In: ZfbhF 1955, S. 310-324.

LUHMER, A.: Fixe und variable Abschreibungskosten und optimale Nutzungsdauer. In: ZfB 1980, S. 897-903.

LUTZ, B.: Die Aussagefähigkeit des Rechnungswesens. Zürich und St. Gallen 1963.

MAHLERT, A.: Die Abschreibungen in der entscheidungsorientierten Kostenrechnung. Opladen 1976.

MANGASARIAN, O.L.: Nonlinear Programming. New York u.a. 1969.

MARTOS, B.: Nonlinear Programming. Theory and Methods. Amsterdam-Oxford 1975.

MATZ, A.: Planung und Kontrolle von Kosten und Gewinn. Wiesbaden 1964.

MEDICKE, W.: Der Mythos von den fixen Kosten und die betriebswirtschaftliche Leistungs-Abrechnung. In: ZfB 1963, S. 103-110.

MEDICKE, W.: Geschlossene Kostenträgerrechnung und Artikelergebnisrechnung in der Grenzplankostenrechnung. Wiesbaden 1964.

MEFFERT, H.: Betriebswirtschaftliche Kosteninformationen. Wiesbaden 1968.

MELLEROWICZ, K.: Forschungs- und Entwicklungstätigkeit als betriebswirtschaftliches Problem. Freiburg im Breisgau 1958.

MELLEROWICZ, K.: Kosten und Kostenrechnung. Band 1, 5. Auflage, Berlin-New York 1973.

MELLEROWICZ, K.: Kosten und Kostenrechnung, Band 2.1, 5. Auflage, Berlin-New York 1974.

MELLEROWICZ, K.: Kosten- und Kostenrechnung, Band 2.2, 5. Auflage, Berlin-New York 1980.

MELLEROWICZ, K.: Neuzeitliche Kalkulationsverfahren. 6. Auflage, Freiburg im Breisgau 1977.

MENRAD, S.: Der Kostenbegriff. Berlin 1965.

MEYER, H.W.: Die Funktionsanalyse als Instrument der Personalkostenplanung. In: Plankosten- und Deckungsbeitragsrechnung in der Praxis, hrsg. v. W. Kilger und A.-W. Scheer. Würzburg-Wien 1980, S. 73-93.

MICHAELIS, H. u. RHÖSA, C.A.: Preisbildung bei öffentlichen Aufträgen. Kommentar. 2. Auflage, Stuttgart. Stand 1982.

MOXTER, A.: Die Bestimmung des Kalkulationszinsfußes bei Investitionsentscheidungen. In: ZfhF 1961, S. 186-200.

MÜLLER, H.: Staatliche Preislenkung bei öffentlichen Aufträgen. Köln-Berlin-Bonn-München 1970.

MÜLLER-GIEBELER, P.: Beitrag zum Problem der Erfassung und Auswertung industrieller Vertriebskosten. Köln-Opladen 1967.

MÜLLER-MERBACH, H.: Operations-Research. 3. Auflage, München 1973.

MUNZEL, G.: Die fixen Kosten in der Kostenträgerrechnung. Wiesbaden 1966.

NEUMAYER, W.W.: Die Berücksichtigung des "Auftrags"- und "Verfahrens"-Wechsels in der Fertigung durch doppelt-flexible Plankostenrechnung. In: ZfB 1950, S. 403-412.

NOWAK, P.: Kostenrechnungssysteme in der Industrie. Köln-Opladen 1961.

PAULSSON-FRENCKNER, T.: Bestimmung des Produktionsprogrammes als Anwendungsbeispiel der Linearplanung. In: ZfhF 1958, S. 565-594.

PIROTH, E.: Die Potentialkosten im System der Plankostenrechnung. Köln-Berlin-Bonn-München 1983.

PLAUT, H.G.: Grenz-Plankostenrechnung. In: ZfB 1953, S. 347-363 u. S. 402-413.

PLAUT, H.G.: Planungsrechnung im Verwaltungs- und Vertriebsbereich. AGPLAN, Band 8. Wiesbaden 1964, S. 30-75.

PLAUT, H.G.: Entwicklungsformen der Plankostenrechnung vom Standard-Cost-Accounting zur Grenzplankostenrechnung. In: Neuere Entwicklungen in der Kostenrechnung (II), hrsg. v. H. Jacob. Wiesbaden 1976.

PLAUT, H.G., MÜLLER, H. u. MEDICKE, W.: Grenzplankostenrechnung und Datenverarbeitung. 3. Auflage, München 1973.

PRIBILLA, M.: Kostenrechnung und Preisbildung. Kommentar. München-Berlin, Stand 1971.

RAMDOHR, v.W.: Die Anwendung des Matrizenkalküls in der Kostenstrukturrechnung. In: Neue Betriebswirtschaft 1965, S. 38-41.

REFA, Verband für Arbeitsstudien: Methodenlehre des Arbeitsstudiums. Teil 2, Datenermittlung. 4. Auflage, München 1975.

REMER, A.: Personalmanagement. Berlin-New York 1978.

RIEBEL, P.: Einzelkosten- und Deckungsbeitragsrechnung. 4. Auflage, Wiesbaden 1982.

RODENSTOCK, R.: Die Genauigkeit der Kostenrechnung industrieller Betriebe. München 1950.

ROHE, C.: Technologietransfer durch Industrielizenzen. Berlin 1980.

RUMMEL, K.: Einheitliche Kostenrechnung. 3. Auflage, Düsseldorf 1967.

RUMP, H.: Preisvorbehalte und Gleitklauseln für Industrieerzeugnisse. In: Der Betrieb 1964, S. 1233-1236.

SEISCHAB, H.: Demontage des Gewinnes durch unzulässige Ausweitung des Kostenbegriffes. In: ZfB 1952, S. 19-28.

SCHÄFER, E.: Über einige Grundfragen der Betriebswirtschaftslehre. In: ZfB 1950, S. 553-563.

SCHAIBLE, S.: A Note on the Sum of a Linear and Linear-Fractional Function. In: Naval Research Logistics Quarterly 24 (1977), S. 691-693.

SCHAIBLE, S.: Fractional Programming. In: Zeitschrift für Operations Research 27 (1983), S. 39-54.

SCHEER, A.-W.: Instandhaltungspolitik. Wiesbaden 1974.

SCHMALENBACH, E.: Pretiale Wirtschaftslenkung. Band 1, Die optimale Geltungszahl. Bremen 1948.

SCHMALENBACH, E.: Dynamische Bilanz. 12. Auflage, Köln-Opladen 1956.

SCHMALENBACH, E.: Kostenrechnung und Preispolitik. 8. Auflage, Köln-Opladen 1963.

SCHMIDT, F.: Die organische Tageswertbilanz. Nachdruck der 3. Auflage, Wiesbaden 1951.

SCHNEIDER, D.: Kostentheorie und verursachungsgemäße Kostenrechnung. In: ZfhF 1961, S. 677-707.

SCHNEIDER, D.: Investition und Finanzierung. 5. Auflage, Wiesbaden 1980.

SCHNEIDER, G.: Fixkosten und Kalkulation im Konkurrenzkampf. Berlin 1967.

SCHNETTLER, A.: Substanz- und Werterhaltung in den Betrieben. In: ZfB 1956, S. 261-268.

SCHÖNNENBECK, H.: Grenzen der Kostenrechnung. Köln 1950.

SCHRÖDER, H.-H.: Schutzrechte. In: Handwörterbuch der Produktion, hrsg. v. W. Kern, Stuttgart 1979, Sp. 1821-1833.

SCHUBERT, W.: Kostenträgerstückrechnung als (primäre) Kostenartenrechnung. In: Betriebswirtschaftliche Forschung und Praxis 1965, S. 358-371.

SCHUBERT, W.: Das Rechnen mit stückbezogenen primären Kostenarten als Entscheidungshilfe. In: Das Rechnungswesen als Instrument der Unternehmensführung, hrsg. v. W. Busse von Colbe. Bielefeld 1969, S. 57-74.

SCHUMANN, W.: Integriertes Rechenmodell zur Planung und Analyse des Betriebserfolges. In: Betriebswirtschaftliche Informationen, Entscheidung und Kontrolle. Festschrift für H. Münstermann, hrsg. v. W. Busse von Colbe u. G. Sieben. Wiesbaden 1969, S. 31-70.

SCHWANTAG, K.: Zur Theorie und Praxis der Plankostenrechnung. In: ZfB 1952, S. 65-79.

SCHWEITZER, M., HETTICH, G. u. KÜPPER, H.U.: Systeme der Kostenrechnung. 2. Auflage, München 1979.

SCHWEITZER, M. u. KÜPPER, H.U.: Produktions- und Kostentheorie der Unternehmung. Reinbek bei Hamburg 1974.

STUMPF, H.: Der Know-How-Vertrag. Heidelberg 1970.

SWOBODA, P.: Investition und Finanzierung. 2. Auflage, Göttingen 1977.

SWOBODA, P.: Die Ableitung variabler Abschreibungskosten aus Modellen zur Optimierung der Investitionsdauer. In: ZfB 1979, S. 563-580.

THIELMANN, K.: Der Kostenbegriff in der Betriebswirtschaftslehre. Berlin 1964.

TURNER, G.: Entscheidungsorientierte Kostenrechnungsdifferenzierung. Frankfurt/a.M. 1980.

UNTERGUGGENBERGER, S.: Betriebswirtschaftliche Überlegungen zur Problematik der Forschungs- und Entwicklungskosten für neue Industrieprodukte. In: ZfB 1972, S. 263-282.

VISCHER, P.: Simultane Produktions- und Absatzplanung. Wiesbaden 1967.

VORMBAUM, H.: Kalkulationsarten und Kalkulationsverfahren, Stuttgart 1966.

WEBER, H.K.: Betriebswirtschaftliches Rechnungswesen. 2. Auflage, München 1978.

WEBER, R.: Pseudomonotonic Multiobjective Programming. In: Cahièrs du Centre Recherche Opérationelle, Vol. 25, 1983, S. 115-128.

WILD, J.: Grundlagen der Unternehmensplanung. Reinbek bei Hamburg, 1974.

WITTMANN, W.: Betriebswirtschaftslehre und Operations Research. In: ZfhF 1958, S. 285-297.

WÖHE, G.: Betriebswirtschaftliche Steuerlehre. Band 1, 5. Auflage, München 1978.

WÖHE, G.: Bilanzierung und Bilanzpolitik. 5. Auflage, München 1979.

WÖHE, G.: Einführung in die allgemeine Betriebswirtschaftslehre. 14. Auflage, München 1981.

WÖHE, G. u. BIEG, H.: Grundzüge der betriebswirtschaftlichen Steuerlehre. München 1978.

WÖHE, G. u. BILSTEIN, J.: Grundzüge der Unternehmensfinanzierung. München 1978.

WÖHE, G. u. JOHN, G.: Steuerliche Planung. In: agplan-Handbuch zur Unternehmensplanung, hrsg. in Zusammenarbeit mit der Gesellschaft für Planung -AGPLAN- e.V.. Berlin 1980.

ZEIGER, K.: Öffentlicher Auftrag und LSP-Kalkulation. Hamburg 1959.

ZINTZEN, H. u. VOSSLOCH, H.: Zur Frage angemessener Bezüge geschäftsführender Gesellschafter in Kapitalgesellschaften. In:GmbH-Rundschau 1961, S. 43-47.

GPSR Compliance

The European Union's (EU) General Product Safety Regulation (GPSR) is a set of rules that requires consumer products to be safe and our obligations to ensure this.

If you have any concerns about our products, you can contact us on ProductSafety@springernature.com

In case Publisher is established outside the EU, the EU authorized representative is:

Springer Nature Customer Service Center GmbH
Europaplatz 3
69115 Heidelberg, Germany

Batch number: 10816188

Printed by Printforce, the Netherlands